Grundlagen des populären Films

Western

Georg Seeßlen

Filmwissen: Western

Grundlagen des populären Films

SCHÜREN

Bibliografische Information der Deutschen Nationalbibliothek
Die Deutsche Nationalbibliothek verzeichnet diese Publikation in der Deutschen Nationalbibliografie; detaillierte bibliografische Daten sind im Internet über http://dnb.d-nb.de abrufbar.

Schüren Verlag GmbH
Universitätsstr. 55 · D-35037 Marburg
www.schueren-verlag.de
info@schueren-verlag.de

Umschlaggestaltung: Wolfgang Diemer, Köln unter Verwendung eines Fotos aus dem Film TODESZUG NACH YUMA
(USA 2007, Regie: James Mangold; Sony Pictures)
Druck: Druck: Bercker Graphischer Betrieb Kevelaer
Printed in Germany
ISBN 978-3-89472-700-0
Dieses Buch gibt es auch als eBook unter der ISBN
ISBN 978-3-89472-701-7

Inhalt

Stichworte zum historischen Mythos des Westens

Geschichte des Westernfilms

Stichworte zum historischen Mythos des Westens

Die Kolonisation

Amerika – das ist auch die lange Geschichte vom Exodus vieler Menschen aus ihren eng und feindlich gewordenen Heimatländern. Die gemeinsamen Erfahrungen der Kolonisatoren waren die wirtschaftlichen Veränderungen, die in Europa neue Zwänge für den Einzelnen hervorbrachten und eine radikale Veränderung von Lebensrhythmus und Alltagsleben bewirkten: die Umwandlung der Gesellschaften von agrarischen und feudalherrschaftlichen Strukturen zu immer mehr merkantilen, später frühkapitalistischen Herrschaftsformen. War dieser Prozess im Ganzen gesehen langwierig und vollzogen sich die großen Übergänge fast unmerklich, so gestaltete sich die Entwicklung für den Einzelnen in nichts anderem als in Schicksalsschlägen. So ist verständlich, dass höchstens im Fall religiös verfolgter Gruppen der Auswanderung so etwas wie eine politische Bewegung vorausging, ansonsten aber, wer sich in Amerika eine neue Heimat suchte, dies als ganz persönliches Schicksal erfuhr. Von daher wird ein wenig deutlich, warum der Individualismus in der Idee von Amerika eine so zentrale Bedeutung hat. An seinem Anfang stand ein Verlust, sowohl der materiellen Existenzmöglichkeiten als auch der kulturellen Identität.

Dieser gesamte, lange und zähe historische Vorgang begann schon drei Jahrhunderte vor der Fahrt des Kolumbus, als die Handelsstädte entstanden und deren Machtzuwachs zu politischen Konflikten führte, und fand sein Ende eigentlich erst im Ersten Weltkrieg. Dieser Prozess schuf notwendig den Aussiedler und Pionier, der seine Heimat verloren und nichts mehr zu gewinnen hatte. Er wurde dabei, je nach Intention und Herkunft, entweder zum legalisierten Eroberer, der im Dienste seiner Heimatnation handelte, zum Kolonisator oder zum rebellischen Pionier, wie der «verlorene Sohn» Johann August Sutter, der für sich und die Seinen das grundsätzlich Neue verlangte.

Parallel zu dieser Fluchtstimmung gab die wirtschaftliche Entwicklung durch den Konflikt zwischen bürgerlicher Geld-Macht und feudaler Grundbesitz-Macht eine Motivation insbesondere für den Adel, in den Kolonien neuen Grund zu erwerben und dadurch seine Position zu stärken. Diese Motive bewogen unter anderem auch solch legendäre Personen wie Walter Raleigh, der Neufundland und zunächst auch Virginia besaß, Sir Ferdinando Gorges (Maine), Lord Baltimore (Maryland) oder den Herzog von York (New York).

Grundbesitz war für die bäuerlichen Auswanderer eine Hoffnung auf Freiheit und für den alten Adel eine Hoffnung darauf, im Kampf gegen das Bürgertum und seine Zins- und Buchhaltungskultur zu bestehen. «Landhunger» ist ein Wort aus den Geschichtsbüchern, dahinter verbirgt sich der Kampf ums Überleben, um eine Identität. Dieselbe Idee, nämlich neues Land zu nehmen, war zugleich Ausdruck einer konservativen und einer progressiven Strömung, diente gleichzeitig der Erhaltung alter Machtzusammenhänge und neuer individueller Möglichkeiten. Auf diesen Widerspruch hin lassen sich zahlreiche Mythen der amerikanischen Geschichte und eine Reihe der Herrschaftsformen zurückverfolgen, die sich in den 200 Jahren der Unabhängigkeit herausgebildet haben. Und viele Elemente des amerikanischen Denkens entstanden aus diesem unerschütterlichen Glauben an den Grundbesitz, der reiche und arme, alte und junge, fortschrittliche und reaktionäre Menschen gleichermaßen beherrschte. Der epische Western mit seinen Siedlerzügen und Stadtgründungen hat diesen konstanten Drang in verklärende Bilder übersetzt; zum Image eines jeden Cowboystars gehörte es, sich große Ranchgebiete von seinen Tantiemen erworben zu haben, als Erfüllung seines Auftrags sozusagen, für den ihn sein Publikum ausgewählt hatte. Schließlich lässt sich in der von uns Europäern stets diagnostizierten amerikanischen «Fetischisierung» von Geld und Erfolg eine Art der Verschiebung von «Triebzielen» sehen.

Was auf dem alten Kontinent noch als Widerspruch nebeneinander existierte, der Grundbesitz und die Handels- und Bankwirtschaft, das verband sich in den Kolonien und besonders in Amerika zu einer neuen politischen Kraft. Der Viehbaron des Westerns und seine Stadt sind ein Ausdruck hiervon. Auf der Grundlage von Grundbesitz wurde das neue Land durch Handelsgesellschaften beherrscht. «Zu dem von den ersten englischen Kolonisten nach Amerika verpflanzten Erbgut der wirtschaftlichen Ideen gehörten: der Hang zum Grundbesitz als Grundlage für Reichtum und Wohlergehen, das Prinzip des wirtschaftlichen Individualismus und die Praxis der kooperativen wirtschaftlichen Unternehmung. Diese Ideen sollten von Anbeginn an die Basis für die neu entstehende Kultur Amerikas bilden» (Max Savelle).

Im Verlaufe der wirtschaftlichen Umwandlungen kristallisierte sich in Europa der moderne Staat heraus, der gegründet wurde durch das Bündnis der Monarchen mit der neuen bürgerlichen Klasse. Dieses Bündnis bestimmte zunächst auch die Politik in den Kolonien; die Interessen des Kolonialstaates waren nahezu identisch mit den Interessen der Handelsgesellschaften. Andererseits hatten sich im Verlauf der politischen Geschichte Englands und insbesondere durch die «Glorreiche Revolution» von 1688/89 die Machtbefugnisse des Parlaments erweitert, und es war daher die Idee, dass auch die Vertretung des Volkes an der Regierung zu beteiligen sei, ein Teil des politischen Erbgutes der Pioniere.

Auch die religiöse Haltung der Menschen machte eine starke, anhaltende Wandlung durch; eine notwendige Befreiung aus Lethargie stand am Beginn der Landnahme. Im katholischen Weltbild gab es zu Gott keinen anderen Weg als über den Priester und die Kirche. Eine eigene, persönliche Beziehung zu seinem Gott zu haben, war der Ausgangspunkt der neuen christlichen Lehren, insbesondere von Martin Luther und Johann Calvin, die mit der wirtschaftlichen Entwicklung und der durch sie begründeten individualistischen Haltung an Einfluss gewannen. Der Protestantismus motivierte zur eigenständigen Leistung und zur persönlichen Erfahrung; vor allem der calvinistische Glaube, der Englands anglikanische Staatskirche in großem Maße beeinflusste, verwob wirtschaftliche und politische Macht mit Gottgefälligkeit. Die anglikanische Kirche selbst war in ihrem Wesen allzu eklektizistisch, als dass sie eine religiöse Einheit hätte bilden können. Sie beinhaltete ebenso katholische wie lutherische und calvinistische Formen und Vorstellungen. Hiergegen bildete sich schon bald nach der Loslösung der anglikanischen Kirche eine Opposition, die zum Teil außerhalb (Separatisten, Kongregationalisten), zum Teil innerhalb der Kirche (Puritaner) für einen «reinen Glauben» und die daraus abgeleitete Moral eintraten.

Neben den Indianern waren für die Engländer die hauptsächlichen Rivalen um das Land die Franzosen und die Holländer, die die Kolonisation etwa zur gleichen Zeit begannen, während Spanier und Portugiesen im Süden des Kontinents bereits seit einem Jahrhundert Kolonien besaßen. Warum es gerade die angelsächsischen Puritaner waren, die sich durchsetzten und zur führenden Kraft wurden, geht zum Teil sicher auch auf die religiöse Motivation der Aussiedler englischer Herkunft zurück, die weder am Erfolg noch am Recht der Landnahme den geringsten Zweifel aufkommen ließ.

So sehr die englischen Siedler, die sich schwarze Sklaven auf ihre Plantagen (etwa in Virginia) holten, den englischen Lebensstil und, soweit dies möglich war, den Stil der englischen Aristokratie nachahmten, so sehr mischten sich doch auch mehr und mehr eigenständig amerikanische Elemente in das Denken der Kolonialisten, und diese Elemente basierten zu einem nicht geringen Teil auf der Pionier-Mythologie, auf heroischen und legendären Vorstellungen, die sich durch die Indianerkämpfe und den Befreiungskrieg gebildet hatten. Auf dieser Grundlage entstand eine neue Aristokratie mit vorwiegend dynastischen Herrschaftsprinzipien.

Im Gegensatz zu den Landaristokraten von Virginia waren die Puritaner New Englands Vertreter des Mittelstandes, einer, wenn man so will, kleinbürgerlichen Bewegung, die ihre Unduldsamkeit und die Identität religiöser und politischer Verfassungen nur zögernd unter dem Druck neuer Einwanderergruppen aufgab. Diese bürgerliche Kultur brauchte den Fortschritt, technisch, moralisch, politisch. Der Nord-Süd-Konflikt, der sich Jahrzehnte später in einem blutigen Bürgerkrieg, dem ersten «modernen» Krieg der Weltgeschichte, entlud, war in diesem Spannungsfeld bereits vorgezeichnet. Der integrative Mythos der Landnahme, der selbst heterogene politische Ideen vereint hatte, musste seine verbindende Wirkung verlieren, nachdem die ihm zugrunde liegenden Systeme sich in «reiner» Form wieder voneinander geschieden hatten. Umgekehrt ergab sich aus dem realpolitischen Konflikt zwischen Nord und Süd, der mit einem seltsam ambivalenten Sieg des Nordens geendet hatte, die Notwendigkeit des neuen Mythos vom Westen, in dem zum zweiten Mal die Einigung der Nation in der Bewegung der Landnahme unternommen wurde. Das historische Erbe der Pioniere, der Grundwiderspruch, den sie aus ihrer Heimat nach Amerika brachten und der dort durch Revolutionen und Kriege gelöst wurde (oder auch nicht), hatte im Bürgerkrieg keine Auflösung, sondern nur den erschreckendsten Ausdruck gefunden. Erst im Westen konnte die Nation zu sich selbst finden. Darum ist auch nicht der Prä-Western oder Bürgerkriegsfilm, sondern der Western «der amerikanische Film par excellence».

Die Indianer

Die Indianer, wie sie waren oder sind, haben sicher nicht sehr viel damit zu tun, wie der Western sie zeigt. Sie haben vielleicht aber auch nicht viel mit dem Bild gemeinsam gehabt, das in den Köpfen der weißen Christen von ihnen entstand. Es standen sich zunächst nicht die «Existenz» der Indianer und die «Existenz» der Weißen gegenüber – hier hätte man sich (und hat man, wie das Leben der ersten Pioniere zeigt) durchaus arrangieren können. Vielmehr hat die «Existenz» der Indianer die «Mythologie» der Weißen gefährdet. Nicht ihre Vorstellungswelt, ihr materieller Anspruch oder gar eine (zunächst gar nicht vorhandene) Aggressionsbereitschaft flößten dem Siedler Furcht ein, sondern die bloße Existenz der Ureinwohner. Anders ausgedrückt: Weil und solange es den Indianer gab, war dem weißen Christen die Welt aus den Fugen geraten, hatte sein ganz auf die wörtliche Auslegung der Bibel ausgerichteter Glaube einen gefährlichen Riss, und es war durchaus nicht die Sophisterei einiger Spinner, die heftig darüber debattieren ließ, ob Indianer eine Seele haben oder nicht, sondern es handelte sich um einen Ausdruck allgemeiner Verunsicherung, die zunächst in vielfältigen traumatischen oder verklärenden Versuchen zur Sinnerstellung, später in manifester Brutalität mündete.

Weil die Indianer das Weltbild der Europäer verwirrten, mussten sie sterben, es fand sich in der Bibel keine Erklärung für ihr Vorhandensein. Sie waren nicht die Nachkommen Noahs, stammten nicht von den Stämmen Sem oder Japhet ab, nicht einmal von Ham, wie die Schwarzafrikaner; die Indianer traten gleichsam von außen an die überlieferte Schöpfungsgeschichte heran und stellten sie in Frage.

Immer wieder versuchte die «weiße Mythologie» den Indianer zu integrieren, mit wechselndem Erfolg. Die rationale Wissenschaft erklärte die Herkunft des Indianers aus Asien, auf dem Weg über eine nun zerstörte Landbrücke. Im Laufe ihrer Wanderungen nach Süden haben sie, den jeweiligen Naturbedingungen angepasst, die verschiedenartigen Kultur- und Gesellschaftsformen entwickelt, denen man nun gegenüberstand. Einige sahen die Indianer als Nachfahren eines pazifischen Volkes, als Erben von Atlantis. Und in manchen religiösen Mythologien – insbesondere die Mormonen dachten und denken noch heute so – wurden die Indianer zum auserwählten Volk des Alten Testaments, das seiner Mission untreu geworden ist. Leslie A. Fiedler erinnert in diesem Zusammenhang an den Rancher in (CAT BALLOU (1965, Regie: Elliot Silverstein), der zutiefst erstaunt darüber ist, dass ein Indianer nicht auf seinen hebräischen Gruß «Shalom» reagiert.

Es gibt aber für diese Vorstellung ein viel früheres Beispiel noch aus der Zeit der Stummfilm-Western. In dem Ken Maynard-Film THE RED RAIDERS aus dem Jahr 1926 regt sich ein Kavallerie-Sergeant furchtbar über einen jüdischen Rekruten auf, der beständig «mit den Händen» redet. Als dieser Indianer gewahr wird, die das Fort besuchen, in dem die Soldaten stationiert sind, und sich mittels Zeichensprache verständigen, stutzt er, betrachtet die Nasen der Indianer, fasst sich an seine eigene, hat dann die Erleuchtung und ruft: «Brudders!» Er nimmt zwei der Indianer beiseite und redet mit ihnen in Zeichensprache, wie er meint. Nach einiger Zeit hat er den ganzen Schmuck und die Kleider der Indianer für eine Handvoll Plunder eingetauscht. Enttäuscht wendet er sich an seinen Sergeanten und meint, dass es sich bei den Indianern doch nicht, wie er angenommen hatte, um die «verlorenen Stämme Israels» handelt, denn ein Jude hätte sich niemals so leicht übers Ohr hauen lassen.

Die Begegnung mit dem Indianer ist für den WASP (*White Anglo-Saxon Protestant*) die eigentliche mythologische Grundsituation, durch die er entweder zu einem neuen Menschen wird, der den Europäer in sich überwindet, oder an der er scheitern muss. «Der Western ist demnach in seiner archetypischen Form ein Werk der Literatur, in dem ein verpflanzter WASP in der Wildnis auf ein radikal fremdes Wesen, den Indianer, trifft. Das Ergebnis dieser Begegnung ist entweder die Verwandlung des WASP in einen Menschen, der weder Weißer noch Indianer ist (das geschieht manchmal durch Adoption, manchmal durch reine Nachahmung, niemals jedoch durch Rassenmischung) oder die Vernichtung des Indianers (er wird entweder bekehrt, in ein Ghetto geschickt oder bisweilen einfach ermordet). In beiden Fällen wird die Spannung dadurch gelöst, dass der eine der beiden mythologischen Partner ausgeschaltet wird, im ersten Beispiel auf eine rituelle oder symbolische Weise, im zweiten durch physische Gewalt. Die erstgenannte Methode lässt einen radikal anderen Western entstehen, einen Sekundärwestern, der die Abenteuer des Neuen Menschen, des amerikanischen *tertium quid* beschreibt. Die andere Methode – unsere eigene ‹Endlösung› – führt zur Auslöschung des Western» (Leslie A. Fiedler).

Viele Helden von Westernfilmen kämpfen im Grunde in diesem Konflikt, entweder eine neue, allerdings durch das Tabu der Rassenmischung zukunftslose Identität zu finden, oder durch vehemente Entscheidung für die eigene Seite den Indianer zum Feind zu erklären, im gleichen Moment aber auch die eigene Integrität zu verlieren. Dieser Konflikt taucht auch in zahlreichen Verkleidungen auf, und sogar in solchen Filmen des Genres, in denen gar keine Indianer vorkommen, ist die Struktur dieses Konflikts sichtbar und haben sich die Indianer in Assoziationsbezügen (Frau, Natur, Banditen etc.) «aufgehoben».

Der Hass auf den Indianer, zu dem der weiße Siedler letztlich in einem Verhältnis stand wie Kain zu Abel, kam zu einem guten Teil daher, dass der Weiße in Amerika den Garten Eden, das Paradies und somit seine eigene «Wiege», seine vormalige Heimat, wiedergefunden zu haben glaubte. Kolumbus selbst hielt den Orinoko für den Fluss Gihon, einen der vier in der Bibel beschriebenen Flüsse des Paradieses. Nun musste der Weiße zu seinem Schrecken feststellen, dass das Paradies keineswegs unbewohnt und leer war, sondern dass nackte Menschendort lebten, die offenbar im Gegensatz zu den Weißen nicht aus dem Paradies vertrieben worden waren. Von daher ist erklärlich, wie nahe Hass und Verklärung, Identifikation und Auslöschung beieinander lagen und wie nahe sie auch in den Mythen der Unterhaltung beieinander sind.

Da in Europa alles auf eine «verbietende» Gesellschaftsform hinauslief, der Geist sich verdunkelte zur Zeit der ersten Kontakte mit den Uramerikanern, wurde auf den Wilden alles projiziert, was man selber an Leidenschaft und Trieb verbieten musste. Tatsächlich aber musste dieser Wilde von den Weißen erst erfunden werden, denn der Indianer, den man vorfand, musste erst vom Weißen so deformiert werden, dass er in das Schema passte und damit die Legitimation zur Ausrottung gab. Dabei wurde gewaltsam ein historischer Entwicklungsprozess in die eine Richtung gelenkt, die der Vorstellung der Kolonisatoren entsprach. Aus der Vielfalt indianischer Kulturen und Nationen, die in einem steten Austauschprozess begriffen waren, im Mittelpunkt einer «eigenen» Geschichte, wurde das statische Wesen «Indianer», seiner Geschichte und Identität beraubt und zu einer Randerscheinung in der Geschichte der Weißen. (Selbst dort, wo er indianerfreundlich ist, hat der Western diese Haltung nie überwinden können.)

Der Mythos vom Indianer im Western hat nicht nur eine historische und eine religiöse, sondern auch eine erotische Komponente. Da ist zunächst der Mythos von der «guten Indianerin», die ihr Vorbild in der Geschichte von Pocahontas, der Tochter des Häuptlings, und dem Kapitän John Smith fand, mit dem sie zusammenlebt. Diese gute Indianerin erscheint dem weißen Westerner als Möglichkeit, seine Flucht vor der Zivilisation, und damit vor der weißen Frau, zu beenden. Die gute Indianerin will den Frieden zwischen den Weißen und den Indianern, und sie ist sogar bereit, ihr Volk an die Weißen zu verraten. Ihr Wert für den weißen Mann liegt in ihrer Sinnlichkeit und Unterwürfigkeit zugleich, zwei Wesensmerkmale, die in der Frau des puritanischen Kulturkreises nicht mehr zur Deckung gebracht werden konnten.

Im Mythos von der Indianerprinzessin Pocahontas, den die amerikanische Literatur immer wieder aufgegriffen hat, und die nun ihre letzte Verklärung als Zeichentrick-Schönheit im Disney-Film gefunden hat, liegt auch ein Teil der neuen «Schöpfungsgeschichte» Amerikas verborgen. Pocahontas ist die Mutter Amerikas, eine Erlöserin, wie sie von den Pionieren gesehen wurde: Hier hat eine Frau die Rolle Christi als Erlöserin eingenommen. So hat das Leben in der Wildnis für den Westerner immer zugleich einen heiligen und einen sündigen erotischen Aspekt. Im jedem Westerner, der in die Stadt kommt, aus den Bergen, aus den Wäldern, aus der Prärie, steckt ein Teil von dem weißen Mann, der mit einer Indianerin geschlafen hat und ganz heimisch bei den Seinen nicht mehr werden kann, und in jedem Jungen, der das puritanische Farmhaus verlässt, steckt die Sehnsucht nach der schönen Indianerprinzessesin.

Während der Mythos dem weißen Pionier die indianische Frau als Mutter und Erlöserin zur Seite stellt, auch als Verlockung zum anderen Leben, ist die weiße Frau, die unter die Indianer gerät, immer eine Märtyrerin. Das Urbild all dieser Erzählungen ist die Geschichte von Hannah Duston, die von Indianern als Kind entführt wurde und sich die Freiheit mit dem Tomahawk erkämpfte, ein Sinnbild für die Antisinnlichkeit und den Stolz der Siedlerfrau, vor deren fesselnder Kraft sich der Mann fürchten muss. Um ihre Abscheu vor den Indianern erklärlich zu machen, werden diese mit einigen mythologischen Attributen behaftet, die nun gerade ihnen die lebensfeindlichen Züge unterstellen und sie als grausame Bestien zeichnen: Sie töten Kinder, indem sie sie an den Füßen packen und an Bäumen oder Steinen zerschmettern, Frauen nehmen sie sich grundsätzlich mit Gewalt. Jeder Neuankömmling im Indianerland wurde zunächst einmal mit solchen Legenden geimpft und verhielt sich entsprechend. In vielen Westernfilmen findet sich dieser Mythos gleichsam auf den Kopf gestellt, wenn nämlich die Frauen getötet und die Kinder entführt werden. Bei einem Indianerangriff hebt der Westerner die letzte Kugel für die Frau neben sich auf: So wird er selber zum Vollstrecker eines möglicherweise nur in seinem Kopf existenten Traumas.

Die weiße amerikanische Mutter tut, im Gegensatz zu Pocahontas, nichts, um die Rassen einander näher zu bringen oder den Frieden zu sichern – im Gegenteil: Sie hetzt Weiße und Indianer in den Krieg miteinander, bewusst und unbewusst. Für die puritanische Frau gibt es zwei Arten von Männern: den Aggressor von außen und den Mann in der Familie. Der eine versetzt sie in ständige Panik, der andere kann kaum der Aufgabe gerecht werden, sie zu schützen, ohne sie gleich über die Maßen zu versklaven. Für die weiße, das heißt die gute Frau im Western ist das erotische Ideal ein Mann im Übergang, zum Beispiel ein umherziehender Abenteurer, der sesshaft wird, jedenfalls ein Mann, der vom gefürchteten, erotischen Bild, das seinen traumatischen Ausdruck im Indianer findet, einen Teil seines Wesens entlehnt hat.

Die erotische Grundkonstellation des Western besteht also in einer Gegenüberstellung von je zwei männlichen und zwei weiblichen Idealbildern. Die weiße Frau, die nicht selten blond ist, immer in heller Kleidung auftritt und eine hohe Stimme hat, hat zur Konkurrentin die dunkle Frau, die Indianerin, die Mexikanerin, die schwarzhaarige, dunkel gekleidete, sinnliche Frau. Und der Westerner hat zwei Seelen: die eine des Abenteurers, Wanderers, des Mannes, der mit den Indianern gelebt hat, und die andere des Gründers, des Gesetzestreuen, des Familienvaters, des Mannes, der Wälle gegen die «rote Flut» errichtet. Die inneren Konflikte im Genre lassen sich als Entscheidungs- und Zuordnungsprozesse in dieser Konstellation deuten. Der Western ist alles andere als ein anti-erotisches Genre; seine Heldinnen und Helden haben schwer an ihren Versuchungen zu tragen.

Das Land

«Einen gar nicht geringen Anteil an der Bildung des ‹amerikanischen Typus› hatte die natürliche Umwelt, die Landschaft des Kontinents. Verglichen mit der alten Heimat der Siedler bot das neue Land unerschöpfliche natürliche Reichtümer, die umso unerschöpflicher schienen, als die Bevölkerungsdichte zunächst nur sehr gering war. Feudalwirtschaft im europäischen Sinne konnte sich nicht entwickeln, da Pächter niemals lange in einem Abhängigkeitsverhältnis zum Herrn gehalten werden konnten, bevor es ihnen die Fülle des frei zur Verfügung stehenden Landes ermöglichte, selbst Landbesitzer zu werden. Die Plantagenwirtschaft in den Südstaaten war auf ganz anderer Grundlage, nämlich auf dem Vorhandensein käuflicher Negersklaven aufgebaut. Aber auch der Begriff des Erbhofes oder das in Europa vielfach vorherrschende Prinzip der Erbfolge des ältesten Sohnes ließ sich in den Siedlungen in den Weiten des nordamerikanischen Kontinents einfach nicht durchsetzen» (Niels C. Nielsen). Das eroberte Land war es, was zählte, weit vor dem erworbenen oder ererbten; das Land war Freiheit, sofern und solange es im Überfluss vorhanden war.

Heroische Legenden in Bezug auf das Land steuert nicht nur das harte Siedlerleben an der Grenze bei, die im Verlauf des 18. und 19. Jahrhunderts immer weiter nach Westen wanderte, sondern auch die Erforschung des Landes, die in einigen Prä-Western (darunter auch Howard Hawks' The Big Sky aus dem Jahr 1952) thematisiert ist. Eine der bekanntesten Forschungsreisen ist diejenige von Meriwether Lewis und William Clark, die den Missouri erforschten und die Rocky Mountains überquerten und dadurch nicht nur die geografischen Kenntnisse, sondern auch den Besitzanspruch der Vereinigten Staaten erweiterten. Ihre Reise unternahmen sie und ihr Gefolge auf Geheiß des dritten amerikanischen Präsidenten, Thomas Jefferson. Eine große Rolle spielten auf ihrer Expedition Clarks schwarzer Diener York und eine Indianerin, Frau eines kanadischen Halbblut-Trappers und Tochter eines Häuptlings, und auch diese beiden trugen durch ihre heldenhaften Taten zur Schaffung einer rassischen Typologie bei, die späterhin auch die Unterhaltungsindustrie übernahm.

Im Westerner steckt also nicht nur ein idealisierter Pionier oder Siedler, sondern auch ein Forscher, der das Land nach neuen Wegen durchquert. Er will das Land kennen lernen, nicht besitzen. Wenn er den nachdrängenden Siedlern die Wege zu ihrer neuen Heimat weist, muss ihm deutlich werden, dass durch seine Hilfe die Freiheit, die er gefunden hat, zerstört werden wird. Die Tragik des Westerners liegt unter anderem darin, dass er im Kern kein kolonialistisches Verhältnis zum Land hat, aber im System der Landnahme kolonialistische Aufgaben lösen muss.

Der amerikanische Dichter Theodore Dreiser meinte: «Es war wunderbar, Amerika zu entdecken, aber es wäre noch wunderbarer gewesen, es wieder zu verlieren.» Diese Wahrheit schleppt fast jeder Westerner des Films mit sich herum. Das Land, das man den Indianern genommen hat, eine rätselvolle Geliebte, wird zum schuldbeladenen Problem. Die Puritaner, asketisch hinsichtlich des Lebensgenusses, hatten als Legitimation den Auftrag, die Welt nach ihren Vorstellungen zu gestalten und auf ihr ein *bible commonwealth* zu errichten. Die Erben des Puritanismus hatten mit dem Geschehen fertig zu werden. Im Westen wird das Denken romantisch, chaotisch, sentimental.

Die Geschichte Amerikas ist auch die Geschichte der Überwindung des calvinistisch-puritanischen Nützlichkeitsdenkens, in dem kein Platz für die Schönheit bleibt. Ein Blick auf die frühe amerikanische Literatur zeigt, dass sie überreich an theologischen und politischen Streitschriften, aber arm an Lyrik und Erzählendem ist, und dass die wenigen poetischen Schriften und Bücher in starkem Maße angefeindet wurden. Die eigene, innere wie äußere, Kargheit war dem Puritaner Kampfmittel und Legitimation gegenüber der Natur, die er als Material ansah, als von Gott gespendetes Werkzeug für die Tatkraft des Menschen. Der Westerner später, der auf seinen langen Reisen manch anderer Kultur begegnete, nicht nur der indianischen, behielt etwas von dieser Kargheit bei, versuchte sie aber auch zu überwinden. Der Westerner ist auch ein Held auf der Suche nach der verlorenen Freude und der Schönheit. Er sieht sich um und entdeckt plötzlich, dass dieses Land schön ist, und gleichzeitig entdeckt er, dass es zu spät ist, es zu retten.

Wirklich fröhlich im Westernfilm ist eigentlich nur der Mexikaner, der das Land als Geschenk sieht, während auch den Festen der Siedler immer etwas Zeremonielles anhaftet. Meistens erfüllen Feste in Western einen Zweck: Jemand wird geehrt, jemand soll verheiratet werden etc., um des Vergnügens allein wird kaum etwas getan. In Vergnügungsstätten der religiös freieren Cowboys schließlich, den Saloons, geht es zugleich öde und hysterisch zu; erst in der Besinnungslosigkeit kommt er zur Ruhe – der Cowboy ersäuft den Puritaner in sich.

Furcht und Träume

Der Puritanismus, dieser düstere Geburtshelfer Amerikas, bietet uns kein einheitliches Bild, auch er ist von Widersprüchen gekennzeichnet. Verbunden mit Strenge, Willenskraft und pedantischer Hingabe an die religiöse Mythologie war sein Unternehmungsgeist eine durch kein Hindernis zu bremsende Aktivität und der Wunsch zu gestalten, im Dienste nicht des Glücks, sondern des Erfolgs. Die Triebkraft des Puritanismus war die Furcht, eine Furcht, die den «tief eingewurzelten mittelalterlichen Angst- und Verfolgungsvorstellungen» (Heinrich Stammler) entstammte, und es ist daher nicht verwunderlich, dass die amerikanische Geschichte zugleich die einer Eroberung und einer Flucht ist. Die Furcht und die Unterdrückung der Gefühle, die dem Mitglied der puritanischen Gemeinde auferlegt waren, führten immer wieder zu hysterischen Ausbrüchen. Sie waren der Grund ebenso für die Salemer Hexenprozesse wie für die religiöse Erneuerungsbewegung der «Großen Erweckung», die in den Jahren zwischen 1730 und 1750 zu einer fanatischen Massenbewegung wurde.

Dieser puritanischen Mystik folgte der Einfluss der Aufklärung auch auf das amerikanische Denken, der insbesondere durch die technischen und naturwissenschaftlichen Erkenntnisse im 18. Jahrhundert ausgelöst worden war. Erster Repräsentant dieser anderen amerikanischen Weltsicht, die auf Toleranz und Vernunftreligion gegründet war, ist Benjamin Franklin. Durch den Einfluss dieser Gedanken bedingt trat neben die Vorstellung von der Besiedlung des Westens als einer religiösen Sendung auch die eines technischen und sozialen Experiments, das dem Menschen ermöglichen sollte, sich selbst zu entfalten. Demokratische Tendenzen, die im Puritanismus noch in heftigem Widerstreit mit aristokratischen und theokratischen Tendenzen standen, erhielten so Stärkung. Schließlich ging mit der amerikanischen Aufklärung auch der Umschlag vom Merkantilismus zum Frühkapitalismus vonstatten, der sich, wie es Max Weber ausdrückt, auf die ethisch eingefärbte Verpflichtung zum Gelderwerb gründete. So gibt es im Westen nicht nur den Kampf ums Land, sondern auch die rauschhafte Suche nach dem Gold, die gewaltsamen Auseinandersetzungen zwischen verschiedenen wirtschaftlichen Interessengruppen, die sich die Ausgangsposition für eine möglichst umfassende Ausbeutung der natürlichen Ressourcen teils auch mit durchaus mafiosen Mitteln sicherten.

Die Zeit, in der der Western seine Erzählungen ansiedelt, zwischen 1850 und 1910, war nicht nur die Zeit der Goldsuche, des Bürgerkriegs und der Indianerkriege, des Eisenbahnbaus, der großen Viehtrails und der Organisation des Gesetzes, sondern auch die Zeit, in der sich ein neues Landproletariat herausbildete, in der betrogene Hoffnungen und erfahrene Demütigungen Menschen in großer Anzahl desozialisierten, die so ein riesiges Reservoir für Gesetzlose bildeten. Die Deprivation von Teilen der Bevölkerung, die Ohnmacht vieler Menschen gegen die ausbeuterischen, rücksichtslosen Praktiken der wirtschaftlich Mächtigen schuf die Voraussetzung für die Entstehung legendärer Volkshelden wie Billy the Kid, Jesse James oder Butch Cassidy und Sundance Kid, die ganz im Gegensatz zu den früheren Helden des Westens, Kit Carson, Daniel Boone, Wild Bill Hickok etc., Rebellen gegen die neue Ordnung darstellten. Mit den wirklichen Outlaws, die ziemlich viehische, skrupellose Männer gewesen sein mögen, geprägt vom völligen Fehlen einer inneren moralischen Instanz, wie sich dies in Situationen sozialer Entwurzelung häufig ergibt, werden diese Helden der Legende kaum etwas gemein haben. Zügellosigkeit, wirtschaftliche Anarchie, Ausbeutung und eine gehörige Portion Korruption, auf die sich die Gesellschaft des Westens gründete, kontrastierte mit einer aus dem vorigen Jahrhundert geretteten, eigenen Sensibilität.

«Denn das 18. Jahrhundert ist auch in Amerika die Zeit des Pietismus, der ‹Stillen im Lande›, der Empfindsamkeit, des Sturmes und Dranges und der ‹schönen Seele›. Aus seinem Schoße wurde die politische, soziale und industrielle Revolution entbunden, der moderne praktische Materialismus als Lebenshaltung und eine auf ständig zunehmende Beherrschung der Naturkräfte gegründete bürgerliche und später auch proletarische Fortschrittsideologie. Aber gleichfalls Früchte seines Schoßes sind die Romantik, die daran anschließende mächtige Erneuerung der katholischen Kirche und Lehre, der moderne Nationalismus und der durch den Industrialismus ermöglichte Massenstaat mit seinen irrationalen und messianischen Ideologien» (Heinrich Stammler). In alledem formte sich das Bild vom Westerner, dem Avantgardisten und Vollstrecker der Geschichte und zugleich ihrem Flüchtling.

Der ewige Cowboy

Im Bild des Western-Helden ist die Geschichte Amerikas, von der Flucht aus dem alten Land über die Euphorien und Kulturschocks der Siedler bis hin zur Verbitterung und Verelendung in der Spätzeit des Westens, zusammengefasst. Diese Geschichte hat nicht nur einen nationalen, sie hat auch einen universalen Aspekt. Die Haupttriebkraft der menschlichen Geschichte aus abendländischer Sicht: «Gehet hin und machet euch die Erde untertan!», hat hier die vollständigste und auch modernste Ausdrucksform gefunden; im Western ist zu spüren, ob danach noch gehandelt wird oder ob man daran irre geworden ist.

Den Vorgang der Landnahme und der Durchsetzung des Rechts zeigt der Western nicht als politischen, sondern auch als ökologischen, erotischen und moralischen Prozess. Damit vermittelt das Genre ein Geschichtsbild, das in seinen schlimmen Beispielen perfekte patriarchalische Mythen liefert, in seinen besten aber eine Dialektik zwischen Einzelschicksal und historischer Struktur zeigt, wie sie keine Geschichtsschreibung sonst zu realisieren imstande ist.

In sich vereinigt der Westerner auch alle Heldengestalten, die die Geschichte begleitet haben; von jedem mythischen Mann steckt etwas in ihm,

Ahasver, Abraham, Moses, Herkules – er ist der Mensch, dem allzu oft Übermenschliches aufgegeben ist. Zugleich ist er aber auch ein normaler Mensch, jemand, der nichts Besonderes sein will, der lebt wie die anderen, nur gefährlicher und glanzvoller. Der Western-Held ist im Allgemeinen ein Held, der keinen Führungsanspruch erhebt; schon deshalb sind wir eher bereit, seine Gewalt zu akzeptieren als etwa die eines militärischen Führers.

Der Mythos ist eine Methode, Widersprüche, die sich in der Praxis nicht lösen lassen, auf geträumte, vorgestellte, angestrebte Weise zu harmonisieren. Und auch deshalb ist der Western eine so universale Aussage geworden, weil seine Mythen in sich die Widersprüche nicht nur der Geschichte der westlichen Welt, sondern auch solche eines jeden (zumindest jeden männlichen) Individuums in seinem Gesellschaftssystem tragen. Zudem lässt sich das geschichtliche Gleichnis auch als menschliches verstehen: Der Western ist das Drama der Sozialisation, in dem sich der wilde, unzivilisierte Naturzustand dem ordnenden, besitzergreifenden Eingriff nur anfänglich widersetzen kann, um am Ende um so wirksamer kolonialisiert zu werden. Der Western-Held ist nicht derjenige, der das bewerkstelligt, und nicht derjenige, der es erduldet; er ist ein Mittler, er ist der Bote, der dem Alten vom Neuen und dem Neuen vom Alten kündet, ein «Engel der Geschichte».

Der Westerner ist so schwer beladen mit Geschichte, dass er nicht anders als zeitlos werden kann. Der Westerner ist so randvoll mit Psychologie, dass er nicht anders als allegorisch werden kann. Der Westerner ist so beschäftigt, dass er nicht anders als ruhig werden kann. Es gibt kaum einen Traum, kaum eine Hoffnung, kaum eine Angst, kaum eine Ideologie, kaum ein Trauma, kaum einen Zorn, die sich nicht in die Satteltasche eines Western-Helden packen ließen.

Geschichte des Westernfilms

Der Western der Stummfilmzeit

Anfänge

Die Geschichte des Western beginnt mit der Geschichte des Films, der eine Geschichte erzählt. Die Filme der Anfangszeit des neuen Mediums waren vorwiegend kurze, dokumentarische Streifen, denen die Sensation der neuen Abbildungsform von Wirklichkeit aufregend und unterhaltsam genug war. Einer von denen, die die Idee verfolgten, in diesem Medium dramatische Handlungen zu entwickeln, war Edwin S. Porter. Sein erster Handlungsfilm war THE LIFE ON AN AMERICAN FIREMAN (1902), immer noch mit dem Anspruch, einen Teil des wirklichen Lebens wiederzugeben. 1903 drehte er dann den Film, der ihn berühmt machte als Erfinder des Western, THE GREAT TRAIN ROBBERY.

Es kann nicht überraschen, dass die Essenz dieses Films die Bewegung ist, wie sie für den Western bestimmend werden sollte: Bewegung von und zu der Kamera, am Horizont, von links nach rechts. Und die Geschichte ist eine wirkliche Western-Geschichte: «Der Film beginnt mit einer Innenaufnahme eines Telegrafenbüros. Banditen fesseln den Telegrafisten, und als ein Zug in den Bahnhof einfährt, erklimmen sie ihn. Sie stoppen ihn vor der Stadt und zwingen die Reisenden, ihn zu verlassen. Der Postwagen wird ausgeraubt. Die Banditen verschwinden mit ihrer Beute. Die Tochter des Telegrafisten kommt und befreit ihn. Er alarmiert die Stadtbevölkerung, und ein Trupp wird zusammengestellt. Nach einer wilden Jagd werden die Banditen vom Trupp erreicht; ein *shoot-out* entspinnt sich. Georges Barnes, in der Rolle eines Desperado, ist in einer Nacheinstellung zu sehen und schießt seinen Revolver mehrere Male in Richtung auf das Publikum ab» (Jon Tuska).

THE GREAT TRAIN ROBBERY war nicht der erste amerikanische Film, der sich mit dem Leben im Westen beschäftigte. Zu nennen wären etwa CRIPPLE CREEK BARROOM (1898, Regie: W. K. L. Dickson) oder von Edwin Porter THE LIFE OF AN AMERICAN COWBOY (1902). Sogar der legendäre Buffalo Bill Cody war für einen kurzen Film vor die Kamera getreten. Aber THE GREAT TRAIN ROBBERY war nicht nur der erste kreative dramatische Film (William K. Everson), sondern auch derjenige, der die grundlegenden Handlungselemente des Genres entwickelte: Überfall, Befreiung von Gefangenen, wilde Verfolgungen zu Pferde, *shoot-out*. Dem Film folgten Variationen und Nachahmungen; mit The Little Train Robbery (1905) inszenierte Porter selbst eine Parodie (alle Rollen aus dem ursprünglichen Film wurden mit Kindern besetzt, ansonsten wurde er zum Teil Einstellung für Einstellung nachgedreht); andere Filme waren etwa Great Mail Robbery (1906) oder Pay Train Robbery (1907).

Edwin S. Porter hatte selbst nie so recht begriffen, was er eigentlich mit seinem Film, mit seiner Technik und seiner Story, initiiert hatte. Seine folgenden Filme fielen praktisch hinter das in The Great Train Robbery erreichte Maß an filmischer Grammatik zurück, und es war anderen überlassen, seine Ansätze weiterzuführen. Der Erfolg seines Film brachte ihm den Posten eines Produktionsleiters bei Edison ein, wo er weniger durch seine eigenen Filme als durch die Förderung so verschiedener Talente wie David Wark Griffith, der in Porters Rescued from an Eagle's Nest (1907) seine erste Filmrolle spielte, und Max Aronson, dem späteren Broncho Billy, die Filmgeschichte und insbesondere die Geschichte des Western beeinflusste.

David Wark Griffith und der Western

Griffith, der ursprünglich Theaterschauspieler war und eine Karriere als Bühnenautor angestrebt hatte, wurde bald mit dem Beruf des Schauspielers unzufrieden. 1908 drehte er seinen ersten Film als Regisseur für Biograf Co., The Adventures of Dolly, und in den nächsten Jahren realisierte er an die 190 Filme. Sein erster Western ist The Redman and the Child (1908), und schon im Titel deutet sich an, welche gleichsam viktorianischen Gefühlswerte Griffith in seinen Filmen anzusprechen versuchte. Auf der einen Seite stehen Jungfrauen und Kinder, im Zustand ständiger Bedrohung und Schutzbedürftigkeit, auf der anderen Indianer und Banditen, von denen, latent oder manifest, neben der materiellen auch eine erotische Gefahr ausgeht. Die bedrohte (erotische, moralische) Unschuld steht in seinen Western, wie in vielen seiner anderen Filme, häufig im Mittelpunkt der Handlung, kontrastiert von den edlen Gefühlen, dem Patriotismus und auch der Sentimentalität seiner Helden.

Wie er später in Birth of a Nation (1915) ein etwas fragwürdiges Bild von der Einigung Amerikas nach dem Bürgerkrieg durch den Zusammenschluss der ehemaligen Kriegsgegner im Ku-Klux-Klan gegen «vergewaltigende und mordende Neger» in die Welt setzte, so waren auch seine Western gelegentlich von ausgesprochen rassistischer Färbung: Der Indianer ist in seinen Filmen ein grausames, unzivilisiertes Wesen ohne Seele; in anderen taucht er als edler, entrückter Wilder auf, schutzbedürftig gegen die Einflüsse böser Weißer, wie etwa Mary Pickford als Indianerprinzessin in Ramona (1910). Allerdings war Griffith alles andere als ein in erster Linie ideologischer Regisseur; er hat zum Beispiel in The Massacre (1912), einer filmischen Rekonstruktion von Custer's Last Stand, auch die Gefahren der Militärmacht gezeigt und den Aufstand der Indianer als verständliche Reaktion auf eine Abfolge von Verrat und nicht eingehaltenen Versprechungen geschildert.

Griffith drehte eine Reihe von Western-Melodramen, in denen häufig die Situation einer belagerten Blockhütte den Höhepunkt einer erotischen Symbolhandlung bildete: Die Geschichte, die Zivilisation, der Friede, der aus der Verteidigung der Unschuld der Frau resultiert, ist die historische Aufgabe seiner Helden. Manche dieser Filme waren von ungewöhnlichem Aufwand in der Gestaltung und in den Produktionsbedingungen (von Griffiths Film-«Kunst» einmal ganz zu schweigen), und sie sind in diesem Sinne Vorläufer der großen Western-Epen aus den zwanziger Jahren, die im Schicksal Einzelner das Schicksal der Epoche oder einer historischen Bewegung zu spiegeln versuchen.

Für Griffiths Helden sind noch nicht die ungeschriebenen Gesetze und die Werte des Westerners späterer Prägung maßgebend: Freundschaft, Ehre, Autonomie. Es sind oft Helden, nicht weil sie sich behaupten, sondern weil sie sich hingeben, wie etwa der Held in The Last Drop of Water (1911): Ein Siedlerzug ist von Indianern überfallen worden. Ein Mann wird ausgeschickt, die Kavallerie zu alarmieren, die Wüste hält ihn auf. Ein anderer, der Nebenbuhler um die Gunst eines Mädchens, wird ihm nachgeschickt und findet ihn, dem Verdursten nahe. Nur kurz ist sein Zögern, dann übergibt er seinem Rivalen den Wasservorrat und stirbt für ihn. Später in einem Western wird man wissen: Es ist wichtig, dass einer durchkommt, für die Gemeinschaft. Bei Griffith ist wichtig, wer und wie er durchkommt, weil nicht die Besiedlung die Moral, sondern umgekehrt die Moral die Besiedlung bestimmen soll.

Melodramatische Verwicklungen stehen oft am Beginn der Konflikte, das heißt, Missverständnisse, Fehlinterpretationen, der falsche Schein der Dinge, die bloß vermeintliche Bedrohung oder das betrogene Gefühl lösen die Gewalt aus. So geschieht es in einem der aufwendigsten Westernfilme von Griffith, The Battle of Elderbush Gulch (1913).

«Zwei Mädchen, die mit einer Postkutsche in den Westen reisen, um einen Onkel zu besuchen, schließen Bekanntschaft mit einem jungen Paar, das das gleiche Reiseziel hat. In Elderbush Gulch werden die Reisenden herzlich willkommen geheißen. Die beiden Mädchen treffen im Hause ihres Onkels ein und teilen ihm mit, dass sie zwei junge Hunde mitgebracht haben. Der Onkel will sie nicht im Hause behalten, deshalb werden die beiden Tiere aus der Tür gelassen; die jungen Hunde laufen davon und flüchten sich schließlich in die Arme von zwei Indianern. Abends geht das ältere der beiden Mädchen hinaus, um die Hunde hereinzuholen und sie zu sich ins Bett zu nehmen; sie findet sie nicht und beginnt zu suchen. Sie begegnet den beiden Indianern, will ihnen die beiden Hunde wegnehmen, aber die Indianer widersetzen sich; der Onkel kommt hinzu, glaubt an einen Überfall und schießt auf die Indianer, wobei er den Sohn des Häuptlings tötet. Dies fordert den Hass der Rothäute heraus, die Elderbush Gulch belagern. Das junge Paar, das die Mädchen in der Postkutsche kennengelernt hatten, wird voneinander getrennt: Der Ehemann hat das Kind einem Nachbarn übergeben und liegt zu Beginn des Angriffs verwundet im Wald. Die Frau hat sich in die Hütte des Onkels geflüchtet und fleht ihn an, den Mann und das Kind hereinzuholen. Der Siedler, der das kleine Kind bei sich hat, wird beim Versuch, die Hütte zu erreichen, getötet, aber das Kind bleibt unverletzt neben ihm liegen. Das ältere der beiden Mädchen sieht es und riskiert sein Leben, um ihm zu Hilfe zu kommen; es gelingt ihr das Kind zu retten. Schließlich kommen Truppen zum Einsatz, alarmiert von einem Mexikaner, der den Indianern entflohen ist. Sie befreien die Siedler: Der verletzte junge Mann wird wieder mit Frau und Kind vereint, die gesund und munter sind» (Eileen Bowser).

Betrachtet man einmal die erotische Mythologie dieser Handlungsführung, so wird deutlich, dass noch bis in die Blütezeit des *adult western* ähnliche Strukturen anzutreffen sind. Es gibt das unschuldige Mädchen (hier in der spezifischen Verdoppelung), das durch den kleinen Ungehorsam aus einer Zuneigung heraus den Konflikt heraufbeschwört. (Die weiße Frau macht in der Vorstellung des puritanischen Kolonialisten den Indianer den Neger, den fremden Mann zur Bestie.) Es gibt den Gegensatz zwischen der Stadt und dem Land, wobei eher das Land (die Blockhütte als Symbol der Verbundenheit mit der Natur) als die Stadt zur sicheren Zufluchtsstätte wird. Es gibt die Familie, die durch das Opfer eines anderen Mannes erhalten wird (man denke an SHANE) und durch die Tat einer Frau; die Regelung persönlicher Beziehungen inmitten des Kampfes zwischen Weißen als Individuen und den Indianern als Masse. Ansatzweise ist sogar auch die Bewegung nach dem Westen, die Suche nach der neuen Heimat vorgegeben.

Die Begegnung mit der Wildnis, mit dem Indianer, wird zum Prüfstein der Beziehung zwischen Mann und Frau, die sich erst im Sieg über jene patriarchalisch-zivilisiert konsolidieren kann. Seit Griffiths Western steckt in jedem epischen Film des Genres ein Melodram verborgen. Griffith hat, neben bedeutenden technischen und erzählerischen Innovationen, auch dies dem Western hinzugefügt: dass häufig finstere, verstörte paternalistische Träume den Weg der Protagonisten vorschreiben.

Der erste Cowboystar: Broncho Billy

Gilbert M. Anderson (eigentlich: Max Aronson) hatte eine kleine Rolle in Porters THE GREAT TRAIN ROBBERY gespielt (eigentlich war er sogar für eine Hauptrolle als einer der Banditen vorgesehen, aber als sich herausstellte, dass er kaum reiten konnte, übertrug man ihm nur noch einen *bit part*). Bei Vitagraph wurde er Schauspieler und Regisseur, und er drehte für diese Firma im Jahr 1907 eine Reihe von *one reel western* wie BANDIT KING, THE GIRL FROM MONTANA und WESTERN JUSTICE, denen das Verdienst zukommt, die ersten wirklich im «Westen» gedrehten Filme des Genres zu sein. Als Mitbegründer der Firma Essanay versuchte sich Anderson an einem Konzept, eine mehr oder weniger feststehende Heldenfigur in den Western einzuführen, um so das Publikum an eine Serie von Filmen zu binden, ähnlich wie dies bei den erfolgreichen Slapstick-Komikern der Fall war. (Auch die in *dime novels* publizierten Western-Erzählungen wiesen zum Teil ja wiederkehrende Heldenfiguren auf.) Erst als seine Suche nach einem geeigneten Darsteller für solche Filme keinen Erfolg gezeigt hatte, entschloss sich Anderson dazu, den Part selbst zu übernehmen.

Der erste eigentliche Broncho Billy-Film war BRONCHO BILLY AND THE BABY (1908), der nach der Erzählung «Three Godfathers» von Peter B. Kyne entstand. (Diese Geschichte wurde später noch mehrmals verfilmt, unter anderem zweimal von John Ford und einmal von William Wyler.) Die Geschichte von Banditen, die in der Wüste ein todgeweihtes neugeborenes Kind annehmen, um es unter großen Opfern in die Sicherheit der Zivilisation zu bringen, veranschaulicht den Charakter, den Broncho Billy auch in vielen seiner späteren Western darstellen sollte: den *good bad man*, den Banditen oder Outlaw, der in einer extremen Situation große Menschlichkeit zeigt und für eine aufopfernde Tat wieder in den Kreis der Gesellschaft aufgenommen wird. Zwischen 1908 und 1915 drehte Anderson, als Regisseur, Autor und Hauptdarsteller, mindestens 376 BRONCHO BILLY-Western (einige Quellen sprechen sogar von ungefähr 500).

Dieser Broncho Billy war die erste Identifikationsfigur des Genres, sein erster Star. Dass dies gerade einem Darsteller gelingen konnte, der nicht mehr der jüngste, kein athletischer und auch kein gutaussehender Mann war, verwundert nur, wenn man ihn mehr mit seinen Nachfolgern wie Tom Mix vergleicht als mit dem Männlichkeitsideal des amerikanischen Viktorianismus, das auch in Griffiths Filmen dominiert (und gegen das sich erst in Rudolph Valentino ein Gegenbild behauptete). Broncho Billy ist paradoxerweise ein Action-Star, der eigentlich nur vor dem Hintergrund des Melodrams seine Identität findet, wie ein Westerner, der in seinen Bewegungen all die seelischen Verkrüppelungen puritanischer Moral vor sich her trägt, die durch die Zufälle und Intrigen der Handlung zu einer gewissen Lösung gebracht und zugleich bestätigt werden. Schon die Titel seiner Filme weisen darauf hin, dass er viel weniger den Kampf mit Banditen und Indianern als die Verwirrungen der Gefühle zu fürchten hat, die sich durch seine familiären und emotionalen Beziehungen ergeben. BRONCHO BILLY AND THE SISTERS, BRONCHO BILLY'S BROTHER, BRONCHO BILLY'S MEXICAN WIFE, BRONCHO BILLY'S WORD OF HONOR – so heißen die Filme, in denen der Held oft verschlungene Wege gehen muss, bevor er durch den Einfluss einer

Frau, gelegentlich auch durch das Aufschlagen der richtigen Bibelstelle, seine Entscheidung trifft.

Es gibt, zumindest anfänglich, noch keine Kontinuität in den BRONCHO BILLY- Filmen; der Held ist das erste Mal ein Sheriff, das andere Mal ein Farmer und wieder ein anderes Mal ein bekehrter Bandit. Das Ende des einen Films sah ihn heiraten und sich zur Ruhe setzen, am Beginn des nächsten war er wieder als einsamer Westerner unterwegs; einige Filme verzeichnen sogar den Tod des Helden, ohne dass dies das Publikum davon abgehalten hätte, sein nächstes Abenteuer zu erwarten. (Zur Zeit des Höhepunktes seines Ruhmes kam jede Woche mindestens ein neuer BRONCHO BILLY-Western auf den Markt.)

Mit dem authentischen Westen hatten Anderson-Filme nur sehr wenig zu tun; das Land seiner Abenteuer ist als *dime novel-west* bezeichnet worden. Es ist ein Westen der Rekonstruktion ohne den «historischen» Mythos der Landnahme. Die BRONCHO BILLY-Western erinnern in ihrer Mischung aus Abenteuer und Romantik an die Abenteuerliteratur des 19. Jahrhunderts, gleichsam versetzt mit einer puritanischen Moral, die noch nicht verinnerlicht oder gar reflektiert war, sondern ganz naiv und direkt zum Ausdruck kam. Als Beispiel hierfür soll, nach einer zeitgenössischen Quelle referiert, die Inhaltsangabe eines typischen BRONCHO BILLY-Western dienen (A MEXICAN'S GRATITUDE; 1914, Regie: Gilbert M. Anderson).

Ein Mexikaner wird von einem Sheriff davor bewahrt, als Pferdedieb gelyncht zu werden. Er zieht eine Spielkarte aus der Tasche, schreibt das Wort *gratitude* (Dankbarkeit) darauf, zerreißt die Karte in zwei Hälften und überreicht die eine seinem Retter. Jahre später: Der Sheriff hat sich in ein Western-Mädchen (also das Gegenteil eines Bürgermädchens aus dem Osten) verliebt. Dem aber wird von einem Cowboy der Hof gemacht, der in der Wahl seiner Mittel nicht eben zimperlich ist. Er arrangiert ein Zusammentreffen des Sheriffs mit einem anderen Mädchen, um seiner Angebeteten dessen Treulosigkeit zu beweisen. Das Mädchen glaubt dem Cowboy und geht mit ihm fort. Etwas später verprügelt aber der Sheriff den Cowboy und zwingt ihn, seinen Verrat zu bekennen; die Sache scheint geregelt. Doch der rachedurstige Cowboy versichert sich der Hilfe zweier Mexikaner, um dem Sheriff eine Falle zu stellen. Sie überwältigen ihn und das Mädchen und bringen beide gefesselt in eine Hütte. Dort wird der Sheriff erst einmal gefoltert, dann schleift der Cowboy das arme Mädchen in einen anderen Raum. Einer der Mexikaner greift in die Tasche des Sheriffs, um sich einen Tabaksbeutel zu angeln, da fällt ihm die halbe Spielkarte mit dem Wort *gratitude* darauf entgegen. Nachdem er sich versichert hat, dass der Sheriff wirklich sein Retter von damals ist, befreit er ihn, und dieser, nun wirklich zornig, greift sich den Cowboy, und erst das Mädchen kann verhindern, dass er ihn noch übler zurichtet. Nun steht dem Happyend wirklich nichts mehr im Wege.

In den BRONCHO BILLY-Western gibt es eine Sympathieverteilung, die für den späteren Western kaum noch denkbar ist: Mexikaner, die in vielen seiner

Filme eine wichtige Rolle spielen, sind zumeist gute Banditen, jedenfalls ehrbarer als viele Yankees. Cowboys sind zumeist als Schurken dargestellt (wie im zitierten Beispiel), eine Tradition, die noch ganz der Furcht der Bürger vor dem Rowdytum der Cowboys in der Wirklichkeit, aber auch dem Bild in den *dime novels* entspricht. (Insbesondere ist es auch nicht ganz richtig, von Broncho Billy Anderson als dem ersten Cowboy-Star zu sprechen, aber der Begriff hat sich allgemein für die Helden des spezifischen Serien- und B-Western eingebürgert.) Indianer entsprechen dem Bild des edlen Wilden aus der frühen Pionierliteratur wie bei James Fenimore Cooper; es sind mystische Wesen von ganz eigenem, ein wenig märchenhaften Appeal und gelegentlich, in ganz naiver Weise, so etwas wie die Anima des Westerners.

Erinnerungen an den wirklichen Westen: William S. Hart

Den ersten Schritt in Richtung auf eine gewisse Authentizität des Genres hatte BRONCHO BILLY Anderson noch selbst unternommen, indem er seine Produktionsfirma Essanay von Chicago nach Niles in Kalifornien übersiedelte; «der Western war nun dort, wo er hingehörte» (Don Miller). Sein Nachfolger in der Publikumsgunst, William S. Hart, war zugleich die logisch konsequente Fortsetzung des BRONCHO BILLY-Konzepts und eine historische Korrektur. Auch er war in vielen seiner Filme der *good bad man*, der Bandit, der durch die Liebe einer Frau und seine Bereitschaft, sich selbst für eine gute Sache zu opfern, moralische Absolution erhält. Von dieser melodramatischen Seite seines Wesens (die natürlich auch eine historische Komponente hat) abgesehen, waren die Geschichten um den von ihm verkörperten Westerner weniger naiv und linear als die von Anderson. Wenngleich häufig mit einem Übermaß an Sentimentalität versetzt, waren seine Western dennoch an der historischen Wirklichkeit orientiert (von der er als Kind noch ein wenig erlebt hatte). Harts Western zeigten den Kampf, die Arbeit und auch die glanzlosen Momente im Leben an der Grenze und den schwierigen Prozess der Entwicklung einer Moral für eine neue Gesellschaft.

Typisch für dieses Element in Harts Western ist etwa der Film HELL'S HINGES (1916), die Geschichte der Bekehrung eines Banditen und zugleich, parallel dazu erzählt, die Geschichte vom moralischen Verfall eines Priesters, dessen Tochter der Held beschützt. Pathos und Lakonie gehen eine Verbindung ein, die für den späteren Western wesenseigen werden sollte. Das wird auch in den Dialogen der Untertitel deutlich, die sich um die Rekonstruktion der Cowboysprache bemühen. Von HELL'S HINGES, dem Ort des Geschehens, beispielsweise wird gesagt, es sei «a good place to ride wide of» und die Bekehrung des Helden wird mit den Worten angedeutet: «I reckon God ain't wantin' me much, Ma'am, but when I look at you, I feel I've been ridin' the wrong trail». Gott war nie ganz fern, und die Bibel spielt in Harts Western eine fast ebenso bedeutende Rolle wie der Revolver, allerdings kaum als komplementäre Instrumente der Besiedlung, wie es die Geschichte gezeigt hat, sondern als einander ausschließende Symbole von Gut und Böse. Die Bedeutung von Accessoires ist in Harts Western fast immer allegorisch, aber auch in seiner Bildsprache hat er oft eine wirksame Verbindung von Sentimentalität und lakonischem Understatement gefunden. In Hell's Hinges gibt es eine Szene, in der der Held zum ersten Mal die Bibel liest. Er tut dies, zuerst zögernd, dann immer gebannter, und während er liest, raucht er und trinkt, aber die Bewegung seiner Hände zum Whiskyglas werden immer langsamer, dann bleibt das halbvolle Glas stehen.

In Harts Filmen kam zum ersten Mal zum Ausdruck, dass der Western nicht nur das Land der Abenteuer, sondern auch der Ort einer neuen nationalen Identität war. Staubbedeckt, melancholisch, mit der Erfahrung vieler Jahre im Niemandsland beladen, erschien Hart und schuf Ordnung, indem er sich zuallererst selbst besiegte, seine Vergangenheit, seine Wildheit, seine Freiheit. Ernst, Trauer, aber auch eine gewisse Größe kennzeichnen seine Haltung. Er ist kein strahlender Held, drückt eher etwas von den Widersprüchen aus, die den Western ausmachen, und er ist ein Held, nicht aus natürlicher Bestimmung, wie vor ihm Broncho Billy und nach ihm Tom Mix, sondern ein Held aus inneren und äußeren Zwängen, zu denen auch ein unklares Verhältnis zu Frauen gehört.

Durch Frauen verknüpfen sich, wie später im Genre, unheilvoll, doch unschuldig, die Schicksale von Männern. Typisch für die Struktur von Hart-Western ist die Geschichte von The Troll Gate (1920, Regie: Lambert Hillyer): Hart ist der Anführer einer Gruppe von Outlaws, der von einem seiner Unterführer verraten wird und nur mit knapper Not einer Falle entkommt. Der Verräter schafft sich in der Stadt einen Saloon an. Hart ist hinter ihm her, und als er ihn in der Stadt aufspürt, steckt er seinen Saloon in Brand. Ein Suchtrupp wird zusammengestellt, der Hart in die Wildnis verfolgt. Er versteckt sich zusammen mit einer Frau und ihrem kleinen Sohn, welche der brutale Gatte hilflos in der Wüste zurückgelassen hat. Es stellt sich heraus, dass der Mann, der den Helden verraten hat, und der, der die Frau verließ, ein und derselbe ist. Als der Trupp an ihrem Versteck eintrifft, kommt es zum *shoot-out*. Hart erschießt den Schurken, und der Sheriff lässt ihn schließlich, als ihm die Zusammenhänge klar geworden sind, ziehen. Die Frau und ihr Sohn schauen ihm nach, als er davonreitet, traurig darüber, dass ein solcher Mann nirgends mehr bleiben kann.

«William S. Harts Westerner ist ein einsamer, harter Mann, von dem mehr als bei allen anderen Western-Stars die Aura einer fast tödlichen Bedrohung ausging. Sein Westen war der eines beständigen Kampfes ums Dasein, nicht nur der realistischste, sondern in gewissem Sinne auch der ‹traurigste› Westen des Stummfilms. Zugleich war Hart aber auch einer der sentimentalsten Western-Helden; die Bekehrung eines ehemaligen Outlaws, das Thema der meisten seiner Filme, ging selten ohne melodramatische Szenen ab. Die Tierliebe seines Helden, vor allem zu seinem Pferd (Fritz war wohl das erste Pferd, das einen *credit* unter den Schauspielern erhielt), zeigte gelegentlich nahezu rührselige Komponenten, die in Widerspruch zu seiner sonstigen Härte stand» (Jürgen Berger / Georg Seeßlen). Dieser Widerspruch ist bezeichnend für die Entwicklung des Genres, bezeichnend aber auch für die Aufarbeitung der eigenen Geschichte: Zurück in das Goldene Zeitalter des Wilden Westens sehnte man sich, weil man in ihm zugleich Anarchie und Beschaulichkeit verwirklicht sah. Einer von Harts Filmen hat den Titel THE SILENT MAN (1917), ein anderer THE DESERT MAN (1916); Einsamkeit, Schweigen, Hoffnungslosigkeit und Würde begleiten das Wissen um den Verlust einer großen Zeit, mit der Unwiederbringliches dahingegangen war. Mit der neuen, bürgerlichen Gesellschaft konnte er sich nur symbolisch, indem er das Wesen des Gesetzlosen ablegte, aber nicht wirklich verbinden; fast immer reitet er am Ende allein davon, die Frau, die Stadt, den Frieden hinter sich lassend. Mit keinem Western-Helden zuvor und kaum einem danach hat das Publikum so viel Mitleid haben müssen.

«Mit dem Beginn der zwanziger Jahre begann Harts Anziehungskraft nachzulassen. Dass er nun schon fünfzig war, mag nicht der einzige Grund gewesen sein. Harts melancholischer Held gehörte einer Zeit an, die die ‹alten› Werte zumindest noch bewunderte und ihren Niedergang betrauerte. Die leichtfertige Zeit, die nun anbrach, verlangte nach anderen Leitbildern. Erst spätere Dekaden brachten eine Rehabilitierung des Typs – der alte Gary Cooper in HIGH NOON und der alte John Wayne in THE MAN WHO SHOT LIBERTY VALANCE sind Reinkarnationen Harts» (Enno Patalas). Mit Hart hatte der Western begonnen, ein für Tragik empfängliches Genre zu sein.

Der Glamour-Cowboy: Tom Mix

Tom Mix, der im übrigen schon vor William S. Hart begonnen hatte, als Filmschauspieler aufzutreten, lange Zeit aber vorwiegend *supporting roles* innehatte, war nicht nur jünger, strahlender, optimistischer, unkomplizierter und athletischer als dieser, er stellte auch eine mythologische Alternative zu dem melancholischen Westerner dar. War Hart das große, tragische, sentimentale Überbleibsel einer gewaltigen Zeit, die so überwältigend gewesen sein musste, dass vieles von ihr im Dunkeln, im Schweigen zu bleiben hatte, so zeigte Tom Mix, wie man auf eine einfache, trickreiche, amerikanische Art die Ideale und das Lebensgefühl des Westens in die Gegenwart fortsetzen konnte, indem man sie einer radikalen Veräußerlichung unterzog.

Wie sich das Leben der Cowboys fortsetzte in der Zurschaustellung ihres Könnens im Rodeo, wo gleichsam aus einem Beruf zunächst ein Sport und aus diesem wiederum ein Teil der Unterhaltungsindustrie wurde, verwandelte sich bei Mix der Westerner in einen Akrobaten und Artisten. Die Kleidung des Westerners, durch viele leichte und manchmal groteske Übertreibungen zu einer Art Fantasiekostüm geworden, sein fantastisch herausgeputztes Pferd Tony und die Aneinanderreihung von spektakulären Reitertricks und anderen Kunststücken mit westerneigenen Requisiten machten aus den Tom-Mix-Filmen in erster Linie ein Schauvergnügen, bei dem es auf die Handlung nur als Vehikel für optische Sensationen ankam. Harts Western erzählten vor allem eine Geschichte; Tom Mix' Western zeigten vor allem Action.

Mehr als seine Vorgänger war Tom Mix ein Held für das jugendliche Publikum. In seinen früheren Western trat er häufig gemeinsam mit populären Kinderdarstellern auf, und er gehörte zu den ersten jener Filmcowboys, die einen moralischen Kodex peinlich genau befolgten: nicht trinken, nicht rauchen, nicht fluchen und einen Feind nur in äußerster Notwehr mit dem Revolver bedrohen, sich ansonsten lieber auf Fäuste oder Lasso verlassen und in jedem Fall die Gesetze befolgen. Hart musste das Mädchen verlassen. Mix bekam es, aber bei dem wenigen, was er mit ihr anstellen konnte, musste ihm sogar noch sein Pferd behilflich sein, indem es ihm einen kräftigen Schubs in Richtung auf seine Angebetete gab.

Die moralischen Probleme von Andersons und Harts Westerner gab es in Tom-Mix-Filmen nicht; gut und böse waren trefflich unterschieden, häufig schon durch die Kleidung: der Gute hell, der Böse dunkel gewandet. Beider Kämpfe finden immer in landschaftlich reizvollen Gegenden statt; häufig richtete es die Crew der Mix-Filme so ein, dass man im Hintergrund eines der *national wonders* erkennen konnte, während man im Vordergrund den Kampf des Helden mit seinem Gegner verfolgte, der auf einem fahrenden Zug oder auf einer Postkutsche, am Rande eines Abgrundes oder einer Brücke stattfand. In THE GREAT K & A TRAIN ROBBERY (1926) beispielsweise bildet eine bekannte Felsenschlucht, die Royal Gorge in Colorado, den Hintergrund. Durch sie führt eine Eisenbahnlinie, die durch eine Serie von Bahnüberfällen in ihrer Existenz bedroht ist. Tom Mix ist Eisenbahndetektiv, der, ohne sich zu erkennen zu geben, versucht, die Züge zu sichern und den Tätern auf die Spur zu kommen. Er entdeckt schließlich, dass ein Verräter direkt vom Vorzimmer des Präsidenten aus die Banditen über die Pläne der Gesellschaft und die wertvollen Frachten informiert. Während Tom (mit viel Action und Stunts) die Banditen zur Strecke bringt, hat er auch noch Zeit, sich in die Tochter des Bahnpräsidenten zu verlieben, die er am Ende heiratet.

Tom Mix' Westen war genauso exotisch wie sein Kostüm, obwohl er, noch mehr als Hart, den Westen aus eigener Anschauung kannte. Aber da er nicht der Darsteller einer Legende, auch nicht der Darsteller eines Archetyps war, sondern ausschließlich Darsteller seiner selbst, schien dies eine gewisse Folgerichtigkeit zu haben. Die Verwandlung des Westens in Showbusiness war Teil seines Lebens. (Im Film gibt es solche Cowboys nicht mehr, aber wenn man sich die Fantasiekostüme der Country & Western-Sänger betrachtet, die ja auch häufig einen authentischen Hintergrund haben – das heißt eine spezifische Ausstattung einmal als «Arbeitskleidung» benutzt haben –, wird deutlich, welcher Vorgang sich hier abspielt. Die Transponierung des armseligen Westens in eine Glamour-Welt des Zirkus, der Paraden, der Musik, der Rodeos und eben des Films konnte wohl am ehesten von denen geleistet werden, die es anging, ganz so, wie historische Authentizität am ehesten bei denen zu finden ist, die sich einen gewissen Abstand zu den weniger erfreulichen Erfahrungen des Westens haben leisten können. Eine ganz andere, vielleicht tiefere Art der Authentizität findet sich aber in den Träumen und Projektionen, auch in denen von Tom Mix. Mit ihm war geboren, was die Rebellen der Country-Musik heute die «Rhinestone-Cowboys» nennen.)

Historisch ließen sich die Geschehnisse um seinen Helden nicht festlegen; der erlebte das eine Mal Abenteuer mit Indianern und Postkutschen, das andere Mal sprang er von seinem Pferd auf ein fahrendes Auto, um einen ziemlich modernen Schurken zu fangen, sehr oft einen Spion oder eine andere Art von Verräter, weil solch einer weitaus unsympathischer war als ein Bandit. Daneben begab sich der Held auch auf Reisen in ferne Länder, wie zum Beispiel in Tom Mix in Arabia (1922). Aber immer war er The Daredevil (1920), The Untamed (1920), The Trouble Shooter (1924) oder The Circus Ace (1927), ein Draufgänger, der sich in einer Welt durchsetzte, in der dies nicht schwerfiel, solange man seinen Körper fit und seinen Geist von Vergiftungen frei hielt. Die Leichtigkeit der Figur Tom Mix zeigt sich unter anderem auch darin, dass der Held eigentlich nie eigene Probleme löst, sondern immer nur die Schwierigkeiten anderer beseitigt. Das emotionale Engagement hielt sich dabei in Grenzen; so konnte er lachend und leichthin zeigen, was er drauf hatte.

Wie etwa Douglas Fairbanks war Tom Mix eine Verkörperung des Amerikanertums, das historisch wie mythologisch immer ein wenig im Widerspruch zum Wesen des Westerners steht, eines im Kern zutiefst konservativen Archetypus. Tom Mix stellt seine Überlegenheit so auffällig zur Schau, wie es der Verbundenheit des Westerners mit den Lebensumständen, die auch den Gegner mit einbeziehen, und auch seiner bei Hart angedeuteten Verschlossenheit zuwiderlief. Mit dem Mythos des Western, der sich die Vergangenheit gefügig zu machen sucht, hat Mix also viel weniger zu tun als mit einer Gegenwart, die dem Idol des Tatmenschen huldigte und in der das moralische Selbstbewusstsein ungebrochen schien.

In Gestalt von Tom Mix und vieler seiner Nachfolger und Mitstreiter war die Gefährlichkeit des Westens, einer Vergangenheit der Wildheit, der Ausschweifung, des Elends auch zunächst einmal gebändigt. Broncho Billy hatte sich mit Indianern und Mexikanern gemein gemacht, Hart war einmal Bandit gewesen – nichts davon bei Tom Mix, der seine Seele in die Tat gelegt hatte. Seine Ehrlichkeit lag ganz darin, möglichst viele von den Tricks und akrobatischen Nummern in seinen Filmen selbst aufzuführen; eine physische statt spirituelle Kontinuität des Westens.

1915 bis 1925: Western in Serie

Die Zahl der Konkurrenten von Hart und Mix war Legion, und die meisten von ihnen bildeten eine Art Kompromiss zwischen den extrem unterschiedlichen Charakteren von beiden, die in der einen oder anderen Art zu übertreffen kaum möglich war. Harry Carey zum Beispiel, der vordem tatsächlich als Cowboy gearbeitet hatte und in vielen Filmen von David Wark Griffith aufgetreten war, spielte seit 1915 in einer Reihe von Filmen die Figur des Cheyenne Harry, ein rauer, individualistischer Westerner, kein junger Mann wie Mix, aber auch kein Mann für Melancholie und schon gar nicht für Sentimentalität. In seinen Filmen, bei denen des Öfteren auch John Ford die Regie führte, ist er die Verbindung zwischen Authentizität und Zuversicht, die Vorahnung eines Western-Helden, der in gewissem Sinne tragisch und doch zukunftsorientiert sein kann. Auch Carey stellte häufig den ambivalenten Charakter des *good bad man* dar; der melodramatische Charakter dieses Typus war indes gebrochen durch eine gewisse Ironie und dadurch, dass seine Konversion, anders als bei Hart, zumindest sozial erfolgreich verläuft.

Hoot Gibson (von dem noch die Rede sein wird) war ein action-versessener, jungenhafter Westerner mit einer komödiantischen Note in seinen Filmen. Er begann als Double und Stuntman von Harry Carey, übernahm dann kleinere Rollen in dessen Filmen und wurde dadurch so populär, dass man eine eigene Serie mit ihm konzipierte. (In etwa verliefen die Karrieren der meisten Stars der Serien-Western nach diesem Muster.) Carey und Gibson brachten ein neues Element in die Darstellung von Western-Charakteren: Natürlichkeit. Carey, Gibson, später Buck Jones und etliche andere waren vergleichsweise normale Menschen, ihre Eigenschaften nicht stilisiert und ihre Fähigkeiten erstaunlich, aber nicht übermenschlich. Sie konnten lachen oder bewegt sein, Freundschaft und Zorn empfinden, ohne dass diese Gefühle sogleich überlebensgroße Ausmaße annahmen. Und außerdem begann man sich zu erinnern, dass in die Legende des Westens ein im Wesen komisches Element eingeschrieben war, das zwischen den großen Träumen und dem wirklichen Leben vermittelte, so wie in den späteren B-Western eine komische Figur, der *sidekick*, zwischen der der übermenschlich guten Figur des Helden und den eigenen, vielleicht nicht ganz so guten Erfahrungen über die Lebensweise von Menschen vermittelte.

In diesen Jahren waren Western eine Massenware, serienweise und schnell produziert, für die alsbaldige, kaum länger anhaltende Auswertung bestimmt. Dabei bildeten die Filme, die heute gemeinhin als die Vorläufer der Serien- und B-Western des Tonfilms gelten, die Tom Mix-, Harry Carey- oder Buck Jones-Filme, die qualitative Spitze im Vergleich zu den unzähligen billigen Western vieler kleiner Produktionsfirmen, die fast aufwendig gestaltet, auf jeden Fall von oft kompetenten Autoren und Regisseuren realisiert oder von den Stars selbst ganz auf die eigenen Bedürfnisse hin inszeniert wurden.

Bei der kurzen Produktions- und Auswertungszeit waren die Firmen gezwungen, sich für ihre Produkte Markenzeichen zuzulegen, die zum einen die Filme einer Serie aus der Masse der Konkurrenzprodukte hervorheben, zum anderen eine Publikumsgemeinde schaffen sollten. Verkauft wurden nicht die einzelnen Filme, sondern eine Serie. Am einfachsten war die Strukturierung einer solchen Serie natürlich durch den Namen des Stars zu erreichen, nicht nur bei den Großen des Genres, sondern auch bei solchen, deren Namen, geschweige denn Filme heute kaum noch jemand kennt, wie etwa Lester Cuneo, Bob Custer, Fred Humes, Roy Stewart, Ted Wells oder Al Hoxie, um nur einige zu nennen. Filme um einen solchen Western-Star wurden im Allgemeinen von einer ziemlich konstanten Crew produziert, wobei, abhängig von der Höhe des Budgets, das das Studio für die Filme seiner Serie bereitzustellen willens war, ein mehr extensiver (wie bei einigen Tom-Mix-Filmen) oder ein höchst intensiver Arbeitsstil (etwa bei Buck-Jones-Western am Anfang) gepflegt wurde, der vor allem durch die Mehrfachverwertung von Bauten, *location*-Aufnahmen, Stunts, ja ganzer Filmteile innerhalb einer Serie, die Beschränkung auf wenige Schauplätze und das Drehen mehrerer Filme gleichzeitig geprägt war.

Eine andere Möglichkeit bestand darin, eine Reihe von Western, bei denen der Stab ebenfalls in etwa gleich blieb, einen Markennamen zu verpassen. Carl Laemmle beispielsweise verwendete eine Reihe solcher Markennamen für seine Western, die jeweils auf einem bestimmten Konzept in der Handlung und in der Gestaltung basierten. So gab es zum Beispiel die «Blue-Streak-Western», und dieser Name, eigentlich das Versprechen, dass in jedem Film der Serie mehr oder weniger immer das gleiche passierte, war der Mittelpunkt der Werbung und nicht die Namen der Darsteller (in diesem Fall Jack Hoxie, Pete Morrison, Art Acord). Neben die Kontinuität des Helden trat so die Kontinuität eines Themas, oder besser gesagt: einer Formel.

Neben den kontinuierlichen Heldengestalten (die mal mehr, mal weniger festgelegt sein konnten) und den Konzeptserien war die ausgeprägteste Form für die fortlaufende Verpackung des Western das Serial, das allerdings, bedingt durch die Beschränkung der meisten Filme auf ein oder zwei Rollen, sich in seiner Dramaturgie von den abgeschlossenen Filmen noch nicht so stark unterschied wie später zu Zeiten des Tonfilms (vergleiche das Kapitel «Western-Serials»). Aber schon in der Stummfilmzeit gab es Firmen, wie etwa die National Film Corporation, die sich nahezu ausschließlich auf die Produktion von *cliffhangers* spezialisiert hatten. (Das Wort *cliffhanger* bezieht sich auf den häufig verwendeten Schluss eines Serial-*chapters*, in dem der Held oder die Heldin hoffnungslos zwischen Himmel und Erde an einer Felsenklippe festgeklammert sind, und erst die nächste Fortsetzung verriet, wie er/sie sich aus dieser Situation befreien konnte.) Auch die Stars der Serials waren andere als die von abgeschlossenen Filmen. Jack Hoxie beispielsweise war ein Darsteller, der nur in Serials als Star geführt wurde, so etwa in LIGHTNING BRYCE (1919) oder THUNDERBOLT JACK (1920). Zu Beginn der zwanziger Jahre gab es noch etliche Mischformen zwischen Serial und Serienfilm, so etwa Serials mit abgeschlossenen Episoden in jeder Folge, aber mit einem fortlaufenden roten Faden in der Geschichte.

Die Serial-Helden waren naturgemäß noch stärker auf Action beschränkt als die Stars der *feature-films*, und verglichen mit ihnen war Tom Mix ein schauspielerisches Genie. Aber der eigentliche Charme und die Vitalität der Serials stammen gerade aus den Beschränkungen in der Produktion: Viele, vor allem Action-Szenen waren improvisiert, wie das bei den früheren Slapsticks der Fall gewesen war, und die Crews verstanden es oft, noch aus dem kleinsten visuellen Detail irgendeine Wirkung zu erzielen. In einem Serial sieht man etwas nie nur «einfach so»; irgendwann wird es eine dramaturgische Funktion beweisen, denn sonst hätte man es weggelassen. Diese Spontaneität und ein gleichsam parodistisches Verhältnis zum Material, in Verbindung mit der Tatsache, dass die meisten Serial-Darsteller zugleich gefeierte Rodeo-Stars waren, die ihr Handwerk verstanden, machte die Serials erfolgreich. Auch sie waren ein Schritt auf dem Weg, Kontinuität und Erfolg zu verknüpfen und führten zu Verfilmungen berühmter literarischer Vorlagen. Owen Wisters The Virginian war die klassische Western-Erzählung, auf die immer wieder zurückgegriffen wurde. Aber sie war ein Einzelwerk geblieben, ihre Formel ließ sich nicht beliebig erweitern, und durch die Verzahnung der Handlung widersetzte sich der Stoff auch ein wenig dem Serienkonzept. (Die TV-Serie The Virginian, die in Deutschland unter dem Titel Die Leute von der Shiloh-Ranch zu sehen war, hat mit Wisters Roman kaum noch etwas zu tun, mit dem Geist der Erzählung noch weniger als mit den Details der Handlung.) Anders verhielt es sich mit der umfangreichen Arbeit des Autors Zane Grey (1875-1939), dessen beinahe 100 Bücher im Verlauf der Filmgeschichte zu einem Repertoire von Themen für das Genre geworden sind wie sonst kein anderes Werk. (Allerdings ist der Einfluss Greys auf den Western-Film immer indirekt gewesen; zumeist sind jene Bücher von ihm, die die Literaturkritik als die besten erachtet hat, zu den Filmen geworden, die die Filmkritik zu den unbedeutendsten zählte, und umgekehrt.)

Zunächst hatte William Fox die Filmrechte an drei der bekanntesten Zane-Grey-Romane erworben (Riders of the Purple Sage, The Rainbow Trail und The Border Legion; dann entschloss sich Grey, durch Gründung einer eigenen Produktionsfirma von der Verwertung seiner Bücher zu profitieren. Als dieses Experiment fehlschlug, verkaufte er seine Rechte (und seine Firma) an Famous Players-Lasky. Zwischen 1921 und 1928 wurden nun pro Jahr zwischen zwei und fünf Zane-Grey-Western gedreht, die sich vor allem durch sorgfältige Produktion und ausgefeilte Drehbücher auszeichneten. Auch diese Serie hatte ihre Stars, Jack Holt und Richard Dix, aber sie waren doch nur die zweite Attraktion neben dem Namen Zane Grey, der für einen Erfolg garantierte.

Die Serialisierung des Western fand kaum Grenzen; war ein Film erfolgreich, folgte ihm eine Serie ähnlicher Filme: Entweder der Star oder die Geschichte oder das Thema oder eben der Name des Autors wurden zu den neuen Markenzeichen. Ein Darsteller spielte ein paarmal den Freund des Helden, wie Hoot Gibson bei Harry Carey, dann versuchte man es mit einer eigenen Serie, wobei die Ablegerserie jeweils mit wesentlich geringerem Produktionsbudget auskommen musste, bis sie sich auf dem Markt etabliert hatte oder eingestellt wurde. Aus Serien entwickelten sich wieder Unterserien; so konzipierte man zum Beispiel nach dem Erfolg des Films WILD HORSE MESA (1925, Regie: George B. Seitz), aus der Zane-Grey-Serie, eine neue Serie von Filmen um REX, KING OF THE WILD HORSES.

Aber nicht immer erschlug die Serienkonzeption die Ideen der Autoren und Regisseure, und die Zane-Grey-Western boten mehr als die Serien mit stark definierten Helden Gelegenheit für individuelle Arbeiten. Unter diesen ist besonders Georges B. Seitz' THE VANISHING AMERICAN (1925) zu erwähnen, nicht nur, weil er zu den filmischen Glanzstücken des Genres aus dieser Zeit gehört, sondern auch, weil er sich durch eine Haltung gegenüber den Indianern auszeichnet, die es bis dahin nicht gegeben hatte. Es hatte den edlen Wilden gegeben, bei Griffith, Anderson und anderen, aber hier waren konkrete Aspekte des indianischen Schicksals thematisiert, die der Film, wenn auch in Form eines Melodrams, realistisch abbildete.

«THE VANISHING AMERICAN beginnt mit einem Zitat aus Herbert Spencers «First Principles» über das Überleben des Stärksten; es folgt ein Schnitt auf das Monument Valley. Dann zeigt der Film Szenen aus dem Leben in einer modernen Indianerreservation. Schließlich die Geschichte: Noah Berry ist der korrupte Assistent eines unfähigen Indianeragenten. Richard Dix ist der Indianer Nophaie, der sich in die Lehrerin Lois Wilson verliebt hat. Berry erhebt eine falsche Anklage gegen Nophaie, um selbst bei Lois freie Bahn zu haben. Der Erste Weltkrieg erfasst auch das Leben der Indianer, die sich freiwillig zur Front auf der anderen Seite des Ozeans melden. Als sie zurückkehren, ist Berry der neue Indianeragent. Er hat den Stamm in die Wüste vertrieben, wo es kaum noch Lebensmöglichkeiten gibt. Die Indianer ziehen gegen ihn in den Kampf, und beide, Berry und Dix, verlieren ihr Leben, bevor es zur Wiederherstellung des Rechts für rot und weiß kommt» (Jon Tuska).

Die Serialisierung des Western bedeutete also nicht automatisch, dass jeder Konflikt aus dem Genre verbannt wurde, und sie bedeutete auch nicht, dass individuelle Leistungen ganz und gar unmöglich geworden waren. Während der Stummfilmzeit besaß das Genre zudem eine größere Variationsbreite, sowohl was die historische Fixierung, den Hintergrund, als auch was die Zeichnung der Charaktere betraf; der gemeinsame Nenner für den Western bestand äußerlich oft nur darin, dass es um Männer mit Hüten und Revolvern auf Pferden ging, die ihre Streitigkeiten offensichtlich nicht auf friedlichem Wege allein bereinigen konnten. Aber es begann sich, aus vielen Einzelheiten, unverbunden in seinen Elementen noch, so etwas wie der Geist des Genres herauszubilden, der sich im Verlauf der Geschichte des Western so ausgeprägt hat, dass wir heute von einem Film wie etwa Don Siegels DIRTY HARRY (1971) oder Sam Peckinpahs CONVOY (1978) ohne zu zögern sagen: Es ist eigentlich ein Western, ohne dass dies durch die Accessoires, die zeitliche Festlegung oder das Milieu nahegelegt wäre.

THE COVERED WAGON und die frühen Western-Epen

Der bis dahin teuerste und aufwendigste Western wurde zu einer Zeit gedreht, als die Absatzchancen für die Filme des Genres merklich gesunken waren und gerade noch die Filme der größten Stars mehr als ihre Produktionskosten wieder einspielten. «This picture», erklärte der Produzent Jesse Lasky seinem verdutzten Boss Adolph Zukor, dem das Budget von einer halben Million Dollar nur als Irrtum vorkommen konnte, «is more than a western, it's an epic». Das Budget für THE COVERED WAGON (1923) wurde bewilligt. Der Begriff *epic* ist stärker im Gedächtnis der Filmgeschichte geblieben als der Name des Regisseurs James Cruze und stärker als die der damals überaus populären Stars James Warren Kerrigan, Lois Wilson oder Alan Hale und der Charakterkomiker Ernest Torrence und Tully Marshal, die als ein skurriles Paar alter Pfadfinder einen ironischen Kontrapunkt zur dramatischen Handlung schufen.

Ein *epic* bedeutete zunächst einmal Aufwand und nochmals Aufwand. Man verwendete 1000 Statisten und zusätzlich 750 Indianer aus den Reservaten. (Der Mann, der die Aufgabe übernahm, diesen zu übersetzen, was man von ihnen erwartete, und der zugleich als technischer und historischer Berater fungierte, war Colonel Tim McCoy, von dem noch die Rede sein wird.) Man mietete ein riesiges Gebiet in Nevada, auf dem ein Großteil der Szenen abgedreht wurde; zusätzliche Aufnahmen drehte man jedoch in weit entfernten Gegenden. Der Planwagenzug der Siedler, der den Hintergrund des Films bildete, bestand aus 500 Gespannen, teils gemietet, teils neu gebaut. Acht Wochen lang waren weit über 1000 am Film Beteiligte in einem Camp «on location» zusammen, ausgesetzt, so will es die filmische Legende, denselben Strapazen wie die Siedler, deren Heldengeschichte THE COVERED WAGON erzählt.

Ein *epic* ist die Verknüpfung eines großen historischen Moments, in dem kollektiver Heldenmut neues Land und neues Gesetz schafft, mit individuellem Schicksal; das große Gefühl ins kleine gespiegelt. Ein Siedlerzug ist auf dem Wege nach Oregon. Alan Hale der Bösewicht des Films verliebt sich in Lois Wilson, die aber ist an James Kerrigan gebunden. Die Rivalität der beiden Männer spitzt sich zu, während der Siedlerzug das Land durchquert, in stetem Kampf mit der Natur und mit den Indianern. Als die Planwagen gerade einen Fluss durchqueren, kommt es zu einem Faustkampf, der jedoch nichts entscheiden kann. Der Siedlerzug teilt sich, die eine Hälfte zieht weiter nach Oregon, die andere nach Kalifornien. Lois entzweit sich mit Kerrigan und willigt schließlich sogar ein, Hale zu heiraten; aber das Missverständnis zwischen beiden klärt sich schließlich doch noch auf, und sie erklärt Hale, dass sie zu Kerrigan zurückkehren werde. Hale verübt einen Mordanschlag auf seinen Rivalen, wird aber von Tully Marshal erschossen. Kerrigan und Lois Wilson haben sich wieder, und der Zug erreicht sein Ziel.

Ein *epic* ist auch das ganze Drumherum. Tim McCoy, einer der profundesten Kenner der indianischen Kultur und später selbst ein populärer Western-Darsteller, wurde damit beauftragt, einen *life prologue* zu THE COVERED WAGON zu gestalten. Er stellte eine Gruppe von Indianern zusammen, einige von ihnen sogar Augenzeugen der großen Indianerkriege, ließ sie vor der Vorführung des Films ihre Tänze und Zeremonien aufführen und von ihrer Geschichte erzählen, gab eine kleine Einführung in indianische Zeichensprache und ließ in der Lobby der großen Kinos ein veritables Indianerdorf errichten. Mit dieser Vorstellung ging er für ein Jahr auch auf eine ausgedehnte Europa-Tournee, um für den Film zu werben. Alle Welt sprach von THE COVERED WAGON, und fast jeder, der maßgeblich an der Realisation des Films beteiligt war, ist in seinem Fach so etwas wie ein Star geworden – jedenfalls für eine gewisse Zeit (bis der Tonfilm neue Maßstäbe gesetzt hatte). Und auch dies gehört zur Definition eines *epic*: dass es erfolgreich ist.

Der Western war ein Genre der nahen und halbnahen Bilder gewesen; der Held stand im Vordergrund, und höchstens bei einer Rauferei zeigte die Kamera einen Raum, der nicht durch die Stellung des Helden definiert wurde. Reiter bewegten sich nicht durchs Land, sondern vor der Kamera; man war «dabei», denn ohne den Helden ließ sich nichts erfahren in diesem Film. Es hatte zwar in den Tom-Mix-Filmen eine gewisse Dramatisierung der Landschaft gegeben, mit einer Vorliebe für bizarre, gewaltige Formen, die der Held mit seinem Pferd bezwang. Aber es war doch der Held, dem das Hauptinteresse galt, und nur selten war die Kamera von ihm weiter entfernt als so weit, dass man bei spektakulären Action-Aufnahmen den Stuntman als Double vom Star nicht mehr unterscheiden konnte. Dramaturgie und Ökonomie des Genres entsprachen sich hier.

Nun öffnete sich der Blick für die Weite des Horizonts; die Landschaft bekam eine Seele. Angesichts ihrer Gewaltigkeit erhielten die Bewegungen der Menschen etwas gleichsam Feierliches, wie der endlose Zug der Planwagen in THE COVERED WAGON oder der Bau der Eisenbahn in John Fords THE IRON HORSE (1924). Das Western-*epic* zeigt, dass die Erschließung des Westens eine langwierige, schwere Aufgabe ist, die in verschiedenen Spannungsfeldern zu lösen ist: dem zwischen Natur und Mensch, dem zwischen Kollektiv und Individuum, dem zwischen neu und alt und so fort. Ob nun beabsichtigt oder nicht, die Bewegungen der großen Menschengruppen in den *epics* hatten ihre Ähnlichkeit mit den Schulbibeln, die von den großen Zügen des Volkes Israel handelten.

THE IRON HORSE war sozusagen die Antwort von Fox auf Paramounts THE COVERED WAGON. Bei Ford konzentriert sich die historische Rekonstruktion aufs Detail; er zeigt die Umstände beim Bau der transkontinentalen Eisenbahnfamilie in den kleinen Fährnissen der Menschen, aber auch in großen mythisch-religiösen Gleichnissen. THE IRON HORSE enthält schon all das, was an den späteren Western Fords berühmt wurde – die Genauigkeit in den Details zum Beispiel: Im Amüsierzelt «Hell on Wheels» findet eine Prügelei statt; Ford zeigt, wie die neben den Kämpfenden Stehenden ihre Laterne hochhalten müssen, damit man überhaupt etwas sieht. Und es ist schon fast ein historisches Dokument, wenn in THE IRON HORSE noch tatsächlich Büffelherden über die Prärie traben. Die Treue zum Detail geht am Ende soweit, dass Ford den historischen Augenblick der Begegnung zwischen den Gleisbautrupps der Union Pacific und der Central Pacific krönt mit der Anfahrt der Original-Lokomotiven von damals auf die auch in einem Zwischentitel nicht ohne Stolz verwiesen wird.

Überhaupt Geschichte: Ford hat sich offensichtlich von Anfang an zwar für historische Details interessiert, aber dann immer für die Menschen in ihrem Vordergrund. Da kommt er dann durchaus in die Nähe von Brecht und der «Frage eines lesenden Arbeiters»:

Wer baute das siebentorige Theben?
In den Büchern stehen die Namen von Königen.
Haben die Könige die Felsbrocken herbeigeschleppt?

«THE IRON HORSE zeigt, dass Ford sich nicht für ‹Könige›, sondern für die Arbeiter interessiert, auf seine Weise freilich, aber dennoch unübersehbar. Und die Position wird Ford beibehalten, in YOUNG MR. LINCOLN interessiert sein Held als Präsident nicht mehr, sein oft angefeindeter Militärfilm THE LONG GREY LINE erzählt nie von den genre-üblichen Helden, und noch ganz spät, mit THE MAN WHO SHOT LIBERTY VALANCE bekennt sich John Ford zu dieser Position. Als in THE IRON HORSE die Gleisarbeiter der beiden Gesellschaften aufeinanderstoßen, kümmert sich Ford um den legendären Höhepunkt amerikanischen Pioniergeistes kaum, er zeigt den Moment als Wiedersehen zweier Freunde, die sich dann an einen dritten erinnern, der diesen Moment nicht mehr erleben konnte. Die anschließende offizielle Feier verlässt der Erzähler Ford mit der gleichen Methode, schildert die Szene als Versöhnung zwischen seinem Helden und dessen Geliebter» (Hans Günther Pflaum).

John Ford hatte bis dahin 40 Western gedreht, darunter solche mit Harry Carey, Buck Jones und Tom Mix, aber THE IRON HORSE war der erste seiner mytho-poetischen Versuche zur amerikanischen Geschichte, die nicht funktionieren als Bild von den großen Menschen, die die Geschichte machen, sondern als Beschreibung dessen, was die Geschichte mit den Menschen macht, die sie erfüllen; seine Helden verhalten sich historisch richtig, vielleicht nicht, weil sie das wollen, sondern weil sie nicht anders können, und man spürt, dass sie einen Preis dafür zahlen müssen. Fords Geschichten erscheinen vertraut, manchem sogar konventionell, doch ihre Konstruktion ist ganz auf die Erschaffung der Fordschen Heimat aufgebaut. Die erzählte Geschichte verhält sich zum verdichteten Detail wie die Geschichte zum Individuum, nämlich als ein Medium. Cruzes Helden «erleben» die Geschichte, Fords Helden sind ein Teil von ihr.

Der Vater des (von George O'Brien gespielten) Helden ist von dem Schurken Fred Kohler ermordet worden. Dieser Schurke ist der weiße Anführer einer Gruppe von Indianern, die unter seinem Einfluss zu Banditen geworden sind. Präsident Lincoln hat den Bau einer transkontinentalen Eisenbahnlinie angeregt, und während der Junge heranwächst, werden die Vorbereitungen für dieses gigantische Unternehmen getroffen. Als junger Mann schließt sich O'Brien der Union Pacific als Landvermesser an. Fred Kohler ist inzwischen zu einem Geschäftsmann geworden, der sich die Eisenbahn für seine finsteren Pläne zunutze machen will. O'Brien trifft seine Jugendliebe (Madge Bellamy) wieder, aber die ist mit einem von Fred Kohlers Komplicen verlobt. Kurz bevor sich die Linien der beiden Eisenbahngesellschaften treffen, sammeln die Indianer noch einmal alle ihre Krieger zu einem letzten großen Angriff, der unter großen Opfern abgeschlagen wird. Kohler und O'Brien treffen sich zur letzten Abrechnung, und Kohler wird getötet. O'Brien und Madge Bellamy finden sich nach Jahren der Trennung wieder zusammen.

Nicht wegen des Aufwandes (der sich durchaus mit dem von THE COVERED WAGON messen konnte), sondern wegen der Details, mit denen Ford Geschichte und Menschlichkeit miteinander versöhnt, ist THE IRON HORSE für die Entwicklung des Genres bedeutsam. Man sieht einen Hund, der sich an seinen getöteten indianischen Herrn schmiegt, oder einen irischen Arbeiter, der einem chinesischen Kuli ein Stück Kautabak anbietet, und man begreift die Größe solcher Momente, in denen sich der Untergang der einen und der Aufstieg der anderen Kultur andeutet.

Solche Momente gibt es auch in Fords zweitem großen Western-*epic* der Stummfilmzeit, in THREE BAD MEN (DREI RAUHE GESELLEN; 1926). Dieser Film sollte zunächst die großen drei unter den Western-Stars von Fox, George O'Brien, Buck Jones und Tom Mix, zusammen präsentieren, aber nur O'Brien spielte schließlich in dem Film mit, und auch dies nur als nomineller Held, während die wirklichen Hauptrollen, die drei Banditen des Titels, von den weniger bekannten, aber als Typen ausdrucksvolleren Tom Santschi, Frank Campeau und J. Farrell MacDonald dargestellt wurden. Den historischen Hintergrund für eine Geschichte von drei bekehrten Banditen bildete hier der Goldrausch in Dakota und der *landrush* des Cherokee Strip. Die Läuterung der drei Gesetzlosen geschieht durch ein junges, unschuldiges Mädchen (Olive Borden), das sie beschützen, obwohl es sich augenscheinlich auch selbst zu helfen wüsste, und dem sie einen Bräutigam zuzuführen versuchen, der sich auch ohne ihre Hilfe eingefunden hätte. Für die Zukunft des Paares geben die drei schließlich ihr Leben hin, und dieses Opfer, endlich, hat seinen Sinn; die Schlusseinstellung zeigt die drei, in einer sachte angedeuteten Christus-Pose (Hans Günther Pflaum), als Schatten gegen den Horizont, fortexistierend als Legende und Bild.

Zugleich mit der Initiierung eines allegorischen Elements im Genre, das immer wieder den Western vor vollständiger Formalisierung retten sollte, begann mit THREE BAD MEN eigentlich erst jene Spielart des Western, in der Form und Inhalt des Genres eine neue Qualität einnehmen und die Art der Erzählweise selbst den Sinn schafft. Die Geschichte des Films lässt sich mit der eigenen Moral nur als Western erzählen. Jean Mitry meint dazu: «THE IRON HORSE erzählt von Ereignissen, die sich im Westen abgespielt haben. THREE BAD MEN erzählt vom Drama, das der Westen selbst ist.» (Der Film sollte für dreizehn Jahre Fords letzter Western sein; erst mit STAGECOACH kehrte er zum Genre zurück.)

Allen epischen Western gemeinsam ist, dass sie von einer wichtigen Etappe in der Besiedlung des Westens handeln, von einer Nation, die nicht durch Politik und Krieg, sondern durch die direkte Konfrontation mit dem Land entsteht. (Zumindest sind in der sinnlichen Aktion des Pioniers und Westerner die Politik und der Krieg verborgen.)

THE THUNDERING HERD (1925; Regie: William K. Howard) beispielsweise nahm das Thema der neuen Siedler und ihrer Planwagenzüge durch die Prärie wieder auf. Hier wurde die Suche nach dem «gelobten Land» allerdings wesentlich sachlicher dargestellt als in Cruzes THE COVERED WAGON. Was hingegen spektakuläre Szenen anbelangt, so konnte sich Howards Film durchaus mit denen von Cruze und Ford messen. Szenen, in denen die Planwagen einen zugefrorenen Fluss überqueren, oder die Jagd auf Büffel, schließlich ein Angriff der Comanchen auf eine Wagenburg der Siedler trugen zum Erfolg des Films ebenso bei wie sein Star Jack Holt und die *leading lady* Lois Wilson.

THE WINNING OF BARBARA WORTH von Henry King entstand im selben Jahr. Der Film erzählt, vor dem Hintergrund der Bezwingung des Colorado River, eine Dreiecksgeschichte zwischen Vilma Banky, Ronald Colman und Gary Cooper (dessen Karriere hier begann). Wie THE COVERED WAGON das Urbild des heroischen, THREE BAD MEN das des allegorischen Western ist, so bedeutet THE WINNING OF BARBARA WORTH den Beginn des romantischen A-Western, der Seitenlinie des Genres, die im Kontext des Western-Codes die Beziehungen zwischen Männern und Frauen thematisiert. King Vidors DUEL IN THE SUN (1946), Otto Premingers RIVER OF NO RETURN (1954) oder Nicholas Rays JOHNNY GUITAR (1954) haben solche erotischen Western-Sujets in der Tonfilm-Ära aufgegriffen.

Den enormen finanziellen Erfolg von THE COVERED WAGON konnte keiner der anderen Western-*epics* wiederholen, und um 1926 war die Welle solcher aufwendiger Filme, von denen fast jedes große Studio mindestens einen produziert hatte, praktisch verebbt. Aber mit den wenigen Filmen hatte das Genre Themen und Formen entwickelt, die die nachfolgende Latenzperiode über den Beginn des Tonfilms hinaus überdauerten und konstituierten, was später als eigentlicher Western-Mythos definiert werden sollte.

Neue Helden: Buck Jones, Tim McCoy, Hoot Gibson, Ken Maynard

Die Western-*epics* hatten die Serien-Western keineswegs verdrängt. In gewisser Weise ist sogar ein Einfluss festzustellen, zumindest der, dass bei einigen neuen Serien eine Wendung zum historischen Realismus vorgenommen wurde. Einen zweiten Tom Mix konnte es nicht geben, so versuchte es die Konkurrenz mit anderen Konzeptionen.

Buck Jones verdankt seine Karriere dem Umstand, dass man Tom Mix bei Fox zwingen wollte, finanzielle Forderungen zurückzunehmen. Es war ein durchaus übliches Verfahren bei den großen Studios, dies zu erreichen, indem man einem Star einen Konkurrenten im eigenen Hause gegenüberstellte, der ihn notfalls hätte ersetzen können. Es zeigte sich jedoch, dass durchaus Platz für zwei Serienhelden bei Fox war, zumal beider Konzeptionen grundverschieden voneinander waren. Dem akrobatischen, glamourhaften Mix stand mit Buck Jones ein eher lässiger Held mit einem gewissen Understatement gegenüber. Jones war eine «Art Gary Cooper des Serienfilms, ein bescheidener, gelassener Westerner mit offenen Gesichtszügen, geradlinig seine Gedanken und Taten. Er war nicht so ‹tragisch› wie William S. Hart, nicht so theatralisch wie Tom Mix, aber auch nicht so naiv wie Tim Holt. Buck Jones war ein ‹gestandener Mann› im Westen, der mit seinem Pferd ‹Silver›, mit seinem Revolver und seinen Fäusten allerhand anzufangen wusste, ohne dass er sich je um des Effektes allein willen in Szene setzen musste. Und gelegentlich ist in den Buck Jones-Filmen eine gehörige Portion Selbstironie zu spüren» (Jürgen Berger / Georg Seeßlen).

Bei Fox nahm man Buck Jones unter Vertrag, nachdem ein *screen test* erfolgreich abgelaufen war, nicht ohne seinen Typus mit einem für die Zeit typischen Styling zu versehen. Aufschlussreich ist ein Brief, den Winfield Sheehan, der *general manager* von Fox in New York, an Buck Jones schrieb, um ihn auf seine kommende Aufgabe als Cowboy-Star und Matinee-Idol vorzubereiten. Zum äußeren Erscheinungsbild heißt es da zum Beispiel (zitiert nach Jon Tuska):

«1. Ihre Haare müssen im Film immer ordentlich gekämmt erscheinen, es sei denn, Sie spielen eine Kampfszene. Sie müssen es so einrichten, dass Sie sich Ihre Haare einmal die Woche schneiden, waschen und ölen lassen, um ihnen Sauberkeit und Glanz zu geben.

2. Ihre Zähne müssen sorgfältig behandelt werden, ein Zahnarzt soll sie alle zwei Monate reinigen und polieren. Und Sie müssen sie mehrmals täglich pflegen. Achten Sie auch darauf, den Mund, wenn Sie lächeln, etwas weiter zu öffnen, damit man Ihre Zähne mehr sieht.

3. Die Kleidung, die für Sie angefertigt wird, sollten Sie so tragen, dass Sie sich daran gewöhnen und nicht unbehaglich darin vor der Kamera erscheinen.

4. Achten Sie darauf, dass Ihre Fingernägel nicht zu kurz geschnitten und sauber sind.»

Diese Instruktionen geben nicht nur etwas von dem Sauberkeitsideal der Cowboy-Stars wieder, das sich unter dem Einfluss von Tom Mix' Erfolg herausgebildet hatte, sondern auch davon, wie groß die Einflussnahme der Studios auf die Darsteller war (zumindest am Anfang einer Karriere in der Auseinandersetzung mit William Fox um die Erhöhung seiner Bezüge blieb Tom Mix der Sieger, trotz des Erfolgs von Buck Jones).

Buck Jones-Western, längst keine solch aufwendigen Produktionen wie die Tom Mix-Filme, wiesen zumeist einen komödiantischen Unterton auf. Konstruktionsprinzip war dabei häufig eine Art *running gag*, wie etwa der in The Gentle Cyclone (1926, Regie: W.S. Van Dyke), wo der friedliebende, aber faustkampferfahrene Buck Jones in einen Weidekrieg zwischen Brüdern verwickelt wird und im Verlauf der Handlung buchstäblich jeden männlichen Protagonisten einmal verprügeln muss, einschließlich des Sheriffs (den Oliver Hardy spielte). Am Ende heiratet Buck die Nichte der Brüder und schafft Frieden, indem er ganz einfach das Stück Land, um das der Kampf geführt wurde, selber übernimmt. Getötet wurde selten in Buck Jones-Filmen.

Wie Buck Jones war auch Tim McCoy kein Freund des Western-Glamours. Während Jones Authentizität durch Natürlichkeit und gleichsam folkloristische Komödie erzielte, war McCoy in erster Linie an einer detailgenauen Rekonstruktion der Geschichte des *far west*, vor allem der Indianerkriege interessiert. Er brachte in seine Filme nicht nur den Status eines Kriegshelden und den Ruf, der beschlagenste Kenner der Geschichte der indianischen Nationen zu sein, sondern auch Erfahrungen als Pferdezureiter und Indianeragent ein. War Paint (1926), der erste der von MGM produzierten Indianer-Western mit McCoy in der Hauptrolle, bei denen W.S. Van Dyke die Regie führte, erzählt die Geschichte von Iron Eyes, gespielt von Chief (Häuptling) Yowlachie, der aus der Indianerreservation ausbricht und mit einer Handvoll Kriegern einen Kleinkrieg mit der Armee beginnt. McCoy muss unter anderem ein von Indianern umzingeltes Fort vor der Vernichtung retten, indem er sich durch den Belagerungsring schleicht, um Hilfe zu holen, er muss Iron Eyes in einem Messerzweikampf besiegen, und er muss die Häuptlinge, die drauf und dran sind, dem Beispiel der aufständischen Krieger zu folgen, in einem mittels Zeichensprache geführten Palaver davon überzeugen, dass der Krieg für beide Seiten nur Elend und Tod bringt, bevor der Friede wiederhergestellt werden und der Held die Tochter seines Vorgesetzten heiraten kann.

Die Szenen, in denen zwischen den Indianern und der Kavallerie Frieden geschlossen wird, gehören zu den großen des Films; fast gewaltsam, so scheint es, hat hier der Historiker McCoy die geschichtliche Wirklichkeit verklärt. In McCoys Filmen schuf sich der Western eine Möglichkeit, den Indianer zu bewundern, ohne die eigenen Ideale und die eigene Geschichte allzu kritisch zu betrachten. Herausgestellt in diesen Filmen wurden gerade jene Tugenden der Indianer, die man auch selbst für erstrebenswert hielt: das soldatische, hierarchische System, die Selbstdisziplin, der Gehorsam etc., kurz die Tugenden einer militärischen Kaste, wie sie McCoy idealisierte. Die amerikanische Geschichte, auch in seinen Prä-Western und *period pieces* wie WINNERS OF THE WILDERNESS (1927), erscheint bei McCoy als tragischer Konflikt zweier Kriegerkasten, den Indianern und dem Militär, dem kein anderer Sinn zugrunde zu liegen scheint, als die Erfüllung von Ehre und Auftrag auf beiden Seiten. McCoys Indianer-Western von MGM vermitteln den Glauben, bei den Indianerkriegen wäre zwar manch ein Fehler, vor allem von uneinsichtigen Zivilisten, begangen worden, es sei aber im Kern dabei immer fair zugegangen, eben wie in dem Duell mit gleichen Waffen in WAR PAINT. Diese Darstellungsweise hat noch für zahlreiche Filme in der Geschichte des Western als Formel gedient.

Noch vor der Umstellung auf den Tonfilm wurde das Konzept der McCoy-Western geändert und, sehr zum Leidwesen des Stars, entmilitarisiert. In Filmen wie THE LAW OF THE RANGE (1928 Regie: William Nigh) spielte er dann den harten Einzelgänger mit auch moralischen Problemen. Prägender für die Entwicklung des Genres bleiben jedoch seine Militär-Indianer-Western.

Hoot Gibsons Western waren demgegenüber nur selten um historische Akkuratesse bemüht; bei ihm ging es vor allem um die Action und den Humor. Er stellte einen lächelnden, tugendhaften Gentleman im Westen dar, der jederzeit den Schwächeren hilft, dies aber nicht groß herausstreicht, sondern eher als Selbstverständlichkeit betrachtet. Er war *the smiling whirlwind*, immer in Bewegung und nie ernsthaft in Gefahr, die Fassung zu verlieren. «Hoot Gibson war ein jovialer und einfacher Mann, der wie der typische Cowboy aussah, der verlässliche Freund, der Mann, der das allwöchentliche Pokerspiel durch seine Späße belebt; Hoot war zweifellos der am schlampigsten gekleidete Held, der je die Western-Leinwand betreten hat. Man hatte immer den Eindruck, dass man, wenn er sich umdrehen würde, sehen könnte, dass ihm das Hemd aus der Hose hing. (...) Hoot war einfach ein normaler Mensch, das ist einer der Gründe für seine lange anhaltende Popularität. Das Publikum verband mit ihm so etwas wie Freundschaft, weil er einer von ihnen zu sein schien. Nicht so ein eingebildeter Hollywood-Schauspieler, sondern eher ein Arbeiter, der sich wie alle anderen auch am Samstagabend im Kino amüsieren würde» (Don Miller).

Das genaue Gegenteil zu diesem Westerner, der ein «Mann von nebenan» sein mochte, war der andere bei Universal unter Vertrag stehende Cowboy-Star, Ken Maynard, ein eher unnahbarer Held, der sich beinahe ebenso wie Tom Mix; in Szene zu setzen wusste. Maynard begann bei First National und wurde eine Zeit lang zu einem ernsthaften Konkurrenten für Buck Jones und Tom Mix. Ebenso wie Tony, das Pferd von Tom Mix, und Silver, das von Buck Jones, war auch Ken Maynards «Tarzan» der zweite Star in seinen Western und erhielt einen oberen Platz in den *credits*. Die Ken Maynard-Western von First National waren ganz im Gegensatz zu denen von Hoot Gibson hochdramatische, von Maynards reiterlichen und akrobatischen Fähigkeiten getragene Filme. Pferdetricks waren das Markenzeichen seiner Western.

Der Regisseur bei den meisten Filmen von Ken Maynard war Albert S. Rogell, der bereits viele Western mit Jack Hoxie gedreht hatte und eine Vorliebe für außergewöhnliche Kameraperspektiven hatte. Viele Action-Szenen richtete er so ein, dass die Kamera während eines spektakulären Stunts das Geschehen ganz aus der Nähe einfing, so auch verdeutlichend, dass Maynard alle gefährlichen Aktionen selbst ausführte. Der Regisseur scheute sich dabei nicht, in manchen *close-ups* auch die physischen Strapazen im Gesicht des Helden deutlich werden zu lassen, während es gemeinhin zur spezifischen Ästhetik des Serien-Western gehörte, dass alle Stunts mit scheinbarer Leichtigkeit ausgeführt wurden. (Dieser Realismus der Darstellung in den Ken-Maynard-Western fand allerdings keine Entsprechung in den Drehbüchern.)

The Red Raiders, einer der aufwendigsten Ken-Maynard-Western, entstand im selben Jahr wie Tim McCoys War Paint und erzählte eine ganz ähnliche Geschichte (sogar die Figur des aufständischen Indianers wurde von demselben Darsteller, Chief Yowlachie, gespielt). Maynard war glaubhaft als der autoritäre Führer, ähnlich McCoy, aber zugleich hatte er ein Gespür für jene kleinen Gesten, die zeigen, dass das Leben ein einziges großes Abenteuer ist, das man auch genießen kann, vor allem, wenn man auf der richtigen Seite steht. Ken Maynard war der souveräne Abenteurer im Westen, ein etwas erdhafter Tom Mix.

Dies alles bildet nicht mehr als die Spitze eines Eisberges. Aber deutlich ist, dass der Western dieser Jahre das Medium für ein breites Angebot an Identifikationsmodellen war, vielleicht vergleichbar damit, was heute die Stars der populären Musik sind.

Die dreißiger Jahre

Neue Anfänge: Filme von Victor Fleming, Raoul Walsh und anderen

Eine Reihe von Gründen hat dazu geführt, dass das Genre des Western am Ende der zwanziger Jahre einen Tiefpunkt, sowohl was die Quantität als auch was die Qualität anbelangt, erreicht hatte. Als einen dieser Gründe diagnostiziert William K. Everson die enorme Popularität von Charles Lindberghs Überquerung des Ozeans mit dem Flugzeug und die Umsetzung dieses technischen Abenteuers in den Medien. Gegenüber den waghalsigen Piloten, überhaupt dem Bezwinger moderner Technik, musste der Cowboyheld alten Schlages ein wenig antiquiert wirken. (In späteren B-Western des Tonfilms versuchte man gelegentlich, den Cowboystar mit allerlei technischem Gerät zu konfrontieren; manche Serien-Western späterer Zeit – etwa THE PHANTOM EMPIRE mit Gene Autry von 1935 – weisen regelrechte Science Fiction-Elemente auf.)

Ein anderer Grund mag wohl gewesen sein, dass sich das Interesse der Öffentlichkeit noch mehr vom Land auf die Stadt verlagerte; eine Welle der Landflucht hatte eingesetzt, die ihren Ausdruck auch in einer gewissen Verherrlichung des urbanen Lebens fand. Schließlich hatte die wirtschaftliche Lage das Interesse und Vertrauen in eine glorreiche Vergangenheit stark absinken lassen. Der Held der Stunde war der Gangster, der sich die urbane Kultur zu eigen macht, sogar souverän mit dem Instrumentarium der Korruption umzugehen weiß und sich in einem schnellen, genuss- und gewaltvollen Leben verbraucht. (Einige Jahre später sollte der Gangsterfilm dem Western neue Impulse geben.)

Ein weiterer, wahrscheinlich noch bedeutenderer Grund für das Abflauen der Western-Produktion war natürlich die Einführung des Tons, welche die Produzenten und Regisseure so dialogversessen machte, dass kaum etwas anderes noch zählte. Einem Film, in dem nicht pausenlos geredet oder gesungen wurde, traute niemand größeren Erfolg beim Publikum zu. Die Aufnahmetechnik zu Beginn des Tonfilms war zudem noch so beschränkt, dass sie die Einspielung von Tonmaterial *on location* kaum gestattete. Der Ton brachte zunächst ein Comeback für den reinen Studiofilm.

Tom Mix, Hoot Gibson oder Buck Jones hörten natürlich nicht auf, Filme zu drehen; sie hatten eine einigermaßen treue Gemeinde. Aber die Produzenten wurden vorsichtig mit der Planung von Western, kaum noch neue Serien wurden produziert, und die bereits laufenden reduzierte man. Länger als bei anderen Genres auch hielten sich in den Serien-Western Mischformen zwischen Stumm- und Tonfilm; Filme mit Musik und einer Erzählstimme, aber ohne Dialoge, Filme, in denen die Außenaufnahmen ohne Ton aufgenommen waren (oder ganz einfach aus Teilen älterer Stummfilme zusammengesetzt wurden), während Innenaufnahmen mit Dialog gedreht wurden etc.

Nur einige wenige Filme des Genres konnten außerhalb der eingespielten Serien Erfolg beim Publikum verzeichnen, und nur zögernd knüpfte man an das Konzept der *epic western* wieder an. In dieser Zeit bestand das Genre vor allem aus individuellen Versuchen, die Aussagen und die Ästhetik des Genres mit den neuen technischen Möglichkeiten zu verbinden, neue Formeln für den Erfolg zu finden. Zu diesen Versuchen gehört auch etwa TRAIL OF '98 (DIE GOLDENE HÖLLE; 1928) von Clarence Brown, der vor allem durch seine romantischen Filme bekannt geworden ist und auch hier neben der Aktion das Gefühl in den Vordergrund stellte. Der Film erzählt von den Goldgräbern im Tal des Yukon am Ende des Jahrhunderts, von ihrem mühseligen Weg zu den Goldfeldern und ihrer (meist vergeblichen) Suche. Dieser Western machte etwas vom fiebrigen, ja exotischen Treiben in den Grenzsituationen der amerikanischen Geschichte deutlich, ein großer Aufbruch, ein Fest der Möglichkeiten und der Freiheiten und dann doch die neue Ordnung durch den Erfolg der wenigen und den Misserfolg der vielen. (Unnötig zu sagen, dass diese Situation durchaus ihre Entsprechung in der Art fand, wie der Durchschnittsamerikaner von 1928 seine Lage beurteilen mochte.) Möglicherweise sind Filme wie der von Clarence Brown ein Symptom dafür, dass der Western nicht nur ein technisches und ein wirtschaftliches Problem für die Filmindustrie darstellte, sondern auch, wenn man so will, ein geistiges und künstlerisches. Der Westen und seine Helden mussten neu erfunden, zumindest neu ausgestattet werden, damit sie den Erfahrungsbereichen des Publikums nicht vollends entfremdet würden.

Zum einen konnten die in den Stummfilm-Western geprägten Mythen nicht ganz so fraglos übernommen werden; der Tonfilm musste, einem inneren Zwang des neuen Mediums gehorchend, sogar den Cowboy erst einmal erklären. Und wovon sollte der Held sprechen, womit die Personen ihre notwendigen Dialogszenen füllen? Das Melodram und die Freundschaft, die Intrige und die Beschimpfung nahmen einen breiteren Raum ein. Die Gefahr, unfreiwillige Komik zu produzieren, lag auf der Hand (und hat tatsächlich für einige Cowboystars das Ende ihrer Serien bedeutet).

Zum anderen verloren sich ein wenig die viktorianischen Elemente des Genres zugunsten eines eher pragmatischen Puritanertums; der Lebenskampf war härter geworden, oder besser: seine Härte ließ sich nicht mehr verbergen. Die Helden der Dekade sind häufiger auf die Durchführung einer Aufgabe konzentriert als die der Stummfilm-Western, bei denen selten die gute Tat etwas mit eigenem Broterwerb oder der Verbesserung des eigenen Status zu tun hatte. (Ist auch keine einheitliche thematische Linie in den Western der dreißiger Jahre festzustellen, so fällt doch eine Vorliebe für die Themen des Goldrausches auf, hohe Geldbeträge spielen häufig eine große Rolle, und der Gangster als Volksheld findet im Outlaw der Legende seine Entsprechung.) Selbst in einigen der Stummfilm-*epics* ist die einzige Veränderung des Helden die, dass er am Ende verheiratet ist, während nun, schon damit im Dialog etwas «passieren» konnte, der Held sich über alles mögliche Gedanken machen musste, um, wenn schon nicht mit seinen eigenen, so doch zumindest den Status eines anderen zu verändern. Die vielen Nebenfiguren der späteren B-Western verdanken ihre Existenz auch dem Umstand, dass der Held Partner für seine Gespräche brauchte.

Eine Konsequenz dieser angeführten Veränderungen war, dass sich im «anspruchsvollen» Western eine Tendenz zum Psychologischen herausbildete, so wie dies auch schon bei TRAIL OF '98 der Fall gewesen war: Die schauspielerischen Fähigkeiten des Stars wurden daher bedeutsam für die Wirkung eines Films. Der erste dieser großen Western-Schauspieler, die sich von Serienhelden durch das gekonnte «Unterspielen» und die Fähigkeit, Emotionen zu zeigen, unterschieden, war Gary Cooper. Und zu den wenigen erfolgreichen Western der späten zwanziger Jahre gehörte THE VIRGINIAN (DER VIRGINIER; 1929), in dem neben Cooper Richard Arlen und Walter Huston die Hauptrollen innehatten. Regie führte Victor Fleming, der vorher unter anderem eine Reihe von Zane-Grey-Filmen inszeniert hatte, später aber nie wieder einen Western drehen sollte.

Die Geschichte von Owen Wisters Roman eignete sich für das erwachende Interesse an den «inneren» Konflikten der Helden (und der Art, wie die Schauspieler sie zu bewältigen imstande waren): Der Virginier (Gary Cooper) führte eine Rinderherde durch eine Stadt; ihn begleitet sein bester Freund, der junge Steve (Richard Arlen). Im Saloon trifft der Held auf den Schurken Trampas (Walter Huston), und bereits bei dieser ersten Begegnung wird beiden klar, dass sie einander bekämpfen werden, wo immer sich ihre Wege kreuzen. Steve schließt sich der Bande von Trampas an; der Virginier ist an seiner empfindlichsten Stelle getroffen. Schließlich, nach einer Reihe von üblen Taten im Solde von Trampas, erwischt ein Aufgebot den jungen Banditen, als dieser gestohlenes Vieh forttreiben will. Der Anführer des Aufgebots ist niemand anderes als der Virginier, der nun mit ansehen muss, wie man seinen Freund aufhängt. Dann setzt er sich auf die Spur von Trampas, wird aber verwundet. Die Dorflehrerin (Mary Brian), die ihn liebt, pflegt ihn gesund. Als Trampas kommt, um ihn zum *show-down* zu fordern, versucht sie vergeblich, ihn von dem Duell zurückzuhalten. Der Virginier stellt sich dem Kampf und erschießt Trampas auf der Hauptstraße.

Mit diesem Film hat der Tonfilm-Western eine Formel gefunden, Action mit wirkungsvollen Dialogpassagen zu verbinden: Die Dialogszenen funktionieren sozusagen als retardierendes Element für die Action-Sequenzen, so die Spannung erhöhend. Der Spannung (wer wird Sieger im *show-down*?) ist ein

Moment des *suspense* beigegeben (wird der Held zum Henker seines Freundes?). Dem äußeren Konflikt des Helden war der innere eingeschrieben, der der verlorenen Freundschaft und der der gefährdeten Liebe, der im Widerspruch zu der notwendigen Tat steht. Der Western begann sich für die Motive seiner Helden zu interessieren, zugleich entstand die Tendenz, die Prinzipien der Protagonisten zu thematisieren. Es beginnt jener Prozess über drei Jahrzehnte, in dem der Western, einst das einfachste und selbstverständlichste aller Genres, immer komplizierter strukturiert wird, seine Rituale von zunehmend umständlichen moralischen, psychologischen und politischen Erklärungszusammenhängen vorbereitet und umgeben werden.

Der moralische Grenzfall des Stummfilm-Western war der *good bad man*; der des Tonfilms wurde ein Mann, wie Gary Cooper in The Virginian, der auf verschiedene Arten mit dem Bösen in Berührung kommt, und der, um das Böse aus der Welt zu schaffen, selbst nicht vollständig gut bleiben kann. (Nicht in Zinnemanns High Noon, sondern in Henry Hathaways Garden of Evil und in Anthony Manns Man of the West erreichte dieser Coopersche Archetyp seinen vollendeten Ausdruck.) Die großen Western zu Beginn des Tonfilms handeln auch davon, wie ihre Helden die Lebensbedingungen des Westerns verinnerlichen; auf die Aktion folgt das Psychodrama und umgekehrt.

Wie in The Virginian nimmt auch in Law and Order (Gesetz und Ordnung; 1931, Regie: Edward L. Cahn) die Szene einer Henkersjustiz eine zentrale Stellung ein. Das Problem des Rechts war virulent in den Vereinigten Staaten zu dieser Zeit. Der Gangster war der Held der Stunde; zugleich war die denkbare Gegenkraft gegen die Herrschaft der Gesetzlosigkeit nicht so sehr die Gewalt des Staates, sondern eher eine geheime Bereitschaft zur Selbstjustiz. Die Idee vom Gangster (bzw. vom Outlaw) als Volkshelden und die Idee, der Gangster (bzw. der Outlaw) könne nur mit seinen eigenen Mitteln bekämpft werden, sind gar nicht so weit voneinander entfernt; beide gehören zum Charakter von Gangsterfilm und Western.

Bezeichnenderweise stammt die Vorlage für Law and Order, der Roman «Saint Johnson», von W. R. Burnett, der mit Little Caesar den Archetypus des Gangsters für den Film geschaffen hatte. Und auch in diesem Western, bei dem John Huston am Drehbuch mitgearbeitet hat, geht es um Brutalität, die letztlich auf die Menschen zurückfällt, die sich mit ihrer Hilfe durchsetzen.

Walter Huston ist, deutlich an das Vorbild Wyatt Earp angelehnt, Sheriff von Tombstone, wo die Gesetzlosigkeit regiert und die Bürger dem Terror von Banditen ausgesetzt sind. Nun wird das Gesetz mit dem Revolver und dem Strick durchgesetzt; es ist wie die Überwindung eines menschlichen Naturzustandes der Gewalttätigkeit. Der Gangster muss aus der Welt, und auch der Outlaw muss aus der Welt. Mit ihrem Terror lässt sich nicht leben; sie haben es zu weit getrieben, und eine Selbstbeschränkung scheint es für sie nicht zu geben. Also muss jemand wie Walter Huston, der eigentlich der Gewalt schon abgeschworen hatte, mit bitterer Konsequenz vorgehen und sie vernichten. Doch in diesem Akt steckt für ihn und die Gesellschaft nicht nur eine Befreiung, sondern auch ein Verlust. Der Held weiß, dass die Menschen im Westen das Gesetz eigentlich nicht mögen, es vielleicht noch mehr fürchten als den Schrecken der Gesetzlosigkeit, weil Gesetz und Ordnung einen Endpunkt ihrer Entwicklung darstellen. Zum Teil verdankt der Western seine Fortexistenz den Elementen, die er dem Gangsterfilm entlehnt hat, und umgekehrt ist der Gangster als Held nicht vorstellbar ohne die Tradition des ambivalenten Westerners.

Raoul Walsh war es, der mit seinem Cisco Kid-Western In Old Arizona (1929) gezeigt hatte, dass auch eine Formel für den action-betonten Western im Tonfilm existierte, wenn die technischen Probleme bei den Außenaufnahmen gelöst werden konnten. Das Verdienst seines Films war nicht so sehr die Integration des Dialogs (die die genannten psychologischen Western bereits erreicht hatten), sondern die der dramatischen Geräusche, des Hufgetrappels, der Schüsse, des knisternden Feuers etc. in die Konstruktion des Western. Und das dritte Element des Tonfilms, die Musik, fand sich in Walshs Film zum ersten Mal in innerem Zusammenhang angewandt: Die Handlung begleitet folkloristisch getönte Musik, die nicht nur den Legendencharakter der Helden betont, sondern auch die Verbundenheit mit der Geschichte und dem Volk.

Die künstlerischen und technischen Probleme waren nun so weit gelöst, dass sich die Studios daranmachen konnten, *all talking epics* herzustellen. The Big Trail (Der grosse Treck; 1930, Regie: Raoul Walsh) ist bekannt geworden als der erste Film mit John Wayne in einer Starrolle. Aber er ist auch einer der ersten Tonfilm-Western, die sich mit der Rekonstruktion der Geschichte des Westens beschäftigen, ohne die Strapazen und das Leid der Pioniere zu verharmlosen.

The Big Trail erzählt die Geschichte eines Planwagenzuges auf dem Weg von Missouri nach Kalifornien, und die Fährnisse dieses Zuges wurden tatsächlich vor der Kamera neu durchgestanden und nicht, wie man das später bewerkstelligen sollte, durch eine Montage stilisierter Bilder dargestellt. Als dramaturgische Leitlinie dient die Entlarvung eines Verräters aus den eigenen Reihen, mit dem der Held eine alte Rechnung zu begleichen hat; aber noch mehr als in den Stummfilm-*epics* ist diese Geschichte nur Aufhänger für Szenen wie die, in denen die Planwagen einen reißenden Fluss überqueren, Indianer eine Wagenburg angreifen, der Zug sich durch die Prärie und über die Berge bewegt etc. Der Aufwand und die Technik, die filmische Pionierleistung in Entsprechung zur historischen (The Big Trail war sogar in einer Breitwandfassung in einem frühen Stadium dieser Technik hergestellt worden, die Raoul Walsh parallel zur Normalfassung mit leicht geänderten, dem Prozess angepassten Einstellungen drehte) waren die Botschaft und die Sensation des Films, der mehr eine Abfolge komponierter Tableaus als die Konstruktion einer Geschichte ist.

Das Gegenbeispiel dazu ist King Vidors Billy The Kid aus demselben Jahr, bei dem William S. Hart als Berater fungierte. Nicht nur deshalb besitzt

Vidors Film etwas von der angestrebten Authentizität in Detail und Stimmung und etwas von der Strenge der Hart-Western. BILLY THE KID ist der erste jener zahlreichen Filme, die die berühmten Banditen des Westens zu moralisch akzeptablen Charakteren uminterpretieren, indem sie die Gesetzlosigkeit der Helden als Folge erlittenen Unrechts, ihr Verhalten, bei aller erzwungenen Gewalt, doch als fair, aufrecht, ja manchmal auch hilfsbereit zeigen und ihr Ende als tragische Erfüllung eines Schicksals durch die Hand eines Verräters. Der einfachste Weg, einen Volkshelden des Westens als sympathische Filmfigur zu präsentieren, war natürlich, die Rolle mit einem sympathisch und offen wirkenden Schauspieler zu besetzen. BILLY THE KID bedeutete für Johnny Mack Brown einen ähnlichen Schritt wie THE BIG TRAIL für John Wayne; beide waren in den folgenden Jahren als Stars vieler Serien-Western zu sehen.

Mack Brown war ein Billy the Kid, dem man bestimmt keinen böswilligen Terrorakt zutrauen konnte, so sehr man gleichwohl verstand, wie der Zorn in ihm kochte. So ein Billy the Kid konnte natürlich nicht sterben; am Ende des Films reitet er mit seiner Braut davon, und Pat Garett sieht lächelnd dem Paar hinterher. Auch dieser Pat Garett, gespielt von Wallace Beery, ist hier eine eher sympathische Gestalt, und Beery wiederholte die Rolle des liebenswerten, rauen Schurken noch in einer Reihe weiterer Western.

Wie THE BIG TRAIL war auch BILLY THE KID zugleich in einer Breitwand-(65 mm) und in einer Normal-(35 mm) Fassung produziert worden. (Die Einführung dieses Prozesses scheiterte aber zunächst an den hohen Investitionskosten für die Kinobesitzer, die zudem häufig noch an den Kosten der Umstellung auf den Tonfilm zu tragen hatten.) Doch die Botschaft von BILLY THE KID war nicht dieser Aufwand, es war vielmehr die Schaffung eines trotzigen Helden, der, notgedrungen zwar, aber vehement gegen die etablierte Ordnung und gegen das Gesetz Front macht. Neben einer zunehmenden Bereitschaft, Gewalt zu akzeptieren, ist dieses Element für den Western bestimmend, nämlich dass er beginnt, Rebellen als Helden vorzustellen. Diese Tendenz hat ihre Entsprechung durchaus in der amerikanischen Öffentlichkeit, die ein Trend zur Regierungsfeindlichkeit prägte. Das Problem des Gesetzes, das Problem der Gewalt und das Problem der Macht – diese Themenkreise verbinden um 1930 Western und Gangsterfilm. Beide Genres reagierten auf den Zusammenbruch der Wirtschaft im Jahr 1929 mit mannigfach verkleideten Infragestellungen staatlicher Ordnungsmacht und ihrer Repräsentanten.

Der erfolgreichste Western des Jahres 1930 aber war CIMARRON, von Wesley Ruggles nach einem Stoff von Edna Ferber inszeniert, ein *epic* über die ereignisreiche Gründung des Staates Oklahoma. Die fast hysterische Aufbruchsstimmung des *landrush* traf wohl auch in gewissem Sinne die Zeitstimmung: Die Landnahme von Oklahoma bedeutete eine letzte gewaltige Welle der Besiedlung in einer Situation, in der selbst dieses Land eng geworden war, nicht mehr allen Landhungrigen Platz bereiten konnte. Im Verlauf des Films verlagert sich das Interesse vom großen Abenteuer auf das Melodram.

Romantische und pessimistische Gemälde: Tonfilm-epics

Mitte der dreißiger Jahre wies das Genre kaum noch Kontinuität auf und brachte kaum anderes als profilierte einzelne Werke hervor. Unter diesen ist beispielhaft etwa SUTTER'S GOLD (1936) zu nennen, der zum Teil von Sergej M. Eisenstein geschrieben wurde. (Eisenstein war auch für die Regie vorgesehen, man übertrug sie schließlich aber James Cruze, nachdem Howard Hawks einige Szenen inszeniert hatte.)

Der Film entstand nach Blaise Cendrars «Gold» und erzählt die Geschichte des deutschstämmigen Kapitän Sutter, der sich in Kalifornien ein kleines Reich aufgebaut hat, das nun vom beginnenden Goldrausch zerstört wird. Diese Episode gehört zu jenen Wendepunkten der Geschichte, in denen der neugewonnene Westen eigentlich bereits wieder verloren wurde. «Durchdringend klagte die kalifornische Landschaft von dem Widersinn der Goldgier, wie auch die Biografie Sutters und der Roman über sein abenteuerliches Leben eine einzige himmelschreiende Anklage sind», erinnert sich Eisenstein.

Ein solch kritisches Verhältnis zu den Themen des Western wurde zu dieser Zeit noch nicht hingenommen; es war eine Sache, mit den Mitteln des Western verschlüsselt Kritik an aktuellen Zuständen zu wagen oder sich von der Unzufriedenheit öffentliche Träume diktieren zu lassen, eine andere Sache war es, Kritik am Westen selbst zu üben, an den «historischen» Fehlern seiner Gestalter. Noch bevor bekannt war, wie Eisenstein (zusammen mit seinen Co-Autoren Ivor Montagu und Grigorij Alexandrow) den Stoff überhaupt anpacken wollte, beschimpfte ihn die reaktionäre Presse als «roten Hund» und «gefährlichen ausländischen Juden, der Amerika vergiften will». Bei Universal nahm man daraufhin die Zusage, das Drehbuch ohne Änderung zu akzeptieren, zurück mit der Begründung, der Film würde zu teuer. Cruze, der die Gelegenheit sah, mit diesem Film einen ähnlichen *epic*-Western wie seine Filme THE COVERED WAGON oder PONY EXPRESS (1925) zu realisieren, verbrauchte allerdings mehr Geld, als irgendein Drehbuch hätte vorschreiben können. Hinter diesem Aufwand verschwand nun auch der Rest von Eisensteins historischer Sicht ebenso wie von Cendrars Poesie. Die Tatsache, dass der Film weder einen regelrechten Western-Star (Edward Arnold spielte die Hauptrolle in der endgültigen Fassung) aufzuweisen hatte noch eine durchkonstruierte Geschichte, mag zu seinem Misserfolg beim Publikum und bei der Presse ebenso beigetragen haben wie Cruzes nun bereits ein wenig antiquiert wirkender Inszenierungsstil. So wie sie sich nun darstellte, hatte diese Geschichte dem Amerikaner von 1936 nichts zu sagen. Insgesamt ist SUTTER'S GOLD ein Beispiel dafür, wie stark der Einfluss der konservativen Presse auf die Filmproduktion und wie groß die Unsicherheit der Produzenten in Bezug auf das Genre andererseits war. (Für Carl Laemmle, einen der Förderer des Western, bedeutete der Misserfolg von SUTTER'S GOLD das Ende seiner Karriere; er musste seine Anteile an Universal verkaufen und zog sich vom Film zurück.

Universal wurde als Produktionsfirma nur durch den Erfolg von James Whales Musical Show Boat aus demselben Jahr vor dem Ruin gerettet.)

Der Verklärung des rebellischen Helden wurde in William A. Wellmans Robin Hood of El Dorado (1936) weitergeführt, einem biografischen Film über den mexikanischen Banditen Jaoquin Murietta nach dem Buch von Walter Noble Burns. Es geht auch hier um die Situation des Goldrauschs (wie übrigens auch in Wellmans ein Jahr zuvor entstandener Jack-London-Verfilmung Call of the Wild (Goldfieber in Alaska); der Held wird zunächst als *greaser* diskriminiert und terrorisiert. Rassistische Goldgräber vergewaltigen und töten seine Frau. Erst jetzt wird er zum Desperado, aber nicht eigentlich zu einem Bösewicht, er bleibt in seinen Handlungen immer verstehbar (die Hauptrolle spielte Warner Baxter, der Star vieler Cisco Kid-Western).

Der Film war einer der Versuche, den sozialen Realismus aus den Gangsterfilmen auf das Genre des Western zu übertragen. Die Schluss-Sequenz mit dem Massen-*shoot-out*, das Wellman als eine abscheuliche blutige Orgie (Julian Fox) deutet, ist häufig als Vorwegnahme der aus Sam Peckinpahs The Wild Bunch (Sie kannten kein Erbarmen; 1969) bezeichnet worden, und in kaum einem der Outlaw-Filme dieser Periode wird so deutlich gemacht, dass der Volksheld ein unterprivilegierter Mann ist, dem letztlich auch die Mittel fehlen, die Gewalt seiner Rebellion zu verarbeiten und zu einer konstruktiven Kraft umzuformen.

Die *epic*-Western der dreißiger Jahre litten in gewisser Weise unter dem Auseinanderklaffen von inneren und äußeren Konflikten der Helden, von Action und Romantik. Der Hintergrund der großen historischen Bewegungen wie dem Goldrausch in den genannten Filmen, die Einrichtung der Postkutschenlinie in Frank Lloyds Wells Fargo (1937) oder die Indianerkriege etwa in Cecil B. DeMilles The Plainsman (Der Held der Prärie; 1937) waren kaum in Tat und Gedanken der Helden integriert. Seine technische Entsprechung hatte dieses Fehlen einer erzählerischen Methode, die ganz dem Geist des Genres entsprochen hätte, in der oft überdeutlichen Gegenüberstellung von Studio- und Außenaufnahmen. Bei Cruze musste der stockende Erzählfluss sogar durch zahlreiche Zwischentitel in Gang gehalten werden.

Wenn auch nicht frei von diesen Problemen, ist The Plainsman in seiner legendenhaften Anlage ein Schritt in Richtung auf einen neuen Stil. Der Film erzählt die Geschichte von Buffalo Bill Cody (James Ellison), der geheiratet hat und dem abenteuerlichen Leben den Rücken kehren will, und von Wild Bill Hickok (Gary Cooper), der ihn erneut für den Kampf gewinnen muss, um einen neuen großen Indianerkrieg zu verhindern, den Waffenschieber zu einem Problem machen. Calamity Jane (Jean Arthur) liebt Bill Hickok, und auch der ist ihr, in seiner lakonischen, abwartenden Art, zugetan, aber die beiden sind zu eigenwillige Charaktere, um ganz problemlos zueinanderfinden zu können. Gemeinsam geraten sie in die Gefangenschaft der Indianer, und Calamity Jane verrät, um Bill vor der Folter zu bewahren, die Route des Militärtrupps, den Buffalo Bill anführt. Das verzeiht ihr Bill nicht; bis auf wenige Männer wird der Kavallerie-

Zug aufgerieben. Hickok spürt die Waffenhändler auf, nimmt sie gefangen und wartet auf Cody und die Soldaten. Calamity Jane ist bei ihm. Da tötet ihn einer der Komplizen der Waffenhändler durch einen Schuss in den Rücken.

Es ist die romantische Legende von Wild Bill Hickok, die Cecil B. DeMille erzählt, nicht die politische oder militärische. Cooper ist der stoische, verschlossene und doch in seinem Inneren freundliche Held, der nur in einer Szene, als er seinen Freund dazu bringt, seine Frau zu verlassen, um der Armee zu helfen, seine Verantwortung für die Gemeinschaft in Worte kleiden muss. Ansonsten ist in dem, was er tut, genug Rechtfertigung und Erklärung. Dies ist ein neuer Aspekt im Wesen des Western-Helden, dass er sich nach einem Code verhält, den niemand anspricht, der aber akzeptiert ist vom ersten Moment an, da er auf der Leinwand zu sehen ist. Dieser Code ist mehr als eine simple Regel oder ein Gesetz, es ist ein System, in dem Zeichen eine große Rolle spielen. Der Westerner, wie ihn Cooper darstellt, macht wenig Worte, aber die, die er ausspricht, haben nicht nur das Gewicht seiner Autorität, sondern transportieren zugleich die Wahrheiten des Code.

«In seiner ersten Szene schließt Wild Bill Hickok inmitten der Turbulenz der Hafendocks von St. Louis Freundschaft mit einem kleinen Jungen, der den großen Bill anhimmelt. Mit dieser Szene beginnt die Geschichte der *boy hero*-Western, in denen die Helden des Westens zu Freunden und Lehrmeistern der Kinder des Westens werden. Sie ist auch eine wunderbare Umschreibung des Verhältnisses zwischen dem Publikum und dem Legenden-Western. Der Junge am Dock, den der Held der Prärie zu einem Komplicen macht, ist identisch mit dem Zuschauer, der sich der wohltuenden, von keinem Außenseiter und Besserwisser angreifbaren, intimen Beziehung zu einem Mythos hingibt. Der Schluss des Films braucht diese Identifikationsfigur nicht mehr: Aus dem Jungen auf der Leinwand ist der Junge im Zuschauer geworden, der den ermordeten, aber ewig lebendigen Bill Hickok an der Seite seines Freundes Buffalo Bill über das wogende Gras der Prärie reiten sieht» (Joe Hembus).

Die wenigen großen Produktionen des Genres in dieser Zeit waren begleitet von einer Reihe von Filmen, die weniger wegen ihres gestalterischen Einflusses auf die Entwicklung des Western als vielmehr wegen der Vorstellung neuer Darstellertypen bedeutsam waren. In THE TEXAS RANGERS (TEXAS RANGERS; 1936, Regie: King Vidor) beispielsweise spielte Fred MacMurray, in WELLS FARGO Joel McCrea und in THE TEXANS (1938, Regie: James Hogan) Randolph Scott die Hauptrolle. Gemeinsam war dieser neuen Generation von Western-Darstellern, alle mehr oder minder dem lakonischen Stil Gary Coopers verpflichtet, die stoische Ruhe, das Understatement und die unheroische Attitüde, mit der sie ihren Weg gehen. So war, von den Möglichkeiten der Regie wie vom Darstellungsstil her vorbereitet, was im Jahr darauf endgültig Gestalt annehmen sollte: der Western für Erwachsene, der erwachsene Western.

1939: Das große Jahr des Western

Mit John Fords STAGECOACH (RINGO / HÖLLENFAHRT NACH SANTA FÉ; 1939) hat der Western zu seiner «klassischen» Form gefunden. Der Film entstand nach der Kurzgeschichte «Stage To Lordsburgh» von Ernest Haycox, die zum ersten Mal im April 1937 im «Collier's Magazine» veröffentlicht worden war. Die Geschichte erzählt von den eigentümlichen, halb allegorischen, halb mythischen Charakteren, die der Westen hervorgebracht hat, von Spielern, Trunkenbolden und Huren, die ehrbar sind, und von Geschäftsleuten und Bürgerfrauen, die es nicht sind. Sie beginnt: «This was one of those years in the Territory when Apache smoke signals spiraled up from the stony mountains summits and many a ranch house lay as a square of blackened ashes on the ground and the departure of a stage from Tonto was the beginning of an adventure that had no certain happy ending...»

Dies ist der elegische Ton einer einfachen Legende, und der Film nimmt ihn auf. Die kleine Reisegesellschaft in der Postkutsche, der eigensinnige, aber völlig integre junge Westerner (John Wayne), der elegante, tragische *gambler* (John Carradine), der komisch-freundliche Whisky-Vertreter (Donald Meek), der ewig betrunkene, dennoch fähige Arzt (Thomas Mitchell), die geächtete, so zynische wie mütterliche Hure (Claire Trevor), die arrogante Puritanerin aus reichem Haus (Louise Platt), der fluchende, gutmütige Kutscher (Andy Devine), der aufrechte Sheriff (George Bancroft) und der kriminelle Bankier (Berton Churchill), letztlich eine Gruppe von Außenseitern, wird durch die Bedrohung von außen, durch die Indianer gezwungen, miteinander auszukommen, zu kämpfen, sogar füreinander zu sterben; die Bewährung der *misfits* rettet die Kutsche, was nicht nur den Sieg und das Leben der Davongekommenen bedeutet, sondern auch einen moralischen Sieg. («Klassisch» ist John Fords Film also nicht nur, weil er die Einheit von Ort, Zeit und Raum auf beispielhafte Weise wahrt, und nicht nur, weil er selbst zum Vorbild für viele andere Filme des Genres geworden ist, sondern auch deshalb, weil er so perfekt den Mythos des Westens wiedergibt, als hätte er ihn selbst konstituiert.) Wie diese Gesellschaft zusammenwächst, ihre inneren Widersprüche zurückdrängt, zugleich aber auch die Achtung für jedes partizipierende Individuum erringt, das gemeinsame Ziel möglicherweise mehr und mehr als Medium begreifend für ein großes Gefühl der freien Gemeinschaft, dem gegenüber das eigene Schicksal zweitrangig wird – dies alles ist sicher auch ein mythopoetisches Bild für die Entstehung der amerikanischen Gesellschaft aus der gemeinsamen Bewährung der Individualisten. Das passiert in steter dramatischer Bewegung; anzuhalten auf dem eingeschlagenen Weg wäre der sichere Tod.

Mehr noch als die äußere Bedrohung ist die Landschaft in Fords Film das Element, das die Einheit schafft, auf eine Weise, die man nur in Ermangelung eines besser verständlichen Wortes «symbolisch» nennen kann. Das Monument Valley mit seinen bizarren Tafelbergen und Felszacken (wenn man so will: abstrakte Zeichen, die durch die Beziehung der Menschen ihren Sinn erhalten) ist Fords Kulisse, mehr: der Raum, in dem sich, wie Jean Mitry gesagt hat, in Fords Filmen ein anderer Raum bewegt. Hier gewinnt der Western sein Ornament. Dieser Raum, diese Landschaft, die den Menschen ihre Identität gibt, ist nicht nur unberührt; sie ist gezeichnet von den Spuren, die die Menschen in ihr hinterlassen haben, den Wegen, die wie Wunden sind. Und umgekehrt hat diese Landschaft in den Gesichtern und Schicksalen der Menschen ihre Spuren und Wunden hinterlassen. Mit anderen Worten: In diesem und anderen großen Ford-Western ist die Beziehung zwischen Landschaft und Menschen eine dialektische, und mag sich der Regisseur gelegentlich auch um das historische Detail einen Teufel gekümmert haben, allein dadurch kommt er der historischen Wahrheit so nahe wie in einem Film nur möglich. So konnte der Western zu einem Modell für das Verhältnis zwischen den handelnden Menschen und der passiven Natur werden, für den Vorgang ihrer Überwindung, der nicht ohne Verluste vonstatten geht, aber mit einer neuen menschlichen Qualität zumindest als Hoffnung endet: Heimat.

Stagecoach setzte nicht nur der gleichsam für die «Philosophie» des Western neue Maßstäbe, sondern war auch in technischer Hinsicht ein Schritt nach vorn (beides ist natürlich untrennbar miteinander verbunden). Exzellentes Stunting und eine entfesselte Kamera in den Szenen des Indianerangriffs ebenso wie die großen Panoramen und die zwingend einfache Dramaturgie sind später zum Vorbild geworden; manches davon ist im Verlauf der Geschichte des Genres auch zum Klischee degeneriert.

Von der Presse wurde Stagecoach als Zeichen für die Wiedergeburt des Genres gedeutet. Es schien, als habe man schon lange darauf gewartet, als wäre der Film eine Erlösung, nicht nur, weil er ein Meisterwerk war, sondern weil er eines war, das diesen Anspruch gar nicht herauszustellen brauchte, und weil es ein «einfaches» Meisterwerk war, das zur rechten Zeit erschien, um den ambitiösen, kunsthandwerklichen Strömungen im amerikanischen Film der dreißiger Jahre ein Ende zu setzen. Wie der New Deal, dem sicher der Western seine Wiedergeburt mit verdankte, als populärer Mythos eine neuerliche Überwindung des «Europäismus» bedeutete, die Rückkehr zu den amerikanischen Idealen und Hoffnungen, so war auch die Kunst, und insbesondere der Film nun die Spiegelung einer neuerlichen Bewegung, zurück und nach vorn, auf der Suche nach Amerika. Und welche andere Filmgattung als der Western hätte diese Bewegung aufnehmen können? Er schuf eine neue Alternative zum Gangster, zur Dekadenz in den Städten, zur Korruption, zur Resignation.

Amerika, der Westen in den Filmen des Genres aus dieser Zeit, erschien wie das Paradies, das (beinahe) schon verspielt war und nur durch die Bewährung als Idee und Verpflichtung zu erhalten. Wie die Einfachheit des Western im Jahr 1939 gestalterisch nur durch die Anwendung kunstvoller filmischer Mittel noch erreicht werden konnte (und schon deshalb auch nur von wirklichen Könnern realisiert), so war die Einfachheit der Botschaft nur durch die Integration der jüngsten Erfahrungen zu bewerkstelligen, und das bedeutete, dass der Mythos des Westens selbst komplexer wurde und in sich widersprüchlicher und mehrdeutiger. Denn das Erfolgsrezept des Western dieser Zeit war nicht einfach, eine optimistische Zeitströmung mit optimistischen Filmen zu unterstützen. Der große Western dieser Jahre lieferte ein mythisches Erklärungsbild für den Zustand der amerikanischen Gesellschaft und verarbeitete auch die Schrecken der Depression, den amerikanischen Sündenfall. Die Vergangenheit manches Western-Helden, die er überwinden musste, konnte durchaus auch als Gleichnis für die Vergangenheit des eigenen Lebenszusammenhanges verstanden werden, von dem man sich loswünschte.

Trotz seiner klassischen Einheit von Ort, Zeit und Handlung ist STAGECOACH ein Film, über dessen Aussagen sich Bände füllen ließen, ohne dass je vollständig die in ihn eingegangenen persönlichen und kollektiven Erfahrungen auszufiltern wären. Seine beeindruckende Richtigkeit erhält der Film nicht, weil er allgemein akzeptierte Ideen wiedergegeben hätte, sondern weil er einfache und große Bilder für immer wieder in Frage gestellt, modifizierte und bedrohte Träume gefunden hat. Nicht wegen seiner Einfachheit, sondern wegen seiner Kompliziertheit konnte es geschehen, dass man lange den Western als ein Genre betrachten konnte, das keine eigenen Aussagen hat.

Der erfolgreichste Western des Jahres 1939 war jedoch nicht STAGECOACH, sondern bezeichnenderweise Cecil B. DeMilles UNION PACIFIC (UNION PACIFIC), ein patriotisches Heldengemälde vom Bau der Eisenbahn (in gewissem Sinne ein Remake von Fords THE IRON HORSE), das treffend und unreflektiert das wiedererwachte nationale Selbstwertgefühl dieser Zeit wiedergab. Die Einigung der Gesellschaft, ihre Ausrichtung auf ein neues großes Ziel, was eines der Hauptthemen des Hollywood-Films dieser Jahre war, wird in DeMilles Film nicht wie bei Ford durch die gemeinsame Erfahrung, sondern durch die gemeinsame «Tat» erreicht; technologischer und gesellschaftlicher Fortschritt erscheinen als identisch, jedenfalls wenn zuvor die Korruption (hier in Gestalt des schurkischen Brian Donlevy) ausgeschaltet werden kann.

Dass in UNION PACIFIC ganz bewusst die Gesundung der amerikanischen Gesellschaft durch die Rückbesinnung auf die Tugenden der Pioniergesellschaft des Westens propagiert ist, davon zeugt nicht nur die Zeichnung des Helden (Joel McCrea) als eine Art *trouble shooter* im Dienste der Eisenbahngesellschaft für das Recht und vor allem für den gesellschaftlichen Frieden, wie ihn im Kriminalfilm derselben Zeit die Figur des G-Man (Gouvernment-Man) verkörperte, das zeigen nicht nur manche historische Ungenauigkeiten, wenn es darum geht, die weniger positiven Geschehnisse beim Bau der transkontinentalen Eisenbahn zu verklären, sondern auch DeMilles symbolische Verweise. «Die um die historischen Versatzstücke ersonnene Fabel vom ehemaligen Streiter der Union, Jeff Butler (McCrea), kündet ebenso von den naiven Intentionen des Regisseurs, wie es die dekorativ angeordneten Fakten tun. Jeff ist der positive Held einer werdenden Nation, die sich gegen alle erdenklichen Hindernisse erfolgreich zur Wehr setzt. Exemplarisch ist die Sequenz, in der die militärischen Schutztruppen den von den Sioux eingeschlossenen Rivalen Jeff und Dick (Robert Preston) und dem Mädchen Molly (Barbara Stanwyck) zur Hilfe eilen. Todesmutig wird der Hilfszug über eine bereits von den Indianern in Brand gesetzte Brücke gejagt und taucht aus den dicken Rauchschwaden unversehrt wieder auf. Über den Köpfen der Befreier der *last minute's rescue* schwebt optimistisch knatternd das Sternenbanner» (Klaus Hellwig).

Die Botschaft des Western, von den Serienfilmen bis zu den *epics* dieser Zeit, war vor allem die Kontinuität der amerikanischen Gesellschaft: Am Ende von UNION PACIFIC sieht man eine moderne Diesellokomotive die transkontinentale Linie befahren, deren Bau der Film geschildert hat. (Eine Episode am Rande zeigt, dass solches Bemühen um Kontinuität, ausgedrückt in Symbolen und «Fetischen» mehr als in Ideen und Forderungen, auch dem Charakter der Western-Schöpfer entsprach. Die Pistolen, die Gary Cooper als Wild Bill Hickok in THE PLAINSMAN getragen hatte, waren persönliches Eigentum DeMilles. Nun, für UNION PACIFIC nahm er sie wieder von der Wand seines Büros, um Joel McCrea damit auszustatten.)

Wie der Western dieser Zeit die Aufgabe hatte, Alternativen zu der chaotischen, ruinösen Lebensform der urbanen Gesellschaft zu entwickeln, die an ihrer Unbeständigkeit, ihrer Hektik, ja ihrer Modernität zugrunde zu gehen drohte (dem Ideal des «schnellen Lebens» wurde die Beständigkeit der Legenden, des Landes, der Hoffnungen gegenübergestellt, dem anarchischen, egoistischen Tatmenschen der friedliebende, verantwortungsbewusste und bescheidene Westerner etc.), so hatte das Genre auch das Erbe des Gangsterfilms zu verarbeiten. Das wird nicht nur durch die nun häufig auftretende Gestalt des *trouble shooters*, des individualistischen, dennoch für die Sache der Gemeinschaft eintretenden Kämpfers wie Joel McCrea in UNION PACIFIC belegt, die ihre Entsprechung im FBI-Agenten hat, der als Held des populären Mythos Hoffnung auf den Sieg gegen das Verbrechen weckte und zugleich die aktuelle Ausformung des amerikanischen Idealtypus war. Im Western formte sich auch eine neue Lösung für den traditionellen Konflikt zwischen Stadt und Land, und der Gangster tauchte als absolute Negativfigur in Western wieder auf, als frühe Gefahr einer Vergiftung der Pioniergesellschaft mit Korruption und Heimtücke.

In THE OKLAHOMA KID (Regie: Lloyd Bacon) spielt James Cagney, ganz in der Art seiner urbanen Gangstergestalten, einen *good bad man*; Humphrey Bogart ist der schwarzgekleidete Schurke, der zum Beherrscher einer im Zug des *landrush* von Oklahoma neugegründeten Stadt (!) wird. Am Ende wird er im Kampf mit Oklahoma Kid (Cagney) und seinem Bruder (Harvey Stephens) getötet. Der Held schwört seinem Outlaw-Leben ab und heiratet das gute Mädchen (Rosemary Lane), die Tochter eines Richters. Dieser Film, in seiner Konzentration auf die Heldenfigur, seiner pausenlosen Action und seiner straff und ohne Nebenlinien erzählten Handlung eher in Kategorien des B-Western zu messen, ist von der Gestaltung her kaum bemerkenswert (wenn man ihn auch wegen seiner Fehlbesetzung schlechter gemacht hat, als er ist), aber er kann als Symptom dafür gelten, dass man im Jahr 1939 eine solche Geschichte, die mit einigen Akzentverschiebungen durchaus auch im Großstadtmilieu hätte spielen können, lieber als Western denn als Gangsterfilm erzählte.

Die mafiose Bedrohung, ein Hauptthema des Gangsterfilms, fand ihre Entsprechung im Western in den Geschichten der *boomtowns*, die im Land- und Goldrausch oder beim Eisenbahnbau entstanden. Das organisierte Verbrechen wurde hier gleichsam in seiner Entstehung gezeigt, und der Held konnte es besiegen, bevor man sich, wie im Verhalten der Bürger angedeutet, daran gewöhnt hatte. Der Western verfolgte, symbolisch gesprochen, den Gangster bis an seinen Ursprungsort und konnte ihn dort empfindlicher besiegen als in der Gegenwart, wo man ihm zwar den Status eines Volkshelden, aber nicht seine wirkliche (politische) Macht entreißen konnte.

In Gestalt des zwischen Böse und Gut angesiedelten rebellischen Outlaws erwuchs dem Gangster ein Rivale als Volks- und Legendenheld im Kino. Im Western rekonstruierte sich, wie um zu beweisen, wie falsch die Faszination durch den Gangster gewesen war, in Gestalt des historischen Outlaw der wirkliche amerikanische Volksheld, der neben vielen anderen auch diesen Vorteil hatte: Er war hundertprozentig ein *White Anglo-Saxon Protestant*. Dem lag wohl nicht nur die Tatsache zugrunde, dass ein «reformierter» Western-Bandit ganz einfach glaubwürdiger als der reformierte Gangster war. Im Gegensatz zum Gangster ist der Western-Outlaw ein Mann in Opposition zur Korruption und zur politisch-mafiosen Macht; er errichtet keine stabile Schreckensherrschaft wie die Gangster oder wie die Schurken vom Schlage Brian Donlevys in UNION PACIFIC, oder Humphrey Bogarts in THE OKLAHOMA KID, sondern er ist immer unterwegs, bleibt ein Einzelgänger und daher glaubhaft in seinem Robin-Hood-Status.

Schließlich gehört der legendäre Outlaw zu den konstituierenden Mythen des wirklichen Westens, als eine Figur, die immer dort erscheint, wo die Gesellschaft die Tugenden der Pioniere vergessen hat und im bösen Sinne verstädtert. Hier taucht er auf, Jesse James, Billy The Kid, Sam Bass oder sonstwer, um mit vorgehaltenem Revolver die Leute im Westen daran zu erinnern, dass man nicht ungestraft seine Ideale verrät. Und die Menschen, die seine Botschaft verstehen, sind stolz auf den Outlaw. (Mehr oder weniger sollten auch in den vierziger Jahren die Western um historische Outlaws dieser Formel folgen.) In Henry Kings JESSE JAMES (JESSE JAMES – MANN OHNE GESETZ), der zum Muster für viele Filme dieses Themas werden sollte, gibt es am Ende, als Jesse (Tyrone Power) von Bob Ford (John Carradine), dem Verräter, erschossen worden ist, eine Grabrede auf den toten Banditen: «Da gibt es», sagt Major Cobb (Henry Hull), «nichts dran zu rütteln: Jesse war ein Outlaw, ein Bandit, ein Krimineller. Selbst die, die ihn geliebt haben, können das nicht bestreiten.

Aber wir schämen uns seiner nicht. Ich weiß nicht warum, aber ich glaube, nicht einmal Amerika schämt sich seiner. Vielleicht kommt das daher, dass er kühn war und die Gesetze missachtete, wie wir alle das manchmal tun möchten. Vielleicht ist es, weil wir ein bisschen verstehen, dass er nicht die Schuld an dem hatte, was die Zeiten ihn tun ließen. Vielleicht ist es, weil er zehn Jahre lang fünf Staaten das Fürchten lehrte. Oder vielleicht ist es einfach, weil er das, was er machte, so gut machte.» Deutlicher lässt sich kaum ausdrücken, was den Outlaw des Western vom Gangster unterscheidet – und was beide verbindet.

Überdies hatte sich zu dieser Zeit in der amerikanischen Öffentlichkeit die Meinung durchgesetzt, dass Kriminalität ihre Ursache in den Lebensbedingungen der Menschen hat und dass die Gesellschaft sich ihre Gangster selbst heranzieht, wenn sie nicht für menschenwürdige Verhältnisse sorgt. Jesse James wird auf ganz ähnliche Weise zum Verbrecher wie etwa die jugendlichen Delinquenten in Gangsterfilmen wie ANGELS WITH DIRTY FACES (1938, Regie: Michael Curtiz), denen keine Chance für ein ehrliches und sinnvolles Leben geboten wird.

Der Film zeigt allerdings in erster Linie den Jesse James der Legende, für dessen Taten es nur allzu verständliche Motive gibt. Zugleich ist JESSE JAMES ein wenig Korrektur zu UNION PACIFIC: Die skrupellosen Leute der Eisenbahngesellschaft nehmen den Farmern ihr Land und scheuen vor keinem Mittel zurück, sie zu betrügen. Als die Brüder Frank (Henry Fonda) und Jesse James sich widersetzen, brennt man ihre Farm nieder, und die Mutter der beiden kommt dabei ums Leben. Jesse nimmt Rache, indem er die Bahnlinien der Gesellschaft überfällt. Nur knapp entkommt er einmal einer Falle; er wird zum gefürchteten Outlaw, er kann nicht mehr zurück. Sein bedächtigerer Bruder Frank hält ihm einmal vor, dass er kein Held mehr sei, nur noch ein tollwütiger Hund. Ein Verräter lockt die James-Bande in einen Hinterhalt, und nur Jesse und Frank können entkommen. Schwer verwundet kommt Jesse schließlich zu seiner Frau und seinem Sohn zurück, die er vor Jahren verlassen hat. Nach seiner Genesung beschließt das Paar, in Kalifornien eine neue, bürgerliche Existenz aufzubauen. Am Tag vor der Abreise wird er von Bob Ford, dem Verräter, durch einen Schuss in den Rücken getötet.

Henry King erzählt diese Geschichte als eine Ballade, mit folkloristischen, lyrischen und auch heiteren Momenten; zwischen den dramatischen Episoden, den einzelnen Strophen, wenn man so will, gibt es Momente der Ruhe, den Refrain, der den Hintergrund beschreibt. Der «historische» Hintergrund der Legende sind eine Gesellschaft im Übergang und in der Krise und ein Land (New Mexico und Missouri), das aus eigener Kraft kaum imstande war, die Widersprüche aus dem Bürgerkrieg und die sozialen Konflikte zu lösen. Jesse James war da der Held einer moralischen Kontinuität und einer, der sich nicht ausbeuten und demütigen ließ. So korrespondiert, bei aller Tragik und auch Melodramatik, JESSE JAMES mit den optimistischen Western dieses Jahres; es ist, vor allem, ein Film über den Stolz.

Die Rückbesinnung auf eine Gesellschaft, die vom Stolz auf ihre Errungenschaften, von dem aus eigener Kraft verwirklichten Gesetz und von der Eliminierung der Gangsterherrschaft geprägt ist, ist auch in Michael Curtiz' DODGE CITY zu finden, einem Western, der eine weitere modellhafte Formel für das Genre entwickelte (oder zumindest perfektionierte): Die *town tamer*-Geschichte. DODGE CITY handelt von einem Cowboy (Errol Flynn), der in die Stadt kommt, in der Spieler und Mörder und Banditen regieren. Sogleich gerät er in Konflikt mit einem dieser Banditen. Er behauptet sich gegen ihn. Die Bürger bieten ihm das Amt des Gesetzeshüters an, aber der Cowboy will nur seine eigenen Kämpfe führen. Erst als er sogar ein Kind durch den Banditenterror sterben sieht, entscheidet er sich für die Gemeinschaft; und nach und nach verwirklicht er das Gesetz in Dodge City.

Deutlich ist das Modell, das dieser Western errichtet, eine Form der Aktualisierung des Mythos. Die Pioniere und Farmer haben eine Stadt gegründet, um für ihre kulturellen und politischen Bedürfnisse zu sorgen. Dann aber sind das Kapital und die Handelsgesellschaften gekommen und haben nicht nur Banken und Transportunternehmen, sondern auch Kneipen und Spielhöllen errichtet und die Solidarität der Pioniere zerstört. Dann haben sich die Banditen eingenistet, die mit den Geschäftsleuten verbündet sind; sie haben eine terroristische Herrschaft angetreten und die Pioniere korrumpiert. Ein Individualist, der die Weiten des Landes durchstreift hat, muss erst überzeugt werden, dass es sich lohnt, für die Gemeinschaft zu kämpfen. Er besiegt die Banditen und verbindet sich, wenn die Ordnung gefestigt ist, mit einem schönen Bürgermädchen. (In DODGE CITY (wird es von Olivia de Havilland gespielt; sie und Errol Flynn stellten so etwas wie ein Traumpaar des Action-Films dar.) Auch dies ist eine der Formeln, die der Western braucht, um den extremen Individualismus seiner Helden mit den Anforderungen der Gesellschaft zu versöhnen. (Und all dies findet sich ein Dutzend Jahre später, auf den Kopf gestellt, in einem Film, der noch berühmter geworden ist als DODGE CITY – in Fred Zinnemanns HIGH NOON, wo sich die Gemeinschaft vor dem einzelnen Kämpfer nicht mehr bewähren kann.)

Eine solche *town tamer*-Geschichte erzählt auch DESTRY RIDES AGAIN (DER GROSSE BLUFF) von George Marshal, der als erste klassische Western-Komödie des Tonfilms gilt und einen entscheidenden Schritt in der Karriere eines Schauspielers bedeutete, der erst eine Dekade später ein Star des Genres werden sollte: James Stewart.

DESTRY RIDES AGAIN konfrontiert wieder einen Einzelgänger mit Banditen, die eine Stadt terrorisieren. Ihr Anführer ist der finstere Brian Donlevy, der sich zu dieser Zeit ganz auf den Typ des eleganten, korrupten Stadtbanditen im Western spezialisiert hatte (er war auch der *villain* von UNION PACIFIC und JESSE JAMES). Destry (James Stewart) ist ein sanfter, zunächst beinahe komisch wirkender Mann, dem anfänglich niemand zutraut, was er dann doch schafft: den Sieg über die Gangster, auch im offenen Kampf. Die Barsängerin

Frenchie (Marlene Dietrich), die sich in Destry verliebt hat und sich deshalb von dem Gangsterboss abwendet, stirbt bei der letzten Auseinandersetzung. Das Paar Stewart und Dietrich bildet eine ironische Fassung des Mythos vom Gentleman im Westen und der Hure mit dem goldenen Herzen, die beide ihre Botschaften auf sehr indirekte Weise vorbringen: er seine Gefährlichkeit und seine energische Absicht, Ordnung zu schaffen, in kleinen, so lakonischen wie drohenden Parabeln («Ich kannte mal einen Kerl, der...» beginnen sie alle), sie ihre Freundlichkeit und ihr Bedürfnis nach dem richtigen Mann im überdramatisierten Sex ihres Kostüms und in Liedern wie «See What the Boys in the Backroom Will Have».

Der Mythos und die Poesie (Stagecoach), das Pathos und die Tradition (Union Pacific), die Flamboyanz und die Moral (Dodge City), die Härte und Schnelligkeit des Gangsterfilms (The Oklahoma Kid), die Ballade und das Lied von rebellisch-konservativen Volkshelden (Jesse James) – all dies war Teil des Western geworden. Und nun gab es auch noch dies, was den Western als eine Möglichkeit immer begleiten sollte: Ironie und Sex-Appeal.

Die Muster für das Genre waren in diesem einzigen Jahr so trefflich definiert worden, dass tatsächlich in den folgenden Jahren vor allem Variation, Fortführung, Vertiefung oder auch Nachahmung der hier geprägten Formen das Erscheinungsbild des A-Western prägten. Allein mit den Elementen dieser Filme ließen sich eine Dekade lang Western drehen, die so richtig und konzentriert und wirkungsvoll waren, dass kaum noch eine Innovation nötig (oder möglich) war. Diese initiative Kraft konnte der Western in der Pause zwischen zwei großen Identitätskrisen der amerikanischen Gesellschaft erreichen, zwischen der moralischen Desintegration der Depressionsjahre und der politischen und sozialen Reaktion der Kriegs- und Nachkriegsjahre. Und auch hier zeigt sich, worin die Universalität des Western begründet liegt: in seiner Eigenschaft, ein mythisches Bild für Übergänge zu sein, Übergänge des Individuums wie der Gesellschaft. In den vierziger Jahren begleitet der Western eine neuerliche Befriedigung und Formierung der Gesellschaft.

Die vierziger Jahre

Historische und epische Western

Die großen Western des Jahres 1939 waren nicht nur von der Kritik gelobte und von den gesellschaftlichen Instanzen akzeptierte Genrebeispiele und Beweise für eine eigenständige, populäre amerikanische Tradition, sie waren vor allem Kassenfüller. Und schon deshalb lag es auf der Hand, möglichst nahe an den erfolgreichen Formeln zu bleiben. Cecil B. DeMille etwa ließ seinem UNION PACIFIC einen ähnlich heroischen Western folgen, NORTHWEST MOUNTED POLICE (DIE SCHARLACHROTEN REITER; 1940), mit Gary Cooper in der Rolle eines Texas Rangers, der in die Auseinandersetzung zwischen den kanadischen Mounties und aufständischen Indianern verwickelt wird. Hier zeigt sich allerdings, dass die heroische Form für den Western die am wenigsten organische war; der Patriotismus des Genres liegt viel zu tief im Herzen des Westerners, als dass er durch Überakzentuierung noch verstärkt werden konnte.

Michael Curtiz setzte mit VIRGINIA CITY (GOLDSCHMUGGEL NACH VIRGINIA; 1940) und SANTA FÉ TRAIL (LAND DER GESETZLOSEN; 1940) seine effektvollen, ganz auf spektakuläre Sequenzen ausgerichteten Western mit Errol Flynn und Olivia de Havilland fort, die ziemlich sorglos mit der historischen Wahrheit umgingen.

Wie für Curtiz, so war auch für Fritz Lang der Western in erster Linie eine Frage der Form; in seinem nach der Fortsetzung zu JESSE JAMES, THE RETURN OF FRANK JAMES (RACHE FÜR JESSE JAMES; 1940), entstandenen *epic* (der alles andere als «episch» ist) WESTERN UNION (WESTERN UNION / DIE FRAU GEHÖRT MIR; 1941) über den Bau einer Telegrafenleitung findet sich eine durchaus moderne Ornamentik von Konstruktion, Landschaft und Zerstörung: WESTERN UNION ist der einzige Film von Lang, in dem ein offener, ebener Raum eine fürs Ganze konstitutive Rolle spielt. Ein Schlüsselbild: der Blick nach vorn durch das Gerät des Landvermessers. Es hat seine Entsprechung in den vielen Einstellungen anderer Lang-Filme, in denen die Kamera durch ein Zielfernrohr schaut. Da erscheint die Prärie nicht als freier, unbekannte Hoffnungen oder Gefahr verheißender Raum, wie bei Ford oder Vidor und anderen amerikanisch geborenen Autoren, sondern in der Perspektive eines Mannes mit einem Ziel, eines Konstrukteurs. Dass in dieselbe Form auch der Blick des Todesschützen gefasst wird, verwundert nicht bei Lang, für den Bauen und Zerstören untrennbar sind. Utopie steckt in seinen Western so wenig wie in seinen Zukunftsfilmen.

«Der Horizont, die Horizontale taugt ihm vornehmlich dazu, Vertikales dagegenzusetzen. Die Errichtung von Telegrafenstangen (der Bau der Leitung von Omaha nach Salt Lake City während des Bürgerkriegs) bot dazu vorzügliche Gelegenheit. Wie sich in die Ebenen die gerade Linie der Stangen einpflanzt – das zeigt WESTERN UNION mit Emphase. Den Bau von Eisenbahnlinien hat Lang anderen Regisseuren überlassen, ein Schwellenleger als Langscher Held wäre kaum denkbar. Aufwärts, hoch am Mast schwenkt die Kamera auf den Mann, den oben, als er eine Meldung durchgeben wollte, der Indianerpfeil traf eine Replik auf die erste Einstellung, die wir kennen von Lang, aus den ‹Spinnen›.

Am Ende wiederholen sich die Kreuze der Telegrafenmasten im Grabkreuz für den Outlaw, Randolph Scott, der wie Frank James mit dem Gesetz in Einklang leben wollte, dem aber die anderen, voran sein eigener Bruder, das nicht erlauben wollten. Vorgegeben ist der Konflikt durch die Spaltung der Union. Der Loyalitätskonflikt trifft einen Langschen Helden an der Wurzel. Welcher Schwur ist der ältere, fragt sich Rüdiger von Bechlarn, darum geht es hier auch für Randolph Scott, daran stirbt er» (Enno Patalas).

Der Western ist, zu dieser Zeit, nicht nur ein Genre, das die (schwierige) Kontinuität zum Thema hat, er ist auch ein Medium der Kontinuität für die verschiedensten persönlichen und künstlerischen Anliegen. Die Doppelwertigkeit des Western als nationaler Mythos und als universale Form könnte gewiss auch anhand einer Untersuchung über den Unterschied zwischen amerikanischen und europäischen Western-Regisseuren verdeutlicht werden.

Wie in allen *epics* der Tonfilmzeit vor dem Krieg waren auch in WESTERN UNION die Indianer kaum mehr als die notwendige äußere Bedrohung, die den Konstrukteuren neben den Fährnissen der Natur den Heldenruhm einbrachte. Das war ein wenig anders in Raoul Walshs THEY DIED WITH THEIR BOOTS ON (SEIN LETZTES KOMMANDO; 1941), in dem Errol Flynn die historische Gestalt des General Custer verkörperte. Ihrem Schicksal wird hier eine Spur von Tragik eingeschrieben, auch wenn sie deswegen noch längst keine wirkliche Identität erhalten. Mit dem wirklichen Custer freilich hat diese Figur so wenig zu tun, wie die hier erzählten Ereignisse mit der wirklichen Vorgeschichte der Schlacht am Little Big Horn: Custer sichert hier den Sioux die Unversehrtheit ihres Territoriums zu, wird von einer Handelsgesellschaft hintergangen, skrupellose Waffenhändler heizen den Konflikt an. Custer wird seines Kommandos enthoben und erst wieder als Befehlshaber des 7. Kavallerie-Regiments eingesetzt, als der Indianeraufstand bereits im Gange ist. Zur Schlacht kommt es dann, weil die Indianer Custers letzten Friedensversuch missverstehen.

Errol Flynn, der hier übrigens den einzigen Kinotod seiner Laufbahn spielen musste, ist ein romantischer, stolzer Custer; nichts ist von der Borniertheit, Unfähigkeit und dem unverhohlenen Vernichtungswillen des Vorbilds geblieben, als ein manchmal unbeherrschtes Temperament. Dieser Held, das wird nicht verschwiegen (sowenig wie bei den Outlaw-Western), hat Fehler, und er macht Fehler, aber wie es dann kommt, das ist nicht seine Schuld. Und dass er es nicht hat verhindern können, das liegt vor allem an Verrat, Intrige und Korruption, deren er selbst nicht fähig wäre. Nicht nur dies verbindet den militärischen Helden Custer mit den Outlaw-Helden wie Jesse James, sondern auch die negative Zeichnung der Handelsgesellschaften und des Kapitals und der Stolz des Helden, der ihm zum Verhängnis wird. Aber warum ist gerade Custer, in der Legende wie im Film, zum Helden der Indianerkriege geworden? Es hat doch bessere gegeben, nicht nur erfolgreichere und weitsichtigere Männer, sondern auch tapferere, weniger geckenhafte, dem Westen verbundenere. Vielleicht liegt es daran, dass Custer der einzige bedeutende Besiegte in den Indianerkriegen war, einer, der durch seine Niederlage bewies, dass die Indianer ein ernst zu nehmender Gegner waren, und der dadurch, auf eine etwas paradoxe Weise, den Ruhm und das Ansehen der weißen Armee vermehrte. Der *boy-general* Custer ist der notwendige Märtyrer, dessen Tod schließlich eine mythische Rechtfertigung für den Genozid abgeben musste. Retrospektiv verklärt er sich noch zum Pazifisten, der wie die Indianer selbst zum Opfer neuer, vom Geld diktierter Interessen wird. Indianer, Pioniere und Militärs werden so zu einem ganzen, nach dem *code of the West* funktionierenden System, das durch ein Eingreifen von außen gleichsam erst zerstört wird.

Eine ähnlich legendenhafte Verklärung der Indianerkriege zeichnet auch andere historische Western dieser Zeit aus: Immer ist, wie etwa in dem Prä-Western Allegheny Uprising (Black River; 1940, Regie: William Seiter), die Schuld für die blutigen Auseinandersetzungen bei den korrupten Waffenschiebern und den Geldleuten zu suchen. Allegheny Uprising war übrigens nach Stagecoach der zweite Western mit John Wayne und Claire Trevor, es folgte noch The Dark Command (Schwarzes Kommando) von Raoul Walsh, ebenfalls aus dem Jahr 1940, eine Geschichte um die Bezwingung der Bande des ehemaligen Südstaaten-Guerillaführers Quantrill. Errol Flynn und Olivia de Havilland waren das romantische, das Glamour-Paar des Western; John Wayne und Claire Trevor bildeten dazu den bodenständigen, tatkräftigen Kontrast.

Arizona (Flucht nach Texas; 1940, Regie: Wesley Ruggles) und Texas (1941, Regie: George Marshal) boten aufwendige Western-Panoramen mit ironischen Untertönen, während William Wellmans Buffalo Bill (Buffalo Bill, der weisse Indianer; 1944) wieder ganz auf die Fixierung der Legende ausgerichtet war: «Ein großer Film, der die Summe aus vielen kleinen Filmen, Groschenheften und Comics zieht: Schönheit, Klarheit und Noblesse der Legende von Buffalo Bill, aller Authentizität und jedem Realismus entbunden, eine endgültige Fixierung der längst vertrauten Gesten, Attitüden und Masken. Zum Buffalo Bill der Legende passt nicht nur der Dreh, dass sein Weg zum Zirkus (der in Wirklichkeit sein Aufstieg war) als sein Abstieg erscheint, sondern auch seine Abscheu vor den Leuten aus dem Osten und seine Hochachtung vor den Indianern. ‹Das ist der einzige Indianer, den Sie lieben!›, sagt er den Senatoren und wirft ihnen eine Münze mit dem Bild eines Häuptlings vor die Füße. Und am Abend der Schlacht von War Bonnet, in die die Indianer mit dem Ruf ziehen: ‹Es ist schändlich vor Hunger zu sterben; man kann einen schöneren Tod finden!› sagt er angesichts der Leichen der Indianer: ‹Sie waren alle meine Freunde›. Das sind starke Worte für einen Western von 1944» (Joe Hembus). Niemand anders als Joel McCrea, unter den aufrechten Western-Helden der aufrechteste und bescheidenste, konnte diesen Buffalo Bill verkörpern. Aber ganz so außergewöhnlich sind Buffalo Bills Worte vielleicht doch nicht für einen Western aus dem Jahr 1944, als es zur Legitimation des Krieges nicht nur der moralischen Unversehrtheit der nationalen Helden, sondern auch des idealtypischen Vorrangs des Soldaten gegenüber den Politikern bedurfte.

Das Interesse an den historischen Aspekten des Western erstreckte sich dieser Zeit von den Pioniertagen im 18. Jahrhundert (NORTHWEST PASSAGE; 1940, Regie: King Vidor und UNCONQUERED; 1947, Regie: Cecil B. DeMille) über die Wagenzüge der Mormonen (FRONTIERSMAN; 1940, Regie: Henry Hathaway) bis zu den Outlaw-Legenden (Fritz Langs Fortsetzung zu JESSE JAMES, THE RETURN OF FRANK JAMES; 1940). Der Wunsch nach einer Identitätsfindung in den Legenden mag umso erklärlicher erscheinen, als Amerika sich anschickte, vom inneren Feind, dem Gangstertum, zum äußeren, dem kommenden Kriegsgegner, zu blicken.

Möglicherweise gehört es zur populären Mythologie in Zeiten vor einem Kriegseintritt, dass die eigenen Helden als friedliebende und eigentlich tolerante Menschen geschildert werden; genauso ist aber auch möglich, dass sich in den vielen Western dieser Zeit, die den Versuch des Helden zum Inhalt haben, den Frieden zu erhalten oder einen gewalttätigen Konflikt zu vermeiden, eine Hoffnung auf die Erhaltung des Friedens ausdrückte. Wirklich kriegstreiberische militante Western wurden erst einige Jahre später massenhaft produziert. Aber da war vielleicht schon ein ganz anderer Gegner gemeint, und da paralysierte auch schon wieder eine Angst vor dem Feind im Inneren, vor der neuerlichen mythischen Bedrohung, diesmal durch den Kommunismus, das Denken.

Western zwischen Psychologie und Politik

Der Western war ein Vehikel für die Kontinuität der Legenden; die von ihm geschaffenen Helden und Stereotypen mussten sich bisweilen aber auch eine psychologische Durchleuchtung, ja sogar Kritik gefallen lassen. In William Wylers THE WESTERNER (IN DIE FALLE GELOCKT / DER WESTERNER; 1940) zum Beispiel werden die psychischen Deformationen der Leute im Westen angerissen, die ihre Ursache nicht nur in einem gewissermaßen vorzivilisatorischen Code und moralischer Unsicherheit haben, sondern auch darin, dass die von der Staatsgründung stammende Grundidee des *pursuit of happiness* im Westen nicht viele Möglichkeiten der Verwirklichung aufwies; das wirtschaftliche Glück war schwer, noch schwerer eine Art des erotischen Glücks zu finden. Der Männerüberschuss in der Western-Gesellschaft hatte zu einer Mythologisierung der Frauen geführt, ihrer «Aufhebung» im Idealbild. Die Lust an der Gewalt und die «Bewahrung» der Frau sind die beiden Seiten derselben Situation. So hatte die Beziehung zwischen Männern und Frauen im Westen etwas Wunderliches, etwas Traumhaftes und Traumatisches an sich: In einer frauenarmen Gesellschaft wurde das Bild der Frau verklärt, das Verhalten zu ihr einem strengen ritterlichen Code untergeordnet, und das Leben eines Westerners muss voll von Brüchen und Versagungen sein.

Dies zeichnet The Westerner nach. Erzählt wird wieder von einer historischen Figur, von Judge Roy Bean (Walter Brennan) und seiner Auseinandersetzung mit dem Westerner Cole Harden (Gary Cooper), den er an den Galgen bringen will und der ihm schließlich zum Verhängnis wird. In Texas kommt es nach dem Bürgerkrieg zum Konflikt zwischen den alteingesessenen Rinderzüchtern und den neu ankommenden landhungrigen Farmern. Bean hat sich selbst zum Richter ernannt und ergreift Partei für die Rinderleute; er ist, wie eigentlich all die historischen Vorbilder der Western-Helden, zugleich ein Verrückter und einer, der sehr genau kalkulieren kann, wenn es um seinen Vorteil geht. Nur an seiner Besessenheit, der monomanischen Verehrung für die Sängerin Lily Langtry, die er nie in Wirklichkeit gesehen hat, ist er zu packen: Cole Harden zieht seinen Kopf aus der Schlinge, indem er Bean weismacht, Lily Langtry gut zu kennen und ihn mit ihr bekannt machen zu wollen. Weil er sich in eine Farmerstochter (Doris Davenport) verliebt hat, flieht Cole nicht, sondern unterstützt die Farmer. Er wird von ihnen zum Sheriff ernannt und beauftragt, Roy Bean zu verhaften. Cole lockt Bean in eine Stadt, wo Lily Langtry (Lilian Bond) ein Gastspiel gibt; im leeren Theater kommt es zum *show-down* zwischen den beiden, die Feinde sind, aber doch auch Männer, die sich verstehen. Den sterbenden Roy Bean bringt Cole, um ihm seinen Lebenswunsch zu erfüllen, zu Lily Langtry und stellt ihn vor: «Ma'am, darf ich Ihnen einen alten Freund von mir vorstellen?»

«Es dürfte schwerfallen, in der Geschichte des Western eine Figur zu finden, die psychologisch ein so komplexes Bild bietet wie der Judge Roy Bean dieses Films. Und dabei hatte Wyler eigentlich zunächst mal nichts weiter als Pionierarbeit zu leisten. Vorher wäre eine derartige Gestalt in einem Western nicht auch nur entfernt denkbar gewesen. Aber nicht genug damit, auch danach ist nicht viel zustande gekommen, was wesentlich darüber hinausgeführt hätte. Von einem *gunman* haben die Zeitgenossen in unübertroffener Bildhaftigkeit gesagt, ‹seine Münze› sei ‹auf beiden Seiten geprägt›, was bedeutet, in ihm mischten sich gute und schlechte Seiten und seien nicht voneinander zu scheiden. Genau das ist Wyler mit seiner Charakterisierung Roy Beans gelungen, und zwar auf sehr spielerische Weise, im künstlerischen Akt einer reinen *mise en scéne*» (Theodor Kotulla).

In THE WESTERNER definiert sich die Erotik vor allem durch die Abwesenheit der Frau, ihre Fortexistenz in Träumen und Hoffnungen. Howard Hughes' THE OUTLAW (GEÄCHTET; 1940–1944) spricht dagegen von wirklicher Frauenverachtung; in diesem Film erscheint sie als Fetisch, als ein zwar beizeiten nützliches Wesen, das jedoch den Wert eines guten Pferdes nicht aufwiegt. THE OUTLAW war ein Skandal, Jane Russells Brüste der Gesprächsstoff von Fans und Gegnern, und die Haltung des Films, die als identisch mit der Haltung seiner Helden, Billy the Kid (Jack Buetel), Doc Holliday (Walter Huston) und Pat Garrett (Thomas Mitchell) gesehen wurde, heftig diskutiert.

Tatsächlich waren jedoch die hyper-erotische Ausstrahlung der Heldin und der Zynismus der Geschichte gar nicht so weit entfernt von der Melancholie und der psychischen Auslotung des Codes in THE WESTERNER. Beide Filme erzählen von der Schwierigkeit des Westerners, die Frau als Partnerin zu gewinnen. Partnerschaft, das ist im Westen eine Sache unter Männern, gewiss auch mit erotischen Untertönen, wie in THE OUTLAW angedeutet. Und diese Partnerschaft besteht auch dort, wo man sich schlägt, sich quält, gar sich erschießt; Prügeleien und Schießereien, Gewalt und Sadismus sind die traurigen Liebesakte von Männern, die keinen Weg zur Frau gefunden haben. (So lässt sich vielleicht der Weg des Helden zum Frieden auch als erotische Konversion deuten; in dem Augenblick, da er, wie Cooper in THE WESTERNER, für die Frau, nicht etwa: um sie, kämpft, zeichnet sich ab, dass dies sein letzter Kampf sein wird.)

In der Vorstellung des Westerners bleibt für die Frau nur die Seele (der Traum einer Seele, wie in THE WESTERNER) oder der Körper (wie in THE OUTLAW) übrig, unverbunden beides und als Einheit nicht zu verstehen. Der Billy the Kid von THE OUTLAW verlässt die «körperliche» Frau; der Judge Roy Bean von THE WESTERNER strebt zu der «spirituellen» Frau und gelangt zu ihr im Tod. Beides ist Teil einer Bewegung, die für den Western schicksalhaft ist; dazwischen erscheint die Ehe eines Westerners nur als Lebenslüge, es sei denn, eine radikale Veränderung, die Überwindung des Westerners in sich, sei ihr vorausgegangen.

Wie die Verknüpfung der beiden erotischen Bewegungen aus den zwei erwähnten Western erscheint King Vidors DUEL IN THE SUN (DUELL IN DER SONNE; 1946), die Geschichte einer dramatischen, zwischen Hass und Liebe oszillierenden Beziehung des arroganten, herrschsüchtigen Ranchersohns Lewt (Gregory Peck) mit dem leidenschaftlichen, stolzen Halbblutmädchen Pearl (Jennifer Jones). Dieser Lewt, «ein gewalttätiger Egoist, in seinem Machtstreben und seiner ständigen Inszenierung männlicher Kraft gewissermaßen ein ‹hysterischer Patriarch›, der Frauen demütigt, um sich zu beweisen, ‹erobert› Pearl, um dann ihren Stolz als Frau (und als halbe Indianerin) zu verletzen; eine innere Notwendigkeit scheint ihn zu solchen Zerstörungen zu treiben, ein Resultat auch seiner Stellung in der Familienhierarchie. Er verlangt Pearl als Eigentum, schießt ihretwegen einen anderen Mann, schließlich sogar seinen Bruder (Joseph Cotten) nieder. Lewt muss fliehen und versteckt sich in den Bergen. Um Jesse vor weiteren Gefahren zu schützen, geht Pearl darauf ein, Lewt noch einmal zu sehen. Doch sie kommt mit einem Gewehr und schießt. Tödlich getroffen, feuert Lewt zurück und verwundet auch sie zu Tode. Sie liegen blutend im heißen Sand, sie rufen einander, sie kriechen aufeinander zu, so langsam und mühselig, wie es der Weg zwischen Männern und Frauen bestimmt, und sie sterben in einer letzten erlösten Umarmung» (Georg Seeßlen / Claudius Weil).

Die «erotischen Western» dieser Zeit lassen sich auf drei Ebenen interpretieren: Da ist einmal die historische Ebene (die Erinnerungen an eine frauenarme Gesellschaft mit ihren Frustrationen, ihren Deformationen, aber auch ihrem gleichsam notwendigen Heroismus), zum anderen die Ebene des Mythos (das Halbblut Pearl Chavez als Variation des Pocahontas-Mythos für eine Zeit, in der sich die Entscheidung des Pioniers in der eindeutig weißen Gesellschaft aufgehoben hat). Und schließlich ließe sich die Ästhetik des populären Films wohl kaum bestimmen ohne den aktuellen Bezug. Die Frage nach den Ursachen für die Krisen in den Beziehungen der Geschlechter mag in anderen Genres (etwa dem Thriller oder dem Melodram) offener zutage getreten sein, aber sie kam im männlich dominierten Genre des Western auf eine erfühlbare Formel, in der sich sowohl die Angst vor der Frau als auch die Angst vor dem Verlust der Frau ausdrücken ließ.

Deutete sich in diesen Filmen an, dass sich die Erotik des Westerners und ihre Beziehung zu einer Gewalttätigkeit für den «erwachsenen» Western kaum mehr als die einfache Funktion der Hilfe für die schutzbedürftige Frau deuten lassen konnte, so hatte auch die einmal so einfache Haltung des Westerners zu Gesetz, Gerechtigkeit und Ehre eine kritische Betrachtung zu gewärtigen.

In William Wellmans The Ox-Bow Incident (Ritt zum Ox-Bow; 1943) geht es um das Problem der Lynchjustiz. Der Film versucht, die Zwänge und Motive seiner unheroischen Helden (vor allem Henry Fonda) zu ergründen, die sie zu Mittätern oder Duldern des Unrechts machen. Ein Aufgebot, gebildet von Ranchern, ihren Cowboys und ein paar Abenteurern, ist hinter einer Gruppe von Rinderdieben her. Man erwischt drei verdächtige Männer (Dana Andrews, Anthony Quinn, Francis Ford) und hängt sie, obwohl sie versichern, ihre Unschuld beweisen zu können. Als sich ihre Unschuld schließlich doch herausstellt, begeht der Anführer des Suchtrupps, ein ehemaliger Südstaatenoffizier (Frank Conroy), Selbstmord, und in einer Szene, die man Wellman häufig als ein wenig sentimental geraten ankreidete, liest der mehr oder minder tatenlos gebliebene Zeuge Gil (Fonda) in dem Saloon des Ortes den Abschiedsbrief des einen der Gehenkten an seine Frau vor – diese hilflosen Gesten der Nichtbewältigung erlauben dem Zuschauer keine Lösung des aufgeworfenen Problems.

The Oxbow Incident handelt von einer amerikanischen Variante des Faschismus, der wie in Deutschland, mit dem sich Amerika im Krieg befand, nicht nur als Ergebnis sadistischer Einzeltäter, sondern vor allem der Trägheit, des geheimen Einverständnisses (Gil etwa findet nie zu einer klaren Haltung gegenüber der Lynchjustiz) und der Anpassung der Mehrheit gedeutet werden konnte. Anders als die späteren Western zum selben Thema ist es Wellmans Film nicht um die Denunziation der hysterischen Masse zu tun; die Motive aller Beteiligten bleiben immer nachvollziehbar, ja alltäglich. Nur ein kleiner Schritt trennt hier das normale vom verbrecherischen Verhalten.

Hawks und Ford

Howard Hawks' erster großer Western war Red River (Panik am Roten Fluss / Red River; 1948), die Geschichte eines Viehdiebes, der fast dokumentarisch genau beobachtet wird, und der Freundschaft zwischen dem Eigner der Herde, Tom Dunson (John Wayne) – für den das Erreichen des Ziels die Existenz bedeutet – und dem jungen Matt (Montgomery Clift), den er wie einen Sohn aufgenommen hat. Dunson führt seine Männer mit rigoroser Befehlsgewalt und duldet weder Umkehr noch Widerspruch. Aber schließlich setzen sich die von den Strapazen gezeichneten Cowboys doch zur Wehr, und ausgerechnet Matt ist Anführer dieser Meuterei. Es kommt zu einer Schießerei, und Matt lässt den verwundeten Dunson zurück, um die Herde in eine Stadt zu bringen, wo er sie verkauft und Dunsons Anteil zurücklegen lässt. Dunson, der sich geschworen hat, seine Herde zurückzuholen und mit Matt abzurechnen, kommt in die Stadt. Als sich Matt ihm stellt, fordert er ihn auf, den Revolver zu ziehen, doch Matt weigert sich, und weil Dunson es nicht fertigbringt, ihn kaltblütig zu erschießen, kommt es zu einem Faustkampf. Das Mädchen Tess (Joanne Dru), das sich in Matt verliebt hat, zwingt die beiden mit der Waffe in der Hand, den Kampf abzubrechen. Über der unfreiwilligen Komik dieser Situation versöhnen sich die beiden Männer.

Red River ist eine der bekanntesten Verbindungen von Psychologie und Authentizität des *epic*-Western. Die Rekonstruktion der Gefahren und Strapazen auf dem ersten Viehtrieb über den legendären Chisholm Trail von Laredo in Texas nach Abilene in Missouri, das Leben der Cowboys mit den Rindern (und in gewisser Weise für sie), die in Hawks' Film die Hauptrolle spielen, weil sie den Lebenszusammenhang seiner Helden bestimmen, bilden den Hintergrund für das Porträt eines überlebensgroßen Mannes, der einmal, in seiner Vergangenheit, einen großen Fehler begangen hat und immer wieder auf diesen Fehler gestoßen wird. Weil er im entscheidenden Moment nicht bei seiner zukünftigen Frau war und ihren Tod nie verwinden konnte, ist er maßlos in der Erreichung seines Ziels geworden, das allein ihm noch den Sinn des Lebens vermitteln kann, und noch maßloser wird er, als er es zerbröckeln sieht. Eine Frau ist es schließlich wieder, die ihn zur Einsicht und zur Versöhnung mit dem rebellischen Sohn bringt.

Für John Wayne bedeutete diese Rolle den Schritt von einem ungebrochenen, tatkräftigen Helden zu komplexeren, durchaus nicht immer rundum sympathischen Charakteren. In seiner Rolle des Tom Dunson liegt zugleich die historische Notwendigkeit solcher starker und autokratischer Männer für den Westen wie die Notwendigkeit ihrer Überwindung. John Wayne war seit RED RIVER und einigen Filmen von John Ford der lebendige Ausdruck für den Widerspruch zwischen der patriarchalischen Urkraft der Pioniere und dem Prozess der Zivilisierung, der Humanisierung auch, dem sich der Held in der einen oder anderen Weise unterwerfen muss. Für Hawks konnte dieser Vorgang mit Hilfe einer Frau, wie das in vielen seiner Filme der Fall ist, auf relativ friedliche Weise bewerkstelligt und der Widerspruch durch die Versöhnung gelöst werden. Dabei brach er nicht nur mit einer Konvention des Genres, sondern er zerstritt sich auch heillos mit seinem Drehbuchautor Borden Chase, der für Tom Dunson den Tod durch Matts Hand vorgesehen hatte und die Versöhnung erst in der Erfüllung seines letzten Willens durch Matt verwirklicht sehen wollte.

Wie diese Geschichte für den Western eine Möglichkeit für neue Lösungen bedeutete, einen politischen Konflikt (den zwischen der amerikanischen Variante des Feudalismus und der gewissermaßen bürgerlich-rationalen Revolte, die weniger an das formale Recht, das auf Seiten Dunsons steht, als an Menschlichkeit und die Verhältnismäßigkeit der Mittel glaubt) in einen persönlichen Konflikt zu kleiden, ohne melodramatische Überzeichnung und ohne den Fanatismus, den der Western gelegentlich bei der Lösung seiner Konflikte von seinen Helden übernommen hat, so ist auch die visuelle Gestaltung des Films (etwa die Schwenks über die Herde am Beginn des Trails und am Ende, die Schnittfolge auf die Gesichter der Cowboys beim Antreiben der Rinder, die Überquerung des Flusses etc.) zum Impuls für die Entwicklung der Western geworden.

«RED RIVER verdient vielleicht nicht die Unmenge von Analysen und Neuinterpretationen, die im Zusammenhang mit der gewachsenen Wertschätzung der Kritiker für Howard Hawks geschrieben worden ist, aber der Film bedeutete in der Tat einen Neuanfang für den epischen Western nach einer kurzen Pause, und er machte über Nacht Hawks zum stärksten Konkurrenten für John Ford als Western-Regisseur, obwohl beider Stil und Haltung kaum miteinander zu vergleichen sind: Ford, der poetische und sentimentale, Hawks, der antiromantische Regisseur. Tatsächlich entstanden in den späten vierziger Jahren Fords liebenswerteste, idyllischste und optimistischste Western» (Michael Parkinson / Clyde Jeavons).

«Erst 1946 hatte Ford, nach seinem letzten Film des Genres, dem Prä-Western DRUMS ALONG THE MOHAWK (TROMMELN AM MOHAWK) aus dem Jahr

1939 (übrigens sein erster Farbfilm), wieder einen Western gedreht: My Darling Clementine mit Henry Fonda in der Rolle von Wyatt Earp und Victor Mature als Doc Holliday. Der Film, in der Handlungsführung an Frontier Marshal (1939, Regie: Allan Dwan) mit Randolph Scott als Earp und Cesar Romero als Doc Holliday angelehnt, schildert nicht nur den historischen Revolverkampf am OK Corral in Tombstone und seine Vorgeschichte (ohne allzu sehr an der historischen Wirklichkeit orientiert zu sein), sondern beinhaltet auch Fords poetische Vision vom Leben in der Gemeinschaft an der Grenze, deren utopische Momente vor allem in Augenblicken der Ruhe zum Tragen kommen. In My Darling Clementine spielt Russell Simpson zum Tanz auf. Eine ergreifende Idylle entfaltet sich, angefüllt von Friedlichkeit, Sanftheit, Zärtlichkeit – obwohl wir wissen, dass die blutige Auseinandersetzung mit der Clanton Gang noch bevorsteht. Dennoch ist die Idylle nicht trügerisch, sondern der Kristallisationspunkt, der die Geschichte transzendiert, der schon jetzt Glück und Bei-sich-Sein verspricht» (Daniel Dohter).

Die Geschichte von der «Zivilisierung» Tombstones muss sich hier allerdings eine Uminterpretation gefallen lassen: Wyatt Earp kommt mit seinen drei Brüdern (Tim Holt, Ward Bond, Don Garner) und einer Rinderherde nach Tombstone. Als James Earp (Don Garner) mit der Herde allein zurückbleibt, wird er von der Bande der Clantons überfallen und ermordet; das Vieh wird gestohlen: Wyatt, dem man in der Stadt das Amt des Marshals angetragen hat, nimmt nun an, und gemeinsam mit dem tuberkulosekranken Revolverhelden und Spieler Doc Holliday (Vivtor Mature), der durch seine Freundin unter falschen Verdacht geraten ist, machen sie sich daran, Rache an der Bande zu nehmen. Nach und nach wird aber aus dem persönlichen Motiv der Rache bei Wyatt eine Verpflichtung auch der Gemeinschaft gegenüber. Der legendäre Kampf am OK Corral gegen «Old Man» Clanton (Walter Brennan) und seinen Familienclan ist dann fast wie ein gesellschaftlicher Auftrag. Die Clantons finden den Tod, und auch Doc Holliday und Virgil Earp sterben.

«Ford verklärt den poetischen Mythos von dem Mann, dessen Familiensinn zum Gemeinschaftssinn wird, und der so seine Mission findet, Gesetz und Ordnung in den Westen zu bringen. Er begegnet der Schullehrerin aus dem Osten, deren Mission es wird, Bildung und Zivilisation in den Westen zu bringen. Dieser Mann und diese Frau tanzen zusammen unter dem Sternenbanner auf dem Fest der Kirchweih; sie sind die Garantien der Hoffnung, die auf diesem Fest gefeiert werden. Deshalb müssen sie dableiben. Dieser Mythos ist kein heroischer, sondern ein poetischer, denn Wyatt Earp ist kein Kämpfer, sondern ein Mann der Ruhe. Henry Fonda spielt einen Mann, der in olympischer Ruhe über alles erhaben ist, ein Mann in Balance, und weil er eine poetische Figur ist, sind die Gesten seiner Entspanntheit und die Momente seiner Balance (unter Zuhilfenahme eines Stuhles und eines Verandapfostens zum Beispiel) erheiternde Gesten und Momente, so erheiternd wie die Gesten und Reaktionen, die verraten, dass er über alles erhaben ist, nur über seine

Eitelkeit, das heißt über seine Menschlichkeit, nicht. Was macht Doc Holliday in diesem Film? Er kündigt das Ende des Fordschen Optimismus an. Weil der Pessimismus und die Bitterkeit, die er verkörpert, diesem optimistischen Film widersprechen, muss er sterben. In Fords kommenden Western steht er in den Figuren, die dann John Wayne spielt, wieder auf und überlebt alle bitteren Erfahrungen, um immer einsamer zu werden» (Joe Hembus).

Dieser Fordsche Held, den John Wayne verkörpert, taucht in THREE GODFATHERS (SPUREN IM SAND, 1948) auf: Wayne ist hier einer von drei Banditen (neben Pedro Armendariz und Harry Carey jr.), die auf der Flucht durch die Salzwüste von Arizona auf eine sterbende Frau treffen, die gerade ein Kind zur Welt bringt. Dieses Kind bedeutet für die Männer eine völlige Verwandlung; sie weihen ihr Leben der Aufgabe, es aus der Wüste herauszubringen. Kid (Harry Carey jr.), der verwundet ist, verlassen als ersten die Kräfte. Auch Pete (Pedro Armendariz) steht die Strapazen nicht durch, und Bob (John Wayne) muss seinen Freund allein in der Wüste zurücklassen, um das Kind zu retten, das er am Heiligabend in die Stadt bringt, in der ihre Flucht begonnen hatte. Wegen dieser Tat darf er auf einen milden Richter hoffen, zumal der Sheriff (Ward Bond), der die Banditen bis an den Rand der Wüste verfolgt hatte, für ihn spricht. Aber nicht die kurze Gefängnishaft, sondern der Verlust seiner Freunde ist der eigentliche, hohe Preis, den er für das Leben des Kindes und seine Wiederaufnahme in die Gemeinschaft der Rechtschaffenen bezahlen muss. Am Ende sieht man die drei Reiter gegen den Horizont, fortexistierend als Traum und Legende.

Noch deutlicher als in diesem an die biblische Geschichte von den Heiligen Drei Königen angelehnten Western ist die tragische Dimension des Helden und seine Einsamkeit in dem im selben Jahr entstandenen FORT APACHE (BIS ZUM LETZTEN MANN), dem ersten der sogenannten «Kavallerie-Trilogie» (es folgten SHE WORE A YELLOW RIBBON [DER TEUFELSHAUPTMANN]; 1949 und RIO GRANDE [RIO GRANDE]; 1950). John Wayne ist hier der Gegenspieler des (nach dem Vorbild General Custers gezeichneten) Karrieresoldaten und gegenüber den Indianern so unverständigen wie gegenüber seinen Untergebenen unduldsamen, dem Westen innerlich fremden Oberstleutnant Thursday (Henry Fonda), der am Ende aber doch selber dafür sorgt, dass der Tod dieses Mannes als Legende verklärt wird, indem er die Umstände des Massakers, an dem Thursday die Schuld trug, unterschlägt und seinen Heldentod hervorhebt.

Dieser Vorgang nimmt zum einen die Haltung von Fords späterem Western THE MAN WHO SHOT LIBERTY VALANCE (DER MANN, DER LIBERTY VALANCE ERSCHOSS) aus dem Jahr 1961 vorweg, in dem auch von der Notwendigkeit der Legenden die Rede ist. Zum anderen zeigt er die zerrissene Haltung seines Helden, der hilflos mitansehen muss, dass sich die Unmenschlichkeit und der Verlust des Westens ankündigen und der dennoch, um der wenigstens ideellen Fortsetzung des Westens und seiner Träume vom einfachen Guten willen, die selbst und bitter erfahrene Wahrheit unterdrückt. So ist die Legende von Marshal Wyatt Earp und die vom guten Banditen aus THREE GODFATHERS wie die des heroischen Militärs zu verstehen als Versuch, den Westen und was er versprach in die Zivilisation zu retten, von der alle diese Filme handeln – vom schwierigen Weg des Westerners zu ihr. Ganz zwangsläufig vereinsamt der Held, der ein Mittler zwischen der Realität und der Legende, zwischen der Vergangenheit und der Zukunft ist. Er muss sozusagen unter dem Verlust seines Gefühls versteinern; kein anderer Darsteller hätte diesen Prozess so deutlich machen können wie John Wayne, dessen eigene menschliche Wirklichkeit sich zu seinen Western-Rollen vielleicht verhält wie der historische Westen zu seiner Legende.

Der Widerspruch, der sich durch Fords ganzes Werk und insbesondere durch seine Western zieht, ist der zwischen Gemeinschaft und Gesellschaft. Die Gemeinschaft, die man auch in der Vorstellung von Heimat fassen kann (ein Schlüsselwort bei der Interpretation von Fords Filmen), besteht in einer vorindustriellen Organisation, in der die Beziehungen der Menschen untereinander und ihre Einigkeit vor allem durch Gefühlswerte gegeben sind, durch Freundschaft, konkrete Verantwortung und durch eine enge Beziehung zum Land, zur Natur, durch die völlige Einheit von Privatleben und Produktion und nicht zuletzt durch eine eigenständige, im aktiven Miteinander verwirklichte (Volks-)Kultur. (Man denke nur an den Einsatz von Musik und Tanz in Fords Filmen.) Solche Gemeinschaft fordert viel vom Einzelnen, birgt ihn aber auch in seiner eigenen unversehrten Ganzheit. Gemeinschaften finden sich in den behandelten Ford-Filmen in der Pioniergemeinde (MY DARLING CLEMENTINE), in der Outlaw-Gruppe (THREE GODFATHERS) – wo wiederum die Pioniergemeinde fähig ist, den Außenseiter, der sich bewährt hat, wieder aufzunehmen – und auch in der Militärgemeinschaft (in der «Kavallerie-Trilogie»). Diesen Gemeinschaften steht die (kommende) Gesellschaft gegenüber, in der die Beziehungen der Menschen atomisiert sind und antifamiliär, und in der die gemeinsame Produktion durch Ausbeutung ersetzt ist. Frauen, zumindest in Filmen von John Ford, haben eine natürliche Affinität zur Gemeinschaft, während es Männer sind, die die Abstraktion der Gesellschaft forcieren, Männer zumeist, die nicht im Westen aufgewachsen sind.

Vereinfacht ließe sich das Drama des Fordschen Western-Helden darstellen als die Suche nach der Gemeinschaft, die im Aufbau der Gesellschaft endet. Dies ergibt einfache Geschichten, die allerdings vielschichtiger sind, als ein ideologischer Regisseur sie drehen könnte; in der Sehnsucht nach der Gemeinschaft trifft sich das Gefühl etwa eines kämpferischen Sozialisten mit dem eines Erzkonservativen, so wie sich auch paternalistische und maternalistische Charaktere in den Gemeinschaften der Western von John Ford ohne unüberwindliche Schranken gegenüberstehen. Die Utopie liegt nicht am Anfang oder am Ende im Lebensweg des Helden, sondern mittendrin, wird durchlebt oder verfehlt, und es bleibt offen, wie viel davon in die Zukunft gerettet werden kann.

Aber wie sich Gemeinschaft von der Gesellschaft verdrängen lässt, so ersetzt sich die Loyalität durch den Gehorsam. Die Solidarität, die beides verbinden mag, ist die Qualität, die sich erhalten lässt, und die Hoffnung. Sie zeigt sich weniger in den großen Opferungen, in denen der Widerspruch besonders deutlich und besonders tragisch ist, als in kleinen Szenen wie der in MY DARLING CLEMENTINE, wo ein sturzbesoffener Schauspieler in einem Western-Saloon den Hamlet-Monolog rezitiert, plötzlich stockt, und wo ein kaum nüchternerer Doc Holliday ihm aushilft, der Lächerlichkeit der Situation zum Trotz.

In SHE WORE A YELLOW RIBBON ist John Wayne der Kavallerie-Captain Brittles, der kurz vor seiner Pensionierung steht und für den der bevorstehende Abschied den Verlust der eigenen Identität bedeutet. Er soll die Tochter und die Frau des Fort-Kommandanten in Sicherheit bringen, da ein Indianeraufstand auszubrechen droht. Doch als die Eskorte die Poststation zerstört vorfindet, muss der Rückzug zum Fort angetreten werden. Zur Deckung des Rückweges bleiben einige Männer zurück. Als Captain Brittles ins Fort zurückkehrt, beträgt seine Dienstzeit nur noch ein paar Stunden, und ein anderer führt die Ersatztruppe zu den zurückgebliebenen Soldaten. Schon in der Kleidung eines Trappers, reitet Brittles den Soldaten nach, dann versucht er, mit dem alten Häuptling Pony That Walks noch einmal über den Frieden zu reden. Doch dieser hat keine Macht mehr über die jungen Krieger. Zu den anderen zurückgekehrt, versucht Brittles, durch einen Handstreich die Indianer zu überlisten und treibt mit seinen ehemaligen Männern die Pferde des Stammes auseinander. Ohne Pferde wehrlos, kehren sie freiwillig in die Reservation zurück. Nun nimmt Brittles endgültig von der Armee Abschied, wird aber (in einer zunächst nicht vorgesehenen Schluss-Sequenz) zurückgeholt und wieder eingesetzt.

Eine wirkliche Heimat ist das Militär für den Helden nicht gewesen, obwohl es in manchen vertrauten Gesten und Ritualen (der versteckten Whiskyflasche ausgerechnet in Brittles Dienstzimmer, aus der der Sergeant Quincannon – Victor McLaglen – immer verstohlen einen Schluck nimmt, wenn er gerufen wird) so scheinen mochte, und obwohl seine Angehörigen auf dem Friedhof des Forts begraben sind. Seine Einsamkeit hat ein Echo in Häuptling Pony That Walks, der wie er die Führung den Jungen überlassen muss und von den Entscheidungen ausgeschlossen ist. Für Brittles ist das Militär nur die einfachste und erträglichste Formel für den Verlust.

Brittles zeigt durch sein Vorgehen, gewissermaßen als Alternative zu dem Thursday in FORT APACHE, dass ein Indianerkrieg kein richtiger Krieg ist, und er löst seine militärische Aufgabe pragmatisch und ohne Blutvergießen, bevor andere aus ihr ein neues Massaker entstehen lassen. Lösen kann er diese Aufgabe gerade, weil er einsam ist und seine Entschlüsse nicht nur aus den Ritualen seines Lebenszusammenhanges ableitet. SHE WORE A YELLOW RIBBON ist ein Film, der im Zwielicht spielt (Ford wies seinen Kameramann Winton

C. Hoch an, die Atmosphäre der Bilder des Malers Frederic Remington zu rekreieren); die Geschichte eines Mannes, der nichts als Verlust und Abschied erfahren hat und der nun wenigstens seine Zuflucht nicht verlieren muss.

Rio Grande, ein weniger bedeutender Film (der allerdings seine Qualitäten hat), hat nur wenig mit den beiden ersten Kavallerie-Filmen zu tun, und die Geschichte von der Familie eines Kavallerie-Offiziers und ihren vergeblichen Versuchen, wieder zusammenzufinden, ist von einer merkwürdigen Düsterkeit geprägt.

Das Thema des Films ist der Individualismus, das unabhängige Vorgehen seines Helden – John Wayne spielt Kirby York, einen Leutnant, der in seiner Entwicklung noch nicht den Status des Helden von She Wore a Yellow Ribbon erreicht hat. Er führt ein geheimes Kommando über die mexikanische Grenze, um eine Gruppe aufständischer Apachen zu schlagen. Viele Details des Films sind von einer Ford sonst fremden Effektsuche, die sich am deutlichsten in der Szene zeigt, wo ein junger Soldat York seine reiterischen Fähigkeiten demonstriert, oder dort, wo die «Sons of the Pioneers» auftreten, eine Vokalgruppe, die durch Roy-Rogers-Western bekannt geworden ist und hier als ziemlich ungewöhnlicher Trupp von Kavalleristen zu sehen ist und zwischendurch ein paar Lieder zum besten gibt.

«Die Bezeichnung ‹Trilogie› hat eigentlich nur wenig Berechtigung. Ford hat eine Reihe von Filmen gedreht, in denen die ‹Seventh Cavalry› eine Rolle spielt, darunter Cheyenne Autumn oder Sergeant Rutledge aber wie die wichtigsten Verbindungslinien in Fords Werk moralischer und emotionaler Art mehr als thematischer sind, so ist auch in diesen Filmen das eigentliche Thema nur selten die Kavallerie, sondern eher die Form der Gemeinschaft, deren Leben mit einer starken, zerstörerischen Kraft konfrontiert wird. Anders als Rio Grande sind Fort Apache und She Wore a Yellow Ribbon weniger Militärfilme als Versuche über die Zivilisation und ihre Auswirkungen auf das Leben an der Grenze. Jeder Film zeigte dabei einen bestimmten Schritt im Prozess der Zivilisierung. In Fort Apache wird die Idee von der Sicherung einer Gemeinschaft durch eine rigorose militärische Ethik kritisch gesehen und als falsch gedeutet, wie im Beispiel des Custer-Massakers gezeigt wird, das historisch eine Wende in der Entwicklung des Westens bedeutete, nach der sich die Kräfte der amerikanischen Nation auf dieses Gebiet und seine Probleme konzentrierten. Dies wird in She Wore a Yellow Ribbon weiterentwickelt. Hier geht es darum, dass individuelle Verantwortung gegenüber den Werten der Gemeinschaft zur Überschreitung der oftmals willkürlichen militärischen Regeln führen muss. Und in der Liebesgeschichte zwischen Olivia und Flint wird deutlich, dass die nächste Generation möglicherweise ganz die Grundsätze ihrer Eltern verlieren wird, auch wenn sie diejenigen Menschen respektiert, die sie aufrechterhalten. Dies wird durch die Charakterisierung der Protagonisten und den Verlauf der Handlung in beiden Filmen bestätigt. Die Menschen in Fort Apache sind ehrgeizig, sie sind in einem Aufstieg begriffen, die Rekruten werden Soldaten, der Sohn des Sergeanten wird Lieutenant, der Captain wird Colonel. Aber in She Wore a Yellow Ribbon verlieren sich Glanz und Karriere, wie die Berechtigung des Militärs selbst in Frage gestellt ist. Brittles und Quincannon sind kurz vor ihrer Pensionierung, und die Schatten der alles durchdringenden urbanen Kultur, wie sie in Fort Apache der Zeitungsschreiber und in beiden Filmen die schurkischen Händler und Waffenschieber repräsentieren, deren Geldgier die Balance zwischen den Kräften zerstört, der die Kavallerie ihre Existenzberechtigung verdankt, diese Schatten werden deutlich über dem Lebensweg des alternden Brittles» (John Baxter).

In der Zeichnung seines Helden allerdings ist auch Rio Grande durchaus eine logische Fortsetzung der beiden anderen Filme. Kirby York ist nun ein sturer, von Hass nicht freier Soldat, mit dem Wissen um die Gesetze des Krieges an der Grenze, ein wenig wie die Synthese aus Thursday / Custer und dem Kirby York aus Fort Apache, der sich mehr oder weniger zu dessen Erbe und Sachverwalter macht. She Wore a Yellow Ribbon ist die eine Möglichkeit, was aus ihm geworden sein könnte: ein melancholischer, nie jedoch den Werten des Westens abschwörender Mann, der seinen Soldatenberuf nicht als Selbstzweck sieht, ein Mann, dessen Einsamkeit eher zu mehr Verständnis als zu Bösartigkeit geführt hat. Rio Grande zeigt, was auch aus ihm geworden sein konnte: ein neurotischer Mann, der aus lauter soldatischer Starrheit seine eigene Familie zerstört, und dessen Pflichtbewusstsein in der Bekämpfung des Gegners eine Art persönlicher geistiger Krücke darstellt, ohne die Colonel Kirby York nicht mehr lebensfähig wäre. Und auch dies könnte den Begriff der Trilogie für John Fords Kavallerie-Filme der späten vierziger Jahre rechtfertigen: Fort Apache ist ein Film des gleißenden Sonnenlichts und der Hitze, She Wore a Yellow Ribbon ist vom Zwielicht geprägt, und nun, in Rio Grande, findet man eine Häufung von Nachtaufnahmen.

Die Rückkehr der Cowboys: Serien-Western 1930 bis 1955

Neue Western-Stars

Unter den Stars von Serien-Western, die relativ problemlos den Übergang vom Stummfilm zum Tonfilm schafften, war neben Ken Maynard, Tim McCoy und Hoot Gibson auch George O'Brien, Hauptdarsteller in John Fords THE IRON HORSE (1924) und THREE BAD MEN (1926). O'Brien begann die Reihe seiner Tonfilm-Western mit LONE STAR RANGER (1930; Regie: A.F. Erikson) und drehte bis 1934 bei Fox eine Reihe von B-Western mit relativ großzügigen Budgets nach Stoffen von Max Brand und Zane Grey. Nach einer Zeit, in der er vorwiegend für unabhängige Produktionsfirmen arbeitete und eher Komödien im Western-Gewand drehte, schloss er 1938 einen Vertrag mit RKO und spielte hier in einer Reihe weiterer, nun wieder mehr actionbetonter Western, bis er sich 1940 vom Film zurückzog.

O'Brien war, anders als viele Stars des B-Western, ein Schauspieler, der durchaus auch in anderen Genres bestehen konnte (nachzuprüfen etwa an seiner Rolle in F.W. Murnaus SUNRISE aus dem Jahr 1927). Der Erfolg seiner Western verdankte sich zum einen seiner athletischen Erscheinung und seinen akrobatischen Fähigkeiten, zum anderen der komödiantischen Note, die er vor allem im Dialog verwirklichte und die im Vergleich zum eher kindlichen Humor des *comic relief* in anderen Serien-Western nachgerade sophistisch wirkte. Eine Reihe seiner Filme aus den dreißiger Jahren sind Remakes früherer Tom-Mix-Western, ihren Vorbildern zumindest an Authentizität häufig überlegen. Die sorgfältige Gestaltung und die größere Budgetierung der Fox-Western von O'Brien entstammen der Produktionspolitik der Studios, die sich von der Produktion von Filmen für die Kinder-Matinees auf den Erwachsenenmarkt verlagerte. Der letzte seiner Western von Fox zeigt ihn in der Rolle von Wyatt Earp in Lewis Seilers FRONTIER MARSHAL (1934), der ersten Verfilmung von Stuart N. Lakes Earp-Biografie. Thematisch wie in der Form bildeten O'Briens Western ein Bindeglied zwischen den großen Western dieser Zeit und den billigen Serienfilmen. Die späteren RKO-Western O'Briens, auch sie in ihren *production values* deutlich über dem Durchschnitt angelegt, repräsentieren den «George O'Brien, der in der Erinnerung bestehen bleibt: stämmig, nie allzu ernsthaft, den Hut verwegen in die Stirn gezogen; der wirkliche Held in Aktion, nicht irgendein Double oder ein Stuntman» (Don Miller).

Nicht ganz unbeteiligt am Erfolg der O'Brien-Filme von RKO waren allerdings auch die für einen guten B-Western unerlässlichen Nebenattraktionen: die Figur eines komischen *sidekicks* (häufig von Chill Wills gespielt), musikalisches Beiwerk (von Ray Whitley und der «Prairie Musical Aggregation» beigesteuert) und nicht zuletzt die *leading ladies*: Kay Sutton, Marjorie Reynolds, Larraine Johnson, die später als Larraine Day berühmt wurde, und eine Schauspielerin, die später vom Western nicht mehr viel wissen wollte: Rita Hayworth.

Andere Stars der RKO-Serien-Western waren Tom Keene, einer der typischen «sauberen» Cowboy-Stars mit dem Appeal eines Pfadfinderführers, Harry Carey, ein Veteran aus den Stummfilmtagen, der in einigen Filmen wie etwa THE LAST OUTLAW (1936, Regie: Christy Cabanne) die Rolle eines alten, abgeklärten und humorvollen Westerners spielte, eine Art Münchhausen des Westens und ein Held von Geschichten, die nicht ganz ernst genommen werden wollten. Tim Holt, ein jugendlicher, moralischer Western-Held, war, zumindest was die Quantität seiner Filme anbelangt, der Produktivste unter den Cowboy-Stars von RKO. (Dennoch ist er für die Filmgeschichte mehr durch seine wenigen Rollen in A-Filmen der Erwähnung wert: THE MAGNIFICENT AMBERSONS; 1942, Regie: Orson Welles; HITLER'S CHILDREN; 1942, Regie: Edward Dmytryk; THE TREASURE OF THE SIERRA MADRE; 1948, Regie: John Huston.)

Eine kurze Zeit lang war auch ein Darsteller B-Western-Star bei RKO, dessen Image zunächst gar nicht so recht ins Bild des «sauberen», durch und durch guten Cowboys passen wollte: Robert Mitchum. Er hatte seine schauspielerische Karriere als *heavy* in einigen Hopalong-Cassidy-Western begonnen, war dann, in der für die Entwicklung eines kommenden Serienstars bezeichnenden Konversion, in die Gruppe von Hopys Freunden übergewechselt. Nach einer Reihe von Nebenrollen in A-Filmen wurde er von RKO engagiert und in dem Zane Grey-Film NEVADA / YELLOW SKY (1944, Regie: Edward Killy) als Star eingesetzt. Auch in seinen Rollen als guter Cowboy verlor er nie ganz den Unterton einer latenten Bedrohlichkeit in seiner Stimme und eine Gestik von nicht ganz geheuerer Abgründigkeit, die seine *heavy*-Rollen so beeindruckend gemacht hatten, und der Humor in seinen Filmen war schwärzer als gemeinhin im Genre des B-Western üblich. Nachdem WEST OF THE PECOS (1945, Regie: Edward Killy) einen für einen kleinen Western ungewöhnlichen Erfolg verzeichnet hatte, spielte Mitchum in William A. Wellmans Kriegsfilm THE STORY OF GI JOE (1945) eine Hauptrolle. Als auch dieser Film für Mitchum zu einem Erfolg bei der Kritik wurde, beschloss er, den Part eines Cowboy-Stars in B-Western aufzugeben. RKOs Versuch, mit James Warren einen Nachfolger aufzubauen, scheiterte, und so blieb Tim Holt der überragende Cowboy-Star des Studios, der nach dem Krieg noch in 29 RKO-Western auftrat.

Hopalong Cassidy

Hopalong Cassidy war eine von Clarence E. Mulford um die Jahrhundertwende erfundene Western-Heldengestalt, deren Abenteuer in den *Pulp*-Magazinen verbreitet wurden. Diese Figur war von einem recht zwiespältigen Charakter; er stand wohl auf der Seite des Rechts, wenn es ernst wurde, schleppte aber auch einen Haufen persönlicher Probleme mit sich herum und suchte nicht selten im Alkohol Vergessen. Außerdem hinkte er, als Folge einer Schussverletzung. Er war, mit einem Wort, ein bisschen heruntergekommen, und in seine Abenteuer stolperte er eher unfreiwillig hinein, als dass er sie annahm wie eine Herausforderung. Mulfords Erzählungen und Romane um diesen Helden waren von einem gelegentlich fast peniblen Realismus in den historischen Details und verbanden die Handlung mit einem kauzigen Humor.

William Boyd, ein Schauspieler, der sich bereits in der Stummfilmzeit einen Namen gemacht hatte, war zunächst für die Rolle eines *heavy* im ersten von Majestic produzierten Hopalong-Cassidy-Film vorgesehen, doch als es mit dem Star in spe der Serie, James Gleason, zu keiner Einigung kam, übertrug man ihm die Titelrolle. Boyd, trotz seines weißen Haars jugendlich und konzentriert wirkend, passte weder vom Äußeren auf die Beschreibung von Mulfords Figur, noch behagte ihm das zweifelhafte Gebaren des *Pulp*-Helden. Er überzeugte den Produzenten Harry Sherman davon, den Helden der Serie in seinem Sinn umzumodellieren, in einen strahlenden Ritter der Prärie und eine Art Vaterfigur des Western, der sich der Bewunderung seiner jungen Begleiter (James Ellison und Russell Hayden) so sicher sein konnte wie des Vertrauens, das die Bürger in ihn setzten, wenn sie ihn um Hilfe baten. Beginnend mit HOP-A-LONG CASSIDY (1935, Regie: Howard Bretherton) eroberte sich der neue Held einen Platz im Herzen vor allem des jugendlichen Publikums. Zu «Hopy» und seinem jugendlichen Begleiter gesellte sich in der Folgezeit George «Gabby» Hayes als komischer Alter, der für den *comic relief* zu sorgen hatte. Als treue Helfer standen ihnen die Cowboys der «Bar-20»-Ranch zur Verfügung, die vor allem in dramatischen Schluss-Szenen wilder Ritte durch die Prärie oder durchs Gebirge zum Einsatz kamen.

«Mit einem ‹richtigen› Westerner hat Hopalong Cassidy so wenig zu tun wie Boyds Filme mit dem historischen Westen. Es gibt in diesen Filmen keine Konflikte, die in irgendeiner Weise auf die historischen Entwicklungen des Landes verweisen würden, nichts, was sich nicht durch Hopalong Cassidy und seiner Cowboys Eingreifen bewältigen ließe. Der Westen scheint ein befriedetes Land zu sein, dessen Harmonie nur durch ein paar Verrückte oder machthungrige Schurken gestört zu werden droht, und die ganze Welt (‹Hopy› kommt viel herum, sogar bis nach Afrika) ist wie ein Abbild des Westens. Hopalong Cassidy ist ein ‹Einrenker›, ein denkender, sensibler Mann, der wie ein ‹fahrender Ritter› aus dem Märchen Hilfsbedürftige schützt und Unrecht schon allein durch die Kraft seiner Legende verhindern kann. Immer weiß er einen Rat. Er greift nur zur Gewalt, wenn es unbedingt sein muss; seine *sidekicks* dürfen manchmal ein bisschen empört sein, dass ‹Hopy› so schonend mit den Schurken umgeht, bis er sie und das Publikum von der Richtigkeit seines Vorgehens und seiner Fähigkeit, im Ernstfall doch mit jedem Outlaw fertig zu werden, überzeugt hat. Entsprechend gestaltete sich die Struktur der Hopalong-Cassidy-Filme: In der ersten Hälfte des Films herrscht ein langsames Tempo vor, eher bedächtig werden die Konflikte aufgebaut, und viel Fantasie, Surreales wie schwarzer Humor findet sich in der Zeichnung der Haupt- und Nebenschurken. Das eine oder andere Mal entgehen das schöne Mädchen oder Hopalong Cassidys Freunde den Anschlägen, und nur wenige Kampfszenen begleiten ‹Hopys› Versuch, die Sache ohne Gewalt zu regeln. Aber schließlich wird die Bedrohung doch manifest, eine Entführung, eine Belagerung, ein Mordanschlag müssen vereitelt werden. Erst nun, im letzten Akt des Films, kommt es zu einer Ballung von Action-Szenen, die auf den nahezu immer gleichen Höhepunkt zugeschnitten sind: Ein Suchtrupp muss Hopalong Cassidy in einer *last minute's rescue* zu Hilfe kommen, weil der trickreiche Schurke ihm eine Falle gestellt hat, oder er selbst führt eine Gruppe wild galoppierender Cowboys, um in letzter Minute ein Verbrechen zu verhindern. Diese Szenen waren die einzigen im Film, die mit dramatischer Hintergrundmusik unterlegt waren, und zusammen mit einer geschickten, rhythmischen Montage aus Halbnahaufnahmen galoppierender Pferde und ihrer Reiter und Totalen, die die Dramatik der Bewegung vermittelten, schufen diese Schluss-Szenen, fast unabhängig von der Handlung, eine Art audiovisuellen Rauschzustandes, der dem jugendlichen Publikum soviel ‹Glück› zu geben vermochte wie etwa heute ein Rockkonzert. Am Ende aber hatte Hopalong Cassidy noch ein paar ernste Worte zu sprechen» (Jürgen Berger / Georg Seeßlen). Es gibt in der urbanen Gesellschaft neben der Familie viele Orte, Glück, Geborgenheit, soziale Werte und Selbstbestätigung zu erfahren – einer davon war in jenerr Zeit das Kino, in dem Hopalong Cassidy die Welt in Ordnung brachte.

Als Ende der vierziger Jahre der B-Western seine Vormachtstellung als Unterhaltungsmedium für Jugendliche an das Fernsehen abzutreten begann, sicherte sich Boyd die Rechte an seiner Figur und verkaufte seine Filme an mehrere Fernsehstationen. Der Erfolg bei der Ausstrahlung seiner Filme war so groß, dass die Nachfrage nach Hopalong-Cassidy-Western allein durch die (immerhin über 60) bislang gedrehten Streifen nicht befriedigt werden konnte. (Die Filme wurden für die Fernsehauswertung auf 54 Minuten zusammengekürzt, was gelegentlich auf Kosten ihrer ausgefeilten Dramaturgie ging.) So wurden Hopys Abenteuer in einer eigenen TV-Serie fortgesetzt, die es auf 52 neue Episoden brachte (nebst neu geschnittenen Fassungen der alten Filme, die immer wieder zwischen die neuen Filme geschoben wurden). Cassidy/Boyd gehörte zu den populärsten Helden des B-Films, er war zugleich der erste berühmte Serienheld des neuen Mediums.

Die singenden Cowboys

Mit dem Beginn des Tonfilms hatte sich im B-Western die Tendenz ausgebreitet, Vokal- oder Instrumentalstücke von einzelnen Musikern oder Western-Gruppen wie den «Sons of the Pioneers» in die Handlung einzubauen. Es war also nichts Außergewöhnliches, als in dem Ken-Maynard-Serial In Old Santa Fé (1934) ein junger Western-Sänger namens Gene Autry einige Lieder zum Besten gab. 1935 spielte Autry dann bereits selbst die Hauptrolle in dem Serial The Phantom Empire (Phantomreiter; Regie: Otto Brower, B. Reeves Eason), einer ziemlich krausen Mischung aus Science Fiction-, Western- und Musical-Elementen. Der Held war ein Radiosänger, der in jeder Folge zu einer bestimmten Zeit im Studio sein musste, um seine Lieder zu singen, und der zwischendurch einen dubiosen Geheimbund zerschlagen musste. Ähnlichen, wenn auch nicht immer so starren Konzeptionen folgten auch die späteren Filme Autrys, in denen es neben dem Sieg über die Schurken immer auch darum ging, Gelegenheit für den Star zu liefern, zu Gitarre, Orgel oder sogar einer Orchesterbegleitung zu singen. Ansonsten folgten die Autry-Western ganz den Regeln des B-Western: Ein *sidekick* für den Humor (vor allem Smiley Burnette, der auch musikalisch für Abwechslung zu sorgen hatte) und hübsche *leading ladies*, die sich zumindest einmal in der Gewalt des Schurken befinden mussten, eindrucksvolle Schurken und der starke Held, die einander jagten, wobei das eine oder andere Mal die Rollen von Jäger und Gejagten getauscht wurden.

Die Handlungsformel der Autry-Western lässt sich an der Struktur eines typischen Films der Serie, Tumbling Tumbleweeds (Fünf Jahre und ein Tag danach; 1935, Regie: Joseph Kane), zeigen: Im ersten Teil des Films ist viel Action verpackt, es wird gekämpft, geritten, geschossen; gleichsam, um jeden Zweifel an den Fähigkeiten des singenden Cowboys auszuräumen, sich seiner Gegner auch mit handfesten Mitteln zu entledigen, zeigt sich Autry als Westerner der schlagkräftigen Art. Im Mittelteil gibt es Gelegenheit, die musikalischen Attraktionen zu entfalten. Dies findet seine Entsprechung in der Story: Hier zum Beispiel hat Gene Autry, nach harten Auseinandersetzungen, seine Heimat verlassen, um sich einer *medicine-show* anzuschließen. Am Ende kehrt er nach Hause zurück, um den Mord an seinem Vater zu rächen, und hier kommt es zum *show-down* zwischen ihm und dem *heavy*. Dieser Schlussteil ist wieder, bis zum Happyend, mit Action-Szenen vollgepfropft. Andere Filme, wie etwa Autrys nächster Western, Melody Trail (1935, Regie: Joseph Kane), betonten die musikalischen und komödiantischen Akzente und vernachlässigten dagegen die Action. Zwischen beiden Extremen sind alle der noch folgenden Gene Autry-Filme angesiedelt, die häufig auch im modernen Westen spielten und Spannungselemente von Kriminalfilmen häufiger verwendeten als die epischen Momente des A-Western.

Der stärkste Konkurrent von Gene Autry war Roy Rogers, ein ehemaliges Mitglied der «Sons of the Pioneers» und unter dem Namen Dick Weston Nebendarsteller in verschiedenen Western, darunter auch Gene Autrys THE OLD BARN DANCE (1938, Regie: Joseph Kane). Mit UNDER WESTERN STARS (1938, Regie: Joseph Kane) begann die Serie der Roy-Rogers-Western, die – nicht nur, weil in etwa der gleiche Stab von Republic sie herstellte – ganz in der Art der Gene Autry-Filme gestaltet waren. Der größte Unterschied zu Autry war, dass Rogers jünger, möglicherweise auch ein wenig dynamischer wirkte. Noch mehr als die von Autry waren die Filme von Roy Rogers zu Beginn der vierziger Jahre mehr oder minder Musicals im Western-Gewand, in denen die athletischen Aktionen des Helden eher wie Dreingaben wirkten.

Die unvermeidliche Rolle des komischen Alten in Roy-Rogers-Filmen wurde zunächst von Raymond Hatton, dann von George Gabby Hayes dargestellt, der in einer Reihe von Hopalong-Cassidy-Filmen, aber auch neben Smiley Burnette in Gene-Autry-Western zu sehen gewesen war. *Leading lady* für eine Anzahl von Roy-Rogers-Western war Lynn Roberts, die unter dem Namen Mary Hart auftrat.

Der Erfolg für die Western von Roy Rogers wuchs, als unter der Ägide von Joseph Kane (der insgesamt 42 Roy-Rogers-Filme hintereinander inszenierte und zum Teil auch produzierte) die genre-übliche Action wieder mehr in den Vordergrund gerückt wurde. Eine Anzahl dieser Filme hatte historische Gestalten des Western zu Helden: In BILLY THE KID RETURNS (1938) zum Beispiel spielt er einen Mann, der mit dem bereits von Pat Garret erschossenen Outlaw verwechselt wird; DAYS OF JESSE JAMES (1939) zeigt ihn neben einem Jesse James (Donald Barry), dem bitter Unrecht getan wird, und in JESSE JAMES AT BAY (1941) spielte Rogers selbst den Gesetzlosen. 1940 stellte er in zwei Filmen legendäre Helden der Indianerkriege dar: YOUNG BUFFALO BILL und YOUNG BILL HICKOK (Regie bei allen Filmen: Joseph Kane).

Während der Kriegszeit, als Gene Autry in der Armee war, stieg Roy Rogers zur Nummer eins der singenden Cowboys auf. Seine Filme dieser Zeit sind vor allem durch sein Zusammenspiel mit Dale Evans (seiner späteren Frau) bestimmt, ein ebenso romantisches wie keusches Liebespaar, das zusammen mit dem komischen *sidekick* das klassische Triumvirat des B-Western bildete: strahlender Held, schöne Unschuld, kauziger Individualist. Dabei wurde das komödiantische Element in diesen Filmen nicht nur durch Hayes und Smiley Burnette, der ein paar Gastspiele in Rogers' Western gab, beigesteuert, sondern auch gelegentlich von im Drehbuch angelegten *inside jokes* für die Fans des Genres: In BELLS OF ROSARITA (1945, Regie: Frank McDonald) spielt Roy Rogers einen (Western-)Filmstar, der, um mit einer Gruppe von Gangstern fertig zu werden, andere Western-Darsteller zu Hilfe ruft, und tatsächlich eilen ihm all die Stars der alten Garde des B-Western zu Hilfe: Wild Bill Elliot, ein ehemaliger Rodeo-Reiter, der seinen Ruhm (und seinen Namen) dem Serial THE GREAT ADVENTURES OF WILD BILL HICKOK (1938, Regie: Mack

V. Wright, Sam Nelson) verdankte und der neben der Figur des Red Ryder noch mehrmals den Wild Bill Hickok gespielt hatte; Allan «Rocky» Lane, Star vieler Western und Serials von Republic (auch er spielte den Red Ryder); Don «Red» Barry, der dritte Darsteller dieser den Comicstrips entlehnten Western-Helden; Robert Livingston, der zusammen mit Max Terhune und Ray Corrigan das klassische Western-Helden-Trio der «Three Mesquiteers» bildete, der erste *lone ranger* des Kinos war und als *lone rider* vom (zumindest in Europa) bekanntesten aller komischen *sidekicks*, Al «Fuzzy» St. John, auf seinen Abenteuern begleitet wurde, und schließlich Sunset Carson, ein ehemaliges Mitglied des Tom Mix-Zirkus und Star einiger *low budget western* von Republic und RKO.

Ende der vierziger Jahre hatte sich die Formel der singenden Cowboys ein wenig abgenutzt, und der B-Western selbst begann seine Existenzberechtigung zu verlieren. Gene Autry drehte 1953 seinen letzten Film, LAST OF THE PONY RIDERS (Regie: George Archainbaud), wieder mit Smiley Burnette als *sidekick* (nachdem er in den anderen Filmen nach dem Krieg verschiedene Komiker als Partner gehabt hatte) und verlegte sich dann auf die Produktion von Fernsehserien. Roy Rogers hatte bereits 1951 seine Serie unterbrochen und war noch in zwei Western-Parodien mit Bob Hope aufgetreten (SON OF PALEFACE – BLEICHGESICHT JUNIOR; 1952, Regie: Frank Tashlin und ALIAS JESSE JAMES – EIN SCHUSS UND FÜNFZIG TOTE; 1959, Regie: Norman Z. McLeod), bevor auch er sich dem neuen Medium des Fernsehens verschrieb.

Den Wegen der beiden Großen, Autry und Rogers, folgten eine ganze Reihe von singenden Cowboys: Warner Bros. drehte eine Western-Serie mit Dick Foran in der Hauptrolle, der in der turbulenten Handlung immer Gelegenheit fand, zusammen mit seinen Begleitern Fred Scott und Jack Randall ein Lied vorzutragen. John Wayne, der auch bei Warner unter Vertrag stand, musste in einigen seiner B-Western ebenfalls zur Gitarre greifen; die Gesangsstimme für seine Lieder wurde allerdings von einem anderen nachsynchronisiert. Harry Woods war ein singender Cowboy von der schlagkräftigeren Sorte, während sich einst erfolgreiche Sänger und Radio-Stars wie etwa Gene Austin (zumeist vergeblich) darin versuchten, als singende Cowboys ein Comeback zu erreichen.

Ganz in der Art der Gene-Autry- und Roy-Rogers-Filme waren die Western mit Tex Ritter angelegt; die Produktionsbedingungen seiner Filme waren allerdings noch um einiges beschränkter als die der beiden großen Stars des Sub-Genres, und auch die Tatsache, dass der Held gleich zwei statt nur einen *sidekick* aufzuweisen hatte (Fuzzy Knight und Syd Taylor), machte dies kaum vergessen. Während seine eigenen Filme eher unter dem Produktionsdurchschnitt lagen (von den *stock shots*, die man verwendete, um nicht selbst teure Action- oder *location*-Aufnahmen drehen zu müssen, datierten manche zurück bis zum Jahr 1915), und während für sie das Publikum mehr von der Musik- als von den Western-Fans gebildet wurde, konnte sich Tex Ritter in späteren Filmen wie THE LONE STAR TRAIL (1943, Regie: Ray Taylor) als Partner von Johnny Mack Brown, noch später als einer der Texas-Rangers neben Dave O'Brien und Guy Wilkinson in der 1944 gestarteten Serie profilieren. Er markiert so die Auflösung der Formel von den singenden Cowboys und deren neuerliche Funktion nun als *sidekicks* ihrerseits.

Das Genre des B-Western und auch die Formel der singenden Cowboys sind nur bedingt in eine allzu puristische Definition des Western einzuordnen. Formen der Komödie, des Melodrams, des Kriminalfilms, ja sogar von Gangster- und Science Fiction-Film überlagerten die archetypischen Auseinandersetzungen des «richtigen» Western, und mit der Bezeichnung von Ort und Zeit nahm es keiner dieser Filme sehr genau. Vielleicht ist der Sachverhalt am besten mit einem Schlagwort umschrieben, das selten fehlte in den Selbstdarstellungen der Cowboyhelden: Im B-Western ist aufgehoben, was Amerika sich als den *spirit of the west* bewahrt zu haben glaubte.

Trio-Western

Neben den singenden Cowboys waren vor allem jene Serien-Western erfolgreich, die statt eines Helden ein Trio von ihnen aufzuweisen hatten, in dem es so etwas wie eine genre-gemäße Arbeitsteilung gab. Vorbild aller Trio-Western waren die Filme um die «Three Mesquiteers», die vom ihrem Autor William Colt MacDonald in Abenteuer geschickt wurden, die eine entfernte Ähnlichkeit mit denen ihrer Vorbilder aus Alexandre Dumas' Romanen hatten. Die 1935 begonnene Serie zeichnete sich vor allem durch eine ständig wechselnde Besetzung der Hauptrollen aus; jeder Cowboy-Star, der selbst keine eigene Serie durch seine Popularität tragen konnte, zeitweilig frei war oder – was vor allem die obligatorischen komödiantischeren Darsteller des wechselnden Trios betraf – in mehreren Serien gleichzeitig auftreten konnte, ohne seine Wirkung abzunutzen, ist einmal als einer der «Three Mesquiteers» oder ihren Nachahmungen wie «The Range Busters» aufgetreten: Guinn Big Boy Williams, Al Fuzzy St. John, Harry Carey, Hoot Gibson, Buffalo Bill jr (!), Bob Steele, Tom Tyler, Ray Corrigan, Max Terhune, John Wayne, Duncan Renaldo und viele andere Mitglieder des wechselnden Trios, dessen Abenteuer sich ansonsten kaum von denen der anderen Helden des B-Western unterschieden, nur dass eben häufig einer der drei für den anderen einsprang und einer den anderen aus irgendeiner Klemme befreite. Wie die meisten Filme um Serienhelden konnten die Filme einmal im historischen Westen, das andere Mal in der Gegenwart spielen. Die Serie der «Three Mesquiteers»-Filme brachte es auf insgesamt 51 Streifen und wurde mit RIDERS OF RIO GRANDE (1943, Regie: Howard Bretherton) beendet.

Die «Range Busters» wurden zunächst gebildet von den ehemaligen Stars der «Mesquiteers»-Serie Ray Corrigan und Max Terhune und von John Dusty King, und die Serie folgte sehr genau demselben Konzept, das vor allem aus der Eliminierung aller die Action störenden Elemente und dem Einsatz eines ziemlich derben komödiantischen Elements in der Typologie des Trios bestand. (Im Trio-Western wurde ganz einfach die Frau in der Rolle der klassischen Trinität des Serien-Western: Held, *sidekick, leading lady* durch einen zweiten Helden ersetzt, was ganz automatisch dazu führte, dass die Action-Elemente Vorrang hatten, zumal auch die musikalischen Elemente in den Trio-Western nicht sonderlich wichtig waren.) Während die «Three Mesquiteers» und die «Range Busters» in den meisten ihrer Varianten ein internes Spannungsverhältnis zwischen jugendlichen und älteren Western-Darstellern aufwiesen, war die Serie um die «Rough Riders» einem Trio von Westernveteranen gewidmet: Angeführt wurden die «Rough Riders» von dem legendären Buck Jones (nach dessen Tod im Jahr 1942 die Serie dann auch eingestellt wurde), und auch seine beiden Mitstreiter Tom McCoy und Raymond Hatton hatten bereits Höhen und Tiefen in der Entwicklung des B-Western mitgemacht. Die Filme der Serie erzählten eigentlich jedesmal dieselbe Geschichte: Die Rough Riders sind drei Sheriffs, die eine Bande unschädlich machen sollen. Einer von ihnen schleicht sich in die Bande ein, stellt eine Falle, und gemeinsam erledigen sie schließlich ihren Job. Allein schon durch das Alter der Helden erhielten die Filme ein gewisses melancholisches Element, das verstärkt wurde durch die Veränderung der Charaktere ihrer Helden; aus dem Draufgänger Buck Jones war ein bedächtiger Mann geworden, der nie mehr tat, als unbedingt nötig, und der Colonel Tim McCoy konnte seine militärische Würde kaum noch ausspielen. Doch die ungebrochene Tatkraft der Helden und der Gleichmut, mit dem sie ihre Aufgabe vollbrachten, war positive Botschaft genug.

Ebenso wie die Filme um die singenden Cowboys entsprachen auch die Trio-Western dem Optimismus in der Zeit des Rooseveltschen «New Deal» und gaben den Glauben an die Möglichkeit wieder, bestimmte Aufgaben durch kollektive Anstrengungen und das Einander-Zuarbeiten zu lösen. Wie der komische Typ des Trios von den anderen respektiert wurde, so konnte sich die Idee vermitteln, dass auch der Schwächere in solch einem Kollektiv von Individualisten seinen Platz hat und Gelegenheit erhält, sich zu bewähren. Bei aller Betonung von Action und Bewegung waren diese Trio-Western also in gewissem Sinne auch sehr friedliche Filme, die vom Zusammenstehen verschiedener Charaktere und vom (sozialen) Vorteil der Freundschaft erzählten. Möglicherweise lässt sich hieraus erklären, warum die Trio-Western im Gegensatz zu den Filmen der singenden Cowboys und solcher Stars wie Hopalong Cassidy oder seines zeitweilig stärksten Konkurrenten, Charles Starrett, die Erfahrungen der amerikanischen Gesellschaft im Weltkrieg nicht überdauerten. Der letzte Trio-Film des B-Western war BULLETS AND SADDLES (1943, Regie: Anthony Marshall) aus der Serie der «Range Busters»-Western.

Western-Serials

Von den B-Western unterschieden sich die Western-Serials vor allem durch die Konstruktion ihrer Handlungsverläufe, die, da der Fortsetzungscharakter einen Spannungshöhepunkt am Ende eines Kapitels verlangte, auf bestimmte wiederkehrende Höhepunkte zugeschnitten war. Einem großen Handlungsbogen, etwa der Zerschlagung eines Geheimbundes oder der Geschichte einer Rache, waren dabei kleinere parzellierte Handlungseinheiten untergeordnet. Noch mehr als der B-Film ist also auch das Serial dem Medium des Comics verwandt, dem die Serials denn auch eine Reihe ihrer Helden, vor allem solche der mehr fantastischen Art, von Flash Gordon über Superman bis hin zu Mandrake the Magician, entlehnte. Aber auch der Serial-Western des Tonfilms verwendete populäre Comic-Vorlagen so häufig wie literarische: Der durch Comics ebenso wie durch Radioserien bekannte maskierte Rächer Zorro etwa (er erblickte das Licht der Welt 1919 in einem Zeitungsstrip von Johnston McCulley) bot das Vorbild für Helden vieler Serials, darunter ZORRO RIDES AGAIN (1937, Regie: William Witney, John English) mit John Carrol, ZORRO'S FIGHTING LEGION (ZORROS GEISTERREITER; 1939, Regie: William Witney, John English) mit Reed Hadley oder SON OF ZORRO (ZORROS SOHN; 1947, Regie: Spencer Gordon Bennett, Fred C. Brannon) mit George Turner in der Hauptrolle. Die letzte Verkörperung des maskierten Reiters in einem Serial, in GHOST OF ZORRO (1949, Regie: Fred C. Brannon) spielte Clayton Moore, der in den folgenden Jahren als *lone ranger* Held einer der populärsten Fernseh-Westernserien werden sollte. Dieser *lone ranger*, der mit seinem treuen indianischen Freund Tonto die Prärie durchstreifte, war 1938 zum ersten Mal in einem Serial aufgetreten; Lee Powell spielte die Rolle in THE LONE RANGER (Regie: William Witney, John English) und Robert Livingston in THE LONE RANGER RIDES AGAIN (1939, Regie: William Witney,John English). Auch Red Ryder, Held zahlreicher Serials, war eine Gestalt, die ursprünglich im Medium der Comics reüssiert hatte (Autor der Comic-Serie war Fred Harman); Don Red Barry spielte sie in ADVENTURES OF RED RYDER (1940, Regie: William Witney, John English) und schuf damit eine für das Serial typische Figur, den eher mysteriösen Westerner, der mehr mit den Serial-Helden wie «The Shadow» oder «Blackhawk» zu tun hatte als mit einem Pionier des Grenzlandes; unerlässlich für die Helden auch der Western-Serials war es, hinter irgendein Geheimnis zu kommen.

Fast alle Cowboy-Stars haben das eine oder andere Mal auch in einem Serial mitgespielt, so etwa Buck Jones in GORDON OF GHOST CITY (1933, Regie: Ray Tayler). Ken Maynard in MYSTERY MOUNTAIN (1934, Regie: Otto Brower), Johnny Mack Brown in RUSTLERS OF RED DOG (1935, Regie: Louis Friedlander, der sich später Lee Landers nannte), Dick Foran in RIDERS OF DEATH VALLEY (1941, Regie: Ford Beebe, Ray Taylor). Umgekehrt war auch der König der Serials, Buster Crabbe, der vor allem durch seine fantastischen

Rollen wie Flash Gordon berühmt wurde, Held einer Western-Serie, in der er an der Seite von Al «Fuzzy» St. John agierte. Wie der Serien-Western, so musste auch das Western-Serial der Konkurrenz des Fernsehens weichen; das letzte Serial, das von einem großen Studio gedreht wurde, war ein Western: BLAZING THE OVERLAND TRAIL (1956, Regie: Spencer Gordon Bennett) mit Lee Roberts als Star.

Serial- und Serien-Western hatten in den fünfziger Jahren mit dem A-Western so gut wie nichts mehr zu tun; die Serials mit ihren maskierten Helden und den mysteriösen Geheimbünden, die singenden Cowboys und Trios des B-Western und die zahlreichen, standardisierten Interaktionen zwischen Held, *sidekick* und *heavy* hatten ein Publikum, das nach schwergewichtigen Botschaften kaum suchte und genauso wenig nach formaler Brillanz. Und trotzdem gibt es in diesem Sub-Genre Filme, von denen man auf Anhieb sagen würde, sie sind, in ihrem Rahmen, glaubwürdig, und solche, die man heute nur als unfreiwillig komisch empfindet. Vielleicht weil Serien-Western die Erfüllung von Kinderträumen waren, entsprach ihre einfache Welt so sehr einem Bedürfnis nach der Schaffung einer Ordnung, die so grundverschieden von der historischen Ordnung war, die die Helden des A-Western zu bringen hatten: die leichte Ordnung von Gut und Böse und die vielleicht gar nicht mehr so einfache Ordnung zwischen den Männern und den Frauen, den Jungen und den Alten, zwischen Freunden, die gleich sein wollten und doch nicht ganz gleich. Im Serien-Western ging es darum, für jedes und jeden einen Platz zu finden, eine Weltordnung nach gleichsam familialem Vorbild zu schaffen. Aber anders als für die Helden der TV-Western unserer Tage ging es für die «ewigen Cowboys» der Western-Serien nicht um die Ausgrenzung des Abenteuers und des Fantastischen; sie erstickten ihren Freiheitsdrang nicht in inneren Konflikten mit Vätern, Besitz und Moral. Ein Vergleich der Serien-Western aus den vierziger Jahren mit den Fernsehserien, die ihre Nachfolge angetreten haben, zeigt, was verloren ging: nicht nur die Fantasie, die alles erlaubt, was sich später im Spiel wiederholen lässt, sondern auch der durch die Filme vermittelte, ziemlich unerschütterliche Glaube daran, dass große Dinge einen erwarteten.

Die fünfziger Jahre

Adult Western: Neue Themen

Die Krise des Helden

Zu Beginn der fünfziger Jahre war der A-Western endgültig erwachsen geworden; er hatte eine Sprache, eine Logik und eine Mythologie gebildet, vermittels deren sich aktuelle politische ebenso wie kulturelle und essentielle Probleme darstellen ließen. Der Western war gewissermaßen ein Diskussionsrahmen für Probleme von Macht, Gewalt und Gesetz geworden, und wie sich nach dem Erfolg einiger großer Filme des Genres sehr verschiedene Talente mit auch eigenwilligen Ansätzen am Western versuchen konnten, so gab es in den fünfziger Jahren «linke» oder besser: im amerikanischen Sinne des Wortes liberale Western ebenso wie konservative oder gar reaktionäre. Das politische und moralische Problem der amerikanischen Gesellschaft zu dieser Zeit war der McCarthyismus, und zwar nicht nur dort, wo er politische und rechtliche Ausmaße erreichte, sondern gerade auch dort, wo er sich im Alltagsleben fortsetzte, und es nimmt nicht wunder, dass es insbesondere der Western war, der auf dieses Problem reagierte. Lange ist in Europa, besonders in der Bundesrepublik, nicht erkannt worden, welch brisante Probleme der Western dieser Zeit ansprach (von der Kunstfertigkeit seiner Hersteller zu schweigen); möglicherweise liegt das daran, dass die im Genre behandelten Probleme – die immerhin nicht ganz unabhängig von den Erfahrungen des Weltkrieges waren – hierzulande noch heftiger verdrängt wurden als in den Vereinigten Staaten. Nur High Noon konnte vor den kulturbeflissenen Augen der Medienkritiker und Pädagogen hierzulande bestehen, und das vielleicht nicht nur wegen seiner klassisch genannten Gestaltung, sondern auch deswegen, weil er «die Masse» zu denunzieren schien.

Seinen thematischen und gestalterischen Höhepunkt erreichte der Western in den fünfziger Jahren unter anderem deswegen, weil seine Helden in eine Krise geraten zu sein schienen; der Zweifel, der sie, beziehungsweise ihre Schöpfer, befallen hatte, führte dazu, dass genauer hingesehen wurde, Geschichte und Zukunft, Moral und Eros des Helden einer präzisen Beschreibung unterzogen wurden. Es waren nicht mehr die Siege des Helden, denen die größte Aufmerksamkeit galt, sondern seine Wunden; weil er als strahlender oder als lakonisch-selbstverständlicher Held nicht mehr glaubwürdig war, musste er tragisch werden. Die Helden des Western mussten es sich gefallen lassen, von ihren Schöpfern nach ihrem Wesen befragt zu werden (ganz so wie in der Geschichte der Gesellschaften die Menschen immer wieder ihre Helden und Götter einer kritischen Befragung unterzogen haben, die diese entweder getötet oder komplizierter und damit unangreifbarer gemacht haben.)

Da war zunächst die Frage nach der Berechtigung und dem Sinn der Gewalt im Wesen des Helden, und sie stellte zum ersten Mal Henry Kings THE GUNFIGHTER (DER SCHARFSCHÜTZE / SCHARFSCHÜTZE JIMMIE RINGO) aus dem Jahr 1950. Jimmie Ringo (Gregory Peck) ist der Revolvermann, der die Kerben an seinem Revolver nicht mehr weiter vermehren will. Aber die jungen Burschen warten darauf, sich mit ihm zu messen, um seinen Ruhm zu erben. Ringo akzeptiert sogar, dass man ihn für einen Feigling hält, um seiner Einsicht in die Sinnlosigkeit der Gewalt und die Notwendigkeit, die Selbstjustiz zu beenden, treu zu bleiben. Als er schließlich doch von einem Jungen durch einen Schuss in den Rücken tödlich verletzt wird, da schafft er es allerdings noch nicht, seiner Vorahnung der neuen, gewaltloseren und gesetzestreuen Zeit die persönliche Rache zu opfern: Er bittet den Sheriff, seinen Mörder laufen zu lassen, um so dem Mann, der ihn erschoss, das gleiche Schicksal ewiger Jagd und unaufhörlicher Gewalt zu übertragen. Er, der den Frieden gesucht hat, setzt nun einen neuen Jimmie Ringo in die Welt, in dessen Augen das Entsetzen über diese Zukunft zu lesen ist; zu spät hat er verstanden.

Ringo ist der Held, der im Western in den nächsten Jahren eine große Rolle spielen sollte: ein nicht mehr junger Mann, der des Tötens, ja der Lebensbedingungen des Westens selber müde geworden ist, sich nach einem bürgerlichen Glück sehnt, für das ihm niemand eine Chance einräumt. Er hat die Sinnlosigkeit der Regeln erkannt, die in den immer gleichen Ritualen der Gewalt liegen, er weiß, dass diese Machtmittel ihren Zusammenhang mit der Wirklichkeit verloren haben, weil längst schon andere Dinge ausschlaggebend sind, nicht mehr die Ehre, nicht mehr der offene Kampf um seiner selbst willen, nicht mehr das Duell auf der Hauptstraße. Und dennoch kann er nicht aufhören, sich nach diesen Regeln zu verhalten. Er trägt seine Absurdität mit einer stoischen und konsequenten Würde, die ihn zum einsamsten Mann der Welt macht. So hilflos wie gegenüber diesem Westerner waren die Frauen des Genres nie; versuchen sie ihn umzustimmen, so geht er nur schneller seinem traurigen letzten Kampf entgegen, versuchen sie, sich von ihm abzuwenden, zerreißt es ihnen das Herz, mehr noch aus Schuldgefühl denn aus Liebe. (Möglicherweise kommt hier, wie überhaupt im Western, der allgemeinere Widerspruch zwischen Beruf, Arbeit, Lebenskampf einerseits und Erotik, Heim, Frau andererseits zum Ausdruck; immerhin melodramatisch löst sich dieser Widerspruch in den meisten «Edelwestern» dieser Zeit, und wo nicht, da muss die Frau büßen, dass sie dem Mann nicht bedingungslos gefolgt ist.)

Jimmie Ringo ähnlich ist auch das Wesen des Helden von Fred Zinnemanns HIGH NOON (ZWÖLF UHR MITTAGS; 1952), des Sheriffs Kane, den

Gary Cooper spielte, nachdem Gregory Peck die Rolle abgelehnt hatte. Auch er kämpft seinen großen Kampf allein, nur zum Teil, weil es seine Pflicht ist, mehr noch, weil er die Regeln nicht verletzt sehen will, auf der sein Leben aufgebaut war. Zinnemann hat seine Handlung exakt der Western-Dramaturgie angepasst. Er ging noch einen Schritt weiter: Die 90 Minuten der Vorführung sind die 90 Minuten der Filmhandlung. Das ist der dramatischen Konzentration dienlich, die Identifizierungsmöglichkeit ist ungleich größer; doch die Idee war nicht so originell, wie mancher Kritiker sie empfand. In diesen 90 Minuten sieht sich Sheriff Kane (Gary Cooper) von seinen Freunden und seiner Frau (Grace Kelly) verlassen. Allein muss er den vier Banditen, die sein Leben und die Sicherheit der Stadt bedrohen, entgegentreten. Dabei ist er eigentlich nicht mehr im Amt. Doch die innere Verantwortung zwingt ihn zu handeln. ‹Ich muss hierbleiben!› gibt er seiner Frau zur Antwort, als diese ihn zur Flucht überreden will. Kane bleibt allein. Das Leitbild ist erfüllt.

«Doch das neue und (leider) dominierende Element ist politischer Natur. Der Film erteilt eine Lektion in Fragen Demokratie. Die Ahnungslosigkeit der aller Wirklichkeit fernen Gerichte, die fehlende Bereitschaft, Freiheit und Sicherheit notfalls mit dem Leben zu verteidigen, die Notwendigkeit, jede Entscheidung erst zu diskutieren – kurz die Funktionsmängel einer Demokratie im Moment totaler Bedrohung» (Gert Berghof).

Im Grunde aber bewährt sich nicht die staatsbürgerliche Moral Kanes gegen die, man ist versucht zu sagen: typisch feigen Bürger, sondern seine Western-Moral; sein Verhalten ist weder besonders rational noch besonders nachahmenswert; er tut, was er tun muss, wie alle Western-Helden, und dass er zunächst Unterstützung bei den Bürgern sucht, macht seine Tragik (und die Thesenhaftigkeit des Films) aus. Das Paradox von HIGH NOON ist also die Tatsache, dass er zu beweisen sucht, was ohnehin dem Genre seit William S. Harts Filmen inhärent ist, dass nämlich der Widerspruch zwischen dem Westerner und den guten Bürgern eigentlich unlösbar ist. Die politische Interpretation des Films, gar die Analyse seiner Demokratiekritik, erweist ihre Unergiebigkeit, wenn nicht anhand des Films selber, so spätestens am Schicksal seines Autors Carl Foreman, der im September 1951 vom *house commitee on unamerican activities* vernommen, als Kommunist verdächtigt und auf die schwarze Liste gesetzt wurde: «Tatsächlich klingt die Geschichte von dem Sheriff Kane, der nicht vor seinem Mörder flieht, sondern wie ein Held dessen Ankunft mit dem 12-Uhr-Zug erwartet, ein bisschen wie die Geschichte von Drehbuchautor Carl Foreman selbst: Ein Mann tritt mutig für seine Überzeugungen ein, kämpft für sein Recht und das Recht anderer – wenn es sein muss, auch allein und mit dem Risiko, dabei die eigene Existenz oder das eigene Leben aufs Spiel zu setzen» (Alexander von Wechmar).

Bevor sich auch der Western mit der Hexenjagd des McCarthyismus auseinander setzen konnte, musste erst einmal ein wenig klar werden, worum es überhaupt ging. Kane ist weder pro noch kontra McCarthy, er ist ein Westerner, der vorübergehend an seinem Wesen irre geworden ist, weil Feigheit und Ignoranz allzu deutlich geworden sind, und der sich der Sinnlosigkeit seiner stellvertretend für die Bürger geführten Kämpfe bewusst wird und sich dennoch stellt. Doch was hier noch melodramatisch verklärt ist, das wird im Genre in den nächsten beiden Jahrzehnten immer deutlicher werden: dass nämlich diese Stellvertretung immer bloß als Legitimation für die Gewalt gedient hat. Der Westerner kämpft nie wirklich für andere, sondern immer nur für sich selbst, aber zur Aufrechterhaltung der Regeln vermag er zum Beschützer zu werden. Jimmie Ringo, so ließe sich sagen, hat begonnen, an den Mitteln seiner Gewalt zu zweifeln, Kane muss an seinem Auftrag verzweifeln, also zugleich an der Ursache und dem Ziel seines Kampfes. (Howard Hawks hat in Rio Bravo (Rio Bravo; 1958) ein Gegenbild zu Kane entworfen, das solcher Rechtfertigung und vielleicht auch solcher Sentimentalität nicht mehr bedurfte.)

Shane (Mein grosser Freund Shane; 1952, Regie: George Stevens) zeigt einen Helden (Alan Ladd), der Zweifel weder an seinen Mitteln noch an der Notwendigkeit seines Vorgehens hat, weil er einen Kampf ausficht, der nicht der seine ist. Er kommt von irgendwoher in ein Tal, in dem eine Farmerfamilie von einem Landbaron und seinen angestellten Killern terrorisiert wird. Er wird zum Freund für die Familie, der Mann (Van Heflin) achtet ihn als Freund und Kampfgefährten, der Sohn (Brandon De Wilde) verehrt ihn, und die Frau (Jean Arthur) liebt ihn insgeheim. Er kämpft ihren Kampf, erschießt den Revolvermann (Jack Palance) und verlässt das Tal, einsam, wie es sich für einen Ritter oder einen Engel gehört.

Während die anderen Regisseure des *adult western* versuchten, den Mythos des Westerners zu befragen, die Entstehung der Legenden und ein wenig auch die Konsequenzen für den Helden nachzuzeichnen, ging Stevens mit Shane den umgekehrten Weg: Er schuf die Apotheose eines durch und durch unirdischen Westerners, der sich nicht erklären kann, ein bewaffneter Erlöser. «Der Titelheld ist, mehr als irgendein anderer Western-Held, eine mythologische Figur. Shane ist mehr als ein Robin Hood, mehr als Cinderellas Prinz. Er ist ein leidender Gott, dessen edles und bitteres Schicksal es ist, sich für andere hinzuopfern. Er ist nicht Zeus, der, als Irdischer verkleidet, die Erde besucht, um mit ihren Frauen umzugehen, er ist der Heilige Amerikas, der Cowboy, der im Bürgerkrieg gefallen ist und zur Rechten Gottes sitzt. Er ist ein in Büffelleder gekleideter Engel mit der Pistole, ein mythologischer Boy Scout, immer bereit, die Hände der Gläubigen und der Gemeinschaft vom Blut sauber zu halten» (Harry Schein).

Was Shane mit Jimmie Ringo und Kane verbindet, ist indes seine Entfremdung; nicht glücklich sein können, verzichten müssen oder wollen, allein gelassen werden, sterben, ohne ein Ziel erreicht zu haben – das gehört zu dem Wesen dieser Helden wie ihre Einsamkeit. Der Westerner adelt sich selbst durch sein Unglück; seine Legende macht er wieder glaubhaft durch das Leiden, das sie ihm verschafft. Und so stark ist die Wirkung dieser tragischen Helden des Genres, dass auch die Helden des mittleren Action-Western davon nicht unbeeinflusst blieben. Besonders deutlich wird dies an den Filmen der beiden konstantesten Stars des Genres, Randolph Scott und Joel McCrea, deren oft zwischen den Fronten von Gesetz und Outlaws geführte Kämpfe immer häufiger einen bitteren Nachgeschmack bei ihnen hinterlassen; wenn die Fronten geklärt sind, bleibt ihnen selbst auf den Trümmern der Konflikte nur wenig Hoffnung auf Selbstverwirklichung, manch einem aufgesetzten Happyend zum Trotz.

Ungewollte, unter dem Zwang eigengesetzlicher Rituale notwendige Kämpfe zwischen Männern, die eigentlich hätten Freunde sein müssen, sind häufig das Thema «psychologischer» Western dieser Zeit. In Robert Aldrichs VERA CRUZ (VERA CRUZ; 1954) geht es um den Kampf zwischen dem Moralisten Gary Cooper und dem leichtlebigen, keineswegs wirklich bösen Burt Lancaster; der eine muss am Ende den anderen töten und vernichtet damit auch ein Stück von sich selbst. In Nicholas Rays RUN FOR COVER (IM SCHATTEN DES GALGEN; 1955) muss der Held (James Cagney) gegen den Jungen antreten, den er wie einen Sohn aufgenommen hat, weil dieser sich mit Banditen gemein gemacht hat. Broderick Crawford als alternder, dem Alkohol verfallener Sheriff, der sich gegen einen machthungrigen korrupten Landbaron durchsetzen muss in THE LAST POSSE (DER LETZTE SUCHTRUPP; 1953, Regie: Alfred L. Werker), ist ebenso ein Westerner, der seine Zeit überlebt hat, wie Kane, nur versteht er es nicht, so große Worte zu machen, und stirbt, ziemlich allein, nachdem er mit letzter Kraft gegen die Verbrecher Zeugnis abgelegt hat.

Die Liste solcher mal pathetischer, mal unsentimental gezeichneter Western-Helden könnte beliebig fortgesetzt werden. Deutlich ist, dass sich ihre Definition mehr aus ihrer psychologischen als aus einer mythologischen Grundkonstellation ergibt. Zwar ist die Psychologisierung in den Filmen dieser Zeit keineswegs auf das Genre des Western beschränkt, sie zeigte jedoch gerade hier ihre erstaunlichsten Ergebnisse. Die Helden sind nicht nur angekränkelt von der Last ihrer eigenen Taten (was ein durchaus schlüssiges Bild für die Situation nach einem Krieg sein mag), sondern sie kommen auch nicht dazu, über sich selbst nachdenken, mehr noch: Sie bekommen keine Chance, sich zu ändern, oder sie können diese Chance nicht wahrnehmen, weil eine neuerliche Bedrohung ihre Aktion fordert. Innere oder äußere Zwänge bringen den Westerner dazu, so weiterzuleben wie bisher, oder so zu sterben, wie er gelebt hat, obwohl er, mehr oder minder undeutlich, sowohl das Böse in seinem Leben als auch die Notwendigkeit der Veränderung vor Augen hat. Auf diese zweifellos für jeden Amerikaner (und nicht nur für ihn) in den fünfziger Jahren nachvollziehbare Gefühlshaltung, die der Verunsicherung in einem restaurativen Klima entspricht, reagierten Autoren und Regisseure auf durchaus sehr verschiedene Weise: Als Mythos begleitet der tragische Westerner die Restauration, doch gibt nicht selten seine Geschichte auch einen Kommentar zu ihr. Ideologische, politische, psychologische Legitimationen begleiten den melodramatischen Trotz des Helden, seine Autonomie gegen die neuen Kräfte zu bewahren, die Regeln seines Kampfes der Tradition zu entnehmen, als Westerner weiterzuleben. In gewissem Sinne kämpfte der Westerner in den fünfziger Jahren einen mythischen Kampf ums Überleben; sein Drama war das einer Neugeburt aus einer Identität, die keineswegs mehr fraglos war und die all der Krankheit zum Trotz Kontinuität, die Seele des Westens, bewahrte.

Vater-Sohn-Konflikte

Begreift man den Western einmal, wie Jean Mitry es getan hat, als das «Epos der amerikanischen Nation», so wie die «Ilias» das Epos der Griechen und das «Nibelungenlied» das Epos der Deutschen ist, so ist der Einbruch der Psychologie in das Genre vor allem als Krise zu interpretieren, die gleichsam mit einer Uminterpretation der nationalen Schöpfungsgeschichte beantwortet worden ist. Der Mythos des Pioniers, der die Heimat in direkter Konfrontation mit dem Land und den Indianern schafft (dem der «epische» Western gewidmet ist) und der Mythos des Westerners, der in den neu entstandenen Städten das Gemeinwesen gegen die Gesetzlosigkeit verteidigt, indem er seinen Egoismus und seinen Freiheitsdrang bezwingt, um dann die Gegner der Ordnung mit ihren eigenen Waffen zu besiegen (was dem «dramatischen» Western entspricht), erhält eine notwendige dritte Seitenlinie zugeordnet: den Mythos vom Westerner, der mit seinen Selbstzweifeln, seiner Abneigung gegen das, was aus seinem Westen geworden ist, mit seiner Einsamkeit, mit seiner erotischen Frustration, mit seiner Vergangenheit fertig werden muss, des Westerners, dessen Seele auf seine Taten reagieren will und der doch erst in der neuerlichen Tat den gordischen Knoten lösen kann. Die «psychologischen» Western bringen einige neue Themen in das Genre ein, die sich tatsächlich folgerichtig aus dem Gründer-Mythos des Westerners ergeben: Dem ökonomischen Widerspruch zwischen den mächtigen Landbesitzern und den Bürgern, zwischen deren Fronten die Helden nun häufig geraten, ist eine Vorliebe für die melodramatische Zeichnung von Generationskonflikten zugeordnet, die in ihrer Emotionalität und ihrer blutigen Konsequenz oft biblische Ausmaße annehmen. Die Auseinandersetzungen zwischen den Grundbesitzern und ihren Söhnen ist wie ein Argument gegen das dynastische Prinzip, dem der Western nie das Wort gesprochen hat: Wer sich ein Reich aufgebaut hat, der muss es auch wieder verlieren, damit die anderen nicht aufhören müssen, von ihren Möglichkeiten zu träumen.

Ein Beispiel (unter vielen) dafür ist Edward Dmytryks BROKEN LANCE (ARIZONA / DIE GEBROCHENE LANZE; 1954), die Geschichte des herrischen Ranchers Devereaux (Spencer Tracy), der drei Söhne aus seiner ersten Ehe hat und einen, Joe (Robert Wagner), aus einer Ehe mit einer Indianerin. Während seine drei ältesten Söhne, voran Ben (Richard Widmark), in ständigem Streit mit ihm liegen, ist ihm Joe treu ergeben. Der Rancher greift eine Mine an, um seine Macht zu beweisen, und als er unter Anklage gestellt wird, nimmt Joe die Schuld auf sich und geht für seinen Vater ins Gefängnis. Während seiner

Haftzeit ruinieren seine Halbbrüder seinen Vater, und Devereaux stirbt. Als Joe aus der Haft entlassen wird, kommt es zum Kampf zwischen ihm und Ben. Nur der Beistand eines indianischen Helfers rettet Joe vor dem Tod. Schließlich zerbricht er die Lanze, die er als Symbol für die Rache an seinen Brüdern auf das Grab seines Vaters gepflanzt hatte.

Dieser Film (der nicht unumstritten war und ist) zeigt den Westerner gefangen in seinen familiären Banden, ohne Möglichkeit, sich Autarkie und Freiheit zu verschaffen, und auch der Patriarch entspricht nicht dem überkommenen Ideal; er macht, dass es auch im Land an der Grenze eng wird, weil sein Herrschaftsanspruch zu absolut geworden ist. Nur selten ist dieser Vorgang, der die inneren Konflikte schafft, in den Mittelpunkt der Handlung gerückt wie bei Dmytryk. Häufiger ist der Konflikt zwischen einem mächtigen alten Mann und seinem Sohn oder die moralische Orientierungslosigkeit eines Jungen, der von seinem Vater nichts anderes hat lernen können, als sich mit Gewalt und Skrupellosigkeit durchzusetzen, der Beginn der Auseinandersetzung des Helden mit dem alten Mann, der einmal sein Freund gewesen ist. In THE BIG COUNTRY (WEITES LAND; 1958, Regie: William Wyler) sind es zwei Väter und ihre Söhne (bzw. ein Adoptivsohn), die sich gegenüberstehen, und der eine der beiden Väter (Burl Ives) erschießt am Ende seinen eigenen Sohn, weil der sich nicht würdig im Kampf gezeigt hat.

Ein solcher Konflikt ist auch die Ausgangsposition von THE LAST TRAIN FROM GUN HILL (DER LETZTE ZUG VON GUN HILL; 1958, Regie: John Sturges), wo ein Sheriff (Kirk Douglas) den Mann sucht, der seine Frau vergewaltigt und ermordet hat und ihn in dem missratenen Sohn seines alten Freundes (Anthony Quinn) findet, der mittlerweile ein mächtiger Mann geworden ist. Am Ende lässt ihm dieser keine andere Wahl als ihn zu erschießen. Wie hier, so wird in vielen Western angedeutet, dass die Tücke der Söhne nicht unabhängig davon gedacht werden kann, wie der Vater, zugleich gewalttätig und *overprotective*, seine Erziehung gestaltet. Der Westerner ist ein Mensch, der sich selbst erzieht, darum kann man zum Westerner und zur Anerkennung von dessen Moral nicht erzogen werden.

Der familiale Grundkonflikt des Western hat sich nun verlagert: Waren es vordem vorzugsweise Konflikte zwischen Brüdern und Männern, die wie Brüder zueinander stehen, so besteht nun der Hauptkonflikt zwischen Vätern und Söhnen. Und die Helden der A-Western der fünfziger Jahre und mehr noch der sechziger Jahre sind alte Männer; was sie erleben, könnte so keinem jungen Mann widerfahren. Sie sind auf der Suche nach ihren Söhnen, und sie finden sie nicht. Sie sind auf der Suche nach ihren Frauen und finden sie nicht. Sie sind auf der Suche nach ihrer Heimat, und sie verlieren sie.

Familientragödien sind auch im Western, wie in der antiken Tragödie oder im elisabethanischen Drama (um nur die beiden augenfälligsten Kunstformen zu nennen, die sich mit dynastisch-erotischen Konflikten zu Zeiten von Herrschaftskrisen beschäftigt haben), häufig mit einer Schuld der Alten verbunden, die die Jungen zu Besessenen der Gerechtigkeit macht. In THE LONELY MAN (DER EINSAME; 1956, Regie: Henry Levin) spielt Jack Palance den Westerner Jacob Wade, der aus Versehen einen Mann erschossen hat und auf der Flucht vor dem Gesetz zum Banditen geworden ist. Eines Tages begegnet ihm sein Sohn Riley (Anthony Perkins), der ihn für den Selbstmord seiner Mutter verantwortlich macht. Der Sohn schließt sich dem Vater an, weil er ihn immer an seine Schuld erinnern will, aber nach und nach findet er Verständnis für die Lebensbedingungen seines Vaters. Die Frau (Ada Marshall), die seinen Vater heiraten will, verliebt sich in Riley. Jacob, fast erblindet, muss einen letzten Kampf mit seinem Widersacher (Neville Brand) führen; sein Sohn dirigiert ihn, und er erschießt seinen Feind, wird aber selbst ebenfalls tödlich verwundet.

Auch in BACKLASH (DAS GEHEIMNIS DER FÜNF GRÄBER; 1956, Regie: John Sturges) gibt es eine Ödipus-Geschichte; hier allerdings ist die Schuld des Vaters (John McIntire) so groß, dass der Sohn (Richard Widmark) entschlossen ist, ihn zu töten. In GREAT DAY IN THE MORNING (SKRUPELLOS; 1956, Regie: Jacques Toureur) hat ein Mann einen anderen getötet und sich dann dessen Sohnes angenommen. Das ist der Anfang eines gegenseitigen Erziehungsprozesses, an dessen Ende eine für den zunächst skrupellos erscheinenden Helden eine selbstlose Tat steht, mit der er seine Verfehlungen sühnt. In GUNMAN'S WALK (DUELL IM MORGENGRAUEN; 1958, Regie: Phil Karlson) geht es, ein wenig an DUEL IN THE SUN erinnernd, um zwei sehr unterschiedliche Söhne eines Ranchers, die sich beide in ein Halbblutmädchen verlieben. Der starke und rücksichtslose von beiden (Tab Hunter) hat am Ende zwei Männer erschossen, und als sein Vater (Van Heflin) ihn stellt und ihn zur Vernunft bringen will, gerät er so in Zorn, dass er seinem Vater ein Revolverduell aufzwingt; der Vater tötet den Sohn.

In einer großen Anzahl von Western der fünfziger Jahre war die Beziehung zwischen den Generationen thematisiert; dort, wo sie nicht den Hauptkonflikt bildete, war sie oft in eine Nebenhandlung gekleidet, oder sie kam in der *boy hero*-Beziehung zum Ausdruck wie in Anthony Manns THE TIN STAR (DER STERN DES GESETZES; 1957). Diese zwischen dem Ödipus- und dem Abraham-Mythos oszillierenden Geschichten um die Hassliebe zwischen Söhnen und Vätern (oder Vaterfiguren) verdanken sich wohl nicht nur der modischen Strömung der Psychologisierung, sondern geben sicherlich auch etwas von der Krise der familiären Beziehungen wieder. Dafür bot der Western eine mythische Ausweichmöglichkeit: Ein psychosozialer Konflikt war hier als archaischer gezeichnet, der sich durch den «großen Tod» oder die Bewährung lösen ließ. Anders als im Melodram etwa, das zu dieser Zeit häufig ähnliche Themen aufgriff (man denke nur an die Filme mit James Dean), ließ sich in der Aktion des Western am Ende eindeutig entscheiden, ob aus den komplexen Beziehungen zwischen Vater und Sohn Hass (und Befreiung) oder Liebe (und Frieden) geworden war.

Die Motivation des Western-Helden war thematisiert und in Frage gestellt: Es wurde gezeigt, dass die Gewalt, die er ausübte, auf ihn zurückschlagen konnte; es wurde gezeigt, dass die Macht, die er erringen konnte, sich als trügerisch erwies, und es wurde gezeigt, dass die Heimat und der Besitz, der erobert worden war, nicht das Paradies darstellen mussten. Dies kommt jedoch nicht automatisch einer Entmythisierung gleich, wie die meisten Chronisten dieser Phase meinen. Vielmehr wird in diesen Filmen aus einem archetypischen ein bürgerlicher Mythos, aus dem Einzelgänger ein Außenseiter, aus dem Abenteurer der tragische Held und aus dem äußeren Kampf für eine Utopie der innere Kampf für die Wiederherstellung des Status quo.

Die Selbstverständlichkeit des Westerners, vordem die Voraussetzung für die Aktionen des Helden, muss nun unter schmerzlichen Opfern erst (wieder) errungen werden. Der Jesse James (Robert Wagner) aus Nicholas Rays THE TRUE STORY OF JESSE JAMES (RÄCHER DER ENTERBTEN; 1956) ist ebenso ein Außenseiter, der sein Glück und seine Identität außerhalb einer zunehmend repressiv werdenden Gesellschaft sucht (und übrigens auch ein Held, der deutlicher durch seine familiären Beziehungen definiert ist als durch sein Verhältnis zum Land), wie umgekehrt die Funktion des Sheriffs in Anthony Manns THE TIN STAR als Teil einer auf Unbarmherzigkeit basierenden gesellschaftlichen Macht gedeutet wird, und die Fähigkeit, sie zu erfüllen, wird von dem alten Westerner (Henry Fonda) nicht ohne Widerstände an den jungen Sheriff (Anthony Perkins) weitergegeben. Das Leben der Cowboys in Delmer Daves' COWBOY (COWBOY; 1957) offenbart nicht nur Härte und schwerste Arbeit, sondern auch eine gewisse Sinnlosigkeit im steten Kreislauf von Arbeit und Gefahr für einen Lohn, der niemals ausreichen wird, über ein heißes Bad, eine Frau für eine Nacht und einen Rausch hinausgehende Bedürfnisse zu entwickeln. Die Gesellschaft und seine Stellung in ihr ist dem Westerner zum Problem geworden.

In all diesen Filmen ist es ein erfahrener, alternder Mann, der einen jungen, hoffnungsvollen Mann in seine Aufgaben und den *code of the west* einweisen muss. Aber während der alte Westerner dem jungen sein Handwerk beibringt, lehrt er ihn zugleich, seine Illusionen zu verlieren, weder an ein Ziel in der Ferne noch auf eine Wende zum Guten zu hoffen, sondern immer nur darauf zu beharren, dass die Sache des Westerners ihren Wert in sich hat, wenn sie gut getan wird. Die Jungen lernen den Umgang mit den Revolvern und zugleich die Verachtung für die normalen Menschen. Insofern sind diese Erziehungsgeschichten eher Geschichten von Desozialisierungsprozessen als von Vorbereitungen auf das Leben in der Western-Gesellschaft.

Die starken Frauen

Auf der anderen Seite konnten sich die Frauen nicht mehr mit ihrer traditionellen Rolle im Genre zufriedengeben. In Fritz Langs RANCHO NOTORIOUS (ENGEL DER GEJAGTEN / DIE GEJAGTEN; 1952) ist Marlene Dietrich ein weiblicher Gangsterboss, der, gegen einen Anteil aus der Beute, gejagten Outlaws

ein Versteck gewährt. Am Ende stirbt sie für einen Mann (Mel Ferrer), der erst unter dem Verdacht steht, eine Frau umgebracht zu haben, dann unter dem, den wirklichen Mörder verraten zu haben; sie stirbt, ein wenig wie die männlichen Helden des Genres zu dieser Zeit, an einem Punkt ihres Lebens, da sich eine Wandlung in ihr zu vollziehen beginnt.
In Nicholas Rays JOHNNY GUITAR (WENN FRAUEN HASSEN / JOHNNY GUITAR; 1953) geht es um den Kampf zwischen einer Spielsalonbesitzerin, die sich durch spekulative Landkäufe bereichert (Joan Crawford), und einer Rancherin, die unglücklich in denselben Mann verliebt ist (Mercedes McCambridge). In einem veritablen *show-down*, dem der Held, der des Schießens müde ehemalige Revolverheld Johnny Guitar (Sterling), mehr oder minder hilflos zusehen muss, regeln die beiden Frauen ihren von ökonomischen Interessen und erotischen Konflikten gleichermaßen bestimmten Antagonismus. Im selben Jahr erschien Allan Dwans THE WOMAN THEY ALMOST LYNCHED (AM TODE VORBEI), in dem es auch ein Duell zwischen zwei Frauen (Audrey Totter, Joan Leslie) gibt. Doch später, als die eine wegen ihres Einsatzes für einen Banditen, den sie liebt, gelyncht zu werden droht, setzt sich die andere heldenhaft für sie ein und rettet ihr Leben.

Daneben gibt es auch im Western die *treacherous women*, die neurotischen Verführerinnen, die es in Filmen der «Schwarzen Serie» immer wieder fertig gebracht hatten, die Männer ins Verderben zu stürzen. In Daves' JUBAL (DER MANN OHNE FURCHT; 1955) ist Valerie French die unzufriedene Frau eines Ranchers (Ernest Borgnine), die sich für einen neuen Cowboy (Glenn Ford) interessiert. Ein eifersüchtiger Liebhaber (Rod Steiger) ist es dann, der den Cowboy Jubal und den Rancher in einen tödlichen Kampf miteinander treibt. Schließlich wird auch die Frau getötet, kann aber vorher der Menge, die Jubal lynchen wollte, noch seine Unschuld bestätigen.

THE OUTCASTS OF POKER FLAT (DIE FRAU DES BANDITEN; 1952, Regie: Joseph M. Newman) erzählt von einer Frau (Anne Baxter), die einen Banditen geheiratet hat, seinetwegen zur Ausgestoßenen geworden ist und nun, als sie selbst Opfer seiner Machenschaften geworden ist, den Widerstand einer Gruppe von *outcasts* gegen ihn organisiert. TENNESSEE'S PARTNER (TODESFAUST; 1955) Regie: Allan Dwan) handelt von der Freundschaft zweier Männer und ihren Beziehungen zu zwei Frauen, stark und gut die eine, stark und böse die andere. Mehr oder weniger verkleidet sind die starken Frauen dieser Filme allesamt Huren, das heißt Frauen, die sich einmal über die bürgerlichen Moralvorstellungen hinweggesetzt haben und nun als ganz souveräne und unabhängige Menschen ihre moralischen Entscheidungen treffen. (Beide Filme entstanden übrigens nach Stoffen von Bret Harte.)

Eine andere und unheimlichere Art, wie Frauen Macht und Freiheit erringen, ist ihr Status als Unternehmerin und Landbesitzerin, wo sie sich nahezu patriarchalischen Machtwillen und leidenschaftliche Kampflust von ihren männlichen Gegenspielern aneignen, diese gar übertreffen. Wie der ungeratene Sohn den patriarchalischen Westerner, so bringt zumeist die Liebe diese starken Frauen zu Fall.

In FORTY GUNS (VIERZIG GEWEHRE; 1957) von Samuel Fuller ist Barbara Stanwyck die Herrscherin über ein ganzes Territorium, auf ihren Befehl hören die lokalen Politiker, und sogar der Sheriff ist ihr auf eine traurig-infantile Art hörig, während sie im ständigen Bestreben, sich selbst zu beweisen, jeden Menschen zu demütigen versucht. Es gibt einen harten Kampf zwischen ihr und dem Mann, der sie liebt und der ihre Macht brechen soll (Barry Sullivan), und er endet, unvermeidlich, damit, dass dieser Mann sie erschießt.

Allerdings darf man über all diesen Filmen mit schrecklichen, starken Frauengestalten nicht jene Western vergessen, in denen, wie etwa in Otto Premingers RIVER OF NO RETURN (FLUSS OHNE WIEDERKEHR; 1954) und Delmer Daves' THE HANGING TREE (DER GALGENBAUM; 1959), den Helden Erlösung und Utopie durch eine alles besiegende Liebe zuwächst.

Die Stadt

Mit einer der starken Frauen des Genres, deren Macht bezeichnenderweise vor allem durch ihren Grundbesitz bestätigt wird, hat es auch der Held in King Vidors MAN WITHOUT A STAR (MIT STAHLHARTER FAUST; 1955) zu tun. Kirk Douglas ist ein lebensfroher Cowboy, der Arbeit auf einer Ranch gefunden hat, deren neue Besitzerin (Jeanne Crain) einen Kampf mit den Besitzern einer kleinen Ranch führt. Die schützen ihr Anwesen mit Stacheldraht, was den Cowboy Dempsey an die Zeiten erinnert, als er seinen Bruder im Kampf mit dem Stacheldraht verloren hat. Dempsey wird, weil er Zaunpfähle ausgerissen hat, von den Besitzern der kleinen Ranch zusammengeschlagen. Dempsey will die Stadt verlassen, da taucht der neue Vormann auf und verprügelt ihn auf offener Straße. Dempsey bezieht, nun über den wahren Charakter seiner früheren Auftraggeberin im Klaren, Stellung für die Leute der kleinen Ranch. Als der neue Vormann die Herde auf den Stacheldraht zutreiben lässt, gelingt es Dempsey, sie abzudrängen. Nachdem er seine Rechnung mit dem Vormann beglichen hat, zieht er, auf der Flucht vor dem Stacheldraht, weiter.

Das Problem, das der Westerner mit den Frauen, mit dem Besitz und mit der Ordnung hat, mit der Sozialisation des Westens, macht mehr und mehr aus seiner Bewegung eine Flucht. «Das Drama des Westerners, der sich selbst verraten muss; wie viele der großen Western ein Film der Verzweiflung und der Wut. Die Freiheit des Westens war für den Westerner die entscheidende Qualität des Westens. Als der Westen zur Grenze zwischen dem wilden freien Land und der Zivilisation wurde, sah er sich der Dialektik von Freiheit und Ordnung ausgeliefert. Die Tugenden des Mannes, der das Land nahm, taugten nicht zur Bestellung dieses Landes. Der Stacheldraht, dessen Erfindung sich Joseph F. Glidden 1873 patentieren ließ, war zugleich das Symbol geordneter Verhältnisse und das Wahrzeichen der Unfreiheit. Mit der Einzäunung des

Landes fühlte sich der Westerner selbst eingezäunt: ‹Don't Fence Me In!› singt der Cowboy, während sein Arbeitgeber eben dies im Sinn hat. Das Dilemma liegt aber noch tiefer. Dempsey kommt nicht an der Erkenntnis vorbei, dass sein Ideal der Freiheit nur noch den Besitzenden nützt; er wird unfreiwillig Gesinnungsgenosse und Helfershelfer der Viehbarone, die den Stacheldraht nicht deshalb hassen, weil er aus einem weiten Land lauter eingezäunte Ländereien macht, sondern weil er das Bodenrecht einengt. Der Westerner muss seine Ideale verraten und, seinen anderen Idealen der Loyalität und Freundschaft folgend, Partei für die kleinen Leute mit dem Stacheldraht nehmen. Er muss weiterziehen. Der Westen gehört nicht mehr ihm» (Joe Hembus).

Der psychologische Western spielt in der Stadt, die nicht mehr als die rudimentäre Siedlergesellschaft gesehen werden kann, die korrupt höchstens durch die Herrschaft eines gewalttätigen Banditen-Clans sein kann; die Stadt ist nun ein Hort des Bösen, vergleichbar der Stadt aus den Filmen der «Schwarzen Serie», die selbst auf den Western nicht ohne Einfluss geblieben sind. Was in früheren Zeiten die Stadt auszeichnete, war, neben dem schnellen Vergnügen für die Cowboys, die Arbeit und der Handel: Sie war der Ort, an dem sich die Konflikte lösen mussten. Nun scheint es, dass nur die Besessenheit, der gleichsam erotische Reiz einer Lynchkampagne, der die Stadtbewohner für kurze Zeit aus ihrer dumpfen Lethargie reißen kann, sie zusammenhält. In JOHNNY GUITAR etwa wird man sich tatsächlich erst bewusst, dass die Stadt überhaupt Einwohner hat, als sie sich zusammengerottet haben, um Joan Crawford zu lynchen. Die immer schon heikle Balance zwischen Stadt und Land ist nun völlig verloren.

Viele dieser «Stadt-Western» bezogen sich, direkt oder indirekt, auf die von HIGH NOON verkündete Botschaft. Allan Dwans SILVER LODE (STADT DER VERDAMMTEN; 1954) beginnt, ganz ähnlich wie Zinnemanns Film, mit der Hochzeit des Helden Dan (John Payne). Es sind keine offenkundigen Banditen, die seine Hochzeit stören, sondern vier Männer, deren Anführer (Dan Duryea) sich als US-Marshal ausgibt und Dan verhaften will, da er seinen Bruder ermordet habe. Dieser Marshal, der den Namen McCarthy (!) trägt, hat es zunächst schwer, gegen die Solidarität der Stadtbewohner mit Dan anzukommen. Als Dan jedoch zugibt, McCarthys Bruder erschossen zu haben, allerdings in Notwehr, da wendet sich, unter dem Einfluss einiger Intriganten und von McCarthys Leuten, die Stimmung in der Stadt mehr und mehr gegen ihn. Dan erwirkt zwei Stunden Zeit, um McCarthy als Betrüger zu entlarven. Als die zwei Stunden um sind, hat er es noch nicht geschafft; im Gegenteil: McCarthy hat ihm noch zwei von ihm selbst begangene Morde unterschieben können. Vor dem Lynchtod kann Dan nur durch ein gefälschtes Telegramm gerettet werden; in einem Kirchturm kommt es zu einem denkwürdigen *showdown*. Der unbewaffnete Dan nimmt Deckung hinter der Glocke, und McCarthy wird von einer zurückprallenden Kugel aus seinem eigenen Revolver getötet. (Die Glocke ist übrigens eine Nachbildung der Freiheitsglocke!)

Mehr noch als ein anti-McCarthyistisches Pamphlet ist dieser Film eine gesellschaftliche Satire, und ein wenig bitter obendrein, denn schließlich wird der Held nicht gerettet, weil die Stadtbewohner Einsicht zeigen oder weil sich das Recht durchsetzt, sondern einfach deswegen, weil seine Frau und seine wenigen Freunde dem einen Betrug einen anderen entgegensetzten. Von Zinnemanns trägen Spießern unterscheiden sich Dwans Stadtbewohner vor allem durch die fast tröstliche Teilnahme, mit der sie in einem Augenblick jemanden zujubeln, ihn im anderen umbringen wollen, um ihm dann, weil ein Stück Papier die Lage scheinbar klärt, wieder zuzujubeln. Und für den Helden geht es nicht um die Moral und Ehre, es geht um sein Leben.

Aber in diesen feigen, gewalttätigen und zurückgebliebenen Stadtbewohnern kommt nicht nur die dem Westerner verhasste bürgerliche Zivilisation zum Ausdruck, sondern gelegentlich auch etwas vom Wesen des Westerners selbst, der sich ja einmal diese Städte gebaut hat. Ein Stadtbewohner in diesen Western ist sozusagen ein degenerierter Westerner: Er ist beschränkt und grausam, er lehnt alles Fremde ab, er hat Spaß am Morden, und er sieht nichts außer sich selbst und die paar selbst aufgestellten Regeln, die sich eigentlich auf das Axiom reduzieren lassen, dass man selber Recht und der andere Unrecht hat, und dass es deswegen ganz in Ordnung ist, wenn man ihn umbringt, vorausgesetzt, man macht es nach den Riten, also man erschießt ihn oder hängt ihn auf. Besonders deutlich wird dies in John Sturges' modernem Western BAD DAY AT BLACK ROCK (STADT IN ANGST; 1954), wo sich die Bewohner einer kleinen Western-Stadt unter Führung des lokalen Landbarons zusammengetan haben, um einen japanischen Farmer zu ermorden. Als ein Polizist (Spencer Tracy) Nachforschungen anzustellen beginnt, versuchen die Stadtbewohner, auch ihn umzubringen. All dies geschieht unter ständiger Berufung auf die Ideale des alten Westens. In diesem und ähnlichen Filmen dämmert die Erkenntnis, hartnäckig seit THE OXBOW INCIDENT wiederkehrend, dass im Westerner verborgen ein durchaus faschistischer Kern angelegt war.

Die *town tamer*-Geschichten, wie sie in den vierziger Jahren von Filmen wie Michael Curtiz' DODGE CITY oder MY DARLING CLEMENTINE von John Ford repräsentiert waren, ließen sich so geradlinig nicht mehr erzählen; die Macht, die ein Einzelner über eine Gemeinde erringen konnte, war genauso suspekt geworden wie eine träg-mechanische Masse, die jeden Außenseiter gnadenlos vernichten konnte. In MAN WITH A GUN (DER EINZELGÄNGER; 1955, Regie: Richard Wilson) ist Robert Mitchum ein Deputy-Sheriff, der eine Stadt so gründlich vom Laster befreit, dass er sogar die Bürger gegen sich aufbringt. Diese wollen weder Recht noch Unrecht; sie streben den bequemen Kompromiss an. Schnell haben die Bürger in Jacques Tourneurs WICHITA (WICHITA; 1955) Wyatt Earp (Joel McCrea) zum Sheriff gemacht, als er einen Bankraub verhindert hat. Doch als er einmal einen mächtigen Rancher einsperrt, weil dieser sich über das Gesetz hinweggesetzt hat, fordern die Bürger unter Führung des örtlichen Bankiers ihn auf, das Gesetz, dem er gerade ein wenig Geltung verschafft hat, wieder zu beugen und die Gesetzesübertretung zu übersehen. Wyatt Earp lässt sich darauf nicht ein; da überlegen die Bürger, wie sie ihn wieder loswerden können. Erst als eine junge Frau Opfer einer Wyatt Earp zugedachten Revolverkugel wird, stellt man sich im letzten Kampf hinter den Sheriff.

Wyatt Earp (diesmal gespielt von Burt Lancaster) ist auch der Held von GUNFIGHT AT THE O.K. CORRAL (ZWEI RECHNEN AB; 1957) von John Sturges. Hier ist die Stadt, noch einmal, wie im traditionellen Western, nur ein Schauplatz, eine Bühne für die Aktionen der Helden, über die sie souverän verfügen, und nicht eine ein verhängnisvolles Eigenleben entwickelnde fixe Idee, die sich als Bild für «die» Gesellschaft gegen den Helden richten kann.

Wie die Geschichte der amerikanischen Gesellschaft geprägt ist von den zwei einander abwechselnden Ängsten, der, von der Gesellschaft vereinnahmt oder zerstört, im entscheidenden Moment allein gelassen zu werden, und der, von ihr nicht genügend akzeptiert zu werden, sie nicht genügend zu stärken, in ihr nicht genügend Schutz vor Außenseitern zu finden, so schlug das Pendel in den fünfziger Jahren in Filmen dieses Themas wieder nach der anderen Seite aus: Nicht mehr der einzelne, der von den Stadtbewohnern im Stich gelassen, gejagt oder korrumpiert wird, interessiert in erster Linie in den sechziger Jahren, sondern die Stadt, die von einem Außenseiter terrorisiert wird. Gewissermaßen als Übergang lässt sich der Film WARLOCK (WARLOCK / DER MANN MIT DEN GOLDENEN COLTS; 1959) von Edward Dmytryk mit seiner komplizierten Moral verstehen. Da kommt ein Marshal (Henry Fonda) in die Stadt Warlock, der neben seinem eher illegalen Job, Outlaws mit seinen zwei goldenen Colts zu bezwingen, sein Einkommen mit Glücksspielen und nicht ganz sauberen Geschäften aufbessert. Begleitet wird er von einem hinkenden Partner (Anthony Quinn), der zugleich eine Art Manager ist und ihm bei seinen zahlreichen *show-downs* den Rücken freihält. Die Bürger der Stadt haben sie gerufen, um mit randalierenden Cowboys fertig zu werden, doch die beiden richten sich in der Stadt ein, führen einen Spielsaloon und werden die heimlichen Herrscher der Stadt. Um sie im Zaum zu halten, machen die Bürger den ehemaligen Banditen Johnny Gannon (Richard Widmark) zum Sheriff, der mit ansehen muss, wie sein Bruder vom Marshal erschossen wird. Der Marshal seinerseits ist gezwungen, seinen Partner zu erschießen, als dieser Gannon ermorden will. Der Sheriff fordert den Revolvermann auf, die Stadt zu verlassen. Beim *show-down* zwischen den beiden demonstriert dieser noch einmal seine Überlegenheit, dann aber lässt er seine Colts in den Sand fallen und verlässt Warlock.

Der Sheriff und der Revolvermann sind beide faszinierende Charaktere, die, jeder auf seine Weise, bestimmte Western-Regeln konsequent befolgen. Aber es sind kaputte Helden (der Film zelebriert förmlich ihre Kaputtheit), und es muss ein Ende sein mit dem grausam verrückten alten Westen; die Stadt kommt zu ihrem Frieden: Als der Sheriff, verletzt, gegen die Banditen antritt, haben sich einige Bewohner auf seine Seite gestellt. In diesem Film, in dem, wie es ein Kritiker schrieb, «alles zu groß geraten und von allem zu viel enthalten» war, hebt sich gewissermaßen ein Western-Mythos (der legendäre einsame *gunman*) durch den anderen (der bekehrte Bandit) auf. Die Frage, ob der Einsame oder der Integrierte die Moral des Westens auf seiner Seite hat, bleibt ungeklärt; eine bedeutungsschwere Parabel, die nichts aussagt, außer dass alles sehr kompliziert geworden ist – der gleichsam dialektische Zwischenschritt zu jenen Western der sechziger Jahre, die die Verteidigung eines Gemeinwesens durch die Profis der Gewalt auf einer neuen Ebene abhandelten, wie etwa John Sturges' THE MAGNIFICENT SEVEN (DIE GLORREICHEN SIEBEN; 1960).

Freundschaft, Gewalt, Feindschaft

Mit der «Psychologisierung» des Western gerieten auch die Beziehungen von Freunden und Partnern komplizierter; Freundschaft und Hass lagen nun oft bedrohlich nahe beieinander, ja schienen häufig die beiden Seiten einer Münze zu sein. Wie eine Gruppe von Eroberern und Kriegern, denen irgendwie der äußere Feind abhanden gekommen war, begannen sich die Western-Helden nun plötzlich gegenseitig zu bedrohen und beim geringsten Anlass zu zerfleischen. Selbstzerstörerische Konsequenz trieb sie in Auseinandersetzungen, von denen der Westerner vordem kaum angenommen hätte, dass es sie gibt, und mochte es oberflächlich dabei auch um so verständliche Dinge wie Gold, Frauen oder Rache gehen, so wird doch immer deutlich, dass dahinter verborgen andere Motive, andere Verzweiflungen stecken.

Die Brüder, von denen der eine auf die Seite des Rechts, der andere auf die des Banditentums gelangt waren, sind schon früher häufig in Western vorgekommen, auch der tragische Konflikt des «Guten», den anderen töten oder ausliefern zu müssen. (Diese Konfiguration bildete sogar das Handlungsgerüst für einige Audie-Murphy-Western, die in den fünfziger Jahren so etwas wie eine Fortsetzung der gehobenen B-Western darstellten.) Aber betont war nun nicht mehr die äußere, sondern auch die innere Verwandtschaft der Kontrahenten, deren Auseinandersetzung nun durch beinahe zufällige Konversionen zustande kommt. Eindeutige Sympathieverteilungen gab es daher kaum noch. (Im Serien-Western war oft genug nicht der Held, sondern der Schurke die interessantere Gestalt gewesen, nun, so könnte man formulieren, hatte sich der Held ein wenig von der faszinierenden Zerrissenheit eines Schurken zurückgeholt.)

In RIDE VACQUERO! (TERROR DER GESETZLOSEN; 1953,– Regie: John Farrow) bilden Anthony Quinn – in einer seiner Darstellung in Elia Kazans VIVA ZAPATA (VIVA ZAPATA) aus dem Jahre 1951 ähnlichen Rolle – und Robert Taylor als sein konvertierter Bruder ein solches Paar, das sich am Ende gegenseitig umbringt. GARDEN OF EVIL (DER GARTEN DES BÖSEN; 1954, Regie: Henry

Hathaway) erzählt von drei Abenteurern (Gary Cooper, Richard Widmark, Cameron Mitchell), die anscheinend aus bloßem Egoismus einer Frau (Susan Hayward) ins Indianergebiet folgen, wo ihr verwundeter Mann mit einem Goldschatz wartet. Misstrauen untereinander und die Bereitschaft, einander zu übervorteilen, bestimmen ihre Handlungsweise. Aber genauso besessen, wie sie vordem der fixen Idee vom Gold hinterhergelaufen sind, genauso besessen sind sie dann in ihrem Opfermut. Dabei ist nicht einmal eine Läuterung vonnöten, sondern dieses Gute war offensichtlich schon immer da und nur verdeckt von der Leidenschaft nach dem Gold. Dennoch gelingt es den Helden nie, ihre Entfremdung zu überwinden.

THE LAST HUNT (DIE LETZTE JAGD / SATAN IM SATTEL; 1955, Regie: Richard Brooks) schildert die von gegenseitiger Achtung bis zur Bereitschaft, einander zu töten, reichende Beziehung zweier ehemaliger Freunde, der Büffeljäger Gibson (Robert Taylor) und McKenzie (Stewart Granger). Der Konflikt zwischen beiden beginnt, als sich erweist, dass Gibson nur noch aus reiner Mordlust Büffel schießt und auch den Hungertod der Indianer in Kauf nimmt, ja sogar wünscht. Der Film endet mit dem etwas makabren Tod des faschistoiden Westerners; er geht an der Kälte zugrunde, gegen die ihn auch ein Büffelkadaver nicht schützt. Dieser unbarmherzige Mann, der beständig auf seine «Rechte» pocht, der Kolonialist unter den Pionieren, wurde in der Folgezeit neben den lynchwütigen Stadtbewohnern und den blutrünstigen Kavallerie-Generälen zu einer weiteren Negativfigur in der Typologie des Genres: der grausame Einzelgänger, der sich immer durch das Töten von Menschen und Tieren beweisen muss. «Wenn man tötet, beweist man, dass man lebt und dass man stark ist», sagt Taylor einmal.

In Filmen solcher Konstellationen spaltete der Westerner gewissermaßen einen bösen Teil seines Wesens ab, um ihn zu vernichten. Umgekehrt konnte es in anderen Filmen zu Konfrontationen kommen, die ausschließlich durch die äußeren Umstände bedingt sind und mit einer Konfrontation von Prinzipien wie gut und böse nichts gemein haben. Das bekannteste Beispiel für diese Formel, mit der zugleich die Entheroisierung der Helden am eindrucksvollsten betrieben wurde (womit sich der Kreis der Themen der *adult western* zum entmythologisierten Helden schließt), ist Delmer Daves' 3:10 TO YUMA (ZÄHL BIS DREI UND BETE; 1956). Van Heflin spielt hier einen zunächst recht untüchtig und gar nicht kämpferisch erscheinenden Rancher, der aus ökonomischer Not und um die Achtung seiner Frau zu bewahren, unfreiwillig zum Helden wird, als er einen gefährlichen Banditen (Glenn Ford) ins Gefängnis nach dem entfernten Ort Yuma bringt. Wie in HIGH NOON (und manche Kritiker meinen: besser gelungen) ist in 3:10 TO YUMA am Ende die Realzeit und die Filmzeit in eins gesetzt; jede Verrichtung, jeder Dialog dauert so lange, wie er dauern muss; so wird deutlich, dass es sich für den Rancher nicht um die Erfüllung eines Rituals handelt (das sich elliptisch darstellen ließe), sondern um die Erledigung einer harten Arbeit, die das Hintanstellen persönlicher Einsichten (er spürt sehr bald, dass der Bandit nicht eigentlich sein Feind ist) und Bedenken für eine Aufgabe erfordert, die das Überleben bedeutet. Entgegen allen Western-Legenden wird hier der Protagonist durch seine heldenhafte Tat nicht endgültig zum Helden, der nur noch dies und nichts anderes mehr ist, eine lebende Legende, sondern er taucht zufrieden und erlöst zurück in sein arbeitsreiches, glanzloses Leben.

Aber diese Auflösung des Heroismus in den Lebensbedingungen, wie sie Daves auch in COWBOY vornahm, die den Protagonisten kaum noch etwas Überlebensgroßes beließ, blieb eher Ausnahme (und das Thema der «unheroischen Helden» wurde erst in den siebziger Jahren wiederaufgenommen). Häufiger bildeten die Konfrontationen unterschiedlichster Charaktere die Gelegenheit zu Exkursionen in die Abgründe der Seele des amerikanischen Mannes, der in den fünfziger Jahren gelernt hatte, dass man seinen Machtanspruch auch durch dekorative Kaputtheit verbreiten konnte. Sadismus und Masochismus mit durchaus erotischen Untertönen bestimmten die Konfrontation der Helden, wie die zwischen Richard Widmark und Robert Taylor in THE LAW AND JAKE WADE (DER SCHATZ DES GEHENKTEN; 1958) und John Sturges oder die zwischen Paul Newman (als Billy the Kid) und John Dehner (als Pat Garrett) in Arthur Penns psychogrammhaftem Western THE LEFT HANDED GUN (BILLY THE KID / EINER MUSS DRAN GLAUBEN; 1958).

Den Höhepunkt intellektueller Bewältigungsversuche von Erotik und Gewalt im Gewande des Westerns bildete zweifellos Marlon Brandos ONE-EYED JACK (DER BESESSENE; 1959), ebenfalls eine verschlüsselte Billy-the-Kid-Geschichte. Erzählt wird von Rio (Brando) und Dad Longworth (Karl Malden), die gemeinsam eine Bank ausgeraubt haben. Bei der Flucht kann sich nur einer retten; wer, das entscheidet Rio durch einen Trick beim Losen: Es ist Dad. Nach fünf Jahren der Gefängnishaft gelingt Rio die Flucht. In einer kleinen Stadt in Mexiko findet er Longworth wieder, der nun Sheriff und ein angesehener Bürger ist.

«Rios Rache an Dad entwickelt sich langsam, setzt sich aus vielfältigen Überlegungen zusammen und ist in ihrer Konsequenz unerbittlich. Rio, egal welche Aktionen er setzt, zerrt Dad an jenem Nerv, den auch Sam Peckinpahs Outlaws genüsslich anpeilen, wo er am leichtesten zu verletzen und zu verunsichern ist: Er greift nach seinem Besitz. Zuerst vergewaltigt und demoralisiert Rio Dads Stieftochter, dann zerstört er die Illusion von einem Leben in Sicherheit – zuletzt beweist er, dass jegliche Autorität machtlos wird, wenn sie die eigene Stärke zu überschätzen beginnt ... ein schockierendes Ende für Menschen, die an ‹Legenden› glauben und nicht wahrhaben wollen, dass nur die Realität über die eigentlichen und wirklichen Proportionen einer Zeit und ihrer Menschen Auskunft geben kann» (Herbert Holba).

Rio wird von Dad, seinem einstigen väterlichen Freund, öffentlich ausgepeitscht, seine Revolverhand zerschlägt Dad ihm mit dem Gewehrkolben, aber weil zwischen ihm und dem Mädchen nun wirkliche Liebe entstanden ist, kann er diese Verstümmelungen überwinden und in einem eindrucksvollen *show-down* Dad erschießen.

Mit The Left Handed Gun und One-Eyed Jack war die Entmythisierung des Helden in den fünfziger Jahren abgeschlossen; die Gewalt des Westerners war hier eindeutig losgelöst von dem historischen Auftrag und als Trauma und Obsession definiert. Das psychosexuelle Trauma dieser Protagonisten, die nicht zufällig von den *rebel heroes* Newman und Brando verkörpert wurden, entsprach dabei sowohl den zeitgenössischen Problemen als auch einer inneren, unvermeidlichen Krise des Helden im Genre, die weit eher eine Krise des Männlichkeitsideals war als eine der geschichtlichen Tradition. Das, was in den großen psychologischen Western der fünfziger Jahre die eigentliche Botschaft ausmachte, war die Bedrohung des Mannes durch die von ihm selbst geschaffenen Bestätigungsrituale; aus dem Pionier war ein Märtyrer der eigenen Geschichte geworden. Vergeblich sucht man in dieser Dekade einen epischen Western, der diese Bezeichnung wirklich verdient hätte. Die Eroberung, der Krieg ist vorbei, und die Helden finden keinen Frieden.

Indianer-Western

Der Mythos ist eine Methode, das Unvermeidbare zusammenzuzwingen, das heimliche Verlangen, wie ein Indianer zu leben, und die historische «Notwendigkeit» des Völkermords zum Beispiel. Der Western-Mythos für diesen Widerspruch ist der Pionier, der mit den Indianern gelebt hat und doch im Krieg gegen sie kämpft, wenn seine Rasse in Gefahr ist. Und die Legende ist eine Mauer gegen die Wahrheit, zum Beispiel gegen die Wahrheit, dass die Geschichte des Westens die Geschichte von Betrug, Verrat, Unterdrückung und Mord an den Indianern ist. Die Legende des Western gegen diese fast nicht zu verdrängende Wahrheit ist die vom Heldentum der Männer vom Schlage Custers und die Legende von den Pionieren, die ihren Besitz gegen die Indianer «verteidigen» und dabei große Opfer bringen müssen. Beides, Mythos und Legende, erfuhr in den fünfziger Jahren eine Umdeutung, musste sie erfahren, weil im Bild des Kriegsgegners, des nationalsozialistischen Deutschland, der Rassenmord in seiner brutalen Offenheit die Frage nach Verantwortung und Umständen virulent machte. Lange Zeit war es die Aufgabe der Indianer im Western gewesen, als gleichsam schicksalhafte Macht in die psychischen und ökonomischen Konflikt zwischen Weißen einzugreifen, und nur in wenigen Filmen stellten sie eine autonome, aus Individuen bestehende Kraft dar. Die Indianer waren, wenn man so will, die «Gespenster des Western» gewesen, eine ständige, latente Gefahr, die die Westerner zu solidarischem Verhalten zwang (man denke nur an Stagecoach). Nun interessierte sich das Genre, nicht ohne Sentimentalität, für die Beziehung der Rassen. Dabei waren sicher viele Filme über den Antagonismus zwischen Weißen und Indianern auch verschlüsselte Hinweise auf die Beziehung zwischen den weißen und den schwarzen Amerikanern.

Broken Arrow (Der zerbrochene Pfeil; 1950), übrigens Delmer Daves' erster Western, war nicht der erste Film, der eine positive Haltung gegenüber den Indianern an den Tag legte. Aber er setzte für die fünfziger Jahre einen Trend. Daves' Film erzählt die Geschichte des Postreiters Tom Jeffords (James Stewart), der zum Friedensstifter zwischen den Weißen und den Apachen unter Führung von Häuptling Cochise (Jeff Chandler) wird. Er erwirkt eine 30-tägige Probezeit für den Frieden, während der er bei den Indianern lebt und Cochises Tochter Sonseeahray (Debra Paget) heiratet. Cochise, Sonseeahray und Jeffords werden von weißen Siedlern in einen Hinterhalt gelockt; Sonseeahray wird getötet, Jeffords verwundet, nur Cochise kann fliehen. Als er mit seinen Kriegern zurückkehrt, ist es Jeffords, der den Indianern dazu rät, das Kriegsbeil wieder auszugraben und Rache zu nehmen. Cochise zeigt sich indessen besonnen, und der Friede wird erhalten, als sich auch viele Weiße der Trauer um Sonseeahray anschließen. Jeffords verlässt das Land.

Jeff Chandlers Cochise ist ein so stolzer wie kluger Mann, der auch in Momenten großer persönlicher Verletzung das Wohl seines Volkes, ja aller Menschen, im Blick behält. Diesen Cochise spielte Chandler noch zweimal: in Battle at Apache Pass (Schlacht am Apachenpass; 1952, Regie: George Sherman) und in Taza, Son of Cochise (Taza, der Sohn des Chochise; 1954, Regie: Douglas Sirk). Ähnlich wie in vielen Nachfolgefilmen von Broken Arrow reduzierte sich freilich die Botschaft dieser Western auf die simple Wahrheit, dass es eben auf beiden Seiten, bei den Rothäuten wie bei den Weißen, edle und schurkische Menschen gab, und dass Uneinigkeit und Verrat auf beiden Seiten mehr zum Krieg beitrugen als ein prinzipieller Antagonismus, der schon deswegen nicht bestehen konnte, weil die Indianerhäuptlinge dieser Filme den Eindruck erweckten, als kämen sie geradewegs von einer Universität in Europa. Mit anderen Worten, der kulturelle Konflikt wurde verdrängt, indem man die Unterschiede beider Lebensformen herunterspielte.

Aber daneben gab es auch Versuche, sich ohne Illusionen mit der Rassenfrage auseinander zu setzen. Der konsequenteste (und bitterste) Western, der vom Unrecht handelt, das den Indianern angetan wurde, war Anthony Manns Devil's Doorway (Fluch des Blutes; 1950), die Geschichte eines indianischen Farmers (Robert Taylor), der als Held aus dem Bürgerkrieg zurückkehrt und von den Weißen so in die Enge getrieben wird, dass er zum gesetzlosen wird. Wie Broken Arrow bildete Devil's Doorway ein Muster für eine Reihe ähnlicher Filme, die aber selten so deutlich aussprachen wie dieser Film, dass eine Integration der Indianer nicht gelingen konnte, weil die Weißen aus geistigen wie aus ökonomischen Gründen an ihrer Ausrottung interessiert waren (nachdem verschiedene Versuche, Sklaven aus ihnen zu machen, wie es etwa der Film Apache von Robert Aldrich andeutet, fehlgeschlagen waren), und dass auch eine oberflächliche Anerkennung jederzeit wieder in Hass umschlagen konnte.

Diese beiden Grundmuster beinhalteten die zwei bevorzugten Themen der Indianerwestern: die Geschichte vom schwierigen Prozess der Friedensstiftung (zumeist verbunden mit einer Liebesgeschichte) und die Schilderung einer versuchten individuellen Integration.

Vom Frieden zwischen den Indianern und den Weißen, der von einer besonderen Art von Mensch, dem Pionier, dem Grenzgänger, ermöglicht wird, erzählten so lyrische Filme wie William A. Wellmans ACROSS THE WIDE MISSOURI (COLORADO 1951) oder Howard Hawks' THE BIG SKY (DER WEITE HIMMEL / DAS GEHEIMNIS DER INDIANERIN / FLUSSPIRATEN AM MISSOURI; 1952) ebenso wie eher dramatische Filme wie THE SAVAGE (DER WEISSE SOHN DER SIOUX; 1952, Regie: George Marshall), die Geschichte eines weißen Jungen (Charlton Heston), der von den Sioux aufgezogen wurde, zum Wanderer zwischen den Kulturen wird und von einem schier unlösbaren Konflikt in den anderen gerät, bis er am Ende seinen indianischen Ziehvater von der Notwendigkeit des Friedens, um des Erhalts der roten Rasse willen, überzeugen kann. SEMINOLE (SEMINOLA; 1953, Regie: Budd Boetticher) schildert die Bemühungen des Seminolen-Häuptlings Osceola (Anthony Quinn) und des Leutnants Caldwell (Rock Hudson) um den Frieden, der von hasserfüllten Kriegstreibern auf beiden Seiten verhindert wird. (Immerhin endet Boettichers Film mit dem historisch zutreffenden Ausblick auf den Sieg der Indianer.)

Der Formel dieser Filme folgten Western wie WHITE FEATHER (DIE WEISSE FEDER; 1954, Regie: Robert Webb), THE INDIAN FIGHTER (ALS VERGELTUNG SIEBEN KUGELN; 1955, Regie: André de Toth) oder WALK THE PROUD LAND (RITT IN DEN TOD; 1956, Regie: Jesse Hibbs). Immer ging es da um den einsichtigen indianischen Führer, der von Heißspornen, Verrätern und Killernaturen aus den eigenen Reihen bedroht wird, und um den individualistischen, kulturell offenen und gegenüber den Taten seiner eigenen Rasse kritischen weißen Einzelgänger, dessen Friedensbemühungen ihre Grenze in Brutalität und Hinterlist von Geschäftemachern und starren Militärs finden. Der besessen die Indianer hassende Offizier als neurotischer Autokrat wurde in diesen Filmen zu einer typologischen *villain*-Figur, die auch in die Indianer-Western eine Dimension des Pathologischen einführte, wie er im psychologischen Western verbreitet war: Die Porträts solcher Männer, wie etwa von Alex Nichol in TOMAHAWK (TOMAHAWK; 1951, Regie: George Sherman), Warner Anderson in THE YELLOW TOMAHAWK (AUFSTAND DER SIOUX; 1954, Regie: Lesley Selander) oder Ralph Meeker in RUN OF THE ARROW (HÖLLE DER TAUSEND MARTERN; 1956, Regie: Samuel Fuller), waren natürlich auch ein dramaturgischer Trick, die Schuld an der Ausrottung der Indianer in einem typologischen Kosmos zu verteilen. Ihre Wirkung verdankten diese Indianer-Western ja kaum historischer Wahrhaftigkeit, sondern vielmehr ihrer Verbindung von Appell, Wiedergutmachung und kultureller Aufwertung der Indianer mit dem Urmythos des Westens vom Mann, der seine eigene, die weiße Kultur hinter sich lässt, um mit den Indianern zu leben, und eine Indianerin zur Frau nimmt. (Die Indianer selbst wissen vermutlich sehr genau, warum sie diesen Wiedergutmachungsversuch Hollywoods nicht angenommen haben, auch wenn gewiss nicht zu bestreiten ist, dass Filme wie BROKEN ARROW auch ganz pragmatisch zu einer Verbesserung der Situation der Indianer beigetragen haben.)

Diese Formel funktionierte wohl auch deshalb, weil die Rolle des Friedensstifters dem traditionellen Westerner, dem aufrechten Einzelgänger, der sich nicht leichtfertig auf eine Seite schlägt, gut zu Gesichte stand. In den Indianer-Western in der Nachfolge von BROKEN ARROW blieb paradoxerweise der Western-Held der Legende am längsten intakt, und umgekehrt beinhalteten Biografien von großen Häuptlingen wie SITTING BULL (DAS LETZTE GEFECHT; 1954, Regie: Sidney Salkow) oder CHIEF CRAZY HORSE (DER SPEER DER RACHE; 1955, Regie: George Sherman) eine letzte Art der ungebrochenen Romantik im Western.

Dies trifft in gewisser Weise auch für jene Filme zu, die einen indianischen Helden im aussichtslosen Kampf allein gegen die Übermacht der Weißen zeigen, wenn auch hier, besonders in den Filmen des Themas aus den sechziger Jahren, eine manchmal fast sarkastische Bitterkeit durchschimmerte. In Robert Aldrichs APACHE (DER GROSSE APACHE / MASSAI; 1954) spielt Burt Lancaster den Apachenkrieger Massai, der sich der Deportation in ein Reservat durch Flucht entzieht. Unterwegs trifft er auf einen Cherokee-Indianer, durch den er davon überzeugt wird, dass der Ackerbau eine Möglichkeit für die Indianer darstellt, den Frieden und zugleich die Autonomie zu bewahren. Er kehrt zu seinem Stamm zurück und versucht, ihn von seinen Ideen zu überzeugen, doch er wird an die Militärs verraten. Wieder gelingt ihm die Flucht, gemeinsam mit seiner Geliebten (Jean Peters), der Tochter des durch den Alkohol zerstörten Häuptlings. Er flieht in die Berge, wo er ein Kornfeld anlegt. Seine Frau erwartet ein Kind. Da wird das Versteck von den Weißen entdeckt; Soldaten umstellen die Hütte, und Massai leistet erbitterten Widerstand. Die Schluss-Szene des Films zeigt, wie die Weißen die Waffen sinken lassen, als sie das Schreien des neugeborenen Kindes hören. Doch dieses Ende war nicht vorgesehen und kam nur auf Drängen der Produzenten zustande; das Originaldrehbuch ließ Massai durch einen Schuss in den Rücken getötet werden, in dem Augenblick, als er sich nach dem Schreien seines Kindes umdreht.

Durch diese Perspektive wird der Legende die Grundlage entzogen; Massai ist nicht nur «der» Indianer, er ist der freie Mensch überhaupt, der in der amerikanischen Gesellschaft keinen Platz hat. In den Filmen, die nach der Formel von APACHE entstanden, ist die Stimmung meist versöhnlicher, wie etwa in Joe Kanes Remake von THE VANISHING AMERICAN (DER LETZTE INDIANER) aus dem Jahr 1955 (die erste Version hatte George B. Seitz 1925 inszeniert), wo es ein treuherziges Happyend gibt, das die Integration als völlig selbstverständlich darstellt, wenn nur der Schurke, der verräterisch gegen alle war, aus dem Weg geräumt ist. Auch hier ist das Symbol für die Versöhnung die gemischtrassige Ehe.

Das Thema des Halbblutes zwischen den Fronten und der problematischen Integration (wie es DEVIL'S DOORWAY vorgegeben hatte), wurde in REPRISAL (PRÄRIE-BANDITEN; 1956, Regie: George Sherman) wiederaufgenommen. Der Film erzählt die Geschichte eines Farmers mit indianischem Blut (Guy Madison), der von seinen Nachbarn, die die Indianer hassen, immer weiter in die Enge getrieben wird. Am Ende bekennt er sich zu seinem indianischen Volk und verlässt die Weißen. In THE UNFORGIVEN (DENEN MAN NICHT VERGIBT; 1960, Regie: John Huston) ist Audrey Hepburn das indianische Mädchen Rachel, das von einer Farmerfamilie aufgenommen wurde. Als ihre indianische Abstammung bekannt wird, wenden sich die Nachbarn gegen die Familie. Aber auch die Indianer, die das Mädchen für sich beanspruchen, greifen die Familie an, als diese sich weigert, Rachel herauszugeben. In Don Siegels FLAMING STAR (FLAMMENDER STERN; 1960) spielt Elvis Presley ein Halbblut, das im Krieg zwischen Indianern und Weißen durch die Brutalität der Weißen auf die Seite der Indianer gezwungen wird. In allen diesen Filmen geht es um die Unfähigkeit der versteinerten Siedlergemeinschaft, nicht nur den Indianer als Nächsten zu akzeptieren, sondern auch das indianische Wesen (das eine heimliche Sehnsucht nach Wildheit ausdrückt und das latent in der Western-Gesellschaft vorhanden ist) ins eigene Weltbild zu integrieren. Möglicherweise ist es kein Zufall, dass in den meisten dieser Filme das indianische Wesen des Helden unterschwellig mit einer erotischen Ausstrahlung verbunden ist, welche den weißen Gegenspielern fehlt. Der indianische Held ist ein Märtyrer des Eros und der Freiheit, der Betrogene, wie Jack Buetel in THE HALF BREED (AN DER SPITZE DER APACHEN; 1952, Regie: Stuart Gilmore), vielleicht der Jugendliche im Kampf mit den Anforderungen der Integration, eine rebellische Identifikationsfigur. Auf jeden Fall war für das Western-Publikum nun möglich, was die amerikanische Gesellschaft lange Zeit verboten und auch was das Genre bis dahin nicht gestattet hatte: den alten Traum, ein Indianer zu sein, zu träumen.

Anthony Mann und Budd Boetticher

Zwei Regisseure, die in den fünfziger Jahren fast ausschließlich innerhalb des Genres arbeiteten, sind Anthony Mann und Budd Boetticher, deren Filme nicht unwesentlich dazu beigetragen haben, dass der Western Gegenstand so großer cineastischer Verehrung geworden ist. Beiden Regisseuren gelang es, das Genre aus der Qualität der Tradition zu erneuern und aus einer so modernen und avancierten wie zugleich klassisch-distanzierten Perspektive zu betrachten.

DEVIL'S DOORWAY war Anthony Manns erster Western, gefolgt von WINCHESTER '73 aus demselben Jahr (1950), mit dem seine Reputation sprunghaft stieg. Obwohl DEVIL'S DOORWAY zweifellos der konsequenteste (und einer der düstersten) Western von Anthony Mann war, ist WINCHES-

TER '73 (WINCHESTER 73) der für die Arbeit des Regisseurs typischere Film. Es ist eine Rachegeschichte mit James Stewart – Manns später bevorzugtem Schauspieler – in der Rolle eines Mannes, der seinen eigenen Bruder, der den Vater ermordet hat, durch den Westen jagt und ihn in einem letzten Duell tötet. Daneben geht es aber auch um die Jagd nach einem wertvollen, außerordentlich treffsicheren Gewehr (der Winchester des Titels), das ständig den Besitzer wechselt und gleichsam als roter Faden für eine Anthologie nahezu aller markanter Western-Situationen, von der Saloon-Szene bis zum Indianerkampf, dient. Manns Western, BEND OF THE RIVER (MEUTEREI AM SCHLANGENFLUSS; 1952), THE NAKED SPUR (NACKTE GEWALT; 1952), THE FAR COUNTRY (ÜBER DEN TODESPASS; 1954) und THE MAN FROM LARAMIE (DER MANN AUS LARAMIE; 1955), alle mit James Stewart in der Hauptrolle, handeln von einem Westerner, der, bewusst oder unbewusst, bereits einen Bruch mit der Gesellschaft hinter sich hat. «Von Anfang an sind die Helden Anthony Manns extreme Charaktere, die sich über ihre eigenen persönlichen Grenzen erheben wollen. Dabei bleibt keine Wahl; wie besessen sind diese Männer, gänzlich ausgeliefert den unverarbeiteten Kräften in sich selbst. Ob apokalyptisch oder göttlich, visionär oder verwirrt und entfremdet sie haben wenig Hoffnung auf die geordneten Verhältnisse, in denen die meisten Menschen leben. Es ist typisch für sie, dass sie die Bindung an Familie und Gesellschaft opfern oder zurückweisen müssen. Oft erscheinen sie als Usurpatoren» (Jim Kitses).

Das heißt, auch Manns Western zeigen die Entfremdung des Helden, die sich auch in seinen Taten äußert: angestrengte Gewaltakte, die ihren Sinn nur noch in sich selbst haben, aber geschichtlich nichts bewirken. So gehört zu Manns Themen der Mord des Sohnes am Vater; das in den Western der fünfziger Jahre häufig aufscheinende Motiv erhält bei ihm eine weniger psychologische als mythische Ausformung. Das Thema taucht auf in WINCHESTER '73, MAN OF THE WEST (DER MANN AUS DEM WESTEN 1958), THE MAN FROM LARAMIE und übrigens auch in seinem Antik-Film THE FALL OF THE ROMAN EMPIRE (1964). Ein weiteres Thema seiner Western ist der Kampf mit der Natur, der Kampf «in» der Natur, bei dem sich die Auseinandersetzung der Menschen in einem «Kampf der Elemente» (Anthony Mann) spiegelt.

Mann ist zweifellos der Western-Regisseur, der sich am meisten für die Beziehungen seiner Helden untereinander interessiert hat; er und sein bevorzugter Drehbuchautor Borden Chase unternahmen den Versuch, den ethischen Code des Genres in seiner Anwendung unter konkreten Bedingungen zu zeigen, und dabei wurde wohl zwangsläufig die Perspektive immer mehr skeptisch, ja pessimistisch. In Filmen wie MAN OF THE WEST deutet sich an, dass der Kampf des Westerners mit seiner Vergangenheit, mit seinen Taten, mit seinen «Dämonen», wie Anthony Mann es nannte, ein ewiger Kreis ist, ein Kampf, der nicht zu gewinnen ist. In der Verbindung von emotionalen und materiellen Anreizen für die Gewalt (immer geht es da um Rache und um

Geld) verweisen Manns Western auf die Entwicklung des Italo-Western, und in zwei seiner Filme, in THE NAKED SPUR und THE TIN STAR, gibt es die Figur eines Kopfgeldjägers, Symbol einer Pervertierung der Western-Ideale.

Wo Anthony Manns Western die größtmögliche Freiheit suchen, formal wie inhaltlich («Ich glaube», hat er gesagt, «der Grund dafür, dass der Western das populärste und langlebigste Genre darstellt, ist der, dass es mehr Freiheit in der Handlung, in der Landschaftsschilderung, in der Beschreibung der Leidenschaft gibt. Es ist eine primitive Form. Es wird nicht durch Regeln bestimmt; man kann alles damit anstellen»), und immer auch das Spektakuläre, das Überlebensgroße zeigen, da sind die Western von Budd Boetticher von Strenge, ja von Kargheit geprägt. Und wie der lakonische, abgeklärte James Stewart der ideale Darsteller für Anthony Mann war, so stellt der kantige, wortkarge Randolph Scott den Helden für Boettichers Western dar.

SEVEN MEN FROM NOW (DER SIEBENTE IST DRAN; 1956) war der erste Film einer Serie von sieben kleinen Western, bei denen des Öfteren Burt Kennedy das Drehbuch schrieb und bei denen immer Randolph Scott die Hauptrolle spielte, der zusammen mit Harry Joe Brown die Filme auch produzierte. (Die Filme wurden als «Ranown-Zyklus», nach der Produktionsfirma, bekannt.) Es folgten THE TALL T (UM KOPF UND KRAGEN; 1957), DECISION AT SUNDOWN (FAHRKARTE INS JENSEITS; 1957), BUCHANAN RIDES ALONE (SEIN COLT WAR SCHNELLER; 1958), RIDE LONESOME (AUF EIGENE FAUST; 1959), WESTBOUND (MESSER AN DER KEHLE; 1959), COMANCHE STATION (EINER GIBT NICHT AUF; 1960).

«Der typische Boetticher-Ranown-Western sieht auf den ersten Blick sehr einfach aus. Er beginnt damit, dass der Held (Randolph Scott) gemächlich durch ein Labyrinth von riesigen Felsen reitet, das klassische Niemandsland des Verbrechens, und sich einer einsamen Postkutschenstation nähert. Nach und nach werden wir mit einigen anderen Leuten vertraut gemacht; und meistens zeigt es sich, dass der Held mit einer Rachemission unterwegs ist, er will die Männer finden und töten, die seine Frau getötet haben. Er und die kleine Gruppe von Menschen, die sich durch Zufälle zusammengefunden hat und ihn nun begleitet, haben sich mit verschiedenen Bedrohungen auseinander zu setzen: Banditen, Indianer etc. Die Filme entwickeln sich sodann, um mit Andrew Sarris zu sprechen, zu stetig wechselnden, fließenden Pokerspielen, in denen jeder die anderen einmal zu bluffen versucht, bis das letzte show-down anbricht. Der Held drückt eine ‹geschundene Serenität› aus, vermittelt durch ein konstantes, geduldiges Lächeln oder die lässige Eloquenz, mit der er zum Beispiel in jeder Situation sich erbietet, eine Kanne Kaffee über dem Feuer zu kochen, wodurch jeder potenzielle Gegner zunächst einmal entwaffnet ist, und die Selbstverständlichkeit, mit der er sich dann von den anderen absetzt, um seine Sache zu regeln. Schließlich, nach dem *show-down*, reitet der Held davon, wieder durch das Labyrinth der Felsen, immer noch allein, ohne jedes Zeichen einer Erregung nach dem Sieg» (Peter Wollen).

Auf den ersten Blick erscheinen diese Rachegeschichten so konservativ, wie man sich nur vorstellen kann (und die Tatsache, dass Randolph Scotts Erscheinung ein wenig an die von William S. Hart erinnert, unterstreicht dies noch). Aber was dann auffällt, ist das Fehlen der bekannten moralischen Struktur in den Auseinandersetzungen; das Fehlen eines Informationsüberschusses gegenüber der Handlung. Boettichers Western sind Handlungs-Western, parallel zur Handlungs-Literatur etwa von Chandler, Hammett oder Hemingway. Und sie sprechen dasselbe Problem an, nämlich die Krise des Individualismus, der sich in der Tat verwirklicht und zugleich seine Absurdität erfährt. Boettichers Held ist der Individualist, der sogar in Kauf nimmt, dass seinen Aktionen etwas Groteskes, ja Sinnloses anhaftet, bevor er mit irgendeinem Kollektiv, auch einer kollektiven Vorstellung, einen Kompromiss eingeht. (Die Absurdität seiner Taten deutet sich in mehreren Filmen des Zyklus dadurch an, dass die Männer, an denen er Rache nimmt, bereits für ihre Taten gesühnt haben, ja dass sie im Begriff sind, sich zu ändern.) Der Held riskiert sein Leben ausschließlich für ein von ihm selbst gewähltes Ziel; niemand, nicht einmal der Code, verlangt die Rache von ihm. Und in diesem Spiel mit dem Tod, das keineswegs leichtfertig ist, beweist er seine Identität. Es ist bezeichnend, dass Boetticher den Western vor allem auch als Antithese zum Kriegsfilm gesehen hat, in dem es um Kollektive und deren Art des Heldentums geht. Sein Western ist ein ironisches, melancholisches und archaisches Bild einer Situation, in der es noch einen freien Willen gibt, auch wenn der den Helden beständig in die Sackgasse der Absurdität führt.

John Ford

John Ford setzte seine Arbeit im Genre nach WAGONMASTER (WESTLICH ST. LOUIS; 1950) und RIO GRANDE (1950) mit einer Reihe von Western fort, die die Indianerkriege und den ihnen vorangegangenen Bürgerkrieg zum Hintergrund haben. THE SEARCHERS (DER SCHWARZE FALKE; 1956) ist die Geschichte des Indianerhassers Ethan Edwards (John Wayne), der, begleitet von Martin Pawley, einem Halbblut (Jeffrey Hunter), zwei von den Comanchen verschleppt Mädchen sucht. Als sie nach langen Jahren der Suche eines der beiden Mädchen (Nathalie Wood) finden, ist es bereits zu einer Indianerin geworden und die Frau des Häuptlings Scar (Henry Brandon). Ethan will sie erschießen, aber Martin hindert ihn daran. Ethan wird bei einem Angriff der Indianer verletzt. Nachdem sie zurückgekehrt sind, wird eine Strafexpedition gegen die Indianer zusammengestellt. Nur Martin bittet darum, zunächst einen Versuch unternehmen zu dürfen, das Leben des Mädchens zu retten. Er schleicht sich in das Indianerlager, tötet den Häuptling. Inzwischen ist die Strafexpedition, deren Anführer den Tod des Mädchens in Kauf nehmen, ja ihn bewusst fordern, wie Ethan, über das Lager herfallen und tötet wahllos

Männer, Frauen und Kinder. Wieder steht Ethan dem Mädchen gegenüber; er nimmt es in die Arme und bringt es nach Hause.

Fords Film ist zweifellos die komplexeste und detaillierteste Auseinandersetzung mit dem Rassismus und der Landnahme, die nicht nur die Indianer in die Verzweiflung treiben, sondern auch die Pioniere zu Menschen machen, die an ihrem Land, an ihrer Existenz verzweifeln müssen. The Searchers ist «der ‹Moby Dick› des Western, ein revidierter ‹Lederstrumpf›, die Geschichte Amerikas» (Joseph McBride). «Die Tür zu einem neuen Land hat sich geöffnet. Die Tür zu einem neuen Land hat sich geschlossen. [Anfangs- und Schluss-Sequenz des Films, d. Verf.] Das Land ist besiegt. Der eingeborene Amerikaner ist tot und skalpiert. Die weiße Frau, die auf dem Boden Amerikas eingewurzelt wurde (*soiled*, das bedeutet nicht nur geschändet, sondern auch mit der Erde vermählt), ist zurückgeholt. Aber es gibt keinen Frieden. Die weißen Amerikaner, die ihren Schullehrerinnen-Traum von der Zivilisation träumen, bleiben in ihrem dunklen Haus zurück. Der weiße Amerikaner, der sich der Herausforderung der Wildnis stellt, Ethan Edwards, der zu den Wilden geht, wie Lederstrumpf zu den Wilden ging und wie John Ford mit diesem Film zu den Wilden geht, ist verdammt, zwischen den Wilden zu wandern, wie ein toter Krieger, dem man die Augen ausgeschossen hat. Ahab hat das Meer der Wüsten, der Prärien, der Felsengebirge durchquert, seinen weißen Wal erlegt und geht mit ihm unter. Er versinkt in dem Land, dessen Büffel er geschossen, dessen Menschen er massakriert, dessen Erde er mit Messern, Kugeln und mit seinen Fäusten bearbeitet hat» (Joe Hembus).

John Ford selbst hat im Gespräch mit Peter Bogdanovich The Searchers charakterisiert als die Tragödie eines Einzelgängers, der nie wirklich Mitglied einer Familie sein konnte. Tatsächlich ist die Suche nach Heimat, die alle Helden Fords treibt, nirgends so verfehlt wie in diesem Film, und es wird deutlich, warum sie verfehlt sein muss; weil die Erkenntnis, dass das Land einem nicht wirklich gehört und dass man auch dem Land nicht gehören kann, Hass erzeugt, Hass gegen die Indianer, Hass gegen das Land, vor allem Hass gegen sich selbst. Die ruhelose Wanderung, die Odyssee der Helden, ist der Ausdruck für die historische Situation: ein Land, in dem die einen (die Indianer) nicht mehr und die anderen (die Weißen) noch nicht leben können. Das Recht ist, das macht Ford unmissverständlich deutlich, auf der Seite der Indianer, aber die aus Selbsthass und Verzweiflung gezeugte Wut der Weißen ist die historisch stärkere Kraft.

Ethan Edwards war ein Mann, der gezeichnet war vom Bürgerkrieg, der ihm die ideelle Heimat geraubt hat und ihn zum Outlaw machte. In The Horse Soldiers (Der letzte Befehl; 1959) ist John Wayne ein Nordstaaten-Colonel, der bis in seine persönlichen Beziehungen hinein die destruktive Kraft der Zerrissenheit Amerikas spürt. Seine größte Aufgabe, nämlich seine Truppe durchs Feindesland zu den eigenen Linien zu bringen, stellt sich ihm deshalb, weil er es nicht einmal fertigbringt, auf eine Gruppe angreifender junger Kadetten der Südstaatenarmee schießen zu lassen. In seiner Episode The Civil War aus How The West Was Won (Das war der wilde Wes-

TEN; 1962, nahm Ford das Thema noch einmal auf; hier wird gezeigt, wie der Bürgerkrieg den einsamen, verbitterten Kämpfer, hier als Militär, vom Schlage Ethan Edwards' schafft, indem er die Familien und die Gemeinschaft zerstört, die Kontinuität des Lebens und seine gewachsene Ordnung unterbricht.

SERGEANT RUTLEDGE (DER SCHWARZE SERGEANT / MIT EINEM FUSS IN DER HÖLLE; 1960), die Geschichte eines farbigen Sergeant (Woody Strode) in der Kavallerie, der angeklagt ist, eine weiße Frau vergewaltigt und ermordet zu haben und der sich rehabilitieren und als Held beweisen kann, und TWO RODE TOGETHER (ZWEI RITTEN ZUSAMMEN; 1961), eine Variation der Motive aus THE SEARCHERS, in der aus dem Hass und der Verzweiflung der Suchenden Zynismus und Gleichgültigkeit geworden ist, zwei Filme, die von den Filmhistorikern im Allgemeinen nicht so hoch eingeschätzt werden wie THE SEARCHERS, leiten dann über zu den beiden Spät-Western Fords aus den sechziger Jahren: THE MAN WHO SHOT LIBERTY VALANCE (1962) und CHEYENNE AUTUMN (CHEYENNE; 1964).

1960 bis 1980: Tode und Wiedergeburten des Genres

Autoren und Regisseure des Western zu Beginn der sechziger Jahre standen vor dem Dilemma, dass es zu viele große Western gegeben hatte, um noch problemlos immer wieder einen hinzufügen zu können. Sich an Originalität, Star-Aufgebot und Aufwand zu übertreffen, hatte nicht immer zu den gewünschten Erfolgen geführt. Die Entmythologisierung des Western-Helden, die immer wieder für große Geschichten gesorgt hatte, war im Großen und Ganzen abgeschlossen, und manche krampfhaften Versuche, noch weiter in die Psyche oder die historische Korrumpiertheit des Westerners einzudringen, wirkten wie reichlich unfaire Versuche, einer vergangenen Epoche, deren unheroische Grausamkeit man gerade nachgewiesen hatte, auch noch alle Frustrationen und Absurditäten der Gegenwart anzulasten.

Die Bemühungen der Western-Produzenten gingen nun in vier verschiedene Richtungen: immer wieder einen letzten Western zu drehen, beginnend mit Sam Peckinpahs RIDE THE HIGH COUNTRY (SACRAMENTO) aus dem Jahr 1962; noch einmal einen großen, gar einen epischen Western aus dem Geist der Tradition zu schaffen (Beispiele dafür sind etwa die Filme von Andrew V. McLaglen oder manche Western von Burt Kennedy); so zu tun, «als wäre nichts geschehen» (wofür etwa A.C. Lyles' Zyklus von «Veteranen-Western» symptomatisch ist), und schließlich: den Western als Vehikel für politisch-kulturelle Botschaften (wie etwa Sidney Pollack) oder/und formale Exkurse – wie John Sturges' Samurai-Variation THE MAGNIFICENT SEVEN (DIE GLORREICHEN SIEBEN) – zu verwenden.

KleineWestern wurden auch zu Beginn der sechziger Jahre noch gedreht. In Filmen wie BULLET FOR A BADMAN (DIE LETZTE KUGEL TRIFFT; 1964, Regie: R.G. Springsteen) oder GUNPOINT (DER COLT IST DAS GESETZ; 1965, Regie: Earl Bellamy) erhielt sich eine Zeit lang die Popularität von Andie Murphy, der neben Randolph Scott und Joel McCrea zur Jahrzehntwende der einzige Star gewesen war, der allein durch seinen Namen einem billigen B-Western zu einem bescheidenen Erfolg verhelfen konnte. (Man erinnert sich vielleicht an die Action-Kinos in Deutschland, die zu Beginn der sechziger Jahre ihr Programm fast ausschließlich mit Audie-Murphy-Western bestritten, ehe der Italo-Western diesen Markt für sich eroberte.) Zeichneten sich die Audie-Murphy-Western durch eine für das Genre (noch) gar nicht typische Gewalttätigkeit aus, so musste Joel McCrea etwa in FORT MASSACRE (DIE LETZTEN DER 2. SCHWADRON; 1958, Regie: Joseph Newman) zum ersten Mal in seiner

Karriere einen wirklichen Bösewicht spielen und verlor so den Status eines fast einem Serienhelden vergleichbar konstanten Heldencharakters. Randolph Scott zog sich, nach seinem Auftritt in Sam Peckinpahs RIDE THE HIGH COUNTRY als Darsteller vom Film zurück. Nur in den von A. C. Lyles für Paramount produzierten Western, in denen jeweils eine Reihe ehemaliger Stars des Genres auftraten, was aus den gelungenen Beispielen des Zyklus fast so etwas wie Hommages an die Geschichte des Western und seiner Stars macht, war die Welt des B-Western noch intakt, wenn auch ein wenig greisenhaft. Der Zyklus begann mit dem Film LAW OF THE LAWLESS (DAS GESETZ DER GESETZLOSEN; 1963, Regie: William F. Claxton) und endete, nach insgesamt dreizehn Produktionen, 1968 mit BUCKSKIN (SHADOK; Regie: Michael Moore). Neben Barry Sullivan, Yvonne de Carlo, Wendell Corey, Scott Brady, Rory Calhoun und Lon Chaney jr., um nur einige zu nennen, traten auch ehemalige Cowboy-Stars auf, die seit Jahren nicht mehr vor der Kamera gestanden hatten, wie etwa Johnny Mack Brown in APACHE UPRISING (DIE APACHEN; 1965, Regie: R.G. Springsteen). Ein Abgesang auf den Western-Helden waren die Filme schon deswegen, weil ihre Protagonisten ihr Alter kaum verschweigen konnten.

Die Professionals

Die Versuche, für den großen Western eine neue Formel zu finden, begannen mit John Sturges' THE MAGNIFICENT SEVEN (1960), einem Film, der sich in der Handlungsführung an den japanischen Film SHICHININ NI SAMURAI (DIE SIEBEN SAMURAI; 1953, Regie: Akira Kurosawa) hielt, der von einem Dorf erzählte, das jedes Jahr nach der Ernte von Banditen überfallen wird. Der Dorfälteste beschließt, eine Gruppe von Samurai zu Hilfe zu holen, die im Kampf gegen die in großer Überzahl angreifenden Banditen bestehen. Nur drei der sieben Samurai überleben den Kampf, und der sterbende Anführer erkennt: «Die Bauern haben den Kampf gewonnen und nicht wir Samurai. Die Bauern leben für immer mit ihrer Ernte.»

John Sturges verlegte die Handlung nach Mexiko, und aus den Samurai wurden Revolvermänner. Die sieben *gunmen*, die das Dorf gegen die Banditen unter ihrem Anführer Calvera (Eli Wallach) verteidigen, sind Professionals der Gewalt, mit allerdings sehr unterschiedlichen Charakteren und Motiven: Chris (Yul Brynner) ist ein kühler, entschlossener Stratege, der die Aufgabe übernimmt, weil ihm das Dorf als Lohn alles, was es zu bieten hat, anbietet. (Das ist nicht viel, aber das, was die Seele eines Mannes wie Chris braucht: alles.) Vin (Steve McQueen) ist ein Abenteurer, ein wenig auch ein Killer. Chico (Horst Buchholz) ist ein jugendlicher Heißsporn, der darauf brennt, mit den anderen berühmten Revolvermännern zu kämpfen. Harry (Brad Dexter) ist der Habgierige, der einzige der sieben, der ausschließlich aus materiellen Interessen kämpft, weil er einen verborgenen Goldschatz in dem Dorf vermutet. Bernardo (Charles Bronson) ist Halbindianer; er hat keine Heimat und versteht darum am besten die Anstrengungen der Mexikaner, die ihre zu erhalten. Während alle anderen die Aufgabe an sich, ihr Lohn oder ihre Herausforderung reizt, ist er der einzige, der in ihr auch eine moralische Mission sieht. Lee (Robert Vaughn) ist ein eleganter Revolverheld und ziemlich rachsüchtig; der raubeinige Brit (Charles Coburn) ist auf jede Art von extremer Herausforderung versessen. Nur Chris, Vin und Chico, der eines Mädchens wegen im Dorf bleibt, um Bauer zu werden, überleben die Auseinandersetzungen; die Banditen sind besiegt und ihr Anführer tot.

Sturges' Film bedeutet die Geburt eines neuen Western-Helden: des kühlen, professionellen *gunfighters*, der fast keine menschlichen Beziehungen zu seiner Umwelt hat, nicht einmal zu den Leuten, für die oder gegen die er kämpft und sein Leben riskiert. Ansporn ist ihm die Freude an der Aktion, die Befriedigung darüber, in ein bestehendes Machtsystem eingreifen zu können und es auf den Kopf zu stellen (worin vielleicht sogar eine Art verschüttetes Gerechtigkeitsempfinden ausgedrückt ist, das funktioniert, obwohl oder gerade weil die Helden und die Schurken sich innerlich viel näher stehen als der Held und die dumpfe, verängstigte Landbevölkerung, die in Sturges' Film sich am Ende noch einmal, zum letzten Mal für lange Zeit in der Geschichte des Genres, dazu aufraffen kann, in den Kampf einzugreifen). Und dann ist da als entscheidendes Motiv der materielle Anreiz, der von kaum einem Westerner zuvor als ausreichender Grund für seine Handlung angesehen worden wäre (und der auch in THE MAGNIFICENT SEVEN noch ein wenig verbrämt, mit bitterem Beigeschmack serviert wird). Dieser Held, der viel deutlicher als in den Nachfolgefilmen zu THE MAGNIFICENT SEVEN in Richard Brooks' THE PROFESSIONALS (DIE GEFÜRCHTETEN VIER; 1966) definiert ist, eine Mischung aus Samurai, Rächer, Kopfgeldjäger und Abenteurer, ist das Urbild für die Helden des Italo-Western, für die unbehausten Kämpfer in einer Welt, in der es endgültig auf Heimat keine Hoffnung mehr gibt.

Der Erfolg von THE MAGNIFICENT SEVEN war aber nicht nur auf diese moderne Formel für das Genre zurückzuführen, sondern auch auf seine klare Typologie, das heißt auch: auf seine Besetzung. Yul Brynner spielte noch einmal die Rolle des Chris in THE RETURN OF THE SEVEN (DIE RÜCKKEHR DER GLORREICHEN SIEBEN; 1966, Regie: Burt Kennedy), neben ihm agierten Robert Fuller, Julian Mateos, Warren Oates, Jordan Christopher, Claude Akins und Rodolfo Acosta. Dann, in GUNS OF THE MAGNIFICENT SEVEN (DIE RACHE DER GLORREICHEN SIEBEN; 1969, Regie: Paul Wendkos), übernahmen George Kennedy und in THE MAGNIFICENT SEVEN RIDE (DER TODESRITT DER GLORREICHEN SIEBEN; 1972, Regie: George McCowan) Lee van Cleef die Rolle. Die *starmaking quality* des ersten Films hatte keiner seiner Nachfolger, und auch zur Variation oder Vertiefung des Themas trug keiner bei.

Aber das war der Fall bei Brooks' THE PROFESSIONALS. Hier geht es zum ersten Mal um die Begegnung des «professionellen Westerners» mit dem Revolutionär und um die im Italo-Western weiterentwickelte dialektische Beziehung zwischen beiden. «Vier Männer werden vorgestellt. Lee Marvin als Waffenexperte. Robert Ryan als Pferdekenner. Woody Strode als Fährtensucher, Burt Lancaster als Spezialist für Dynamit und Frauen. Hinweise auf Pancho Villa und Emiliano Zapata weisen die Situation aus: Es ist die Zeit der großen mexikanischen Revolution. Fardan (Marvin) und Dolworth (Lancaster) haben irgendwann auf Seiten der Aufständischen gekämpft. Jetzt werden die vier von einem reichen Amerikaner angeheuert, ihm gegen lohnende Bezahlung seine von Fardans ehemaligem Revolutionsfreund Raza (Jack Palance) angeblich gekidnappte Frau Maria (Claudia Cardinale) wiederzuholen. Es beginnt eine mörderische Expedition nach Mexiko, die sich zu spät als völlig verfehlt erweist. Umständliche Aktionen sind bereits eingeleitet, als man in Maria die Geliebte des Revolutionärs entdeckt. Da aber die Mechanik einmal im Gange ist, werden jede Menge Leute umgebracht, Häuser in die Luft gesprengt und wird die Mexikanerin trotz energischer Gegenwehr ‹befreit›. Die übliche Verfolgung schließt sich an, und es sieht böse aus für die Amerikaner, obwohl sie mehr Dynamit haben. Die übliche Verfolgung – die übliche Rettung in letzter Minute: Brooks weiß Bescheid. Aber er kehrt den Spieß um. Die Revolutionäre werden zwar dezimiert, die Profis schaffen es bis über die Grenze, doch dann ziehen sie die Konsequenzen: der Mexikaner kriegt seine Maria und der Auftraggeber die moralische Ohrfeige. Nicht Raza sei der Kidnapper, so wird er angeschnauzt, sondern er, der Amerikaner, der die Profis beschworen hatte: ‹Sie müssen mir helfen im Namen der Menschlichkeit!›» (Georg Alexander).

Der professionelle Revolverschütze erfuhr seine psychologische Ausleuchtung in INVITATION TO A GUNFIGHTER (TREFFPUNKT FÜR ZWEI PISTOLEN; 1964, Regie: Richard Wilson), der ebenfalls ein Element des Italo-Western präjudiziert, nämlich das trickreiche Gegeneinanderausspielen aller Parteien, das der elegante (und ein wenig manierierte) Held (Yul Brynner) so lässig versteht wie der traditionelle Westerner das Pokerspiel. Und damit löst der Held den Terror erst richtig aus, den zu beseitigen man ihn gerufen hat (ein Thema zahlreicher Django-Western). Dass aus professionellen Revolvermännern echte Terroristen werden, zeigt der Film FIRECREEK (DIE FÜNF VOGELFREIEN; 1967, Regie: Vincent McEevety) anhand von fünf *gunmen* unter der Führung von Henry Fonda, die eine kleine Stadt solange terrorisieren, bis sich ein matter Sheriff (James Stewart) dazu aufrafft, den Kampf aufzunehmen. A GUNFIGHT (DIE VON DER KUGEL LEBEN, DIE DURCH DIE KUGEL STERBEN; 1970, Regie: Lamont Johnson) schildert das Ende solcher Professionals: Zwei *gunfighter*, die sich miteinander angefreundet haben (Kirk Douglas, Johnny Cash), treten vor einem zahlenden Publikum gegeneinander an, bereit, sich zu töten, damit der Überlebende seine finanziellen Sorgen verliert.

Um Professionalismus geht es auch in den drei Filmen, die Howard Hawks zwischen 1958 und 1970 gedreht hat. In RIO BRAVO ist der Held (John Wayne) der Gegentypus zu Sheriff Kane aus HIGH NOON. Bei seiner Aufgabe, einen Banditen gegen die Befreiungsversuche von dessen mächtigem Bruder und seinen bezahlten Revolvermännern im Gefängnis sicherzustellen, will er sich, wenn überhaupt, nur von Leuten helfen lassen, die mit Waffen umgehen können, andere würden ihn nur stören. Diese Aufgabe löst er ganz pragmatisch und nicht zimperlich bei den angewandten Methoden. Hawks' Westerner sind allerdings, anders als die Professionals in den Filmen von Sturges und Brooks, keine kühlen Spezialisten, sondern Männer, die im Kräfteverhältnis und in der Ergänzung von Arbeit, Erotik und Gefahr ihre Bestätigung finden. John Wayne macht es spürbar Freude, seine Mission zu erfüllen, die unter anderem darin besteht, seinem durch eine unglückliche Liebesgeschichte zum Säufer gewordenen Freund (Dean Martin) das Selbstvertrauen wiederzugeben und ihm die Chance zum Auslöschen seiner unrühmlichen Vergangenheit zu geben. Den Kampf entscheidet am Ende aber die List des alten Faktotums Stumpy (Walter Brennan), der sich einer Ladung Dynamit zu bedienen weiß.

Mit dem Thema des Professionalismus taucht im Western eine Konstellation auf, die es früher eigentlich nur im Serien-Western gegeben hatte: die funktionierende Gruppe an Stelle eines einzelnen Helden, die sich über den Antagonismus von Individuum und Gemeinschaft hinwegsetzt und Autonomie ohne Verlust menschlicher Beziehungen bewahrt. (Allerdings: In den Serien-Western war der komische Alte da, um komisch zu sein, und der schwache Freund diente dazu, die Stärke des Helden und seine Ritterlichkeit herauszustreichen; bei Hawks sind alle vital voneinander abhängig, und einer ist des anderen lebenswichtiger Helfer, seinen Blessuren und Handicaps zum Trotz.)

Der typische Held des *adult western* war einsam und tragisch gewesen, ja er musste es sein, um glaubhaft zu bleiben. Die Gruppe von Professionals birgt dagegen in sich die verschiedensten Möglichkeiten des Verhaltens und Reagierens; Tragik ist ihr auch dann nicht angemessen, wenn sie dezimiert wird und Verluste zu beklagen sind. Das heißt, Hawks' Western (und ähnliche Filme) beginnen, wo die Utopie des traditionellen Western, nämlich der Traum von der Gemeinschaft durch den Heldenmut der Einzelnen, ihre Glaubwürdigkeit verloren hat. In den abgespaltenen, extrem determinierten Gruppen, die nur noch nach eigenen Gesetzen handeln, kündigt sich die Erfahrung der Atomisierung der Gesellschaft an. Aber zunächst ist die Gruppe ein Medium, noch einmal den Eros und die Aufgabe (die Gewalt) des Westerners miteinander zu versöhnen.

Aber so unähnlich den Serienfilmen aus den vierziger Jahren ist diese Konstellation gar nicht: Als die Cowboy-Stars älter geworden waren, ihre Schlagkraft nachgelassen hatte, bildeten sich in den Trio-Western Gruppen, in denen sie gemeinsam stark genug waren, mit ihren Widersachern fertig zu werden. Nun, bei Hawks, werden wir gerade durch die Prozesse in der Gruppe gewahr, dass die Helden alt werden, und dass ihre Wunden so schnell nicht mehr heilen mögen wie bei den jungen.

El Dorado (El Dorado; 1966), in dem dieser physische Alterungsprozess fast ein Leitthema ist, stellt eine Variation des Themas von Rio Bravo dar. Cole Thornton (John Wayne), ein berühmter Revolverschütze, wird von dem reichen Grundbesitzer Bart Jason nach El Dorado gerufen. Der Sheriff des Ortes, J.P. Harrah (Robert Mitchum), ist ein alter Freund von ihm und klärt ihn über die unsauberen Machenschaften Jasons auf. Thornton kündigt den Vertrag; er muss selbst aus Notwehr einen Jungen verletzen (der sich aus Angst vor den Schmerzen daraufhin selbst das Leben nimmt) und gerät dann in einen Hinterhalt, bei dem ihn ein Schuss in den Rücken trifft. Von da an wird er von wiederkehrenden Lähmungsanfällen gepeinigt, die zeitweilig seinen rechten Arm völlig bewegungsunfähig machen.

Monate danach trifft Thornton einen weiteren alten Bekannten, der sich aus Altersgründen als Sheriff niedergelassen hat, er stößt aber auch auf zwei Männer, die ihm Geschichten erzählen, und das führt dazu, dass alle drei, wenn auch auf getrennten Wegen, nach El Dorado reiten. Der eine ist ein sehr sympathischer Profi, der den von Thornton abgelehnten Auftrag übernommen hat. Er erzählt, dass Sheriff Harrah aus Liebeskummer zum haltlosen Säufer geworden sei. Der andere, ein junger Sonderling, der ‹Mississippi› genannt wird, erzählt, dass er aus Verbundenheit zu einem ermordeten Freund auf jahrelanger Jagd nacheinander die vier Mörder ausfindig gemacht und umgebracht habe. Als Thornton und Mississippi, der ihm nicht von der Seite weicht, in El Dorado eintreffen, finden sie ihre düsteren Befürchtungen bestätigt: Sheriff Harrah ist ein versoffenes Wrack, und das bevorstehende Eintreffen des Berufskillers macht die Katastrophe unausweichlich.

Der dritte und letzte Teil des Films, dramatischer Höhepunkt, verbindet eine Fülle alter und neuer Motive miteinander. Thornton und Harrah sind durch Freundschaft verbunden, beide leiden unter körperlichen Gebrechen, der eine an Lähmungen, der andere an den Folgen der Trunksucht, beide reagieren ihre Verbitterung über die körperliche Unzulänglichkeit durch explosive unkontrollierte Gewalttätigkeit in entscheidenden Situationen ab. Jeder von ihnen hat seinen persönlichen Helfer, der das skurril-komische Element, das in allen Hawks-Filmen eine Rolle spielt, vertritt, gleichzeitig aber geheiligte Western-Traditionen in Frage stellt. Mississippi amüsiert immer wieder durch grotesk-komische Einfälle, aber er, der mit einem Colt nicht umgehen kann und deshalb eine wahre Handkanone mit Schrotladung bedient, ist damit weitaus erfolgreicher als mit konventionellen Methoden. Bull, der Adlatus von Harrah, ist ein alter Pfadfinder, der gern Signalhorn bläst und seine Feinde mit Pfeil und Bogen bekämpft.

«Hawks, der El Dorado im Alter von siebzig Jahren drehte, misst hier der Gewalt und ihren Folgen, dem sinnlosen Leiden und Sterben, besondere Bedeutung zu. Wie die Komik gegenüber seinen früheren Filmen nicht mehr harmonisch eingebettet, sondern eher grell zugespitzt auftritt, so sind die Kämpfe nicht mehr eindeutig Erfüllung von Spielregeln, sondern bedrückende Ausbrüche von Gewalttätigkeit und sei es nur, um sich gegen das Nachlassen der eigenen Kräfte zu behaupten. Es ist bezeichnend, dass der außergewöhnlich sympathisch gezeichnete Scharfschütze Nelse McLeod nicht in einem *show-down*, sondern durch Übertölpelung blutig zu Tode kommt. Und dass am Ende die Sieger Thornton und Harrah an Krücken durch El Dorado humpeln, ist eher armselig als heiter. Immer wieder im Verlauf des Films zitiert Mississippi das Gedicht ‹El Dorado› von Edgar Allan Poe, doch Thornton wehrt ab: So ist es gar nicht. Hier gibt es kein El Dorado, und ob überhaupt jemand danach sucht, ist nicht einmal sicher. Dies ist kein Western aus dem Bewusstsein der Blütezeit des Genres, eher ein Spätprodukt eines nachdenklichen alten Mannes, voller Zweifel, Dissonanzen und melancholischen Relativierungen» (Franz Everschor / Klaus Lackschéwitz / Heinz Ungureit).

Rio Lobo (1970) erzählt vom Kampf zweier Männer (John Wayne, Jorge Rivero) gegen einen tyrannischen Rancher, der mit Hilfe eines korrupten Sheriffs das Städtchen Rio Lobo terrorisiert, und vom Spaß, den, immer noch, diese Aufgabe den alten Männern macht. Aber am Ende steht hier eine Resignation, ein innerer Stillstand, der vermuten lässt, dass die Verkrüppelungen der Helden diesmal nicht mehr überwunden werden.

Die Helden von Hawks' Filmen entsprechen einer Konsequenz aus der Entmythisierung des Western so sehr wie der persönlichen Perspektive des Regisseurs. Es sind nicht verkleidete Übermenschen, sondern Leute, die pragmatisch an der Lösung von Aufgaben interessiert sind, die ihnen Spaß machen und die ihre Freiheit nicht beschneiden. Was diese Helden tun, ist nicht so wichtig, obwohl sie eine durchaus intakte moralische Leitlinie, den gesunden Menschenverstand haben; wichtig ist, wie sie es tun. Professionalismus ist dabei natürlich auch nur eine Chiffre für die Art des Vorgehens und weniger eine Beschreibung ihres Charakters. Wie die von Ford, und auf eine ganz und gar verschiedene Art, sind die Western von Howard Hawks Versuche, im Genre auszudrücken, was die Suche nach dem Glück bedeutet.

Rassenprobleme im Western

John Fords Cheyenne Autumn (1964) stellte einen der achtbaren Versuche dar, die Indianer zu «adeln», ihre Größe, ihren Stolz und die Erbärmlichkeit der gegen sie ergriffenen Maßnahmen zu zeigen. Freilich war dies ein Unterfangen, das völlig wirksam nicht mehr sein konnte, nachdem die Indianer auch schon in B-Filmen als edle Helden und melodramatische Märtyrer aufgetreten waren und die Grenze zur Verlogenheit fließend geworden war. Das Konzept eines epischen Western, angewandt auf die Geschichte vom Marsch der Tränen der Cheyennes, brachte nur eine Relativierung des Geschichtsbildes, oder, wenn man bösartig ist, den Versuch, die Geschichte der Besiegten in der Sprache der Sieger wiederzugeben.

Eine Reihe von zum Teil vorzüglichen Western ließ sich auf die Auseinandersetzung mit diesem Thema erst gar nicht ein oder versuchte, im Hintergrund ihrer Geschichte eine Art der Ausgewogenheit zwischen traditioneller Aktion und Typologie und liberaler Haltung zu erreichen. In Michael Curtiz' letztem Film, THE COMANCHEROS (DIE COMANCHEROS; 1962), geht es, in einer turbulenten und bisweilen komödiantisch gefärbten Handlung, um die Zerschlagung der Organisation der Comancheros, weißer Banditen, die den Indianern Schnaps und Waffen verkaufen und mit ihrer Hilfe Raubzüge unternehmen. Auch Raoul Walshs letzter Film, A DISTANT TRUMPET (DIE BLAUE ESKADRON; 1963), ist ein eher komödiantischer Western, in dem es am Ende das Versprechen eines freien Lebens für die Indianer und den Frieden gibt. In Robert Siodmaks CUSTER OF THE WEST (EIN TAG ZUM KÄMPFEN; 1966) erscheint einmal mehr der *boy general* (Robert Shaw) als heroischer und gerechter Mann, der das Opfer von Intrigen und Unverständnis seitens der Politiker wird. Und in CHUKA (CHUKA; 1966) von Gordon Douglas wird die gesamte Besatzung eines Forts von den Indianern getötet, weil sich die starrköpfigen Militärs nicht dazu durchringen können, den Indianern Lebensmittel auszuhändigen. Alle diese Filme hatten kaum im Sinn, eine Antwort auf die Frage nach der moralischen Berechtigung des kriegerischen Einsatzes gegen die Indianer zu geben; sie erzählten nur konventionelle, dramatische und mehr ironische Geschichten, ohne sich freilich der Unbehaglichkeit der Indianerfrage ganz entziehen zu können, und deshalb einige dissonante Elemente in ihrer Handlung aufwiesen.

Aber im selben Jahr 1966 entstand mit HOMBRE (MAN NANNTE IHN HOMBRE; Regie: Martin Ritt) ein Film, der radikal die *appeasement*- und Heroisierungstendenzen früherer Indianer-Western in Frage stellte. Hombre (Paul Newman) ist ein Weißer, der bei den Apachen aufgewachsen ist und nun von den Weißen als «Rothaut» verachtet wird. Die Fahrt in einer Postkutsche wird den Reisenden zum Verhängnis; sie werden von Banditen überfallen. Der eben noch verachtete Hombre wird zum Führer der Gruppe auf der Flucht in die Berge. Als die Banditen eine Frau als Geisel genommen haben, stellt er sich ihretwegen dem Kampf und wird erschossen.

Die Frage, die der Film aufwirft, ist nicht so sehr die nach einer Integration der Rassen, die Frage ist vielmehr die, ob es sich lohnt, Mitglied oder Komplize einer solch korrupten Gesellschaft zu werden, wie sie die Weißen dieses Films darstellen, Menschen, die nur an Geld und persönlichen Vorteil denken und auch im Augenblick der Gefahr eher noch bösartiger untereinander werden, anstatt für einmal solidarisch zu sein (wie knapp 30 Jahre zuvor die Leute in John Fords STAGECOACH). HOMBRE zeigt, dass Indianer-Sein nur eine Art des Ausgeschlossenseins repräsentiert. Solange Hombre dieses Ausgeschlossensein akzeptiert, die Verachtung, die ihm entgegengebracht wird, zurückgibt, solange ist er sicher und behauptet sich, wenn auch in einer Art innerer Verhärtung gegenüber seiner Umwelt. Hombres Entfremdung ist absolut; sie betrifft die ganze weiße Zivilisation, der er entstammt und durch deren Repräsentantinnen, die Frauen, er ums Leben kommt.

In Sidney Pollacks THE SCALPHUNTERS (MIT EISERNEN FÄUSTEN; 1967) geht es um die Beziehung zwischen einem sturen, ungehobelten Trapper (Burt Lancaster) und einem schwarzen Sklaven (Ossie Davis), der ihm von den Kiowas «eingetauscht» wird. Was sich im Verlauf der Handlung abspielt, ist nicht nur der Prozess einer Beseitigung rassischer Vorurteile, sondern auch die spielerische Reversion des Herr-Sklave-Verhältnisses. In HUNDRED RIFLES (HUNDERT GEWEHRE; 1968, Regie: Tom Gries) verbünden sich ein schwarzer amerikanischer Deputy Sheriff (Jim Brown) und ein mexikanischer Halbblutindianer (Burt Reynolds), um den Terror des Militärs zu brechen, der auf die Ausrottung der Yaqui-Indianer ausgerichtet ist. VALDEZ IS COMING (VALDEZ; 1970, Regie: Edwin Sherin) zeigt Burt Lancaster als mexikanischen Hilfssheriff, der Zeuge der Ermordung eines jungen Schwarzen wird. Er verlangt von dem Rancher Tanner (Jon Cypher), der den Tod des Jungen verursacht hat, weil er ihn fälschlicherweise des Mordes an einem Freund bezichtigte, 100 Dollar als Entschädigung für die indianische Witwe des Getöteten, und als dieser die verweigert, führt Valdez einen Ein-Mann-Feldzug, bis er den Rancher gezwungen hat, das Geld herauszugeben. In BUCK AND THE PREACHER (DER WEG DER VERDAMMTEN; 1971, Regie: Sidney Poitier) verbünden sich Schwarze und Indianer, um gegen eine rassistische Vigilantentruppe (Freischärler) zu kämpfen.

Alle diese Filme verfolgten nicht den Optimismus der Integration, wie die Filme der fünfziger Jahre, sondern den Optimismus der Veränderung und der Solidarität der rassischen Minderheiten, deren Idealismus und Menschlichkeit die Brutalität der geldgierigen Yankee-Herrschaft bezwingen konnten. Dass die weiße die minderwertigste von allen Rassen ist, eine Plage für alle anderen, wird in diesen Filmen gleichsam vorausgesetzt, so wie der latent im Genre immer vorhandene antikapitalistische Affekt immer deutlicher sich mit der Kritik am Kolonialismus verband. Massai, der indianische Rebell, begann seine Situation politisch zu verstehen. Die Kultur der Weißen ist es, mit der sich die Helden dieser Filme auseinander setzen, nicht die Schurkereien einiger weniger in den Reihen der Weißen, zuerst als Opfer (deutlich etwa Burt Lancaster in VALDEZ IS COMING als Gekreuzigter), dann als Menschen, die sich zur Wehr setzen können, weil das Land und die Natur auf ihrer Seite stehen. Auch hier hat der Western in den 50 Jahren seiner Geschichte eine Position erreicht, die genau das Gegenteil von dem beinhaltet, was der Mythos der Landnahme ausdrückte: Verklärt finden sich nun nicht mehr die Pioniere, sondern die Versuche, sich ihrem und vor allem ihrer Nachfolger Besitzanspruch zu widersetzen.

Der Held ist der halbe, der «freiwillige» Indianer oder Mexikaner, der Schwarze, der seine möglichen Verbündeten im Kampf um die Emanzipation erkennt. Ein solcher Mann zwischen den Kulturen, der sich ganz bewusst und definitiv gegen die weiße Kultur stellt, ist auch Tom Laughlin in dem von ihm selbst inszenierten Außenseiterfilm um die Figur des Billy Jack, eines Halbblutindianers, der aus dem Vietnamkrieg heimgekehrt ist und der bei dem Versuch, sich für eine indianische Schule einzusetzen, einigen Weißen in die Quere kommt. In BILLY JACK (BILLY JACK; 1971, Regie: Frank Laughlin) tötet er einen Ranchersohn, als dieser ihn erschießen will. Er stellt sich freiwillig unter der Bedingung, dass die Schule weitergeführt wird. THE TRIAL OF BILLY JACK (1974, Regie: Frank Laughlin) führt diese Geschichte weiter; mehr und mehr wird Billy Jack zu einer Rächergestalt, dessen gewalttätiger Mission für die Rechte der Indianer auch etwas gefährlich Selbstgerechtes anhaftet, ein wenig wie denen von Charles Bronson in Michael Winners DEATH WISH (EIN MANN SIEHT ROT; 1975, Regie: Michael Winner). Mit THE MASTER GUNFIGHTER (DER RÄCHER VON KALIFORNIEN; 1975), der Adaption eines japanischen Films, versetzte Laughlin seinen Billy-Jack-Charakter aus der Gegenwart zurück in den historischen Westen.

Der Indianer, der von den Weißen zum Außenseiter und zum Gejagten gemacht wird, ist auch der Held von Abraham Polonskys TELL THEM WILLIE BOY IS HERE (BLUTIGE SPUR; 1969). Willy Boy (Robert Blake) hat in Notwehr den Vater des Mädchens, das er liebt (Katherine Ross), erschossen. Nun wird er von einem berittenen Aufgebot gejagt, deren Anführer, Sheriff Cooper (Robert Redford), eher auf Seiten Willies steht, aber von den aufgeputschten Verfolgern immer wieder gezwungen wird, den Indianer zu jagen und ihn am Ende sogar zu erschießen. Der Film schildert den wirklichen Rassismus des Westens, der nicht nur aus passiver Verachtung, sondern vor allem aus aktiver Aggression bestand. «Hau ab, verkriech dich bei deiner Sippe!», fährt man Willie Boy in einem Restaurant an. Die Leute des Suchtrupps wollen den Tod des Indianers, die immer wiederkehrende Bestätigung der Landnahme, sie verlangen ihn mehr und mehr, als er ihnen seine Überlegenheit in seinem Land beweist. Dass es sein Land ist, gerade diese Tatsache wird von den Weißen so nachhaltig wie bösartig verdrängt. «Wenn wir einen Indianer hier reinlassen, als ob ihm das Land gehören würde: das nenne ich wahre Demokratie!», sagt einer voll Hohn.

Willie Boy ist alles andere als ein Mörder; seinen Verfolgern erschießt er nur die Pferde, und nur aus Versehen verwundet er einen dabei von ihnen. Der Held von Michael Winners CHATO'S LAND (CHATOS LAND; 1971), dargestellt von Charles Bronson, der ein ganz ähnliches Schicksal wie Willie Boy gewärtigen muss, als er in Notwehr einen Sheriff erschossen hat und verfolgt wird, nimmt blutige Rache an seinen Häschern – in dem Land, das er kennt und das sie beanspruchen; er tötet sie alle.

Die indianischen Helden müssen zumeist in schmerzlichen Bewusstwerdungsprozessen verstehen lernen, dass mit der weißen Kultur für sie nicht zu leben ist, nicht als Indianer, aber auch, allgemeiner, nicht als Menschen. Es gilt nichts anderes als Brutalität und Ausbeutung, verborgen hinter den vielen, vielen Worten, die die Weißen machen. Willie Boy hat diesen Prozess hinter sich; er ist schon von Anfang an auf der Hut; man hat ihn eingesperrt, aus nichtigen Gründen: «Indianer vertragen kein Gefängnis, sie sind nicht, wie die Weißen, dafür geboren!» Chato hat versucht, neben den Weißen in Frieden zu leben; er ist dem Konflikt mit ihnen aus dem Weg gegangen, und es hat nichts genützt. Der Held von WHEN THE LEGENDS DIE (DIE LEGENDE VON KILLER TOM; 1972, Regie: Stuart Millar) muss sich zunächst ausbeuten lassen, als Rodeo-Reiter, der die Pferde so bricht, wie einst die Weißen die Indianer gebrochen haben. Thomas Black Bull (Frederick Forrest) kehrt nach dem Verrat und dem Tod seines weißen Ziehvaters (Richard Widmark) zurück zu seinem Volk, um die Lieder der Alten wieder zu singen und mit den Pferden zu leben (als deren Feind er so lange gelebt hat).

Am Ende steht der Tod zu einem selbstgewählten Zeitpunkt und zu eigenen Bedingungen, der Untergang, im Bewusstsein, zu seiner Kultur zurückgefunden zu haben, die stolze Resignation. Der Held von VALDEZ IL MEZZOSANGUE (WILDE PFERDE; 1973, Regie: John Sturges), ein indianischer Pferdezüchter (Charles Bronson), zieht die Konsequenz: Als sein Widersacher, der weiße Rancher, dessen Tochter ihn liebt, seine Pferde töten lassen will, nachdem er Valdez selbst durch Auspeitschung und Haft nicht brechen konnte, verbrennt er sein Haus, lässt die Pferde frei, verlässt auch den Jungen, dessen Erziehung er übernommen hat, und zieht davon. Vor der kranken, destruktiven Kraft der Weißen kann der indianische *rebel hero* sich immer nur zurückziehen; er kann, um sich zu bewahren, nicht das Spiel der Weißen spielen. Aber der geschundene Indianer bleibt der eigentliche Sieger, weil er sich alles Glück nimmt, alle Weisheit, alle Verbundenheit mit der Natur; weil er die Weißen allein lässt mit ihrer Torheit, ihrer Angst und ihrer ungezügelten Aggression, die das Land und die Menschen vernichtet. Wo der Indianer sich in die Berge zurückzieht, bleibt der Weiße als Verdammter zurück, den niemand mehr erlösen kann. Und hier hat die mythische Begegnung des *White Anglo-Saxon Protestant* mit dem Indianer ihr Ende gefunden, mit dem Verlust der Hoffnung für die Weißen und der Hoffnung auf Wiedergeburt für die Indianer. Der Indianer geht, wohin ihm kein Weißer folgen kann, und sei es in seinen Tod, und der Weiße bleibt zurück, mit all seinen Siegen, die ihm keinen Sinn mehr geben. Dies ist der Endpunkt für den Indianer-Western, wie die Geburt des «professionellen Westerners» ein Ende für den epischen Western bedeutete.

Diese Verweigerung des Indianers gegenüber dem Zugriff der weißen Kultur mag schmerzlicher sein als die Konstatierung der sinnlos-mechanischen Brutalität des militärischen Apparates bei der Unterwerfung der indianischen Nationen, von der Filme wie SOLDIER BLUE (DAS WIEGENLIED VOM TOTSCHLAG; 1970, Regie: Ralph Nelson), ALIEN THUNDER (FERNER DONNER; 1973, Regie: Claude Furnier) oder I WILL FIGHT NO MORE FOREVER (ICH

KÄMPFE NIEMALS WIEDER; 1975, Regie: Richard T. Heffron) berichten. Robert Aldrichs ULZANA'S RAID (KEINE GNADE FÜR ULZANA; 1972) und Charles B. Pierces WINTERHAWK (WINTERHAWK; 1975) sind sehr verschiedene Versuche, die Ursachen der Kämpfe zwischen Weißen und Roten sowohl als Ausdruck materieller als auch kultureller Unvereinbarkeiten zu deuten; die Grausamkeit der Indianer wird in ULZANA'S RAID kenntlich als Reaktion auf den Verlust der Identität: «Jeder getötete Gegner», so erklärt ein indianischer Scout dem verständnislosen jungen Kavallerie-Offizier, «bringt dem Krieger Macht, eine Macht, die er unter der Herrschaft der Zivilisation verlor.» 20 Jahre nach APACHE diagnostizierte Aldrich neben der Brutalität der Kolonisation ein Element, das noch schlimmer ist: ihre Ideologie von Christentum, Menschlichkeit und Zivilisation, die mit der Wildheit dem Indianer die Seele raubt. Nicht allein die Massaker, die willkürlich hervorgerufenen Hungersnöte, die Krankheiten, die gebrochenen Verträge, die Morde, die Demütigungen, die Unterdrückung der Indianer sind das historische Verbrechen der Landnahme, sondern auch die Religion und der gepredigte Humanismus, die doppelte Moral und die schönen Worte, die dies alles begleiten, unter den Kolonisatoren die kritischen beruhigend, unter den Kolonisierten falsche Hoffnungen weckend – eine so skrupellose wie zartbesaitete Zivilisation, der die Indianer nur ihre «Wildheit» entgegenzusetzen hatten.

Der Italo-Western

Italien war nicht das einzige Land, das in den sechziger Jahren damit begonnen hatte, eigene Western herzustellen, als die amerikanische Produktion zu versiegen schien und die Botschaften der Filme, ihre Auseinandersetzung mit Moral, Geschichte und Politik bei den wenigen noch hergestellten Filmen des Genres den Unterhaltungswert gelegentlich beträchtlich verminderten. Ein Grund für die Entwicklung der europäischen Formen des Western war sicherlich auch, dass die Stars des amerikanischen Western aus verschiedenen Gründen sämtlich recht alte Männer waren, allen voran John Wayne, immer noch der größte unter den Western-Stars. Das Publikum in Europa konnte sich mit dieser Konstellation weniger abfinden als das in Amerika, und so war das erste Element des europäischen Western: junge Helden.

Es gab eine Reihe von englischen, zumeist in Spanien gefertigten Western, so zum Beispiel eine ganze Serie von Filmen des Produzenten Euan Lloyd, etwa SHALAKO (SHALAKO; 1968, Regie: Edward Dmytryk), CATLOW (CATLOW – LEBEN UMS VERRECKEN; 1971, Regie: Sam Wannamaker) oder THE MAN CALLED NOON (DER MANN AUS EL PASO; 1973, Regie: Peter Collinson), die versuchten, ausgefallene Themen im Genre zu behandeln. (Auch Michael Winners CHATO'S LAND übrigens ist eine englische Produktion.) Eine ganz eigenständige Spielart konnte der englische Western allerdings schon deswegen nicht werden, weil Autoren, Regisseure und Darsteller vorwiegend aus Amerika rekrutiert wurden. So bildete der englische Western eine Zeit lang eine Art Bindeglied zwischen dem neuen, dem italienischen, und dem traditionellen, dem amerikanischen Western.

Auch Frankreich, das bereits aus der Stummfilmzeit eine beträchtliche Zahl eigener Western-Produktionen vorzuweisen hat, steuerte zum Boom der europäischen Western in den sechziger Jahren einige Filme bei, darunter Louis Malles Revolutionskomödie VIVA MARIA (VIVA MARIA; 1965) oder ein wenig exotische Filme wie SOLEIL ROUGE (RIVALEN UNTER ROTER SONNE; 1971, Regie: Terence Young) mit Alain Delon in einer der Hauptrollen. Delon hatte bereits in einer amerikanischen Produktion, der Komödie TEXAS ACROSS THE RIVER (ZWEI TOLLE KERLE IN TEXAS; 1966, Regie: Michael Gordon) eine Western-Rolle gespielt. Auch in Duccio Tessaris ZORRO (ZORRO; 1975) hatte er die Titelrolle.

Schließlich brachte der deutsche Western, der «Sauerkraut»-Western im Gegensatz zum «Spaghetti»-Western, im Zuge seiner zahlreichen Karl May-Verfilmungen einige über die Grenzen Deutschlands hinaus wirksame Produktionen hervor, die nicht nur beweisen, dass Europäer überhaupt Western (oder diesen doch zumindest sehr ähnliche Filme) drehen konnten, sondern auch, dass hierbei ein ganz eigener Stil und eine eigene Typologie der Helden entwickelt werden konnte. Interessant ist hierbei übrigens auch, dass die ja zeitlich vor der Entwicklung des Italo-Western stehenden Karl May-Western, ebenso wie die italienischen Schieß-Opern, mit ihrer zumindest im Vergleich zu den amerikanischen Filmen des Genres ein wenig hypertrophen Musik warben und sie als bestimmendes Gestaltungsmoment verwendeten. Der amerikanische Western, der immer noch die traditionelle, folkloristisch-militärische Filmmusik verwendete, wirkt nun fast ein wenig antiquiert.

Die deutschen Western beeinflussten die Entwicklung des Italo-Western zunächst wohl mehr als die amerikanischen «Problemfilme» des Genres. Die ersten italienischen Western wie etwa BUFFALO BILL, L'EROE DEL FAR WEST (1964; Regie: John W. Fordson, das ist Mario Costa) oder ARIZONA BILL (DAS WAR BUFFALO BILL; 1964, Regie: Mario Bava) waren ganz nach dem Muster der naiven Abenteuerfilme gefertigt, wie sie die deutschen Karl May-Filme darstellten und wie sie auch das italienische Kino in Serie mit seinen Muskelprotz-Filmen um Figuren wie Herkules, Ursus, die zehn Gladiatoren oder Samson hervorgebracht hatte. Auch standen am Anfang des italienischen Western die legendären «guten» Gestalten des Genres im Mittelpunkt: Gordon Scott war Buffalo Bill in dem Film von Mario Costa, Guy Madison spielte Wyatt Earp in JENNIE LEE HA UNA NUOVA PISTOLA (1964, Regie: Tullio Demichelli), und Gloria Milland als Calamity Jane und Adrian Hoven als Wild Bill Hickok spielten in der spanisch-italienischen Co-Produktion AVENTURAS DEL OESTE (1964, Regie: Joaquin C. Romero Marchent).

Der neue Held

Der Seriencharakter war von vornherein im Genre festgelegt. Aber die Helden, die sich als Träger für die einzelnen Serien herausbildeten, begannen bald eine Ausformung zu erhalten, die sich deutlich von allen ihren Vorbildern, einschließlich der einheimischen Comic-Helden, unterscheiden sollte. Der erste Serienheld des italienischen Western war Ringo, gespielt von Guiliano Gemma, der in UNA PISTOLA PER RINGO (EINE PISTOLE FÜR RINGO; 1965) oder IL RITORNO DI RINGO (RINGO KOMMT ZURÜCK; 1965, Regie bei beiden Filmen: Duccio Tessari) Gestalt annahm. Er ist im ersten Film ein professioneller Revolvermann, der gegen einen angemessenen Anteil an der Beute einen Banditen übertrumpft, der sich mit einigen Geiseln auf einer Farm verschanzt hat. Im zweiten Film ist er ein Mann, der aus dem Bürgerkrieg heimkehrt, sein Heimatdorf und selbst seine Frau von einem Banditen terrorisiert sieht und dessen Herrschaft, nachdem er seine Angst überwunden hat, brechen kann. Auch Ringo war also, wie die amerikanischen Serienhelden, wie der berühmteste Held aller Italo-Western, der von Sergio Corbucci geschaffene Django, keine feststehende Figur, sondern eher eine Chiffre, die sich aus bestimmten Verhaltensmustern, der Art der Darstellung und dem Charakteristikum seines Problems zusammensetzte. Bei Ringo / Gemma war es die eigentümliche Beziehung von Sanftheit und Freundlichkeit auf der einen, Gewalt und List auf der anderen Seite. Dieser Held trug die Absurdität, vielleicht auch die Ironie und die Distanz zu dem, was er anrichten musste, immer mit sich herum; in VIVIO, O PREFERIBILIMENTE MORTI (FRISS ODER STIRB; 1969) ist seine Situation vollends komisch geworden: Gemma spielt hier den einen von zwei charakterlich völlig konträren Brüdern, die einer Erbschaft wegen eine Zeit lang zusammenbleiben müssen, bis am Ende glücklicherweise wieder jeder seiner eigenen Wege gehen kann. (VIVIO, O PREFERIBILIMENTE MORTI ist nominell kein Ringo-Film, folgte aber ganz der durch die ersten Filme des Regisseurs vorgegebenen Formel.)

Ringo, das bedeutete nicht viel mehr als der einsame, schlaue Kämpfer zwischen den Fronten; der Westerner, der siegt und eine Menge Geld einstreicht, wenn es möglich ist; der Westerner, der andere hereinlegt, der lügt, wenn es sein muss; der Westerner, der nicht nur egoistisch, sondern auch ganz und gar narzisstisch ist; der Westerner ohne Grenze, ohne den Mythos; der Westerner mit Fantasie.

In Tessaris Filmen gibt es (bei auffallenden formalen Qualitäten) einen Helden zu sehen, der einem Spiel mit dem Muster des amerikanischen Archetyps entsprach und zugleich, wie etwa in IL RITORNO DI RINGO, abendländische Mythen vermittelte. (Der Film ist eine freie Fantasie über die Sage von Odysseus' Rückkehr.) Der Italo-Western war immer auch ein extrem literarisches Genre. Die vielen anderen Filme der Ringo-Serie waren selten viel mehr als in Blut, Musik und Zynismus gebadete B-Western; Richard Harrison war Ringo in 100.000 DOLLARI PER RINGO (HUNDERTTAUSEND DOLLAR FÜR RINGO; 1965, Regie: Alberto de Martino), Ken Clark in RINGO DEL NEBRASKA (NEBRASKA JIM; 1965, Regie: Antonio Roman), Mickey Hargitay in UNO STRANIERO A SACRAMENTO (KOPFGELD FÜR RINGO; 1965, Regie: Sergio Bergonzelli) und in TRE COLPI DI WINCHESTER PER RINGO (DREI KUGELN FÜR RINGO; 1965, Regie: Emimmo Salvi), Sean Flynn in UNA DONNA PER RINGO (SECHS KUGELN FÜR RINGO; 1966, Regie: Rafael Romero Marchen, Anthony Steffen, das ist Antonio De Teffé in RINGO: IL VOLTO DELLA VENDETTA (ES GEHT UM DEINEN KOPF AMIGO; 1966, Regie: Mario Caiano) und so weiter.

Auch Ringos Nachfolger in der Publikumsgunst, der schwarzgekleidete Rächer mit gelegentlich recht grausigem Humor, Django, war zunächst in einer Reihe von eher interessanten Filmen der Gattung zu sehen, bevor er als Serienheld in billigen Western alles Spezifische verlor. Der Unterschied zwischen Ringo und Django ist vor allem in der Fortentwicklung der grotesken, aber auch der dunklen Züge des Helden begründet; er ist nicht nur der Abenteurer in einer Welt, die wie unveränderbar in ihrer stumpfen Schäbigkeit erscheint, sondern auch der rächende «Messias», der seine Widersacher mit immer neuen Waffen, immer neuen Tricks überlistet. Das karikiert-negative Messianische dieses Helden kommt auch in Sentenzen zum Ausdruck, die er seinen Gegnern entgegenschleudert und die häufig im Titel aufscheinen: LA VENDETTA E IL MIO PERDONO (DJANGO – SEIN LETZTER GRUSS; 1968, Regie: Robert Mauri), DIO PERDONI LA MIA PISTOLA (DJANGO – GOTT, VERGIB SEINEM COLT; 1969, Regie: Mario Goriazzo, Leopoldo Savana) oder CHIEDI PERDONO DI DIO ... NON A ME (DJANGO – DEN COLT AN DER KEHLE; 1968, Regie: Glenn Vincent Davis, das ist Vincenzo Musolini). Neben mannigfaltiger Symbolik verweisen auch diese Titel darauf, dass in den «böseren» Filmen des Genres der Held ein veritabler Antichrist ist. Blasphemien und religiöse Travestien begleiten seinen blutigen Weg.

Sergio Corbucci, der Regisseur von DJANGO (DJANGO; 1966), beschreibt seinen Helden so: «Der Held hat viel Sinn für Humor. Er bewegt sich in einem Western aus Schmutz und Regen und schleift einen Sarg hinter sich her. Diese Vorstellung allein fand ich damals schon zum Totlachen. Einen Bezug zur gesellschaftlichen Realität herzustellen, bedeutet Konstruktion im Nachhinein und deckt sich gewiss nicht mit meiner Absicht. Allein der Einfall, einen Film herzustellen, in dem der Held im ersten Teil sein Publikum mit einem geschlossenen Sarg irritiert, ist delikat und amüsant. Auch dass ich den Helden Django genannt habe als Hommage für den französischen Zigeuner-Gitarristen Django Reinhardt, wird nicht zuletzt für seinen Erfolg von Bedeutung gewesen sein.»

Der Darsteller von Django, Franco Nero, der für die weiteren Filme so prägend wurde wie Guilliano Gemma für die Ringo-Serie, tut ein Übriges dazu, diesen Helden vorwiegend als Parodie zu charakterisieren: Er ist, wenn man so will, ein Intellektueller (und ein Psychopath) als Westerner, der seinem

Sarg am Ende ein Maschinengewehr entnimmt, um damit eine ganze Horde von Feinden niederzumähen.

Der Held des Italo-Western, von Leones «Mann ohne Namen» (Clint Eastwood) in Per un pugno di Dollari (Für eine Handvoll Dollar; 1964) und seinen Nachfolgefilmen über Ringo und Django, Gringo und Sartana, ist eine der letzten möglichen Helden-Varianten in einer Welt, die Helden eigentlich nicht mehr hervorzubringen vermag. Der Held muss immer exotischer und außergewöhnlicher werden, um akzeptabel zu sein (der Nachfolger des Italo-Western-Helden ist bezeichnenderweise der Held des fernöstlichen Kung-Fu-Action-Films), und er wird mehr und mehr zu einer Persiflage. Und die Gewalt dieses Helden hat jede Selbstverständlichkeit verloren; sie wird zelebriert wie eine Kunst, variantenreich, ästhetisch und angestrengt.

«Wer Gewalt sagt, sagt im Western immer auch Held, bzw. Antiheld, was wiederum nichts anderes heißt als Bewährung (gegen und durch Gewalt) bzw. Scheitern (unter Einwirkung der Gewalt). Als ‹Western ohne Helden› werden (...) die neueren amerikanischen Produkte des Genres definiert – wohlan, im Italo-Western ist der Held insoweit noch vorhanden, als er ‹kann›, schießen und überleben, von einem Scheitern im strengen Sinne also nicht mehr gesprochen werden kann. Aber der Lohn, der dem Helden nach getaner Arbeit bzw. erfolgreicher Selbstverteidigung winkt, zählt sich in schalen Dollars, nicht in moralischen Gütern. Denn was die Italiener radikal abgeschafft haben, ist die Welt des Guten, die dem erfolgreichen Helden seine Entschädigung für gehabte Mühen in Form von Liebe, Orden, Frieden, Grundbesitz, eines Sheriff-Postens und anderer positiver Werte erst entrichten könnte. Und vor allen Dingen ist keinerlei Ruhm zu erlangen – es ist keiner da, der ihn spenden könnte. Der Held im Italo-Western arbeitet im Angestelltenverhältnis oder als Einmannunternehmer, einen moralischen Auftrag kann er nicht haben, weil in dieser Welt niemand moralische Aufträge zu erteilen hat.

Also trotzdem keine Moral? Wird hier bloß die ‹Kriminalität verherrlicht›, wie man lesen kann, der Sieg des Gerisseneren, Skrupelloseren über den ein bisschen weniger Gerissenen, ein bisschen weniger Skrupellosen? Die Helden im Italo-Western sind wenig zimperlich bei der Verfolgung ihres Zieles (mit finanziellem Vorteil zu überleben). Es fiele ihnen nicht ein, die bestehenden gesellschaftlichen Verhältnisse ändern zu wollen, indem sie zum Beispiel mit einem Feind verhandelten, statt zu töten, und auf einen Toten mehr oder weniger kommt es ihnen nicht an. Gewiss gibt es nichts, das sie höher einschätzen als ihr eigenes Leben.

Aber da ist doch immer wie ein Funke von Anstand ein gewisser Instinkt, der sie vor ausgesprochenen Verbrechen bewahrt, ein ‹existentielles› Merkmal: ein klein bisschen weniger schlecht zu sein als die durchkriminalisierte Gesellschaft, nicht in Worten, nicht in einer Ideologie, nicht als Entschuldigung, auf der anderen Seite: eher durch Unterlassung als durch aktives Tun.

Das gute Gewissen des ‹Ohne-mich›-Typs also, der mit ‹alledem nichts zu tun haben› will und dessen Magen nicht revoltiert angesichts des Verbrechens? In einer Weise ja, aber ist diese Art der Abstinenz nicht das Äußerste, was eine Welt, in der es keine rächende Gerechtigkeit gibt, an ‹Moralischem› hervorbringen kann? Eine Welt zumal, in der es bestenfalls ‹Partnerschaft›, aber keine menschliche Solidarität gibt, in der jede Illusion, jedes Vertrauen auf jemand anderen als sich selbst über kurz oder lang zum eigenen Untergang führt» (Pierre Lachat).

Nachfolger von Franco Nero als Darsteller des Django waren unter anderem Anthony Steffen in Django il bastardo (Django und die Rache der Bluthunde; 1969, Regie: Sergio Garrone), Terence Hill (das ist Mario Girotti) in Preparati la bara (1967, Regie: Fernando Baldi), Sean Todd in Non aspettare Django: Spara (Django – Dein Henker wartet; 1968, Regie: Eduardo Mulargia). Und einer bemüht sich, den andern an grotesken Details bei den Tötungsritualen zu übertreffen. Der zunehmenden Tendenz zum Makabren entsprach auch einer der Helden aus der Spätzeit des Genres, Sartana, einer «der lächerlichsten Helden des Italo-Western: Gianni Gurko alias Johnny Gurko als zähnefletschender, stets wie besessen krakeelender blonder Wirrkopf, der glauben machen will, er käme direkt aus der Hölle, während doch sein tragisch-inniges Verhältnis zu seiner völlig versumpften Mutter klar ausweist, dass er aus einem Trinkerhaushalt stammt» (Joe Humbugs). Lee van Cleef stellt in einigen Filmen die Figur eines gewitzten und mit zahlreichen waffentechnischen Erfindungen hantierenden James Bond im Wilden Westen dar, etwa in Ehi, amico, c'e Sabata ... Hai chiuso! (Sabata; 1969, Regie: Frank Kramer, das ist Gianfranco Parolini). Diese neuen Helden markierten bereits den Umschlag des Italo-Western zur Komödie, die E. B. Clucher (das ist Enzo Barboni, übrigens der Kameramann von Django) in seinen Filmen mit Terence Hill und Bud Spencer (das ist Carlo Pedersoli), Lo chiamavano Trinità (Die rechte und die linke Hand des Teufels; 1970) und Continuavano a chiamarlo Trinità (Vier Fäuste für ein Halleluja; 1971), zu einem ersten Höhepunkt brachte, in denen der Helden- und Männlichkeitskult des Genres parodiert wurde.

Leone und Corbucci

Sergio Leone gilt vielen als Vater und zugleich Vollender des italienischen Western; in der Tat hat er sehr viel dazu beigetragen, aus dem Italo-Western so etwas wie ein eigenständiges Genre zu machen, während andere Regisseure, wie etwa Giulio Questi mit Se sei vivo, Spara (Töte, Django; 1967), Sergio Sollima mit seiner Trilogie um den von Tomas Milian dargestellten mexikanischen Rebellen Cuchillo oder Giuseppe Colizzi mit seinen zugleich politischen und komödiantischen Filmen Il quatro dell' Ave Maria (Vier für ein Ave Maria; 1968) und La collina degli stivali (Hügel der blutigen

Stiefel; 1969), die Formen und Dekors als Ausgangsmaterial für persönliche Aussagen verwendeten, die sich vermutlich auch in veränderter Form in anderen Genres hätten formulieren lassen. (Beispiel dafür ist auch der Vergleich etwa von Damiano Damianis Western und seinen Mafia-Filmen, die in etwa eine ähnliche didaktische Aufgabe erfüllen.)

Leone schuf mit seiner Dollar-Trilogie so etwas wie die Initiationswerke der Italo-Western (die man im Übrigen bezeichnenderweise häufiger als «Welle» denn als Genre definiert findet.) Bei Per un pugno di Dollari (1964) fanden sich eine Reihe von Ideenlieferanten zusammen, die späterhin noch für die Entwicklung des Genres von Bedeutung sein sollten. Das Drehbuch stammte von Leone und Duccio Tessari, dem späteren Regisseur der Ringo-Filme; es entstand nach dem japanischen Film Yojimbo (Yojimbo der Leibwächter; 1961, Regie: Akira Kurosawa). Die Kamera führte Massimo Dallamano, der später auch als Regisseur arbeitete, und die Musik stammt von Ennio Morricone, der mit seinen Filmmusiken entscheidend zur spezifischen Ästhetik des Italo-Western beitrug. Der Film erzählt von einem geheimnisvollen Fremden (Clint Eastwood), der sich in einer mexikanischen Grenzstadt die Auseinandersetzung zweier rivalisierender verbrecherischer Clans zunutze macht, beide gegeneinander ausspielt, bis am Ende nur noch einige wenige für ihn selbst zu töten bleiben, und dann mit einem Goldschatz, den die eine der Parteien geraubt hat, von dannen zieht. In Per qualche Dollari in più (Für ein paar Dollar mehr; 1965) ist Clint Eastwood ein Kopfgeldjäger, der mal mit einem Rivalen (Lee van Cleef), mal gegen ihn Banditen jagt. In Il Buono, Il Brutto, Il Cattivo (Zwei glorreiche Halunken; 1966) schließlich ist Eastwood der Komplice des Banditen Tuco (Eli Wallach), der mit seiner Hilfe mehrmals die auf seinen Kopf ausgesetzte Belohnung kassiert, um dann im letzten Moment von ihm vom Strick befreit zu werden. Sie beide und ein dritter Mann namens Setenza (Lee van Cleef) sind hinter einem Goldschatz her, der auf einem Friedhof vergraben liegt. Als er gefunden ist, kommt es zu einem *show-down* zu dritt. Der «Held» siegt; er tötet Setenza und lässt Tuco zurück.

Alle diese geometrischen Slapstick-Western, deren ritueller und zugleich absurder Charakter durch die Musik Morricones mit ihrem Einsatz von Maultrommeln, Chören und extremen rhythmischen Akzentuierungen noch verstärkt wird, lassen sich als Parodien auf herkömmliche Genre-Muster verstehen; sie sind aber auch zum Teil eine Neuerfindung des Western aus Elementen des amerikanischen, italienischen und japanischen Kinos.

«Sergio Leones ‹Dollar-Trilogie› beinhaltet eine Loslösung von traditionellen Western auf zwei Ebenen: zunächst als eine Art von kritischem europäischen Film, der eine etablierte Kinokonvention benutzt und, ohne deren populäre Gestaltung zu negieren, ihre Themen und Bilder ‹umbauen› und neu organisieren kann, ein Prozess, der auch die ‹Verehrung› für den puritanisch-liberalen Hollywood-Western, die Grundlage des Genres, umfasst. Daher kann Leone mehr tun, als den Western bloß neu und in einer kritischen Sicht zu ‹interpretieren›; er kann ihn neu erschaffen; wie Silvanito, der Bartender, zu Joe (Clint Eastwood) in Per un pugno di Dollari sagt: ‹Es ist wie ein Cowboy- und Indianerspiel!› Zum zweiten versucht Leone nicht, uns Sympathie für die Helden nahezubringen, sondern beobachtet die gewalttätigen Reaktionen der Protagonisten mit kühler Distanz: Sie sind brutal, weil die Welt, in der sie existieren, brutal ist.

Einige zentrale Motive der ‹Dollar-Trilogie› zeigen jedoch, dass Leone durch seine katholizistische Ikonografie, seine Reihungen von Musik und Bildern, seine manichäische moralische Ambivalenz und seinen Glauben an gewisse positive gesellschaftliche Kräfte eine neue ethische Struktur eingeführt hat, in der seine aufeinander folgenden Höhepunkte eine klare Aussage ergeben. Der ‹Mann ohne Namen›, Leones Held, ist oft von den Kritikern als brutaler Existenzialist missdeutet worden, der in einem moralischen Vakuum existiert. Leones neuer ‹Ritualismus› hat eine Quelle auch in der amerikanischen historischen Mythologie und gibt zugleich italienische Wertvorstellungen wieder: Leones Wertbetonung des Familienlebens und der positiven Seiten von Gemeinschaft spiegelt in etwa Nash Smiths Beschreibung eines ‹Garten›- oder ‹Natur›-Ideals wider. Die ‹große amerikanische Wüste› findet ihren Widerschein in Leones Orchestrierung der Bilder, seiner Nahaufnahmen von Gesichtern gegen einen Hintergrund von felsiger und öder Topografie. Abgesehen von zwei Sequenzen in Per qualche Dollari in più, in denen es regnet, scheint in der ‹Dollar-Trilogie› immer die Sonne» (Chris Frayling).

Leones Western sind nicht nur die formale Weiterentwicklung des Genres; seine Helden repräsentieren auch das, was aus den amerikanischen Westernern geworden sein muss, nachdem sie der einfachen Lebensregeln der Grenze beraubt sind: Von Colonel Mortimer (Lee van Cleef) aus Per qualche Dollari in più, um nur ein Beispiel zu nennen, wird gesagt, er sei ein aufrechter Soldat gewesen, bevor die Eisenbahn gekommen sei und ihn gezwungen hätte, Kopfgeldjäger zu werden. Der Italo-Western ist also auch ein Versuch, die Geschichte über die Zerstörung der Grenze und ihres Ethos hinaus weiterzuschreiben, in eine gleichsam nachgeschichtliche Zeit, die gewiss ihre Ähnlichkeiten zur nachbürgerlichen Gesellschaft der Gegenwart hat. Es ist ein Westen, der tot ist, aber nicht sterben kann, weil es nichts gibt, ihn abzulösen.

Im italienischen Western gibt es auf der anderen Seite (wieder), was in amerikanischen Spät-Western verloren gegangen ist: die Grenze. Es ist eine politische statt einer mythologischen Grenze. In Leones Filmen ist die Tatsache des Lebens an der Grenze zwischen Mexiko und den USA bestimmend für die Haltung der Protagonisten und ihrer Moral. Diese Grenze und ihre Konflikte, vage definiert als die Grenze zwischen Dritter Welt und Yankee-Imperialismus, als Symbol des Nord-Süd-Konflikts auch, gibt dem Italo-Western seine Bewegung; die Helden sind Männer, die stets bereit sind, diese Grenze zu überschreiten. Und der Italo-Western verschweigt nicht, was nur in ganz wenigen amerikanischen Filmen des Genres angesprochen wird, nämlich dass der Bürgerkrieg den amerikanischen Pionier bis auf den Grund seiner Seele zerstört hat.

Auf die «Dollar-Trilogie» (auch «Paella-Trilogie» genannt) folgte der in Amerika (in John Fords bevorzugtem Drehgebiet Monument Valley) gedrehte Film C'ERA UNA VOLTA IL WEST (SPIEL MIR DAS LIED VOM TOD; 1968), eine Rachegeschichte zwischen Charles Bronson und Henry Fonda, eine Liebesgeschichte zwischen Claudia Cardinale und verschiedenen Männern und dem Geld, die Geschichte von der Zivilisierung des Westens durch die Eisenbahn, durch das Kapital und durch das amerikanische Matriarchat. Die Ideen und die Bilder dieses Films sind, mehr als das in irgendeinem europäischen Western der Fall ist, ein Traum von der amerikanischen universalen Legende und vom amerikanischen Versprechen, das nicht einzulösen war. Formal und thematisch ist dieser Film (den einige Kritiker als den ersten «Schinken» des Genres charakterisiert haben, was ihm aber nicht schadet) so kompliziert und verschachtelt, wie der Italo-Western werden musste, je mehr er sich auf die Auseinandersetzung mit seinen Quellen einließ. In Leones Filmen deutet die katholische, barocke, die opernhafte Geschichtsbetrachtung die puritanische, karge, die allegorische Mythologie des Western; sein Stil vermittelt befreiende Arroganz und wehmütige Erinnerung zugleich. Im amerikanischen Western sind die Helden tragisch geworden, weil niemand mehr so recht sie brauchen und akzeptieren kann; in Leones (und auch anderer Regisseure des Italo-Western) Filmen ist das Leben selber, die historische Existenz tragisch! Der Westen ist der Ort, an dem die Tragik des modernen Menschen begonnen hat, als der technologische Fortschritt, und was er im Gefolge hatte, sein Paradies zerstörte.

Während Leone so etwas wie im Kontext des Italo-Western epische Western drehte, war Sergio Corbucci der Protagonist des dramatischen italienischen Western und seiner (auch gesellschaftlichen) Pathologie. Dabei ist vielleicht gerade der Umstand, dass Corbucci der weniger ernsthafte Regisseur von beiden ist (der mit den Effekten mehr spielt als sie auszuloten, wie Leone das immer wieder versucht hat), bestimmend dafür, dass ihm die zuweilen gewagteren Konstruktionen, die stärkeren Provokationen gelangen. Nach einigen kleinen Western wie MINNESOTA CLAY (MINNESOTA CLAY; 1964), einem der wenigen Italo-Western mit einem alternden, gebrechlichen Helden (Cameron Mitchell), noch dazu mit einer nachgerade pazifistischen Tönung, oder MASSACRO AL GRANDE CANYON (KEINEN CENT FÜR RINGOS KOPF; 1965) schuf Corbucci mit seinem DJANGO (1966) den Archetyp des Genres. Im selben Jahr folgten drei Western mit eher ungewöhnlichen Konstellationen: JOHNNY ORO (RINGO MIT DEN GOLDENEN PISTOLEN) erzählt von einem Kopfgeldjäger, der alle Racheanschläge überlebt, weil er die Freundschaft eines Sheriffs genießt; NAVAJO JOE (KOPFGELD: EIN DOLLAR) handelt von einem Indianer (Burt Reynolds), der blutige Rache an den Leuten übt, die seinen Stamm ausgerottet haben, und I CRUDELI (DIE GRAUSAMEN) schildert die Bemühungen eines Südstaaten-Familienclans, nach der Beendigung des Bürgerkriegs einen Goldschatz durch die Linien der Nordstaaten-Soldaten zu bringen, um damit eine neue Armee aufzustellen. Auch Corbucci ist in diesen Filmen im Kern ein Tragiker, und wenn auch gelegentlich etwas oberflächlich gezeichnet, sind doch alle seine Helden geprägt von der Unauslöschlichkeit ihrer Taten, die ihrem Leben den sozialen Sinn nehmen. Retrospektiv betrachtet, wirken diese Filme vorwiegend als Vorstudie zu den beiden Filmen, mit denen er dann nachhaltig das Genre beeinflussen sollte: dem existentialistischen Film IL GRANDE SILENZIO (LEICHEN PFLASTERN SEINEN WEG) und dem politischen Film IL MERCENARIO (MERCENARIO DER GEFÜRCHTETE; beide 1968).

IL GRANDE SILENZIO erzählt von einem stummen *gunfighter* (Jean-Louis Trintignant), der von den Freunden und Angehörigen einer Gruppe von Outlaws engagiert wird, um sie gegen die Kopfgeldjäger zu schützen, die schon für ein paar Dollar gnadenlos Menschen töten, im Schutz von Gesetzen, die längst nichts mehr mit der Wirklichkeit des Lebens an der Grenze zu tun haben, die aber niemand ändern kann oder will. Anführer der Kopfgeldjäger ist Loco (Klaus Kinski), ein ebenso grausamer wie gerissener Mann. Der Sheriff (Frank Wolff) versucht, dem Gesetz Geltung zu verschaffen, und zugleich, die Machenschaften der Kopfgeldjäger einzudämmen; er sperrt Loco bei der ersten sich bietenden Gelegenheit ins Gefängnis. Aber der örtliche Friedensrichter und Bankier hat einen Pakt mit den Kopfgeldjägern. Loco kommt frei und ermordet den Sheriff. Dann tötet er auch Silenzio, der mit durchschossenen Händen zum *show-down* antreten muss und im Schnee unter den Kugeln Locos endet.

Auch in Corbuccis Film kommt, neben der pessimistisch-humanistischen Botschaft, eine Auseinandersetzung mit dem Geschichtsbild des amerikanischen Western zum Ausdruck: Die Outlaws des Films sind eindeutig als die Pioniere charakterisiert, deren Gesellschaft zerfallen ist und die nun im Auftrag des neuen Kapitals massakriert werden. Der Held hat hier nichts mehr auszurichten durch seine Tat: «Silenzio, der Held dieses Films, lässt sich – man verzeihe den Vergleich – ein wenig wie Christus töten, ich will damit sagen, dass es sich in etwa um das totale Opfer handelt, das die Gewalttätigkeit verdammt» (Sergio Corbucci).

«Im selben Jahr entstand auch IL MERCENARIO, den Corbucci eine ‹Picareske› (Picaro = Spitzbube des Schelmenromans) nannte und der, in der Inszenierung einer Komödie ähnelnd, ein ‹revolutionäres› Gegenbild zu IL GRANDE SILENZIO entwarf. Die drei Männer, die hier einmal mit-, einmal gegeneinander kämpfen, der geldgierige polnische Söldner Kowalski (Franco Nero), der unreflektierte mexikanische Revolutionär Paco (Tony Musante) und der Gentleman-Gauner Ricco (Jack Palance), stellen sich dar als statische, der Entwicklung unfähige Figuren, der Commedia dell'arte vergleichbar, und es ist dieser Narzissmus, den noch alle Helden sowohl bei Corbucci als auch bei Leone vertreten, der letztlich jeder politischen Intention Hohn spricht. In den italienischen Revolutionswestern, die mit Mao-Zitaten und markigen Sprüchen nicht eben sparen, ereignet sich Politik nicht als historischer Prozess, sondern als Rankünе-Spiel mehr mit sich selbst als mit der Geschichte beschäftigter Individuen. Revolution ist hier eine fixe Idee, die gleichberechtigt neben die des Geldes tritt, ein Fetisch, der nur die Person, nicht die gesellschaftliche Umwelt betrifft» (Georg Seeßlen / Bernt Kling). Alle diese Kämpfe, um die es da immer wieder geht, müssen letzten Endes unentschieden bleiben; Revolutionäre, Gangster und Söldner sind nichts anderes als die Träumer, die Stilisten und die Realisten im Posthistorie. Daher ist IL MERCENARIO genauso «richtig» wie IL GRANDE SILENZIO, wenn man gesellschaftliche Veränderungen höchstens noch als Akzentverschiebungen verstehen kann.

Die Variationen der Themen in Corbuccis Western der folgenden Jahre hatten für das Genre kaum noch eine solche Bedeutung wie diese beiden Filme, die unter anderem dafür sorgten, dass der Italo-Western Diskussionsgegenstand des Feuilletons wurde. GLI SPECIALISTI (FAHRT ZUR HÖLLE, IHR HALUNKEN; 1969) ist eher wieder ein kleiner Western, der den französischen Popsänger Johnny Halliday als Helden präsentiert, welcher, um einen Mord aufzuklären, sehr viele Männer, einschließlich eines mexikanischen Weggefährten (Mario Adorf), erschießen muss, und VAMOS A MATAR, COMPANEROS (LASST UNS TÖTEN, COMPANEROS; 1970) stellte weniger eine Fortsetzung als eine vergröbernde Variation zu IL MERCENARIO dar.

Auch Sergio Leone hatte mit seinem «politischen» Western wenig Glück. GIÙ LA TESTA (TODESMELODIE; 1971) ist das Bekenntnis einer Resignation, der vielleicht deutlichste Ausdruck eines sehr vielen italienischen Revolutionswestern zugrunde liegenden Gedankens, den Sergio Leone in einem Interview einmal auf eine einfache und doch hilflos erscheinende Formel gebracht hat: «Ich bin Sozialist. Während des Krieges hatten wir Ideale, Träume, Hoffnungen. Sie erfüllten sich nicht. Sozialismus ist gut als Idee, aber die Menschen sind schlecht. Heute herrscht Anarchie in Italien. Wahre Freundschaft ist die einzige Zuflucht aus diesem Chaos. Politik zerstört Freundschaft.»

Der Italo-Western war das Genre der Resignation und musste schon deshalb wieder verschwinden, weil Resignation keine dauerhafte Botschaft abgeben kann. Er war eine der wenigen populären Formeln für den Film, der in gewisser Weise noch zwischen dem Massenpublikum und den Intellektuellen eine Verbindung herzustellen imstande war: Von kaum einem Genre ließen sich die Kritiker zu so tiefsinnigen Betrachtungen und mehr oder weniger gescheiten Überlegungen über das Verhältnis von Politik und Ästhetik inspirieren wie vom Italo-Western. Und kein anderes Genre war in den sechziger Jahren so «todsicher» erfolgreich. Das mag zum einen daran liegen, dass der italienische Western binnen weniger Jahre die Entwicklung und Auffächerung des Genres mit allen möglichen Formen – dem billigen Serien-Western, dem infantilen Actionstreifen, dem gediegenen Problem-Western, dem mystischgroßen Western, dem Spät-Western, dem intellektuellen und formalen Experiment – komprimiert darstellte (und in entsprechend rasantem Tempo auch wieder verfiel). Zum anderen war der Italo-Western eine Art, auf Erfahrungen zu reagieren durch die Entwicklung einer (bald allzu) komplizierten Moral, der ganz und gar der von Cinéasten lange Zeit abgelehnte über-expressive Gestaltungsstil entsprach: Die Helden des Italo-Western hatten als moralische Wesen in einer völlig amoralischen Welt zu überleben, und sie durften zugleich diese ihre verbliebene Moral nicht missionseifrig vertreten, wenn sie das Groteske ihrer Situation nicht auf die Spitze treiben wollten. Der Italo-Western ist ein Film der gesellschaftlichen Resignation, aber er ist auch (manchmal) ein Film des Aufbegehrens. Geschichte allerdings findet in ihm kaum noch statt.

Western ohne Legende, Western ohne Grenze, Western ohne Helden

«Spät-Western» werden im Allgemeinen jene Western aus den sechziger Jahren genannt, die neben ihren Helden auch den Westen selbst in Frage stellen, seine Moral, seine Regeln, seine Zukünftigkeit. Die Bewegung des Western, die Verwandlung der Wildnis in einen Garten, wie es den Pionieren versprochen war, hatte seinen desillusionierenden Abschluss gefunden, damals, in den letzten Tagen des «Far West», und in der Gegenwart, in den Herzen der Menschen. Ein erstes exemplarisches Werk dieser Richtung war RIDE THE HIGH COUNTRY (SACRAMENTO; 1962) von Sam Peckinpah, der sich in der Folgezeit als Spezialist für die Gattung profilierte.

RIDE THE HIGH COUNTRY handelt von einem Goldtransport, den die beiden alternden Westerner Steve Judd (Joel McCrea) und Gil Westrum (Randolph Scott) zusammen mit dem jungen Heck (Ronald Starr) durchführen. Heck und Westrum wollen das Geld für sich behalten. Die Gruppe wird von einem Familienclan von Banditen angegriffen. Im Kampf solidarisieren sich die beiden alten Freunde Steve und Gil wieder, nachdem das moralische Problem um die Veruntreuung des Goldes sie entzweit hatte. Der aufrechte Steve stirbt in einem Gefecht; Gil hält das seinem sterbenden Freund gegebene Versprechen und bringt das Gold an seinen Bestimmungsort.

Der Westen dieses Films ist authentisch desolat: Die Stadt ist zum Jahrmarkt geworden. Autos und Fahrräder bestimmen bereits das Straßenbild; zur Belustigung gibt es ein Rennen zwischen Pferd und Kamel, welches das Pferd, als Symbol der Bezwingung des Westens, verliert. Die alten Westerner tragen lange Unterhosen, um sich gegen die Kälte zu schützen; Steve kann ohne Brille nicht lesen. Es bereitet ihnen Mühe, aufs Pferd zu steigen. Der frühere Sheriff Westrum unterhält, als Oregon Kid maskiert, eine Schießbude und betrügt seine Kunden, indem er die Gewehre anstatt mit Kugeln mit Schrot füllt. Es ist Herbst; eine letzte Reise bricht für die Helden an.

Die Kritik Peckinpahs gilt jedoch nicht so sehr den Heldeninsignien und den Kampfritualen des Genres, sondern seiner inhärenten religiösen Botschaft. Das Grundmotiv der Handlung ist der aus der anglo-amerikanischen Literatur vertraute Topos der Reise oder Pilgerschaft (als Film vergleiche Premingers FLUSS OHNE WIEDERKEHR). Als Gegenpole der Bewegung fungieren die Farm und das Lager. Dass sowohl diese beiden Schauplätze als auch der Ritt selbst nur Metaphern sind, legen die Bibelzitate im Dialog und die Jahreszeitensymbolik nahe. Der Weg vom sommerlichen Grün der Farm durch die Herbstlandschaft in die winterliche Einöde des Lagers lässt sich als Abstieg in die Hölle deuten, dem die Rückkehr ins Paradies (Farm) folgt. Hölle und Paradies sind dabei jedoch nicht theologisch zu verstehen, sondern mythisch, d. h. als Orte der Prüfung bzw. der Belohnung. Auf dieser Ebene betrachtet, steht die Reise für einen geistigen Prozess: den Prozess der Bewusstwerdung und des Zu-sich-selbst-Findens.

«Dieser Prozess der Bewusstwerdung soll knapp am Beispiel Judds und Elsas [eines jungen Mädchens, Verlobte eines Banditen, das sich Judd und Gil angeschlossen hat, d. Verf.] skizziert werden. Als Elsa sagt: ‹Mein Vater behauptet, es gäbe nur Recht und Unrecht, Gut und Böse, aber nichts dazwischen. Es ist doch nicht so einfach?›, erwidert Judd: ‹Nein. Es sollte so sein, aber es ist nicht so.› Judds Verblendung liegt nun gerade darin, dass er nicht seiner Erkenntnis gemäß handelt. Wenn er darauf besteht, Elsa nur mitzunehmen, falls das Gericht ihre Ehe annulliert, beachtet er zwar den Buchstaben des Gesetzes, verhält sich aber im Grunde unmenschlich. Dasselbe gilt von seinem Vorsatz, Westrum und Heck vor Gericht zu schleifen. Judds ‹Gerechtigkeit› ist bloße Selbstgerechtigkeit, und es ist gewiss kein Zufall, dass er wie Knudsen (der Besitzer der Farm und Elsas Vater) bisweilen aus der Bibel zitiert. Auch ihm droht die Gefahr, eines Tages bei Knudsens pervertierter Religiosität zu enden.

Auf der Tafel in Knudsens Wohnzimmer steht: ‹When pride commeth, then commeth shame. For with the lowly is wisdom› (mit dem Hochmut kommt die Schande. Denn die Weisheit liegt in der Demut). Dieser Satz umreißt das Dilemma Judds. Das Schild vor dem Bordell: ‹Men taken in and done for› (Wortspiel: to take in = aufnehmen/hereinlegen; to do for = versorgen/ruinieren), könnte eine Anspielung auf Dantes Hölle sein. Am Grab von Elsas Mutter heißt es: ‹Wherefore, O Harlot ... I will judge thee as woman that break wedlock and shed blood are judged.› Obwohl auch Elsa in den Augen ihres Vaters eine Hure ist und obwohl sie die ‹Ehe bricht› und indirekt ‹Blut vergießt›, wird sie nicht verurteilt, eine eindeutige Widerlegung von Knudsens und Judds Religiosität» (Peter Schmid).

Im selben Jahr wie RIDE THE HIGH COUNTRY entstand auch John Fords Auseinandersetzung mit der Legende des Westens, THE MAN WHO SHOT LIBERTY VALANCE. Die politische Karriere des Gouverneurs Stoddard (James Stewart) ist von der Legende begleitet, dass er der Mann ist, der den berüchtigten Banditen Liberty Valance (Lee Marvin) erschossen hat. Als Stoddard zum Begräbnis seines Freundes Tom Doniphon (John Wayne) der Stadt, in der sich dies vor langer Zeit abgespielt hat, einen Besuch abstattet, erzählt er einem Redakteur (Edmund O'Brien) die Wahrheit: Stoddard war als junger Rechtsanwalt mit Liberty Valance in Konflikt geraten, der sich über das Gesetz hinwegsetzen konnte, weil die verängstigten Stadtbewohner nichts gegen ihn unternahmen. Stoddard stellte sich schließlich dem gefährlichen *gunman* zu einem chancenlosen *show-down*. Zur Überraschung aller fällte ein Schuss des völlig waffenunerfahrenen Stoddard den Banditen. Tatsächlich hatte aber nicht er, sondern Tom Doniphon, der die Szene beobachtet hatte, den tödlichen Schuss abgegeben. Als der Senator seine Erzählung beendet hat, zerreißt der Redakteur seine Aufzeichnungen mit den Worten: «Unsere Legenden wollen wir uns bewahren. Sie sind für uns Wahrheit geworden.»

Tom Doniphon ist der Held des Films, nicht so sehr, weil er ein wirklicher Westerner ist, sondern weil er in einem entscheidenden Moment die Spielregeln des Westens außer Acht lässt. «Es war glatter Mord», sagt Doniphon zu seiner Tat, «aber ich kann trotzdem schlafen». Zudem ist dieser Mord an einem Mann, der wie er selbst den alten Westen repräsentiert, ein doppeltes Opfer: Er verliert auch seine Braut (Vera Miles) an Stoddard. Der Westerner opfert seine Ehre für die neue Zeit, aber die Legende soll bleiben, weil sie allein noch Kontinuität und Geborgenheit geben kann.

Der Italo-Western erzählt vom «zerstörten Westen»; der Spät-Western von der «Zerstörung des Westens». Daher ist der Italo-Western das Genre der großen Bilder der Destruktion, der amerikanische Spät-Western das Genre der kleinen schmerzlichen Details. (In THE MAN WHO SHOT LIBERTY VALANCE ist etwa die Eingangssequenz mit dem Zug bezeichnend, der sich durch das Land bewegt wie in unzähligen Western zuvor. Doch sieht man genauer hin, ist der hässliche schwarze Rauch auffallend, den die Lokomotive als giftige Wolke in den Himmel stößt.)

Ford löste die Legende auf und bestätigte sie zugleich, freilich in einer Form, die man fast dialektisch nennen kann. John Sturges dagegen unternahm in HOUR OF THE GUN (DIE FÜNF GEÄCHTETEN; 1967) den Versuch, sie soweit als möglich auf ihren (auch politischen) Wirklichkeitsgehalt hin zu untersuchen. Der Film beginnt, wie die meisten Wyatt-Earp-Western enden, mit dem berühmten *gunfight* am OK Corral. Ike Clanton (Robert Ryan) entkommt bei dem Gefecht und lässt Virgil Earp von seinen Revolverleuten erschießen. Wyatt Earp (James Garner) nimmt Rache und erschießt kaltblütig vier Männer der Clanton-Gang. Doc Holliday (Jason Robards) versucht vergeblich, Wyatt von seiner auch selbstzerstörerischen Rachsucht abzubringen, die sich mit seinem rücksichtslosen Machtstreben verbindet. Wyatt erschießt in Mexiko Ike Clanton, und Doc Holliday stirbt in einem Krankenhaus in Denver, möglicherweise an den Folgen eines Blutsturzes, den er durch einen Faustschlag Wyatts erlitten hat.

In Frank Perrys DOC (1971) ist Holliday (Stacy Keach) die eigentliche Hauptfigur, die sich von dem ruhmsüchtigen und selbstgefälligen Wyatt Earp

(Harris Yulin) immer mehr entfernt. Der in allen Filmen des Themas latent vorhandene Konflikt ist hier ganz manifest: der Konflikt zwischen einem ehrgeizigen Opportunisten und einem intellektuellen Außenseiter, die durch die Umstände aneinander gebunden sind.

Das Gesetz und die Outlaws wurden nun im Western in einem sozialen Rahmen interpretiert; die Banditen waren nun keine Volkshelden mehr, sondern Ausdruck einer gesellschaftlichen Situation, in der es für viele Menschen keine andere Möglichkeit des Überlebens oder der Identitätsfindung mehr gibt. Gerade die jungen Outlaws gehen dann aber an ihrem verzweifelten Glauben an die Spielregeln, an den Westen des Mythos, zugrunde; viele Western der späten sechziger Jahre sind keine Filme über das Kämpfen und Siegen, sondern Filme über das Sterben. Den alten Westernern, wie etwa in RIDE THE HIGH COUNTRY, die sich der Realität der Endzeit des Westens angepasst haben oder in einer sturen Moral versteinern, stehen die ganz jungen Leute in dieser Situation gegenüber, die ihre Hoffnungen im Tod, in der Korruption, in der Absurdität verlieren müssen. Mit A TIME FOR DYING (ZEIT ZUM STERBEN; 1969) entwarf Budd Boetticher eines der pessimistischsten Bilder vom Leben im Westen. Der junge Cass (Richard Lapp) will ein berühmter Revolverheld werden, wie sein Vorbild Jesse James (Audie Murphy). Ein junges Mädchen (Nelli Winters) rettet er vor dem Bordell und wird von dem dämonisch-komischen Richter Roy Bean (Victor Jory) gezwungen, sie zu heiraten. Nach einer Begegnung mit Jesse James, dessen Warnungen er in den Wind schlägt, provoziert er ein Duell mit dem Revolvermann Billy Pimple und wird erschossen; seiner Witwe bleibt doch nichts weiter als der Weg ins Bordell.

Hoffnungsloser und unheroischer war das Bild des Westens kaum je gezeichnet worden; der Protagonist ist so arrogant wie unwissend, kaum ein jugendlicher Anti-Held wie in einigen Outlaw-Western der siebziger Jahre, die das Scheitern ihrer Helden, gelegentlich etwas larmoyant, als den ungleichen Kampf zwischen dem jugendlichen Idealisten und der korrupten Gesellschaft zeichnen. Der Held in Boettichers Film ist nicht das Opferlamm einer brutalen Gesellschaft, sondern selber Teil eines aberwitzigen Systems, das seine Rituale als Alpträume fortsetzt. Überhaupt sind die Helden des Spät-Western in dieser Hinsicht denen des Italo-Western verwandt: Sie sind nicht «gut» in einer absoluten Weise, sie sind nur ein wenig besser als die anderen, als die Gesellschaft zumal.

In Robert Bentons BAD COMPANY (IN SCHLECHTER GESELLSCHAFT; 1972) wird der junge Drew (Barry Brown) in eine Bande aufgenommen, nachdem er ihr eine Straftat nur vorgespielt hat. Die Mitglieder dieser Bande zerstreuen sich wieder, einige ihrer Mitglieder werden bei kleineren Überfällen oder harmlosen Vergehen getötet oder von wirklichen Banditen umgebracht. Ihr Anführer Jake (Jeff Bridges) schließt sich einer Bande von solchen Verbrechern an, während Drew mit dem Sheriff und seinem Aufgebot die Banditen verfolgt. Als die Banditen gefasst sind, versucht Drew, den Sheriff zu überreden, Jake laufen zu lassen, und nachdem seine Versuche fehlgeschlagen sind, befreit er ihn. Dann unternehmen sie ihren ersten Bankraub. Früher hat es Western gegeben, die gezeigt haben, wie «einer» unter der Last der Ungerechtigkeit und der Gewalt zum Outlaw wird, einer, der immer auch ein wenig dazu psychologisch prädisponiert war; nun wird bestätigt, dass «jeder», und sei er zunächst noch so entschlossen, seine moralischen Auffassungen zu bewahren, in seine Rolle gezwungen wird. Es gibt nicht mehr einige korrupte Leute, mit denen man sich auseinander setzen muss, sondern die Korruption ist allgegenwärtig. Ihr sich zu entziehen, gelingt höchstens im Traum, wie etwa dem Helden (Dennis Hopper) in KID BLUE (KID BLUE; 1973, Regie: James Frawley), der seinen Verfolgern in einer «Flugmaschine» entkommt, vielleicht nur in den Tod, um als strahlender Cowboy für ein kurzes Bild wiedergeboren zu werden.

Der Spät-Western erzählt vor allem davon, wie im Westen mit der Grenze und dem Land die Freiheit verloren geht; nicht nur die Freiheit, die Kirk Douglas in MAN WITHOUT A STAR verloren hatte, die sinnliche Freiheit des Westerners, sondern auch die kleine Freiheit der eigenen Entscheidungen. Die Helden der Spät-Western werden getrieben und gedemütigt von den zahllosen ungeschriebenen und geschriebenen Gesetzen einer beginnenden Massengesellschaft, und wie hier der Individualist als Held zum *outcast* wird, so kann auch seine letztmögliche Option eigentlich nur der Tod sein. Diese Helden, die nicht mehr gut und nicht mehr aufrecht in jeder Situation sein können, wehren sich gegen die Zivilisation und ihre Versklavung ein wenig wie die Indianer (so, wie sie sich etwa in Aldrichs ULZANA'S RAID wehren): durch eine zuweilen gewiss irrational und amoralisch erscheinende Wildheit und Gewalttätigkeit, wie vor allem die Männer aus Sam Peckinpahs THE WILD BUNCH (1969). Sie töten und laufen selber in den Tod, brüllend, in verzweifelter Konsequenz, sich nicht anzupassen.

Wenn man sich daran erinnert, dass der Western das Genre war, welches das Drama der Initiation zum erwachsenen Mann paraphrasiert hat, so zeigt sich nun, das der Western ein Genre der Verweigerung geworden ist, mit Helden, die nicht erwachsen werden wollen und können. Sie sind zugleich faszinierend und erschreckend, längst nicht mehr das, was man als Identifikationsfigur bezeichnen könnte. Ob diese Charaktere, vor allem aus Peckinpahs Filmen und etliche seiner Nachahmer, «kleine Faschisten» sind oder nur eine besonders drastische (filmische) Art haben, auf den allgemeinen Faschismus zu reagieren, ist häufig Gegenstand der kritischen Auseinandersetzung gewesen, doch ist diese moralische Doppelbödigkeit eher nebensächlich, denn das eigentliche Thema des Spät-Western ist nicht der Held, sondern sein Hintergrund. Die Option auf den Tod ist das einzige, was von der Autonomie des Westerners übrig geblieben ist. Billy the Kid (Kris Kristofferson) in Sam Peckinpahs PAT GARRETT AND BILLY THE KID (PAT GARRETT JAGT BILLY

THE KID; 1973) entscheidet sich, nicht zu fliehen – seine einzig verbliebene Entscheidungsmöglichkeit – und wird von Pat Garrett (James Coburn), dem Mann, der seinen Preis für die Anpassung an die neue, unfreie und unentrinnbare Gesellschaftsform zahlt, erschossen.

Die Bewegung des Westerners in den Spät-Western kann nur noch Flucht sein, eine Flucht, die sich fortsetzt in der Fluchtbewegung des «modernen Western» EASY RIDER. Die beiden Banditen (Paul Newman, Robert Redford) aus BUTCH CASSIDY AND THE SUNDANCE KID (BUTCH CASSIDY UND SUNDANCE KID / ZWEI BANDITEN; 1969, Regie: George Roy Hill), die ständig auf der Flucht sind, ohne je ganz zu begreifen, dass aus ihrem Spiel schon längst tödlicher Ernst geworden ist, finden unter dem Kugelhagel einer ganzen Armee den Tod. Die Helden dieser und ähnlicher Filme sind wie das negative Spiegelbild der Western-Helden aus den fünfziger Jahren: dem Leben zugewandt, müssen sie sterben, während die Gary Coopers, James Stewarts und Richard Widmarks immer weiterzuleben haben. Tatsächlich ist das eigentliche Verbrechen dieser neuen jugendlichen Western-Helden, beginnend mit Paul Newmans Billy the Kid in THE LEFT HANDED GUN, ihre ganz und gar antipuritanische Freude am Leben. Sie sterben alle, bevor sie erwachsen, dass heißt in Pflicht und Aufgabe verloren sind. Und dieser Tod ist besser als das, was die Gesellschaft ihnen als Alternative zu leben anbietet. So ist aus einem Genre der romantischen Konservativität ein Genre der romantischen Evasion geworden, wenn man so will, ein Außenseiter-Genre, das die Konsequenzen daraus zeigt, dass die Grenze geschlossen ist. Und geschlossen hatte sie sich in Vietnam.

Von den *closed options* handeln auch die Western, die weniger Wert auf die Rekonstruktion der historischen Situation legen. Den Western ohne Helden und ohne Legende gegenüber steht eine Reihe von Filmen, die einen Westen ohne Geschichte zeigen, einen Westen, der gleichsam historisches Niemandsland darstellt, in dem sich sozusagen existentialistische Dramen abspielen. THE OUTRAGE (CARRASCO, DER SCHÄNDER; 1964) von Martin Ritt ist ein weiterer Versuch, die Konstellationen eines japanischen Films ins Genre des Western zu übertragen, den Film RASHOMON (RASHOMON – DAS LUSTWÄLDCHEN; 1950, Regie: Akira Kurosawa). Die Geschichte eines Mordes und einer Vergewaltigung, die von verschiedenen Beteiligten sehr verschieden erlebt und wiedergegeben wird, war vor allem als schauspielerische Parforcetour für Paul Newman, Laurence Harvey, Claire Bloom und Edward G. Robinson angelegt. Die von John Sturges nach dem Erfolg seines Films THE MAGNIFICENT SEVEN aufgestellte These, dass man mit dem Western alles machen könne, erhielt durch diesen Film allerdings eine gewisse Korrektur, und der Flirt des Western mit dem «Kunstfilm» erwies sich viel eher als eine Form von Unsicherheit gegenüber dem Fundamentalismus des Genres als eine mögliche Fortentwicklung.

Dagegen entwickelte Monte Hellman in seinen beiden 1966 entstandenen Western seine Aussagen gerade aus den Beschränkungen des Genres. THE

Shooting und Ride in the Whirlwind; sind Western einer Endzeit. The Shooting berichtet von einer absurden Reise einer Frau (Millie Perkins), eines Mannes, dessen Bruder als Mörder geflohen ist (Warren Oates), und eines bezahlten Killers (Jack Nicholson) in ihr Verderben; Ride in the Whirlwind ist die Geschichte von drei arbeitslosen Cowboys (Cameron Mitchell, Jack Nicholson, Tom Filer), die von einer Gruppe von Vigilanten gejagt werden, weil sie sie für Banditen halten; zwei von ihnen kommen um, der dritte flüchtet in die Wüste. Diese kargen Filme «objektivieren» das Leben im Westen; was geschieht, ist das Sterben und das Sich-Vorbereiten darauf. Die Figuren dieses Dramas kämpfen darum, Art und Zeitpunkt wenigstens ihres Todes bestimmen zu können.

«Das beckettsche ‹Endspiel› erreicht Hellman (der als ‹Samuel Beckett der Pferdeoper› apostrophiert wurde) in The Shooting, in dem die Reiter unter einer mörderischen Wüstensonne sinn- und ziellos ihrem Verderben entgegenirren. Die Personen scheitern weniger an der physischen Bedrohung durch die feindliche Umgebung – die immer nackter und karger wird, je mehr die Menschen sich entblößen – als an ihrem Unvermögen, einen konkreten Sinn in ihren Anstrengungen zu erfassen. Hellmans Figuren sind herausgelöst aus einem Leben, nicht gerechtfertigt und nicht zu rechtfertigen, Erscheinungen eines Augenblicks, von ihrem Autor (durch die visuelle Distanz und die totale Emotionslosigkeit der brüchigen Dialoge) von Anfang an aufgegeben, verlassen, um anderer Gegenwärtigkeit willen» (Wolfram Knorr).

Von der positiven Utopie zur negativen Vision, das war auch der Weg, den Arthur Penn in seinem heiter-melancholischen Geschichtstableau Little Big Man (Little Big Man; 1970) und in The Missouri Breaks (Duell am Missouri; 1975) sowie Robert Altman in seinen zwei Quasi-Western McCabe and Mrs. Miller (McCabe und Mrs. Miller; 1970) und Buffalo Bill and the Indians (Buffalo Bill und die Indianer; 1976) beschritten. Am längsten überdauerte eine lebende Legende des Western, der «Duke», John Wayne. Eine vitale, ironische Hommage an den alten, feisten und versoffenen Westerner schuf Henry Hathaway in True Grit (Der Marshal; 1969), und Don Siegel unterzog in The Shootist (Der letzte Scharfschütze; 1976) den Mythos einer distanzierenden Würdigung, die noch einmal dem Western zurückgab, was ihm in den letzten Jahren abhanden gekommen war: Ruhe. Und vielleicht exakt diese Botschaft ist es, die endgültig dem Genre ein friedvolles Ende bescheren hätte können: nämlich die, dass der Westen tot, die Grenze verschlossen, die Gesellschaft korrupt ist und dass man sich darüber nicht besonders aufregen muss.

1980 bis 1995: Western und Post-Western

Das HEAVEN'S-GATE-Fiasko

Die Krise des Genres drückte sich 1980 in einem Film aus, der zugleich einer der schönsten, der seltsamsten, der anrührendsten und der wahnwitzigsten Western der Kinogeschichte ist, Michael Ciminos HEAVEN'S GATE. Der Film beginnt mit einer langen Vorgeschichte: James Averill (Kris Kristofferson) und Billy Irvine (William Hurt) beenden ihre Studien in Harvard; Averill will als Anwalt den Einwohnern aus Osteuropa helfen; nur im Einsatz für die Rechtlosen sieht er noch die Chance, den amerikanischen Traum von einer demokratischen Gesellschaft des Glücks zu verwirklichen und den Schranken seiner Klasse zu entkommen, der Billy noch eine historische Perspektive zubilligt. 20 Jahre später ist Averill Marshall des Jackson County in Wyoming, Billy ist ein alkoholkranker Opportunist geworden, der unter der gnadenlosen Besitzgier seiner Klasse zerbrochen ist. Er erzählt Averill von einer Todesliste, die von dem Viehbaron Canton (Sam Waterson) aufgestellt wurde. Alle missliebigen Neubürger, die den Interessen der reichen Viehzüchter im Wege stehen, sollen beseitigt werden. Averill warnt den Leiter der Immigrantensiedlung Sweetwater und kommt zu seiner Geliebten, der Hure Ella (Isabelle Adjani), die während seiner Abwesenheit einen anderen Geliebten genommen hat, den Revolvermann Nate Champion (Christopher Walken), der in Cantons Dienst steht und den, wie es zumindest die Musik andeutet, Averill aus seinen Studententagen kennt. Nate will Ella heiraten. Von dem Armeekommandanten erfährt der Marshal, dass das Militär nichts unternehmen kann (will), dass aber auch Ellas Name auf der Liste steht. Nachdem Ella vergewaltigt und beinahe ermordet, aber von Averell im letzten Augenblick gerettet wurde, reitet er in die Stadt und liest den Immigranten die Liste vor, um ihren Widerstand zu initiieren. Es kommt zu einem Gefecht, aber die Armee schützt Canton, der Nate und andere ermordet, die seinen Plänen entgegenstehen, und als Averill Ella überredet, mit ihm wegzuziehen, fällt sie beim Aufbruch einem Anschlag Cantons zum Opfer. Averill erschießt Canton und zieht desillusioniert an die Ostküste, wo er vom Reichtum seiner Familie leben wird. Der amerikanische Traum ist zerstört.

Das ursprünglich «The Jackson County War» betitelte Projekt des Newcomers Cimino, THE DEER HUNTER (DIE DURCH DIE HÖLLE GEHEN; 1978) war gerade zu einem überraschenden Erfolg und mit einer Reihe von Oscars ausgezeichnet worden, darunter als bester Film und für die beste Regie. Für das zunächst ansehnliche, aber moderate Budget von 7,5 Millionen Dollar durfte man nach Ciminos Drehbuch einen melancholischen kleinen Spät-Western erwarten. Doch die Produktionskosten kletterten unentwegt, bis sie schließlich die für damalige Verhältnisse und gar für einen Western wahnwitzige Summe von 36 Millionen Dollar erreicht hatten, die sich mit allen Nebenkosten schließlich auf 70 Millionen erhöhten und die HEAVEN'S GATE einen Platz unter den fünf bis dahin teuersten Filmen einbrachten. Der Regisseur, so schien es, verlor während der Dreharbeiten seine Geschichte aus den Augen, um sich in eine monomane Darstellungsorgie zu steigern. Ein bislang ungekannter Aufwand gerade im Detail wurde getrieben, Cimino entwickelte ausgerechnet für den Film, der die größte Desillusionierung zum Inhalt hatte, eine exzessive Ästhetik der Illusion; für eine einzige Einstellung wurde eine Lokomotive quer durch Amerika transportiert, und jedes einzelne Kleidungsstück noch der Komparserie wurde eigens nach historischen Quellen für diesen Filme angefertigt. Für die Walzer-Szene beim Universitätsabschluss schmückte man für 100.000 Dollar einen Baum mit künstlichen Blättern (und noch anderes als diese Einzelheit bei den Dreharbeiten erinnert an einen anderen monomanen Kino-Ästheten: Erich von Stroheim); um das Büffelgras zu schonen, ließ man die Westernstadt Sweetwater von 150 Zimmerleuten auf einer Plattform einen Meter hoch über dem Boden errichten.

Nie wurde das wahre Elend der Grenze in solcher Prächtigkeit beschworen, der unaufhaltsame Weg der Pioniergesellschaft in ihre eigene kapitalistische Hölle ist retardiert von Bildern der Sehnsucht und des kurzen Glücks, etwa in dem großartigen Tanz auf Rollschuhen – eine eigentümliche Fußnote zu den vielen Tanzszenen des Western, in denen sich die Hoffnung auf das Glück, die Hoffnung nicht nur auf Frieden zwischen den Menschen und der Natur, den alten und den neuen Bewohnern, den Jungen und den Alten ausdrückte, sondern auch die Sehnsucht nach einer neuen Harmonie der Geschlechter an der Grenze (und es gibt nur wenige Tänze im Western, die nicht rüde unterbrochen wurden). Der Walzer am Beginn und der Rollschuhtanz in der Mitte des Films stehen einander auch als Bilder von Klassen-Realitäten und -Identitäten gegenüber, zwei Vorstellungen des Kreises als Harmonie, zwei Vorstellungen, Bewegung und Ordnung zu verbinden. HEAVEN'S GATE war der grandiose, aus jedem Bild vollendete ästhetische Anspannung atmende Gegenentwurf zum amerikanischen Nationalepos als *work in progress*, ein Abgesang in wunderschönen (und von ihrer ikonografischen ebenso wie von ihrer subtextuellen, psychischen Wirkung ungeheuer austarierten) Bildern, von Vilmos Zsigmond beinah durchsichtig komponiert, kein Western, sondern eine Elegie über den Westen.

Aber in seiner Beschreibung dieser Gesellschaft, die ihren eigenen moralischen Niedergang inszeniert, bleibt Cimino durchaus auch am Material: Der

Klassenkampf, den die Großbürger des Ostens in Verbindung mit den Land- und Viehbaronen des Westens gegen die Einwanderer führten, die sich, Generation um Generation, von den Freiheits- und Glücksversprechungen anlocken ließen und entweder billige Arbeitskräfte oder nur störendes Gesindel werden konnten, mag sich, wie Kritiker ihm vorgeworfen haben, im Jackson County War nicht ganz so (und vielleicht auch nicht ganz so blutig) abgespielt haben, das Emigrantenschicksal indes war wie in seinem vorherigen Film THE DEER HUNTER deutlicher und parteilicher geschildert als es bis dahin üblich war. Nach nur einem Tag Einsatz und vernichtenden Kritiken wurde der bis dahin dreieinhalb Stunden lange Film aus den Kinos genommen und in sechsmonatiger Arbeit einem neuen Schnitt unterzogen. Es war das Wahljahr Ronald Reagans, und die Nation wollte offenkundig an ihrer großen Legende nicht die tiefgreifende Kritik akzeptieren, die der Film vortrug. Sie sah sich auch nicht so *sophisticated* wie die Bilder von HEAVEN'S GATE. Was allerdings auch durchaus als nachdenklich und kritisch bekannte Rezensenten der amerikanischen Medien veranlasste, in einen sonderbar hämisch geifernden Chor der Verrisse einzustimmen, die an Maßlosigkeit ihren Gegenstand zu übertrumpfen versuchten, wird erst eine Geschichte der Kulturpsychologie späterer Zeiten klären können: In die kollektive Abwehrbewegung gegen diesen Film scheinen jedenfalls sehr unterschiedliche und widersprüchliche Impulse eingeflossen zu sein, einschließlich einer Aversion gegen Ciminos Attitüde des jungen Genies, das nicht müde wurde, während der Dreharbeiten zu verkünden, dass man im Begriff stand, das ultimative Meisterwerk des Neuen Hollywood zu schaffen. In seiner neuen, 149-minütigen Fassung schien der Film zwar seine Story besser im Griff zu haben, aber dafür verlor er von seiner epischen Schönheit und bemerkenswerterweise erheblich an politischer Schärfe. Auch in dieser Form wurde der Film an der Kinokasse ein heftiger Misserfolg.

Fünf Jahre nach seinem amerikanischen Desaster kam der Film nach Europa, feierte auf Festivals und bei der Kritik Erfolge, wurde aber in den Kinos ebenfalls kein großer Kassenschlager. Abgesehen von seinen schönen Bildern und der melancholisch-kritischen Grundstimmung konnte auch hier der Film allenfalls als Abgesang, einmal mehr als «letzter Western» begriffen werden. Mehr als alle Spät-Western zuvor hatte Cimino das Genre «bastardisiert», seine Zeichensprache und seinen Rhythmus zersetzt. Während der Spät-Western seine Mythologie sozusagen von innen heraus in Frage stellte, blickte HEAVEN'S GATE wie von außen auf den Western und auf den Westen. Er war Melodram, Kriegsfilm, Erziehungsroman, Bildmeditation; er war langsam und hatte doch keinen Augenblick jener Ruhe, die im Western für das Utopische steht; und er gab seinen Helden nicht die geringste Chance gegen die Strukturen der Interessen, die ihr Leben bestimmten. Seine Anklage des Militärs als Werkzeug der Kollaboration mit den kapitalistischen Allianzen musste schließlich den Rest von Sympathie in jedem patriotischen Amerikaner zerstören: nicht nur in diesem Aspekt erscheint HEAVEN'S GATE wie eine Art historisches Vorspiel zu Ciminos Vietnam-Film THE DEER HUNTER. HEAVEN'S GATE handelt nicht von der Eroberung der Grenze, sondern von ihrer Inversion, von der Verteidigung der ersten Gewinner der Modernisierungen im Westen gegen die nachkommenden Immigranten, die armen, hungernden Menschen aus dem Osten Europas. Und er ist, selbst in seiner langen Form und dabei seinem Thema durchaus angemessen, stets fragmentarisch, von der Geschlossenheit eines klassischen Genre-Films weit entfernt. Keine der Figuren kommt zu der gewohnten lakonischen Ganzheit, die noch Peckinpahs Männer in ihren Todestänzen auszeichnet, alle bleiben widersprüchlich, zwischen Klasse und Moral zerrissen, in ihren historischen Kämpfen ebenso wie in ihren Liebesgeschichten, unfähig, sich ihrer eigenen bürgerlichen Klasse einzufügen, unfähig aber auch, in die Kultur der Unterdrückten einzutauchen. So wird der Film auch ein Versuch über die Unmöglichkeit einer *American Revolution*; genauer noch als in den Revolutionswestern, die eine Dekade zuvor in Italien entstanden waren, reflektiert er die Einsamkeit des Menschen zwischen den Klassen (des Intellektuellen, wenn man so will), der nicht zur wirklichen Revolution finden kann.

Der Film spricht auch von der Liebe in einer offenen Form; von der Walzer-Szene am Beginn bis zur Schluss-Szene auf der Yacht handelt er auch von der Frau als Agentin bürgerlicher Macht, von Beziehungen, denen längst nicht mehr ins Traumreich des Westens zu entkommen ist. Es ist auch dort die bürgerliche Macht, die die geliebte wilde Frau tötet.

Cimino hat also vielleicht nicht bloß an der Oberfläche einer nationalen Ikonografie gekratzt, nicht bloß materialistische Kritik in das Genre eingeführt, sondern er hat, vielleicht ohne es wirklich zu wollen, ein Reich psychischer Zeichen zerstört, die komplexe Innen/Außen- und weiblich/männlich-Struktur des Western.

Es ist ein Klassenkrieg, den er zeigt, und er zeigt auch, dass die Helden darin keine rühmliche Rolle spielen, ja, dass selbst ihr Opfer noch vergebens ist. Doch seine Geschichte ließ sich nicht wirklich weitererzählen. So grandios manches sein mag in Ciminos Film, niemand konnte wirklich Sehnsucht empfinden, noch einmal nach Sweetwater zu kommen. Das aber ist eine andere Voraussetzung für das Gelingen eines populären Films, dass man, bei allen Schrecken, die sich auftun mögen, für einen Augenblick eine schwierige Heimat in einer Bilderwelt gefunden hat.

Das Fiasko von HEAVEN'S GATE bedeutete das Ende der Karriere für eine Reihe von Studio-Mitarbeitern bei United Artists, einen tiefen Einschnitt für die Arbeit Ciminos selbst, das Ende des Glaubens der Traumfabrik an die jungen Genies des New Hollywood, das Ende einer amerikanischen Form des Autorenkinos und nicht zuletzt das Ende des Western.

Der Western verschwindet

Vom Amtsantritt Reagans an und nach dem Misserfolg von HEAVEN'S GATE ist ein scheinbar vollständiges Verschwinden des Western-Genres im Kino und sogar im Fernsehen zu beobachten gewesen, das die Kritiker in den USA wie in Europa beunruhigte: Mit dem Western musste das amerikanische Genre-Kino selbst, die verlässliche Mythografie der demokratischen, kapitalistischen Gesellschaft verschwinden; es schien ein Abschied für immer. Gerade weil der Western selbst seine Geschichten so definitiv zu Ende erzählt hatte, oder, anders herum, wie in HEAVEN'S GATE, den Vorhang über allen offenen Fragen geschlossen hatte, fehlte das Genre auch nicht wirklich. Es war, als träfe der Tod den Western wohlvorbereitet.

Der Western als amerikanisches Genre par excellence funktionierte vor allem durch ein ästhetisches System des Aufeinander-Beziehens der Einzelfilme. Jeder Western ist vor allem ein Film über andere Western. Mit dem Ende des Genre-Films und in der Politik der Blockbuster in Hollywood konnten nur noch Filme reüssieren, die mehrere Publikumsgenerationen ansprachen und zugleich versprachen, etwas noch nie Dagewesenes zu präsentieren. Western dagegen funktionieren gerade durch die Wiederkehr des Vertrauten; ihre Produktionswerte sind vorhersehbar, selbst in einer Superproduktion wie HOW THE WEST WAS WON (DAS WAR DER WILDE WESTEN; 1962), deren Misserfolg schon so etwas wie eine Ahnung vom Ende des traditionellen Großwestern vermittelte. Das einzige, was sich wirklich in Western noch steigern ließ, war die Gewalt, und so war als letzte populäre Form des Western-Genres ein Gewaltfilm entstanden, der freilich noch mehr die Konsensfähigkeit des Genres in Frage stellte. Das war nicht mehr *healthy*, das hatte nur noch wenig *family values*. Der Western war das erste amerikanische Genre, in dem die Gewalt als amerikanischer Nationalcharakter zur Disposition gestellt wurde.

Mit Sam Peckinpahs THE WILD BUNCH (THE WILD BUNCH – SIE KANNTEN KEIN GESETZ; 1969) war vielleicht auch in dieser Hinsicht alles über den Westen und alles über Amerika gesagt. Der Western konnte stets gelesen werden als eine Art Nationalepos, als *work in progress*. Er bearbeitete die amerikanische Geschichte um ein mythisches Zentrum herum: die Besiedlung des Westens nach dem Bürgerkrieg, die Landnahme und die Schaffung einer neuen demokratischen und rechtsstaatlichen Ordnung aus den feudalen und anarchischen Impulsen der Pioniergesellschaft. Bezwungen werden musste der Ureinwohner des Landes, dessen Natur selbst, der neufeudalistische Landbesitzer und der archaische Revolvermann, mit ihm vielleicht alle die Befreiungsimpulse von Frauen, von Schwarzen, von Outlaws jeder Art. Der Westen war historisch der Raum, in den die Unterdrückten ihre größten Hoffnungen setzten, und in dem radikaler als irgendwo sonst Unterdrückung sich reformierte, wo sich die Herrschaft des Geschlechts, der Rasse, der Klasse und der Religion durchsetzte, als hätte nur der *White Anglo-Saxon Protestant* das Werk der Besiedlung getan, als dürfte nur er ihre Früchte ernten, andererseits konnte auch nur er wirklich daran schuldig werden, weshalb Frauen, Mexikaner, Schwarze, Katholiken und Indianer, auf seltsame Art unschuldig, sein eigentliches Drama auch nur peripher berührten. Dabei hatte das Genre in seiner Mythologie ja gerade die eigentlichen Verlierer dieser explosiven Modernisierung an der *frontier* in den Mittelpunkt gestellt: die Cowboys, die den Reichtum der Großgrundbesitzer mehrten, ohne dabei auch nur irgendetwas zu gewinnen, was über den Besitz eines Pferdes und eines eigenen Revolvers hinausging; die Sheriffs, die das Geschäft der neuen Bürger erledigten; die Kavallerie-Soldaten, die im Auftrag einer Gesellschaft, der sie gerade entkommen waren, die Indianer massakrierten; die tapfere (aber ein wenig bigotte) Pionierfrau, die das Land bestellte und die Sesshaftigkeit gegen das Nomadentum stärkte, aber zugleich immer auch den strukturellen Bankrott dieser Landnahme leugnete – es war alles ein langer Kampf gegen die Kräfte, die dem Sieg des Kapitals entgegenstanden.

Je älter das Genre wurde, desto mehr entdeckte es, dass das, was da immer wieder bezwungen werden musste, eigentlich das wahre Amerika war, und dass dieser Vorgang des Bezwingens noch viel fürchterlicher als in der gewalttätigen Welt des Westens in den Seelen der Westerner selbst wütetet, die in sich das Wilde und Anarchische, zugleich aber vielleicht auch das ganz andere, das Zärtliche und Subversive abtöten mussten, oft für einen hohen Preis. Die Psychologisierung des Genres war demnach nicht bloß Reflex auf eine verbreitete Mode in der amerikanischen Gesellschaft der fünfziger Jahre, sondern auch so etwas wie eine innere Notwendigkeit: An einem bestimmten Punkt seiner Entwicklung musste der Westerner der Leinwand in der einen oder anderen Form auf seine eigene Krankheit hinweisen. Das Genre entwickelte also aus sich selbst heraus den Zweifel am Wert seiner Zivilisationsmetapher, es wurde immer mehr zu einer verzweifelten Suche nach Verlusten und Defiziten.

Territory ist das Wort, das John Ford für das benutzte, was wir vielleicht als «Heimat» bezeichnen (und ideologisieren) müssten, und das dann doch etwas anderes bedeutet als der deutsche Begriff. Der Western ist kein Heimatfilm, sondern er ist ein universaler Film über die Suche des Menschen nach Heimat und schon bei Ford selber darüber, dass sie nicht gefunden wird. Daher ist er nur als ein utopischer Entwurf und als Elegie zu verstehen.

Diese Suche nach Heimat, nach der territorialen Erfahrung der Welt, in der die Auseinandersetzung zwischen dem nomadischen und dem bäuerlich-sesshaften Impuls des Menschen als moralisches Drama zu erfahren ist, war in den siebziger Jahren obsolet geworden: das Medienzeitalter hatte begonnen, man lebte im *global village*. Das elektronische Bild, die neue Geschwindigkeit des Reisens (in Krieg und Frieden), die entterritorialisierte Musik aus den Stereokopfhörern und nicht zuletzt die Drogen hatten die Wahrnehmung der Welt entscheidend verändert. So entwickelte der späte Western ein Bewegungsmuster, das der territorialen Erfahrung seiner Helden entgegengesetzt war. Eine Vorliebe für absurde Bewegungen, Zeitsprünge, krause Gefährte und neue Technologien im Genre entstand: Das erste Auto, das erste Motorrad, das erste Grammophon etc. brachten die Definitionen von Zeit und Raum im Western völlig durcheinander. Es ging dabei wohl keineswegs allein um die kleinen Anachronismen, die schon das *closing of the frontier*, das Ende der Pioniergesellschaft vorwegnahmen, sondern vor allem auch um die Veränderungen der Wahrnehmung: der Westen war ja alles zugleich gewesen, eine Idylle, eine Utopie und eine Hölle. Nun wurde er unter anderem zu einem historisch überlebten aber immer noch faszinierenden Zustand der Ungleichzeitigkeit der Entwicklungen, nur dass die Spannung zwischen Moderne und Barbarei immer größer geworden war. Die Helden des Italo-Western hielten sich ohnehin nicht an die Technik des historischen Raums für das Genre, sondern stapften mit Schnellfeuerwaffen und Maschinengewehren durch den Westen und nahmen schon die modernisierte Mafiagesellschaft vorweg, die sich an der Ausbeutung der Dritten Welt versucht.

Die Krise des Western begann also nicht nur in der Erosion der Legende, sondern auch in seiner Raumerfahrung und im immer manierierteren Umgang des Genres mit seinen Zeichen. Die Zeichenhaftigkeit des Genres ist seine Stärke und seine Schwäche zugleich. Sie macht die Freiheit seiner Themen aus und gestattet einen Blick auf das Land, der mehr beobachtender als gestischer Art ist. In einem deutschen Heimatfilm ist die Natur nichts als Zeichen für innere Konflikte der Helden, sozusagen der Text hinter dem Text; die Natur im Western dagegen ist Zeichen im Zustand der Entzifferung, nie ohne den Rest von Rätsel und Abwehr. Die Endlosigkeit des Horizonts ist die Voraussetzung des Hantierens mit den schweren Zeichen. John Ford zeigt immer wieder, wie sich Menschen im Monument Valley durch ihre Zeichen davor zu schützen versuchen, ganz einfach in dieser Landschaft zu verschwinden (ein Problem, das es im Übrigen in DANCES WITH WOLVES nicht gibt). Und Howard Hawks erklärt, wie der Westerner sich über sein Verständnis von Entfernungen definiert: seine Lakonie stammt aus der Erkenntnis der Grenzen dafür, wie weit man sehen, wie weit man schießen, wie weit man reiten kann. Kino im Western bedeutet gerade die Wahrnehmung dieser Grenzen, eine Art der Rückkopplung des Blickes an die Natur, eine Form der Demut: zu wissen, dass man den Ort, an dem es brennt, wie man sieht, nicht erreichen kann, bevor nichts mehr zu retten sein wird; der Überschwang erster (scheinbar demokratischer) Industrialisierung trifft sich mit einer barbarischen und metaphysischen Natur, über die man sich nicht ohne weiteres hinwegsetzen oder sie ignorieren kann, wie es die Helden anderer Genres tun. Die gerade noch erträgliche Schwere des materiellen Daseins ist das Problem des Western-Helden.

Der strenge Zeichen- (und ursprünglich auch Moral-) Kodex ist die andere Seite einer beinahe vollständigen räumlichen Freiheit; das Genre atmet zwischen Enge und Weite, zwischen Zeichen und Natur, ohne beides (wie beispielsweise die Space Opera der Science Fiction) ins Absurde zu treiben: Zwischen den Zuständen von Enge (in der Nachbarschaft der Farmer wie in den heftigen Zusammenstößen in den Saloons der *Boomtowns*) und Weite sind Grenzen nur willkürlich; direkt am Gartenzaun beginnt die Wildnis.

Die Grundlage der Pioniergesellschaft (und des Funktionierens des Helden) ist dabei eine strikte Trennung des Materiellen und des Religiösen: (beinahe) jeder Western ist ein biblisches Gleichnis, in dem nur das Materielle zählt. Die indianische Kultur mit ihrer Durchdringung von Materiellem und Spirituellem musste den Helden ebenso gefährlich werden, wie jeder Geistliche im Western unweigerlich zum wahnsinnigen Bösewicht wird, der nicht so genau wie Ward Bond in THE SEARCHERS zwischen weltlicher und theologischer Sphäre trennt (und sei es durch den Wechsel der Kopfbedeckung). Der Western feiert (oder später auch: betrauert) den Sieg der europäischen «weißen» Moral über die Welt der Organe und der Zeichen, in der das Göttliche und Dämonische nur Überhöhung des Alltäglichen ist, so wenig geheimnisvoll wie eine sauber geführte Buchhaltung. Die Droge, die neue Religiosität und die mediale Erfassung der Welt hatten die territoriale Wahrnehmung ebenso zerstört wie die Trennung des Materiellen vom Metaphysischen. Nicht allein das Erzählte des Western machte die Krise des Genres aus, sondern vor allem seine Art zu erzählen, die weit und vielfältig, keineswegs aber beliebig sein mochte.

So musste der «Pakt» des Western mit der Gesellschaft aufgekündigt werden. Seine Sensationen bezog der Western in den siebziger Jahren neben der Gewalt vor allem aus dem Umstand, dass seine größten und populärsten Exemplare Kritik an der Gesellschaft, bis hin zu verschlüsselter Kritik am Vietnam-Krieg wie in Michael Winners CHATO'S LAND oder am Rassismus wie HOMBRE oder THE SCALPHUNTERS formulierten. Automatisch führte dies indes auch zur Kritik an den Western vorher; an die Stelle einer vorsichtigen Revision (zum Beispiel in Bezug auf die Indianer), die den Western vorher so vital gemacht hatte, trat nun eine radikale Absage. Der Western in den siebziger Jahre also musste in den USA selbst als eher dissidentes Kino empfunden werden; das National-Epos drohte gleichsam auf der Leinwand zerstört zu werden, So entstand das Paradox, dass sich etwa Großstadt- und Polizeifilme mit traditionellen Western-Erzählformen und -Charakteren anreicherten, um eine eher rechte Botschaft zu vermitteln, während der Western sich mit immer neuen Ansätzen kritischer Kultur anreicherte und sozusagen nach links wanderte.

Das war in der Zeit des Vietnamkrieges eine mögliche Position in einer neuerlichen Spaltung der Nation; der Western war, gerade in seiner unheroischen schmutzigen Darstellung von Gewalt und Macht, das Genre der Tauben, der Kriegsgegner. Sein vollständiges Verschwinden in der Amtszeit Reagans hat also vielleicht ein wenig auch mit politischer Verdrängung zu tun.

Immer noch indes verdankte sich die Wirkung des Western der Verbindung von Utopie und Revision. Diese Dialektik macht auch die Bewegung des

Genres zwischen Aktion und Ruhe aus; die wellenförmige Erzählweise des Western entsteht aus Distanz und Konfrontation, wie sie nur in einer Gesellschaft erfahren werden kann, die noch nicht an das *closing of the options* denkt. Der Westerner definiert sich als einer, der zwischen Gesellschaft und Natur vermittelt, in (mindestens) zwei Welten zuhause ist, und wie er nicht einer ist, der Heimat hat, sondern einer, der sie sucht, so ist er auch nicht einer, der Identität hat (wenn er auch fraglos ein ganzer Mensch ist), sondern einer, der sie (vielleicht) sucht.

Die Biografie des Westerners ist meistens nicht vollständig; es gibt Dinge in der Vergangenheit, von denen nur fragmentarische Andeutungen zu haben sind, und die Zukunft ist in der Regel eher ungewiss. Auch hier spielt das Genre mit Überdeterminierung (im Ritual der Rache etwa) und Freiheit. In seiner Spätphase hingegen hatte sich der Western gerade für diese dunklen Punkte in der Biografie seiner Helden interessiert; statt auf den Mythos, der aus dem Geheimnis kommt, richtete sich die Neugier auf das Geheimnis, das im Mythos verborgen ist, und in mehrerlei Hinsicht wurde der Held dem Genre zum «Fall», für die Analyse, für die Investigation, für das Urteil.

Völlig funktionieren kann der Western also nur in einer Gesellschaft, die sich zumindest partiell für eine offene hält. Zur gleichen Zeit aber, als die letzten amerikanischen Western ihre fragwürdigen Helden in Blut und Schmutz ertränkten, schilderte etwa Philip K. Dick in seinen Romanen die amerikanische Gesellschaft als eine Abart der faschistischen, die nur noch nichts von ihrem Zustand weiß und erzählte, zum Beispiel, von Konzentrationslagern für Wehrdienstverweigerer. (Prompt wurde er auch Opfer von Observierung und Verhör durch den CIA.) Die amerikanische Gesellschaft der siebziger und frühen achtziger Jahre glaubte möglicherweise in ihrem rechten Segment noch an den historischen Auftrag, nicht aber mehr an die Offenheit der eigenen Lebensform. Der Cowboy war für den dann folgenden Konsolidierungsweg in der Reagan-Ära ganz einfach zu anarchisch.

Paradoxerweise hatten sich beide Teile der gespaltenen Nation, die Kriegsteilnehmer in Vietnam und die protestierenden Gegner des Krieges, von der Raum- und Zeiterfahrung des Western, wenn auch in unterschiedliche Richtungen entfernt, und zur gleichen Zeit mussten sie sich gegenseitig die Schuld geben, dass die amerikanischen Werte, die Kultur der Pioniere, die Ideale der Freiheit nicht mehr funktionierten. Aber hatten sie jemals außerhalb des Mythos funktioniert, in dem Amerika vorgab, nicht zu wissen, was links und was rechts ist? Der klassische Westerner war beides gewesen, ein romantischer, friedliebender Anarchist und ein heroischer, gewalttätiger Reaktionär; nun ließen sich diese beiden Seiten seines Wesens nicht mehr in einer verlässlichen Mythologie aufheben. Die wundersame Mischung aus anarchischem Träumer und gesellschaftlichem Agenten, die das Genre seinem Helden bestimmt hatte, der durch den Westen zog und seinen bösen Abspaltungen begegnete, dem bösen, anti-zivilisatorischen Outlaw und dem bösen über-zivilisatorischen

Feudalisten und Kapitalisten, und der seinen eigenen Erziehungsroman mit dem Revolver schrieb, wurde nach dem Zerbrechen des nationalen Konsenses über Vietnam unverständlich. Der amerikanische Mythos zerbrach in seine Bestandteile.

Der Western beschreibt eine Nation im Werden und ist darin ebenso heroisch wie utopisch; er beschreibt eine Gesellschaft, die gerade in ihrer Unfertigkeit den Ausgleich zwischen individuellen und kollektiven Interessen zu bewerkstelligen vermag, und er ist dabei zugleich «biblisch» wie ideologisch. Und er beschreibt eine Industrialisierung, deren hohes Tempo im Wesentlichen noch von der menschlichen Arbeitskraft bestimmt wird. Nicht einmal afrikanische, asiatische, osteuropäische Einwanderer verlieren im klassischen WASP-Western ganz ihre Würde, weil sie, wie marginal auch immer, als Arbeitskräfte anerkannt werden (umgekehrt ist der Italo-Western die Beschreibung einer Welt ohne Arbeit). Man könnte sagen, das Ideal des Western ist eine Mechanisierung mit menschlichem Maß, mit Maschinen, deren Wert sich immer nur durch den Menschen bestimmen lässt, der sie bedient, wie der Cowboy den Revolver, wie die Lokomotive auf dem Weg durch die Prärie, wie der Telegraf. Damit definiert das Genre auch so etwas wie ein technisches und ökonomisches Ideal. Nur das Kapital ist noch als sinnlich greifbares vorhanden, die Wirtschaftseinheiten sind überschaubar und beinahe ständisch gegliedert. Die Verwandlung der Wildnis in einen Garten ist daher nichts anderes als eine unendliche Feier der menschlichen Arbeitskraft. Selbst der Gebrauch des Trommelrevolvers oder der Winchester-Repetiergewehre wird zu einer Metapher auf hochkapitalistische Arbeitsformen, die ihre demokratischen Hoffnungen noch nicht verloren haben.

Auch der Körper ist in diesen Dialog von Natur und Gesellschaft einbezogen; es ist der pragmatische Körper, der sich gleichsam vollständig im historischen Prozess auflöst; ein Körper, der die Kraft, die er der Gesellschaft gibt, in der Natur erworben hat und damit als selbstverständlich erlebt. Der Körper wird an den Rand der Belastbarkeit gebracht; er erscheint im Kollektiv, doch niemals, nicht einmal in seiner militarisierten oder kriminellen Form, als Teil von «Masse». Der Zusammenschluss der Menschen zur Arbeit geschieht freiwillig, und der Kampf wird nur als Notwendigkeit, nicht als Sicherung von Interessensphären akzeptiert.

Auch hier scheint es, als habe die Entwicklung der Industriegesellschaften selber dazu beigetragen, die Erfahrung des Western langsam unwirklich und unwirklich langsam erscheinen zu lassen. Der Wert der Arbeit in der postindustriellen Gesellschaft ist vom Körper selbst entfernt, die Maschine bestimmt nicht mehr nur den Arbeitsprozess, sie benötigt den Menschen nicht mehr, und die Kommunikationsprozesse haben ihre Materialität gänzlich verloren. Der Körper im Dialog mit der Natur und der Körper im Dialog mit der Ökonomie haben miteinander nichts zu tun; das Nützliche und das Schöne sind auseinander gefallen.

Das Verschwinden des Westerns in den achtziger Jahren mag sich also auf drei Ebenen erklären: 1. Aus der Kinogeschichte durch den Zerfall der Genres überhaupt, die Strategie des Blockbusters und die mehrfache Marktpräsenz. Nebenbei waren Western, auch wenn sie noch so großartig daherkamen, denkbar ungeeignet für die neuen Formen der Medienmultiplikation und das Merchandising. 2. Aus der Filmgeschichte durch die Entwicklung eines kritischen und selbstkritischen, manieristischen oder anachronistischen Films, der die Mythologie des eigenen Genres zu zersetzen vermochte und die Aufkündigung des Pakts zur Produktion des National-Epos als *work in progress*, der den Western zu einem unbequemen Genre machte, das die rechte Mainstream-Kultur in der modernen Form ebenso ablehnen musste, wie sie es in der traditionellen Form geliebt hatte. 3. Aus der Geschichte der Erfahrung von Raum und Zeit, Körper und Maschine. (Das Pferd bestimmte im klassischen Western die Vorstellung von Geschwindigkeit, und der Held musste nicht nur deswegen immer wieder von seinem Pferd auf einen fahrenden Zug springen, weil sich das als schöner Stunt inszenieren lässt, sondern auch, um diese natürliche Bewegung gegen die maschinelle Bewegung zu bestätigen. Im Blockbuster-Kino der fantastischen Art aber wird geflogen, werden Zeitreisen unternommen, lösen sich Entfernungen in nichts auf.) Der Western mochte noch so sehr geträumt sein, in seinen Bildern diente er vor allem der Errettung der physischen Realität. Der aber zu entkommen war die wichtigste Aufgabe des Kinos in den achtziger Jahren.

So war die kuriose Situation entstanden, dass in den achtziger Jahren keine Western mehr gedreht wurden, aber zu beinahe jedem Film ein Western als Dreingabe zu sehen war: Die Marlboro-Reklame, die den Mythos des mehr oder weniger einsamen Cowboys mit den kameratechnischen Mitteln des fantastischen Blockbuster-Kinos umkreiste.

Rauchende Colts im Bildschirm-Format: Western im Fernsehen

Die Krise des Western am Ende der siebziger Jahre verschonte auch das Fernsehen nicht. Zunächst hatte es den Anschein, das Genre könne vollständig auch vom Bildschirm verschwinden. Mit BONANZA starb die letzte regelmäßige Western-Serie. Ein kurzfristiger Wiederbelebungsversuch mit den Söhnen der Hauptdarsteller, Michael Landon Jr. und Dirk Blocker, in den Rollen als Enkel von Boss Cartwright (Lorne Greene), nach dessen Tod John Ireland in der Rolle seines Bruders Aaron die Geschicke auf der Ponderosa leitete, profitierte eher von einer allgemeinen Serien-Nostalgie als von einer Renaissance des Genres. Von 1959 bis 1973 waren über 400 Folgen der Serie gedreht worden, nach GUNSMOKE (RAUCHENDE COLTS) war sie damit die langlebigste

Serie des Genres. Die nächste Generation wurde mit dem Pilotfilm BONANZA – THE RETURN (BONANZA – RÜCKKEHR AUF DIE PONDEROSA; 1992, Regie: Jerry Jameson) vorbereitet. Die Söhne der Cartwrights treffen in einem noch moderater gewordenen Westen auf der Farm ein, die sich ein Geschäftsmann aneignen will, und kämpfen, redselig wie ihre Vorfahren, um das Erbe. Auch GUNSMOKE, die erfolgreichste aller TV-Westernserien (1955–1975) durfte nicht vollständig sterben. Ihr Star, James Arness, blieb zunächst in kleinen, familienfreundlichen TV-Filmen wie THE MACAHNS (DURCH DIE HÖLLE NACH WESTEN; 1976, Regie: Bernard McEveety) präsent, der Geschichte eines Scouts, der auf Wunsch seines Bruders dessen Familie nach Westen führt, auf der Suche nach neuem Farmland. Ende der achtziger Jahre entstanden dann eine Reihe von spielfilmlangen Specials um den gealterten Marshal Matt Dillon (James Arness). In GUNSMOKE: RETURN TO DODGE (AUF LEBEN UND TOD; 1987, Regie: Vincent McEveety) hat sich der Marshal in die Berge zurückgezogen. Aber nach und nach tauchen die Feinde von damals wieder auf, um sich für ihre Verhaftung zu rächen. In einem der Gefechte, die er gegen seinen Willen mit ihnen auszukämpfen hat, wird er so schwer verletzt, dass er eine Zeit lang zwischen Leben und Tod schwebt. Seine alte Freundin Kitty pflegt ihn gesund, und so kann er schließlich zum allerletzten Duell mit seinem Erzfeind Mannon schreiten. 1990 folgte GUNSMOKE: THE LAST APACHE (DER LETZTE APACHE; Regie: Charles Corell), in dem Marshal Dillon erfährt, dass er Vater einer mittlerweile 22-jährigen Tochter ist. Bevor es zum Wiedersehen kommt, wird die junge Frau von Indianern entführt.

James Arness war der verlässlichste Star des Fernseh-Westerns. Zusammen mit Bruce Boxleitner spielte er sogar in einem, allerdings biederen, am Original entlang inszenierten TV-Remake von RED RIVER (1988, Regie: Richard Michaels), das Kritiker und *aficionados* des Genres den Kopf schütteln ließ, gleichwohl überdurchschnittliche Einschaltquoten verzeichnen konnte und damit die Produktion von TV-Western weiter ermutigte. Mehrfach wurden berühmte Vorbilder verwendet. Selbst Fred Zinnemanns HIGH NOON blieb von einem Sequel nicht verschont. In HIGH NOON PART II: THE RETURN OF WILL KANE (HIGH NOON II; Regie: Jerry Jameson) spielt Lee Majors (bekannt durch die Stuntman-Serie EIN COLT FÜR ALLE FÄLLE) den Will Kane, der von seiner Farm in die Stadt zurückkehren muss, um seinen korrupten Nachfolger zu bekämpfen.

Besser als die Imitationen und Fortsetzungen der großen Kino-Vorbilder waren die Western-Mehrteiler und Mini-Serien, die in den achtziger Jahren eine Blütezeit erlebten. Eine der ersten war MR. HORN (1979, Regie: Jack Starrett), die Geschichte des legendären Revolverschützen, den im zur gleichen Zeit entstandenen Film TOM HORN (ICH, TOM HORN; 1980, Regie: William Wiard) Steve McQueen verkörperte, während in der TV-Fassung David Carradine die Rolle übernahm. (Eine gekürzte Fassung, der allerdings der epische Atem der Serie abging, war unter dem Titel Scouts auf dem deutschen Videomarkt verfügbar.) Zusammen mit dem Indianerscout Al Sieber (Richard Widmark) macht Horn sich auf die Suche nach Häuptling Geronimo (Enrique Lucero) und kann ihn zum Friedenschluss und zum Leben im Reservat überreden. Doch das Militär bricht die Zusagen. Daraufhin verlässt Horn verbittert die Armee, um sich als Sheriff und Pinkerton-Detektiv durchzuschlagen. Aus einem mitfühlenden Menschen wird ein brutaler Killer, der sich schließlich anheuern lässt, um im Dienst eines Rinderzüchters eine Bande von Viehdieben zu jagen. Seine Vorgehensweise schafft ihm viele Feinde. Als eines Tages ein Junge erschossen aufgefunden wird, hängt man Horn den Mord an, und er wird gehängt. Erst ein Menschenleben später wird sein Fall neu aufgerollt und der paradigmatische *loser* des Westens posthum freigesprochen.

Im Western-Mehrteiler fanden sich nicht nur die Veteranen des Genres als Regisseure und Schauspieler wieder zusammen, das Format erlaubte es auch, einige der im Kino längst verlorenen Tugenden des Genres zu revitalisieren: die Lakonie und Ruhe der Erzählung, die sorgfältige Entwicklung der Personen, ein Gespür für die Interaktionen zwischen Menschen und Natur, den Rhythmus für die Vorbereitung der rituellen Szenen. Erzählt werden die alten Geschichten, freilich in einer weitschweifigeren Dramaturgie, mit vielen Nebenhandlungen und den für Serien obligatorischen Höhepunkten in jeder Episode. Besonders populär und für den Bildschirm wie geschaffen erwiesen sich Familiensagas im Westernmilieu. Nach einer Vorlage des erfolgreichsten Western-Autors Louis L'Amour entstand mit THE SACKETS (DIE SACKETS; 1980, Regie: Robert Totten) die Geschichte um drei Brüder, dargestellt von Tom Selleck, Jeff Osterhage und Sam Elliott, die mit einem zwielichtigen Gegner, verkörpert von Glenn Ford, eine Auseinandersetzung zu Ende führen müssen. Eine Art Fortsetzung fand diese Geschichte in dem Mehrteiler THE SHADOW RIDERS (DIE SCHATTENREITER; 1982, Regie: Andrew V. McLaglen), in dem die Brüder aus dem Bürgerkrieg zurückkehren und sich auf die Suche nach der von Südstaatlern entführten Schwester machen. LONGARM (LONGARM; 1988, Regie: Virgil Vogel) ist die Geschichte eines liebenswürdigen Trottels von Marshal, der sich mit seinem verschollen geglaubten Bruder, einem Banditen, zusammentut, um die Machenschaften eines Politikers zu durchkreuzen. In dem TV-Film kommt übrigens ein Gouverneur Lewis Wallace vor, der Verfasser des Romans Ben Hur.

Der Mehrteiler hatte vielleicht nicht die mythische Größe, aber doch den großen Atem des klassischen Western. LONESOME DOVE (DER RUF DES ADLERS; 1988, Regie Simon Wincer) schildert in vier Teilen einen großen Viehtreck, bei dem alles, was in einem Trail-Western geschehen kann, passiert und trotzdem Zeit für die Vertiefung der Charaktere bleibt. Die Story ist um alternde Cowboys und Ranger zentriert, gebrochene Charaktere, die es nicht nötig haben, ihre Deformationen in bizarren Maskeraden und neurotischen Attitüden zu veräußerlichen. Die Bewegungsform des Mehrteilers ist die Reise, und die TV-Produktion entwickelt in einem eigenen Rhythmus und mit engagierten Schauspielern – Tommy Lee Jones, Robert Duvall, Danny Glover, Anjelica Huston u. a. – eine veritable Anthologie der Western-Standards. Lonesome Dove, mit 20 Millionen Dollar Produktionsetat das bisher teuerste Unternehmen dieser Art, ist gewiss ein kleines Meisterwerk des epischen TV-Western, das bis dahin ungewohnte Einschaltquoten erzielte.

Der große Nachteil des Western-Mehrteilers, der am ehesten zu einer wirklichen Renaissance des Genres geführt hatte, ist sein Produktionsformat. Im Gegensatz zu den gewöhnlichen TV-Movies erweist sich eine Auswertung im Kino oder auf Video als problematisch (Die zusammengeschnittenen Versionen in deutschen Videotheken geben in der Regel kaum etwas von den Meriten dieser Form wieder.) Selbst ein Erfolg garantiert noch nicht die Amortisation der vergleichsweise hohen Produktionskosten. Zu Beginn der neunziger Jahre versuchte man es mit zwei anderen Varianten: mit der Wiederbelebung der normalen Westernserie, etwa im Halbstunden-Format, und mit der Produktion kleiner TV-Western mit abgeschlossener Handlung.

Zur populärsten dieser neuen Serien entwickelte sich rasch Dr. Quinn, Medicine Woman (Dr. Quinn – Ärztin aus Leidenschaft), deren Pilotfilm 1993, ebenso wie die ersten Folgen, in die *alltime charts* der Einschaltquoten gelangten. Jane Seymour spielt die Ärztin, die nach dem Tod des Vaters in den Westen aufbricht, wo sie in ihrer Arztpraxis (nicht nur) westernübliche Blessuren behandelt. Weniger Glück hatte man mit The Adventures of Brisco County Jr. (Die Abenteuer des Brisco County Jr.), der ebenfalls in Deutschland zu sehen war. Die Serie dreht sich um einen jungen Mann (Bruce Campbell), der in die Fußstapfen seines toten Vaters, eines berühmten Marshals, tritt, es dabei aber neben westernüblichen Gegnern auch mit einer chinesischen Karate-Bande oder außerirdischen Invasoren zu tun bekommt. Hearts of The West präsentiert in einer Familiensaga Jeff, Lloyd und Beau Bridges in den Hauptrollen. Der Pilotfilm Hearts of The West (Im Herz des Wilden Westens; 1995, Regie: Howard Zieff) entwickelt die Ausgangsposition. Der naive Farmersohn Lewis (Jeff Bridges) will unbedingt Western-Autor werden und macht sich deshalb in den dreißiger Jahren dieses Jahrhunderts auf, um die historischen Stätten der großen Western-Kämpfe kennenzulernen. Dort hat er es aber zunächst mit einem reichlich hysterischen Regisseur (Alan Arkin) und seinem Team zu tun. Allen diesen Serien gemeinsam ist ihr *crossover*-Charakter: Auf die beinahe puritanische Reinheit der Mehrteiler folgte in ihnen ein heftiges Durcheinander der Motive, Stile, und Epochen. Walker, Texas Ranger zeigte schließlich den Action-Star Chuck Norris als tritt- und schussgewandten modernen Westerner.

Zur gleichen Zeit produzierte die Fernsehgesellschaft CBS auch eine Anzahl kleiner Western für den TV- und Videomarkt, die klassische Stories mit einem eher bescheidenen Aufwand und gelegentlich kompetenter Inszenierung verbanden, immer wieder aber auch in die Untugend der alten Fernseh-Western verfielen, ihre Geschichten mit endlosen trivialen, moralisierenden

Dialogen zuzuschütten. Ein Beispiel dafür ist NED BLESSING: THE STORY OF MY LIFE AND TIMES (LOADED GUN; 1993, Regie: Jack Bender), die in einer langen Rückblende erzählte Geschichte der Säuberung einer Stadt und der Rache an den Männern, die den Vater des Helden (Brad Johnson) ermordet hatten.

Ein eigenes kleines Subgenre entstand Mitte der achtziger Jahre mit kleinen Western, die klassische Sujets verfilmten, und in denen bekannte Stars und Veteranen der Country & Western-Musik die Hauptrollen spielten. Geradezu waghalsig wirkte dabei der Versuch eines neuerlichen Remakes von STAGECOACH (an dem sich schon ein solider Handwerker wie Gordon Douglas blamiert hatte). In STAGECOACH (HÖLLENFAHRT NACH LORDSBURG; 1986, Regie: Ted Post) treten Kris Kristofferson (in der Rolle des Ringo, den einst John Wayne gespielt hatte), Kenny Rogers und Waylon Jennings auf. Willie Nelson spielt einen Doc Holliday, der sich als Freund der Indianer entpuppt. Kristofferson gibt den legendären Outlaw in einer neuen Version von THE LAST DAYS OF FRANK AND JESSE JAMES (DIE LETZTEN TAGE VON FRANK UND JESSE JAMES; 1986, Regie: William A. Graham), Johnny Cash (als Frank James) und Willie Nelson sind seine Partner in der Geschichte der James-Brüder, die nach einem Leben als Banditen zu gutbürgerlichem Dasein finden wollen und durch unglückliche Umstände wieder auf die schiefe Bahn geraten, bis Jesse vom Verräter Bob Ford erschossen wird. Kenny Rogers war in einigen TV-Western als THE GAMBLER zu sehen. Der erste Film aus der Reihe, KENNY ROGERS AS THE GAMBLER (DER BESTE SPIELER WEIT UND BREIT: SEIN GRÖSSTES SPIEL; 1980, Regie: Dick Lowry), nach seinem Country-Hit The Gambler entstanden, war einer der größten TV-Erfolge beim amerikanischen Publikum. Auf dem Weg zu einem großen Pokerspiel lernt der Held den jungen Spieler Billy (Bruce Boxleitner) kennen. Die beiden tun sich zusammen und erleben fortan nicht nur am Spieltisch mehr oder minder raffinierte Abenteuer in mittlerweile drei Sequels, von denen KENNY ROGERS AS THE GAMBLER: THE ADVENTURE CONTINUES (DER BESTE SPIELER WEIT UND BREIT: SEIN GRÖSSTES ABENTEUER; 1983, Regie: Dick Lowry) mit Linda Evans in der weiblichen Hauptrolle, noch einmal ein großer Erfolg war. Johnny Cash spielte den älteren Davy Crockett in David Hemmings Hommage an den amerikanischen Nationalhelden DAVY CROCKETT (DAVY CROCKETT – KÖNIG DER TRAPPER; 1983). Kris Kristofferson übernahm die Hauptrolle von John Guilermins kleinem Western DEAD OR ALIVE (DER GNADENLOSE JÄGER; 1989). Als Fährtensucher jagt er zusammen mit seinem Sohn Tom (Mark Moses) einen entkommenen Sträfling, einen religiös inspirierten Psychopathen, der eine kleine Farmerstochter gekidnappt hat. Tom, ein junger Jurist, gerät zunehmend in Rage gegen seinen Vater, der das Gesetz der Grenze so sehr verinnerlicht hat, dass er ohne Zögern tötet. Aber als dieser dem Flüchtenden zum Opfer fällt, vollendet er das Werk der Menschenjagd und kehrt nach dieser sehr amerikanischen Art der Initiation auf seinen Rechtsanwaltsposten zurück.

Auch Burt Kennedy, als Drehbuchautor und Regisseur einer der innovativsten Talente der sechziger Jahre, drehte in den achtziger Jahren kleine TV-

Western. In DOWN THE LONG HILLS (ENTSCHEIDUNG AM LONG HILL; 1987) spielte Bruce Boxleitner, der TV-Western-Star der Dekade, die Hauptrolle. Es geht um zwei Kinder, die beiden einzigen Überlebenden eines Indianerüberfalls, die sich allein zu einem Fort durchschlagen. Im Jahr darauf entstand ONCE UPON A TEXAS TRAIN (DIE GLORREICHEN NEUN), eine Geschichte über einen alten Sheriff und einen Banditen, die vor allem von einem großen Aufgebot altgedienter Westernstars lebte: Richard Widmark, Chuck Connors, Jack Elam, Ken Curtis (der «Festus» aus der GUNSMOKE-Serie), Stuart Whitman, Angie Dickinson und einmal mehr, Willie Nelson.

Eher der psychologischen Linie des Westerns folgte die Serie der DESPERADO-Filme. In ihrem Mittelpunkt steht der Cowboy Duell McCall (Alex MacArthur), der zu Unrecht des Mordes angeklagt wird und in DESPERADO (1987, Regie: Virgil Vogel) mit der Tochter des Opfers flieht. In THE RETURN OF DESPERADO (DESPERADO – DIE RACHE; 1988, Regie: E. W. Swackhammer) legt er nebenbei einem Spekulanten das Handwerk. In DESPERADO AVALANCHE AT DEVILS RIDGE (DESPERADO – RITT IN DIE HÖLLE; 1988, Regie: Richard Compton) soll er gehängt werden, wenn es ihm nicht gelingt, die entführte Tochter eines reichen Ranchers (Rod Steiger) zu befreien. Es entwickelt sich ein verwobenes psychosexuelles Spiel, bei dem sich schließlich herausstellt, dass der Rancher die junge Frau, die er als seine Tochter ausgegeben hatte, wie eine Sklavin hielt. In DESPERADO: BADLAND'S JUSTICE (DESPERADO – KRIEG DER GESETZLOSEN; 1990, Regie: E. W. Swackhammer) gerät er zwischen die Fronten verschiedener Banden. Aber dem Versuch, eine Art Auf der Flucht im Western-Ambiente mit den alten Geschichten und Werten des B-Westerns zu verbinden, war trotz der Regisseure der alten Garde, der Drehbücher des Krimispezialisten Elmore Leonard und des für seine bizarren Horrorfilme berühmten Larry Cohen nur wenig Erfolg beschieden. Zu den bescheiden budgetierten traditionalistischen *little westerns* des Fernsehens gehört auch Mel Damskis BLOOD RIVER (BLOOD RIVER; 1991), der ruhig und unspektakulär von der Freundschaft zwischen einem alten Trapper (Wilford Brimley) und dem jungen Cowboy Jimmy (Rick Schroeder) erzählt. Jimmy hat in Notwehr den Sohn des skrupellosen Viehbarons Logan (John P. Ryan) erschossen. Nun muss er vor dem Mann fliehen, der einst auch seine Eltern tötete. Der alte Trapper, der ihm hilft, ist in Wahrheit ein Marshal, der den Jungen als Lockvogel benutzt, um Logan über die Grenze zu locken, wo er ihn verhaften darf. Das Drehbuch für diesen Film stammte von John Carpenter, der damit seinem Traum von einem eigenen Sur-Western freilich nicht sonderlich nahe kam. 1987 drehte Robert Day den kleinen, psychologisch schon stimmigeren Western THE QUICK AND THE DEAD (ER KAM AUS DER SONNE), der einige der geläufigeren Motive des Genres variierte. Eine Farmerfamilie kommt in den Westen und erlebt dort die Härte des Landes und der Menschen. Nachdem eine Bande ihnen die Pferde gestohlen hat, setzt sich ein geheimnisvoller Fremder namens Vallian (Sam Elliott, der andere Serienstar des

Genres) immer wieder für sie ein, und die Ehefrau (Kate Capshaw) verliebt sich in diese späte Bildschirm-Version des *savior in the saddle*, Shane, den verschwindenden Geist des Western.

Der Fernseh-Western der achtziger und neunziger Jahre nahm das Genre sozusagen nach wie vor beim Wort. Als wäre nichts geschehen, erzählte man die alten Geschichten und versagte sich ganz das selbstreferentielle Spiel des Post-Western im Kino. Aber selbst in dieser artifiziellen Naivität rumorte und spukte es, schien der Westerner nicht mehr wirklich zu sich selbst zu finden. Die Veteranen im Regiestuhl und vor der Kamera mochten noch so sehr zurückgelehnt den Legenden und Songs von früher nachsinnen; wie alte Cowboys in den Schaukelstühlen sich an die *tall tales* erinnern, an wirklich komische Typen, schöne Frauen und lange Ritte. Aber die Jungen mussten an dem Versuch scheitern, in diesen Geschichten zu leben.

Parodies & Oddities: Westernkomödien und Horrorwestern

Es gibt kaum etwas schwierigeres als eine gute Westernparodie, unter anderem, weil der Western sozusagen von Natur aus seine eigenen komischen Seitenlinien hat, weil der Westerner, wo er nicht schon zur Tragödie verdammt ist, in der Regel ein mit der Gabe der Selbstironie gesegneter Held ist, und weil noch jeder von ihnen früher oder später seinen komischen *sidekick* findet. Überdies ist das Genre reich an komischen Filmen, die ganz ohne wirkliche Verletzung der Regeln auskommen, von Destry Rides Again bis zu den italienischen Trinità-Filmen. Eine große Zeit für die Western-Komödie und -Parodie kam vielleicht deshalb gerade zu einer Zeit, als das Genre im Ganzen darniederlag; die schlechtesten Western-Komödien der achtziger Jahren versuchten gleichsam, ihrem Genre den einen oder anderen Todeshieb zu versetzen, die besseren waren auch von einer gewissen Trauer über das Verschwinden des Originals erfüllt.

Cactus Jack (Kaktus Jack; 1979, Regie: Hal Needham) ist purer Slapstick; Kirk Douglas spielt einen Banditen, der immer wieder eine Postkutsche überfallen will, und immer wieder in die selber gelegten Fallen tappt, wie Willey E. Coyote in den «Roadrunner»-Cartoons. Ann-Margret ist die wundervolle Charming Jones und niemand anderes als Arnold Schwarzenegger der *handsome stranger* (im Deutschen «Schöner Fremder»), dessen Tugend die Heldin am Ende so langweilt, dass sie ihren Reichtum doch lieber dem originellen Schurken übergibt. Douglas trat in Draw! (Zwei Schlitzohren rechnen ab; 1984, Regie: Steven Hillard Stern) wieder auf: Hier ist er ein alter Revolverheld, der einen Sheriff bei einem Duell erschießt: Um den Zorn der Bürger zu besänftigen, kommt der *lawman* Sam Starret in die Stadt und erschießt ihn; aber kaum hat er die Leiche aus der Stadt gebracht, ist die wieder sehr lebendig. Als eine eher sanfte Komödie, die mehr an einer liebevollen Milieuzeichnung interessiert ist, versucht Sterns Film gleichsam zu retten, was zu retten ist. LUST IN THE DUST (GEIER, GELD UND GOLDENE EIER; 1985, Regie: Paul Bartel) gehört zu den heftigeren Parodien. Tab Hunter spielt einen Revolverhelden auf der Suche nach einem Goldschatz, dessen Lage auf dem Hintern der korpulenten Rosie eingraviert ist (gespielt von dem Transvestiten Divine aus den John-Waters-Filmen). Im selben Jahr entstand RHUSTLER'S RHAPSODY (RHAPSODIE IN BLEI; 1985, Regie: Hugh Wilson). Tom Berenger spielt den singenden Cowboy Rex, der mit seinem überaus intelligenten Pferd durch den Westen der B-Movies und Serienwestern der dreißiger und vierziger Jahre zieht (aus der zärtlichen Ironie des Originals wurde in der deutschen Synchronisation allerdings nur platte Klamotte). John Landis drehte THREE AMIGOS (DREI AMIGOS!; 1986) als Parodie auf die Fantasien des glamourösen B-Western-Films der Frühzeit des Genres und die Trio Western der dreißiger und vierziger Jahre. Steve Martin, Chevy Chase und Martin Short sind die plötzlich arbeitslos gewordenen Helden einer Western-Serie, die unversehens in Mexiko einer echten Gefahrensituation gegenüberstehen, als sie – ganz in der Manier der Serie – von den armen Bewohnern eines Dorfes zur Hilfe gegen eine Banditengruppe gerufen werden, während sie glauben, dass sie noch in einer Westernshow sind. Zu den Glanzstücken der drei Komiker von SATURDAY NIGHT LIFE gehören die an den unmöglichsten Stellen einsetzenden Gesangseinlagen. Doch am Ende werden sich die drei ihrer realen Verantwortung bewusst und mobilisieren alle ihre Fähigkeiten, um dann, als die Banditen besiegt sind, sogleich wieder in ihre Rollen zurückzufallen. «Ich komme wieder!», sagt Steve Martin zum Abschied, wie er es aus den Filmen gewöhnt ist (und weil er glaubt, nun den Traum auch wirklich erfüllt zu haben) zu der schönen Frau, die die Hilfe der drei Amigos erbeten hat; die fragt ganz erstaunt zurück: «Warum?»

Zu den gelungeneren Western-Parodien der Dekade gehört wohl auch Robert Zemeckis dritter Teil der Zeitreise-Geschichte BACK TO THE FUTURE III (ZURÜCK IN DIE ZUKUNFT III). Marty McFly (Michael J. Fox) gerät in den historischen Westen, und weil Indianer den Benzintank seiner DeLorean-Zeitmaschine durchschossen haben, scheint er für immer verdammt, mit seinen Vorfahren, soliden (und vom Odium der Feigheit bedrohten) Siedlern und dem Vorfahren des diesmal an Paraderollen von Lee Marvin (THE MAN WHO SHOT LIBERTY VALANCE und THE COMANCHEROS) erinnernden Biff zu bleiben, bis es Doc Brown gelingt, eine Lokomotive zur neuen Zeitmaschine umzufunktionieren. Zwischenzeitlich hat er den Frisbee erfunden, nennt sich Clint Eastwood («Was'n das für'n bescheuerter Name!», sagt einer im Saloon) und hat einmal mehr seinen Familienroman repariert. Eine Zeitreise-Geschichte ist auch TIMESTALKERS (DIE ZEITFALLE; 1986, Regie: Michael Schultz), in der ein Professor in die Zeit des Wilden Westens reist, um den

Mord am Ur-Urgroßvater einer Frau aus der Zukunft zu verhindern. Klaus Kinski spielt den schurkischen Revolvermann.

Die besseren Western-Burlesken dieser Zeit erzählen vom Westen als einem Traum-Reich, in dem man sich verwirklichen kann, wenn man nur die Legenden als das nimmt, was sie sind. Es ist für die städtischen Helden eine Rückkehr in die Jugendzeit und zur Unschuld. Die «Gespenster»-Western dagegen beschreiben den Westen als ein schwarzes Loch in der Nationalgeschichte, als Ort der Sündenfälle: als Hölle wie, immer wieder und ganz wörtlich, in Clint Eastwoods Gespenster-Western. BRONCO BILLY (BRONCO BILLY; 1980), von Eastwood selbst inszeniert, umfasst dramatische und komödiantische Eigenheiten seiner letzten Rollen. Er spielt den Besitzer einer Wildwest-Wandertruppe – wieder, wie in seinen dramatischen Western, eine «Familie» auf der Reise –, und erneut haben sie alle bizarre Biografien, von dem einarmigen Bankangestellten, über den Zirkusdirektor, der im Gefängnis saß, weil er seinen Beruf ohne Konzession ausübte bis zu Häuptling Big Eagle, einem Räuber und jetzigen Schriftsteller und dem Vietnam-Deserteur Lasso Leonard James. Bronco Billy selbst ist ein ehemaliger Schuhverkäufer und Ex-Häftling (er hat versucht, seine untreue Frau zu ermorden), der seinen Cowboy-Traum verwirklichen will. Ein Zirkus, in dem nichts klappt, und in dem Bronco nur durch seine Western-Klischees lebt, mit denen er allerdings meistens ebenso daneben liegt wie seine Mitarbeiter mit ihren Nummern. Und wieder begegnet dieser reine Tor des Mittelwestens der verräterischen Frau Sondra Locke, diesmal als reiche New Yorker Zicke, die freilich besser schießt als er und ihn lächerlich macht. Nach einer Reihe von Pannen beschließt man, in Wildwestmanier einen Zug zu überfallen und scheitert dabei. BRONCO BILLY behandelt den Westen ganz buchstäblich als Raum der verrückten Träume, als die utopisch/regressive Arena sinngebender Spiele, die die Verletzungen des Lebens in der «Freien Marktwirtschaft» birgt, die Wunden pflegt und sie doch vertieft. «Wenn es zu dem Rätsel, das BRONCO BILLY darstellt, eine Lösung gibt, dann heißt sie: Der Western ist der mystische Ort, an dem wir die Träume erfüllen können, für die die Wirklichkeit keinen Platz lässt» (Joe Hembus / Benjamin Hembus).

Obwohl man ihm zumindest in Europa eher rechte Tendenzen unterstellte, eine Verteidigung des Western-Traumes und damit eine besondere Art des Nationalismus, wurde BRONCO BILLY für Eastwood ein verheerender Misserfolg und war, wenn vielleicht auch etwas weniger spektakulär, im Jahr von Reagans Amtsantritt für das Verschwinden des Western in dieser Dekade nicht weniger paradigmatisch als HEAVEN'S GATE. Denn auch BRONCO BILLY war so etwas wie ein letzter Western, nicht nur anachronistischer Schwanengesang, sondern vor allem die Erklärung der Defizite, ja des Wahnsinns, die das Genre birgt. Eastwoods Film beschreibt die Flucht in den Traum-Westen und ein wenig davon, warum sie nicht mehr gelingen kann.

Melancholie bestimmt auch den kanadischen Film THE GREY FOX (DER FUCHS; 1983, Regie: Philip Borsos), in dem Richard Fansworth einen alternden Outlaw spielt, der im Kino THE GREAT TRAIN ROBBERY (1903) sieht und daraufhin beschließt, von Postkutschen auf Züge umzusatteln, was allerdings keine allzu großen Erfolge zeitigt. Die Schluss-Sequenzen des Films sind direkt nach dem Vorbild des Stummfilms geschaffen, aber mehr als um das Film-im-Film-Spiel geht es um das Bild eines Menschen, der ganz anders ist als seine Legende.

Kleine, eher unspektakuläre Western-Komödien begleiteten wieder erst die kurzfristige Western-Renaissance der frühen neunziger Jahre. Eine nachsichtige Durchleuchtung der manipulierten Legenden stand dabei im Vordergrund. EL DIABLO (EL DIABLO – DER MIT DEM TEUFEL TANZT; 1990, Regie: Peter Markle) erzählt von dem tollpatschigen Schullehrer Billy Ray Smith (Anthony Edwards), der als der schreckliche El Diablo seine Lieblingsschülerin entführt und zum schießgewandten Westerner wird, während er von einem Autor von Western-Romanen begleitet wird. Er begegnet dem schwarzen Cowboy Van Leek (Louis Gossett Jr.), dem eigentlichen Vorbild des Kid Durango, dessen Abenteuer er in den «Dime Novels» so fasziniert verfolgt hat, und der nun aus Mitleid eine kleine Gruppe zusammenstellt, mit deren Hilfe die Befreiung gelingt. Schließlich aber erscheint noch ein echter Kid Durango auf der Bildfläche. Am Drehbuch arbeitete John Carpenter mit, der den Stoff ursprünglich selbst verfilmen wollte und hier als ausführender Produzent fungierte – noch einer der gescheiterten Versuche Carpenters mit dem Genre, das einige seiner besten Filme so deutlich beeinflusste. SODBUSTERS (1994, Regie: Eugene Levy) versammelt eine Reihe wundervoller Western-Klischees, in denen Fred Willard als hart arbeitender Farmer, Kris Kristofferson als Revolverheld und John Vernon als schmieriger Schurke agieren, als würden sie die Sache vollkommen ernst nehmen. Aber von Szene zu Szene entlarven sich die Klischees und werden zu eigenen *jokes*, die Phrasen von SHANE und HIGH NOON werden mit todernster Miene wiederholt, und vor allem kommt in diesem Western endlich einmal die im Genre gemeinhin reichlich unterdrückte sexuelle Energie zum Vorschein, egal ob hetero- oder homosexuell.

Auch im Animationsfilm kehrte zu dieser Zeit der Western zurück. Der zweite Teil der Zeichentrick-Saga von FEIVEL, DER MAUSWANDERER, unter der Ägide von Steven Spielberg, schickte seinen kleinen Helden in den Wilden Westen. In AN AMERICAN TAIL 2: FEIVEL GOES WEST (FEIVEL, DER MAUSWANDERER 2; 1991, Regie: Simon Wells, Phil Nibbelink) hat die Familie Mouskevitz nach ihrer Einreise von Russland nach Amerika kein Glück gehabt. So zieht sie mit dem frechen Sprössling nach Westen, weil eine Katze versprochen hat, dort sei das Paradies auf Erden zu treffen (während sie in Wirklichkeit vorhat, die kleinen Pioniere zu einem großen Mouseburger zu verarbeiten). FEIVEL GOES WEST ist unter anderem eine klammheimliche, bestätigende Revision von HEAVEN'S GATE; auch dieser scheinbar so freundliche Film hat gelegentlich einen beinahe bitteren Unterton, was die Behandlung der Einwanderer in «Gottes eigenem Land» anbelangt. Aber natürlich gönnt er seinen

Helden ein Happyend. Im Jahr 1994 gelangte in seinem obligaten Animationsabenteuer auch Asterix in den (Prä-) Westen in Asterix in Amerika.

Der so ziemlich schrägste aller komischen Western stammt dann aber aus Deutschland: Texas – Doc Snyder hält die Welt in Atem (1993, Regie: Helge Schneider, Ralf Huettner). In seiner typischen Verweigerungskomik erzählt Helge Schneider von einem Westen, in dem immer was los ist, man weiß nur nicht genau was, und: «Da geht jemand her. Da sitzt einer, auf der anderen Seite ist ein Pferd angebunden, es fängt an zu regnen, es zwitschern die Geier, ein Vogel schaukelt in seinem Käfig. Die Pistole von Doc Snyder wird gezogen (von ihm selbst), und die Mutter geht spazieren, da wird sich ausgeruht auf der Veranda vor der Westernhütte, im Hintergrund steht wieder ein Huhn aufgeregt im Stall, rundum ein Kommen und Gehen, man kommt mit seiner Intelligenz aber gerade noch mit, um die Handlung zu verstehen» (Helge Schneider). Der auf dem Gelände der Karl May-Festspiele in Elspe gedrehte Film hat tatsächlich so ziemlich genau diesen Inhalt. Und auf die Frage, ob es sich bei seinem Werk etwa um einen Meta-Western handele, antwortete der Regisseur, Autor und Hauptdarsteller: «Ich hatte mal 'ne Tante, die hieß Meta...»

Lightning Jack (1994, Regie: Simon Wincer) erzählt von einem eher beschränkten und vor allem extrem kurzsichtigen Revolvermann (Paul Hogan) und seinem stummen, intelligenten schwarzen Partner (Cuba Gooding Jr.), die durch den Westen reiten und Banken ausrauben, wobei sie bemerkenswerterweise in den typischen Westernlandschaften offensichtlich die Orientierung verlieren. Der Film sei, so der Regisseur Wincer, «eher ein klassischer als ein moderner Western. Wir wollten das Ganze so realistisch wie möglich zeigen, aber auf der anderen Seite auch jenen großartigen Western, mit denen wir aufgewachsen sind, unseren Respekt erweisen. Denn damals zeichneten die Regisseure noch ein wesentlich positiveres Bild dieser Epoche.» Damit beschreibt er zugleich ein Dilemma seines eigenen Filmes und das des Post-Western überhaupt, nämlich seine Unfähigkeit, eine Geschichte zu erzählen, ohne kulturgeschichtliche Reminiszenz oder Hommage zu sein. So erschien der Kritik etwa der Drehort Monument Valley, das als *John Ford Territory* sakralisiert zu sein scheint und dessen Benutzung selbst Sergio Leone als Verrat ausgelegt wurde, an Unverschämtheit zu grenzen: je mehr der Western selber eine Kraft der Vergangenheit ist, desto «heiliger» scheint sein Erbe.

Der Traum vom Westen als Reich der Bewährung und der Selbstfindung indes ist beinahe unsterblich. In City Slickers (City Slickers – Die Grossstadthelden; 1991, Regie: Ron Underwood) will eine Gruppe von typischen Großstadtneurotikern das Erlebnis des freien Lebens in der Prärie kennenlernen. Unter der Leitung des erfahrenen Cowboys Curly (Jack Palance) sollen sie eine Rinderherde von Mexiko nach Colorado bringen. Als Curly, dessen natürliche Kraft und Weisheit sie mehr und mehr schätzen gelernt haben, plötzlich stirbt, und die anderen Helfer das Weite suchen, beschließen die drei Helden, das Unternehmen selbst zu Ende zu führen. Auch dieser Film handelt vor allem davon, wie der Western als Traumreich zugleich funktioniert und nicht funktioniert, wie er in seinen großen Mythen und legendären Gestalten wie Curly wirkt, und wie er doch am Ende alles der ökonomischen Macht unterworfen hat. Am Schluss ihres großen Abenteuers erfahren die drei, dass die Herde sogleich in den Schlachthof soll. Nur das Kalb, bei dessen Geburt er geholfen hat, kauft Mitch frei. In City Slickers II (Die goldenen Jungs; 1994, Regie: Paul Weiland) brechen Mitch (Billy Crystal) und Phil (Daniel Stern) auf, um einen Schatz zu suchen. Es gibt auch hier parodistische Seitenhiebe auf berühmte Filme des Genres und andere, etwa Der Schatz der Sierra Madre, aber die Fortsetzung bleibt eher schematisch. Palance spielt den bösen Zwillingsbruder von Curly, der den Schatz für sich haben will, und er hebt darin in einer bösen Parodie das utopische Element des ersten Filmes wieder auf.

Eine umgekehrte Bewegungsrichtung schildern Komödien wie The Cowboy Way (Wie die Cowboys; 1994, Regie: Gregg Champion), wo Woody Harrelson und Kiefer Sutherland zwei Cowboys spielen, die in New York nach einem verschwundenen Kumpel suchen. Jimmy Smits spielt den edlen Räuber in einer humoristischen Neuverfilmung von The Cisco Kid (The Cisco Kid; 1994, Regie: Luis Valdez), nach dem Stoff von O. Henry, Cheech Marin (vom Komikerduo Cheech und Chong) seinen Freund Pancho. Die Geschichte vom Nationalhelden wider Willen wird mit deutlichen Bezügen zur italienischen Westernkomödie (einmal sieht man zu Morricone-inspirierter Musik auch eine Gruppe zerlumpter Gesellen Spaghetti essen) und purer TV- Unterhaltung erzählt: ein Post-Western, der sich und sein Genre mag, ohne sich allzu viel Mühe zu geben, es auch zu verstehen.

Das Komische ist die eine Form der Distanzierung, das Grauen die andere. In den achtziger Jahren tauchten Western-Symbole und Gestalten oft in einem gespenstischen Diskurs im Genre des Fantastischen auf. In House II (House 2; 1986, Regie: Ethan Wiley) findet der junge neue Besitzer des gespenstischen Hauses den Geist seines Großvaters, des alten Goldgräbers und Tramps, den das ewige Leben in Form eines Wundersteins erwischt hat und der sich zunächst ganz gut mit der neuen Zeit arrangiert, bis ein furchtbarer Western-Killer aus der Vergangenheit kommt und den Stein raubt. In Ghost Town (Ghost Town; 1987, Regie: Richard Governor) gerät der Held trotz der Warnung eines weit über 100 Jahre alten Mannes in eine Geisterstadt, in der Untote aus den Pioniertagen ein schreckliches Regiment führen. Er steht einem schwarzgekleideten *gunman* mit rotglühenden Augen gegenüber, will eine Saloonsängerin vor den Western-Zombies retten und muss schließlich im Saloon mit einem unheimlichen Spieler um Leben oder Tod pokern. Haunted (Der Fluch der Indianerin; 1987, Regie: Michael De Gaetano) erzählt vom Bann, der auf den Nachkommen eines Richters lastet, der einst in den Tagen des Western eine Indianerin zum Tode verurteilte, indem er sie nackt in die Wüste schickte. Nun taucht eine Frau auf, die der Indianerin auf das

Haar gleicht. In DEMON WARRIOR (DEMON WARRIOR; 1987, Regie: Frank Patterson) kommt alle zehn Jahre ein grauenhaftes Monster, ein mit brennenden Pfeilen schießender Krieger, auf die Farm der Willards, um sich für das gestohlene Indianerland zu rächen. SATAN'S BLADE (SATANS BLADE; 1987, Regie: L. Scott Castillo) handelt von einem verfluchten Messer, mit dem einst ein Trapper seine gesamte Familie ausrottete, und das nun in der Gegenwart ähnlich verheerend wirkt. OUTLAWS (OUTLAWS; 1986, Regie: Peter Werner) variiert das Zeitreisethema: Vier Bankräuber werden mitsamt dem sie verfolgenden Sheriff in die Gegenwart versetzt. Auch der Bürgerkrieg, ein veritables Tabu-Thema des Genres, wurde in Form einer blutigen Gespenstergeschichte abgehandelt: In THE KILLING BOX (KILLING BOX; 1993, Regie: George Hickenlooper) wird während des Bürgerkrieges durch einen afrikanischen Zauber ein ganzes Südstaaten-Regiment von Toten auferweckt, die auf Zombie-Art immer neue Soldaten erschaffen. Mit Hilfe einer stummen Sklavin wird das Problem schließlich gelöst. Aber noch in diesem okkulten Unfug gibt es eine pädagogische Botschaft: Wir sehen, wie der rassistische Südstaatenoffizier gegenüber der schwarzen Sklavin, die mit ihm zusammengekettet ist, allmählich seine Vorurteile verlieren muss. Gespenstisches Leben haben Western-Gestalten und -Symbole auch in «Sex & Crime Movies». In dem Polizeifilm HUNTER (GNADENLOSE JAGD; 1986, Regie: Ron Satlof) geht es um einen Frauenmörder, der es auf Frauen mit einem Faible für Western-Kleidung abgesehen hat und die sich in einem Western-Lokal treffen. Der brutale Frauenmörder in Brian De Palmas Thriller BODY DOUBLE (DER TOD KOMMT ZWEIMAL; 1984) erscheint im Outfit eines indianischen Kriegers. Umgekehrt hat die jugendliche Prostituierte Angel in der Serie von Rächerfilmen einen Gefährten, der als Kit Carson verkleidet ist, ein Ex-Cowboy-Darsteller, der seinen großen Traum nicht verloren hat und für die Heldin zu einem verlässlichen Freund geworden ist. Gespielt wird er von dem B-Western-Veteranen Rory Calhown.

Eine Reihe von Abenteuerfilmen schließlich hat Szenen, die aus einem Western stammen könnten. So beginnt ROMANCING THE STONE (AUF DER JAGD NACH DEM GRÜNEN DIAMANTEN; 1984, Regie: Robert Zemeckis), mit einer überaus kitschigen Western-Szene, welche sich die Heldin (Kathleen Turner) als Schriftstellerin gerade ausgedacht hat. Dann beginnt das wirkliche Abenteuer. Während in den Spät-Western der amerikanische Westen als historische Bewegung, als moralisches System, als Erzählhaltung und nicht zuletzt als geschlossene Mythologie in Frage gestellt wurde, wurde er in der komischen oder grotesken Distanzierung als ein Traum-Reich verhandelt, in dem nun, sozusagen auf einer dritten Ebene der Wirklichkeit (nach der materiellen, historischen Realität und nach der Realität des Mythos nun die Realität des produzierten Traumes oder Alptraumes) noch einmal die beiden wesentlichen Impulse des Genres spuken: die Utopie der Selbstverwirklichung (die auch den zum Helden werden lässt, der dafür zunächst denkbar ungeeignet scheint) und der Versöhnung von Mensch und Natur auf der einen, das verdrängte Böse, das schlechte Gewissen über die historische Schuld, die Scham und das Opfer auf der anderen Seite. Auch auf dieser Ebene, die nicht mehr den Westen abzubilden vorgibt, sondern allenfalls den kulturgeschichtlichen Umstand des Aufwachsens mit Geschichten und Symbolen des Western, kommt das Genre zu keiner Ganzheit mehr. Und selbst die City Slickers dürfen ihren Traum vom Cowboy-Leben nicht allzu genau anschauen.

Die Rückkehr des verschwundenen Amerikaners: Neue Indianerfilme

Der Western als Nationalepos in Form des *work in progress* behandelt die Landnahme und den strukturellen Völkermord, der mit ihr verbunden war, als offenen Mythos: die Geschehnisse bleiben mehrdeutig, der Widerspruch von Utopie und Regression, von Hass und Sehnsucht, von Ideologie und Mystik ist einer ewig währenden Bearbeitung unterzogen. Man kann in dieser offenen Mythologie die Behandlung des Indianers in den amerikanischen Western vielleicht in vier Grundlinien einteilen: das schiere Feindbild des sozusagen von Natur aus grausamen Wilden, der sich dem Prozess der Zivilisation widersetzt und daher im gerechten Kampf um «Gottes eigenes Land» bekämpft werden darf, der aber auch das Prinzip der Anarchie verkörpert, die Fantasie vom edlen und missverstandenen Gegner, der, genau wie die gutwilligen Weißen, Opfer schamanischer Manipulation auf der einen und kriegstreiberischer Machenschaften uneinsichtiger Militärs, korrupter Indianeragenten, Banditen und Händler auf der anderen Seite werden, die sich durch Schnaps, Glasperlen und Gewehre bereichern; als eine religiöse, kulturgeschichtliche Metapher des «ganz Anderen», einer anderen Spiritualität in der Wildnis, die die weißen Landnehmer in einen Garten verwandeln wollen, eine Art körperlich gewordenes Gewissen auch, ein seltsamer Spiegel, in den der zivilisationsmüde Weiße blicken mag; und schließlich ein Bemühen, wenigstens in Ansätzen ein historisch und kulturell stimmiges Bild der indianischen Nationen und ihrer Kultur zu geben.

Versuche, das authentische Leben der *native Americans* im Film wiederzugeben, hat es in der amerikanischen Filmgeschichte vereinzelt schon frühzeitig gegeben, wenn auch nicht im Zentrum des Genres selber: so etwa in The Silent Enemy (1930, Regie: H. P. Carver), in dem Angehörige des Ojibway-Stammes in Spielfilmform die Geschichte ihres Volkes vor dem Eintreffen der Weißen rekonstruierten. Aber solche Versuche waren selten. Im Zentrum des Genres herrschten reaktionäre Fantasien – allenfalls mit einer dünnen Haut vorsichtiger Liberalität – vor; der Western war bis in die siebziger Jahre hinein das Genre, das die amerikanische Geschichte aus der Sicht der *White Anglo-Saxon Protestants* schilderte. Die Haltung des Genres den Indianern gegenüber war immer ambivalent gewesen. Exponenten der konservativen Kräfte bekannten sich noch in den sechziger Jahren zur Landnahme und der Gewalt. «Ich glaube nicht, dass es unrecht war, den Indianern ihr Land gewaltsam wegzunehmen; damals brauchten viele Menschen Land, und die Indianer blieben egoistisch darauf sitzen», erklärte John Wayne. So einfach ist das vermutlich immer noch für eine Mehrzahl der weißen Amerikaner. So einfach aber konnte es sich der Western in seiner späten Phase nicht mehr machen.

Nach den eher romantischen und nostalgischen Versuchen der Nachkriegszeit, das Thema zu behandeln, folgten härtere Auseinandersetzungen erst in den Spät-Western der siebziger Jahre. Nachdem die großen Indianerfilme der fünfziger und frühen sechziger Jahre indianische Helden (natürlich mit weißen Stars) als tragische Verlierer und Wanderer zwischen den Welten dargestellt hatten, versuchten in den folgenden Dekaden einige Regisseure, das Werk der vollständigen Romantisierung rückgängig zu machen und den Indianern wieder etwas von ihrer verlorenen Wildheit, des Geheimnisses des Anderen zurückzugeben. Für die weißen Helden musste dabei dieses Andere immer ungreifbarer werden. Der gespenstische Aspekt des unsichtbaren, unverstehbaren Feindes tauchte nun in mehreren Filmen auf. Der Spät-Western zeigt nicht nur das Ende der Pioniergesellschaft, das *closing of the frontier* (und dabei das Ende der Regeln des Genres), sondern auch gelegentlich ein Umkippen in den nahezu gothischen Horror, der zugleich wieder an die Anfänge, an die «Indian Atrocity Novels», aber auch an die Arbeiten von Herman Melville erinnert, dessen weißer Wal in «Moby Dick» ursprünglich ein weißer Büffel im Indianerland sein sollte, wie er dann, leider nicht allzu wirkungsvoll, in dem Film THE WHITE BUFFALO (DER WEISSE BÜFFEL; 1977, Regie: J. Lee Thompson) auftaucht, und an Nathaniel Hawthorne, der die psychischen Grundlagen des pathologischen Indianerhasses darstellte. In THE STALKING MOON (DER GROSSE SCHWEIGER; 1969) von Robert Mulligan, wo Geronimo eine Art Geist geworden ist, der den Westerner (Gregory Peck) selbst in ein rachelüsternes Monster verwandelt, verschwinden die Gewissheiten des Genres.

Zwei scheinbar konträre Linien ziehen sich, was die Behandlung des Konflikts zwischen den Kulturen anbelangt, durch den Spät-Western. In Filmen wie LITTLE BIG MAN war die Durchlässigkeit der Lebensformen, ja die Möglichkeit durchgespielt worden, auf beiden Seiten zu leben, wenn man nur eine gewisse simplizistische, ökologische Begabung aufwies, ein Gefühl des Respekts. Die andere Linie zeigt eine endgültige Entfremdung, durch die übergroße Schuld der Weißen, wie in SOLDIER BLUE (1970) von Ralph Nelson. Danach ist der Indianer dazu verurteilt, als Gespenst der verlorenen Weisheit und der verlorenen Beziehung zur Natur durch die Abgründe des modernen Lebens zu spuken. In ONE FLEW OVER THE CUCKKO'S NEST (EINER FLOG ÜBER DAS KUCKUCKSNEST; 1975, Regie: Milos Forman) ist der Indianer der einzige, der die Kraft hat, sich gegen den Terror der psychiatrischen Anstalt aufzulehnen; in Nicholas Roegs amüsanter Fantasie über Einstein, INSIGNIFICANCE (INSIG-

NIFICANCE – DIE VERFLIXTE NACHT; 1985), ist er der einzige, der die Größe des Wissenschaftlers erkennt. Eine Mischung aus schlechtem Gewissen und unerfüllter Sehnsucht, die Grenzen der eigenen Kultur zu überschreiten, spiegelt sich in den Freundschaften zwischen weiß und rot.

Am Ende der siebziger Jahre hatte Hollywoods Western nichts mehr zu den Indianern zu sagen. Das Genre war in Verzweiflung, Blut und Schande untergegangen. Und auch in den europäischen Western kamen Indianer nur sporadisch zu ihrem historischen Recht. In Mexiko dagegen entstanden Filme wie CUCHILLO (CUCHILLO, TODESLIED DER APACHEN; 1978, Regie: Rodolfo de Anda), der eine Rachegeschichte (ein Indianer rächt sich an der US-Kavallerie für die nahezu vollkommene Ausrottung seines Volkes) mit einer nationalen Mythologie verbindet: das Bild des aufständischen Indianers geht nahtlos in das des Revolutionshelden über.

Zu den wenigen amerikanischen Filmen, die sich noch in der Form des Genrefilmes mit dem Motiv beschäftigten, gehören die Fortsetzungen des in den sechziger Jahren so erfolgreichen Films A MAN CALLED HORSE (DER MANN, DEN SIE PFERD NANNTEN; 1970, Regie: Elliott Silverstein). THE RETURN OF THE MAN CALLED HORSE (DER MANN, DEN SIE PFERD NANNTEN, 2. TEIL; 1976, Regie: Irvin Kershner) schildert die Rückkehr des Helden zum Stamm der Yellow Hands, der unterdessen aus seiner Heimat vertrieben wurde – im gemeinsamen Kampf befreien sie sich von der Unterdrückung. Im Gegensatz zum ersten Film wurde dieses Sequel von indianischer Seite wegen seiner Treue zu den historischen Fakten akzeptiert, aber das ist beinahe schon alles, was man an Gutem über den Film sagen kann. 1984 schließlich folgte THE TRIUMPH OF THE MAN CALLED HORSE (DER TRIUMPH DES MANNES, DEN SIE PFERD NANNTEN; Regie: John Hough), wo Lord Morgan alias Shunka Wakan zusammen mit seinem Sohn Koda (Michael Beck) gegen Goldgräber kämpft, die in das indianische Gebiet eindringen. Bei diesen Kämpfen findet er den Tod. Das Bemühen um Authentizität (der Dialog ist über weite Strecken in der Sioux-Sprache Lakota und mit englischen Untertiteln versehen; die Rollen der Indianer sind mit indianischen Schauspielern besetzt, die Produktion wurde von fachkundiger Seite beraten) macht paradoxerweise gerade seine Nicht-Authentizität deutlich.

Am Ende der Dekade gab es immerhin eine Anzahl von Filmen, die sich jenseits der Western-Konventionen mit indianischen Schicksalen beschäftigten. Indianische Schauspieler (darunter Chief Dan George) und Berater agierten in COLD JOURNEY (1972, Regie: Martin Defalco), der Geschichte eines jungen Cree, der auf eine weiße Schule soll, aber flieht und in den Wäldern erfriert. Keith Merril inszenierte in den späten siebziger Jahren einige möglichst authentische Indianerfilme. THREE WARRIORS (MICHAEL, DER INDIANERJUNGE; 1977) etwa erzählt von einem indianischen Jungen, der sich zunächst seiner Abstammung schämt, dann aber unter der Anleitung seines Großvaters die eigene Kultur kennen und schätzen lernt. WINDWALKER (DAS

Vermächtnis des Indianers; 1980) präsentiert Trevor Howard (als einzigen weißen Darsteller im Cast) in der Rolle eines Cheyenne-Indianers, der sich zum Sterben bereit macht und noch einmal die Freuden und Leiden seines Lebens vor sich sieht, auf dem Sterbebett sein Leben erzählt, vor allem die lange und vergebliche Suche nach seinem von den Crows entführten Sohn, den er noch immer nicht völlig verloren gibt, und der als Geist noch einmal zurückkehrt, um seinem Volk zu helfen. Die Dialoge sind in indianischer Sprache, das Ambiente, am Ende des 18. Jahrhunderts und vor der Ankunft der Weißen, von grandioser Stille. In beeindruckenden Bildern schildert der Film eine harte, aber bewohnbare Welt. Es ist ein Einstieg in eine Mythologie, die Traum und Wirklichkeit nicht in die üblichen Formen trennt und die letztlich menschenfreundlich ist, auch wenn der Kampf in ihrem Zentrum steht. Hier wird eine magische Familiengeschichte konstruiert. Keith Merrill erhielt 1974 einen Oscar für seine Dokumentation The Great American Cowboy, Windwalker dagegen wurde von der Jury als «nicht amerikanischer» Film abgelehnt, weil er in Cheyenne-Sprache aufgenommen wurde: eine neuerliche Desavouierung der *native Americans*. Das Verdienst für dieses neue indianische Kino, das sich den Klischees des Genres weitgehend entzog, kam nicht zuletzt dem Produzenten Arthur R. Dubs zu, der neben Windwalker auch On Sacred Pond (Am heiligen Grund; 1983) produzierte und dabei auch Regie führte. Hier geht es um einen Trapper (Tim McIntire) und seine indianische Frau (Serene Hedin), die bei der Geburt ihres Kindes stirbt. Colter entführt als Mutter für sein Baby die Frau des Paiute-Häuptlings, Wannetta (Mindi Miller), die schließlich die Versöhnung zwischen dem Weißen und den ihn verfolgenden Indianern herbeiführt. Die Geschichte ist indes nur eine Folie für eine liebevoll detaillierte Beschreibung der Paiute-Kultur.

Der «ehrliche» Indianerfilm war in den achtziger Jahren ein kleines, aber solides Nebengenre. In Walks Far Woman (Die Unbezähmbare; 1982, Regie: Mel Damski) ist Raquel Welch eine Blackfoot-Indianerin, die zur Zeit der großen Kämpfe von Sitting Bull zu den Sioux kommt, zuerst wie eine Sklavin arbeiten muss, sich dann aber den Respekt verdient und mit einem Krieger verheiratet wird, der bald darauf in den Kämpfen gegen die Kavallerie stirbt. Der Film ging auf die Erinnerungen von zwei Frauen zurück, die der Autor des Buches, Colin Stuart, noch persönlich gekannt hat. Evan Hunter machte daraus das Drehbuch für einen sympathischen und etwas nostalgischen Film. 1989 drehte der mexikanische Filmemacher und Ethnologe Nicolas Echevarria den unspektakulären, aber sehr genauen Film Cabeza Se Vaca über die Landnahme des Kontinents durch die spanischen Conquistadoren und das Leben der Indianer vor dem Eindringen der Kolonialisten und während der Kolonialisierung.

Auch die indianische Gegenwart wurde in einer Anzahl von Filmen behandelt. Will Sampson trat als indianischer Sheriff in Relentless (Auf der Fährte des Todes; 1977, Regie: Lee H. Katzin) auf. Während er ein paar

Gangster durch die Wüste verfolgt, muss er mit deren tödlichen Fallen (es handelt sich um Vietnam-Veteranen, die dort drüben ein paar besonders schmutzige Tricks gelernt haben) und einem besserwisserischen FBI-Mann (John Hillerman) fertig werden. Zu den Indianerfilmen mit zeitgenössischem Hintergrund gehört Jonathan Wacks' Powwow Highway (Powwow Highway / Zwei Cheyenne auf dem Highway; 1989), die Geschichte der zwei Cheyenne-Indianer Buddy Red Bow (A. Martinez), der politisch bewusste Aktivist, und Phil Bono (Gary Farmer), der auf die spirituelle Erleuchtung durch die Geister der Ahnen hofft, die mit einem klapprigen 64er-Buick aus dem Reservat aufbrechen, um Buddys Schwester zu finden, die wegen Haschisch-Schmuggels von der Polizei verhaftet wurde. An den Heiligen Stätten der Ahnen erhalten die beiden Kräfte für ihren Befreiungszug. «Wacks erzählt das einfach, ohne Scheu vor typisierenden Scherzen und vordergründiger Action, aber sein Spielfilm-Debüt trägt zum Verstehen der Indianer-Probleme im heutigen Amerika bei. In umweltverseuchten Reservaten kämpfen sie um ein Überleben, das dauernd bedroht ist vom Verlust ihrer Identität» (Angie Dullinger).

Bemerkenswerterweise waren es vor allem englische Regisseure wie Wacks, die kritische Filme über die Situation der Indianer drehten. Der Engländer Frank Roddam versuchte sich 1989 mit War Party (War Party) in der Verknüpfung von Indianerfilm und Thriller: Bei einer für die Touristen nachgespielten Indianerschlacht tötet ein junger Weißer einen Indianer, mit dem er noch eine Rechnung offen hat. Vier von dessen Freunden rächen den Mord, werden von der Polizei in die Berge gejagt und nach und nach getötet. In Renegades (Renegades – Auf eigene Faust; 1989 Regie: Jack Sholder) ist Lou Diamond Phillips ein Sioux, der im Philadelphia der Gegenwart nach der Heiligen Lanze seines Stammes sucht, und er beginnt mit dieser Gralssuche auch die Rekonstruktion seiner indianischen Identität: «Du bist zurückgekommen, weil dein Platz bei uns ist», sagt der Häuptling Red Crow (Floyd Westerman) und umarmt ihn. Zusammen mit einem Weißen (Kiefer Sutherland) bekämpft er das Gangstertum, indem er immer wieder die indianische Fähigkeit, auch den Übertritt ins Magische zu vollziehen, zu aktualisieren weiß. Michael Apted, ebenfalls Engländer, drehte Thunderheart (Halbblut; 1992). Der Film erzählt von einem halb indianischen FBI-Agenten (Val Kilmer), der in einem Reservat einen Mord an einem Aktivisten des AIM (*American Indian Movement*) zu klären hat und dabei zu den Wurzeln seiner Kultur zurückkehrt. Apted drehte zunächst den Dokumentarfilm Incident at Ogalala und formte dann nach dem gewonnenen Material den Thriller um Leonard Peltier, der wegen der Ermordung zweier FBI-Agenten im Pine Ridge-Reservat angeklagt und zu 15 Jahren Gefängnis verurteilt wurde, obwohl seine Schuld nicht nachgewiesen werden konnte. Thunderheart zeigt das Indianerreservat wie ein Land der Dritten Welt, ausgeplündert und verelendet. Todesschwadronen terrorisieren die Bevölkerung im Auftrag mächtiger Finanzbosse, während man die Menschen dort planvoll durch Armut und Hoffnungslosigkeit zugrunde richtet. Zugleich geht es um die Geschichte einer Selbstfindung: Val Kilmer fährt zum ersten Mal durch das Reservat. «Das ist nicht mein Volk», sagt er mürrisch, als er die baufälligen Hütten, die unzähligen Autowracks, die Vermischung von weißem Kulturmüll und indianischer Lebensführung vor Augen hat. Aber am Ende wird er von den Weißen sagen: «Das ist nicht mein Volk.» Apted zeigt das Reservat als ein Niemandsland, in dem der Profit das Gesetz ist, und in dem der indianische Widerstand mit allen Mitteln gebrochen werden soll. Der Regisseur legte in Interviews Wert darauf, dass er die Situation in den Reservaten so empfunden und gezeigt habe, als verhielten sich die weißen Amerikaner gegenüber den Indianern wie gegenüber den Menschen in Vietnam. Über dieser realistischen Schilderung entwirft er indes eine durch und durch mythische Kino-Geschichte: die Wiederfindung der indianischen Identität für den Helden, der in einer Vision die Geschehnisse am Wounded Knee erlebt, und sich gemeinsam mit einem indianischen Polizisten (Graham Greene) gegen die Weißen und ihre korrupten Helfer stellt. Er verliebt sich in die indianische Lehrerin, die gegen die Vergiftung des Flusses protestiert und dafür ermordet wird und verwandelt sich vom smarten Cop in den *Dream Warrior*. Apted gönnt seinen Helden dann sogar ein bombastisches und ein bisschen ironisches Happyend. Wo früher die Kavallerie in letzter Sekunde zur Rettung kam, erscheinen nun die Indianer am Horizont, um eine scheinbar ausweglose Situation zu bereinigen. Überhaupt wirkt der ganze Film wie ein umgekehrter Western. Dazu gehört auch, dass in die Handlung neben Pathos Humor eingebaut ist. So sieht man zum Beispiel, wie man auch auf eine sehr indianische Art fernsehen kann. Wie viele andere Filme dieser Zeit ist auch THUNDERHEART ein Film über eine Landschaft: Während sie uns aber in anderen Beispielen zum Staunen vorgesetzt wird, hier und da auch zum Angstmachen, entwickelt Apted erst nach und nach und mit der Entwicklung seines Helden eine Art Zärtlichkeit. Zu den vielen Nebenbedeutungen des Genres gehört die Abkehr von den synthetischen Welten des amerikanischen Megakinos und die Suche nach anderen Raum- und Zeiterfahrungen. Der Indianer ist das Medium einer Kultur der Gelassenheit, und die Filme versuchen, wieder den Atem des Erzählens zu finden.

Das gewandelte Bild der indianischen Lebenswelt war entscheidend mitgeprägt durch eine Bewegung des indianischen Films, der sich in Zusammenhang mit den politischen Protesten der späten siebziger Jahre entwickelte: Filme wie WARRIOR von Suzie Baers über den Widerstand des AIM und den offenkundig politischen Prozess gegen Leonard Peltier, oder Arlene Bowmans wunderschöner NAVAJO TALKING PICTURE, die Geschichte eines schwierigen, langen Gesprächs der Autorin mit der Großmutter, die im Reservat lebt, oder WHIPING THE TEARS OF SEVEN GENERATIONS von Gary Rhine und Fidel Moreno, der die Geschichte der Ereignisse vom Wounded Knee, das Massaker der 7. Armee an 200 wehrlosen Männer, Frauen und Kindern im Dezember 1890 zum Ausgangspunkt für eine Meditation über die indianische Geschichte nach der Landnahme nimmt, zeugten von einem gewandelten Selbstbewusstsein. Anders als in den fünfziger Jahren war die Änderung des Indianerbildes im Hollywoodfilm also nicht nur eine Geste der siegreichen Kultur, sondern auch bestimmt durch die Revolte der Betroffenen selber. Die indianischen Filme zeigen, ganz im Gegensatz zum konventionellen Genre-Kino, wie schwer die Wiedergewinnung indianischer Identität jenseits der Folklore-Klischees ist, ja wie schwer selbst der Beginn einer Verständigung zwischen den verschiedenen Generationen in der Geschichte der Entfremdung ist. Arlene Bowman zeigt in NAVAJO TALKING PICTURE, wie sie versucht, einen Film über ihre Großmutter zu drehen, die noch das traditionelle Navajo-Leben führt. Aber diese entzieht sich immer mehr dieser Bilderproduktion; sie will ihr Bild nicht einer Maschine überantworten, die der weißen Kultur gehört. Es ist ein sprachloser Kampf zwischen den beiden, und am Ende steht nur die Aussicht, dass die Filmemacherin die Navajo-Sprache erlernen wird, die ihre Mutter sie nicht gelehrt hat, um ihre Chancen in der amerikanischen Gesellschaft zu verbessern. Aber dieses schwere Erlernen der eigenen, verlorenen Sprache ist mehr als nur eine konkrete kulturelle Geste, es bedeutet, wie Arlene Bowman sagt, es ganz und gar zu leben. Auf den ersten Blick einfacher als dieses komplizierte Suchen nach der verlorenen indianischen Kultur scheinen Dokumentationen der direkten Auseinandersetzungen mit dem Elend der Reservate, die treffender als Ghettos zu bezeichnen wären. Filme wie THE HONOUR OF ALL, der vom erfolgreichen Kampf einer *Indian Community* gegen den Alkoholismus im Reservat erzählt, entwerfen über die Klage in die Vergangenheit Bilder für eine neue indianische Lebenswelt. In VOYAGE OF DISCOVERY geht es um einen Mann, der sich mit Alkohol und Drogen ruiniert hat. Statt nach den Gesetzen der Weißen verurteilt zu werden, erhält er die Chance, nach indianischer Sitte zu sühnen: Er wird auf eine Insel verbannt, wo er acht Monate mit sich und seinen Dämonen allein bleibt. Und Identität und Stolz bilden sich im Kampf. In INCIDENT AT RESTIGOUCHE von Alanis Obomsawin wird gezeigt, wie die Polizei von Quebec brutal gegen die Micmac-Indianer vorgeht, denen man die Fischrechte beschränkt und damit ihre Lebensgrundlage zerstört.

Der politische Widerstand der indianischen Kulturen hat nur noch wenig mit den Hollywood-Ikonen zu tun. Dennoch gibt es Analogien: Wie in den pazifistischen Indianerwestern der späten fünfziger Jahre war auch der neue Indianerfilm eine kulturelle Spätreaktion auf den Krieg. In Vietnam hatten auch viele indianische Männer ihr Blut gelassen und mussten, heimgekehrt, erfahren, dass «ihr» Land sie nur weiter ausbeuten, vertreiben und, wenn im Dienste des ökonomischen Fortschritts nötig, immer noch vernichten würde. In Quebec stellte sich heraus, dass eine kulturelle und sprachliche Minderheit sich als vom Zentrum ausgebeutet hinstellen kann, sich aber gleichzeitig mit besinnungsloser Brutalität an die Unterdrückung eigener Minderheiten macht, wenn es um ökonomische Interessen geht.

Ende der achtziger Jahre war gewiss auch im kritischeren Segment der weißen Mainstream-Kultur so etwas wie ein Bewusstsein für die indianische Tragödie erwacht, die immer noch fortwirkte. Der größte Erfolg der Indianerfilmwelle aber wurde eine seltsame Mischung aus Romantik und Authentizität, Ökologie und Naivität, die für einen Augenblick dem Western all die Unschuld und Glaubwürdigkeit zurückzugeben schien, die er im letzten Jahrzehnt verloren hatte: Kevin Costners DANCES WITH WOLVES (DER MIT DEM WOLF TANZT;L 1990). Nach den Grauen des Bürgerkriegs macht sich ein Offizier der Nordstaaten-Armee in den Westen auf: «Ich möchte den Westen sehen, bevor er verschwindet.» Den Wahnsinn seiner eigenen Kultur zeigen einige beeindruckend düstere Szenen, etwa sein Todesritt durch die feindlichen Linien, der ihn zum Helden macht, während er in Wahrheit nur den Tod angesichts einer unvermeidlich ihn verstümmelnden Operation sucht – oder der Dialog mit dem feisten, zynischen Vorgesetzten im Fort an der Grenze, der sich kurz nach der Unterredung mit Dunbar erschießt. Als Lieutenant Dunbar den vorgeschobenen Posten erreicht, zu dem er sich gemeldet hat, findet er ihn verlassen vor, und wie ein Robinson des Wilden Westens richtet er sich ein, macht langsam die Bekanntschaft der Indianer, wird immer mehr von ihrer Kultur angezogen und schließlich beinahe einer von ihnen. Er heiratet eine bei den Sioux lebende Weiße, geht mit seinem neuen Volk auf Büffeljagd und wird schließlich, als er sein Tagebuch aus dem Posten retten will, von nachrückenden Soldaten gefangen genommen und gefoltert. Schließlich stirbt der große amerikanische Traum im Kugelhagel. «Die Geschichte des Lt. Dunbar», sagt Costner und formuliert damit einen romantischen Blick, «ist die Geschichte eines Mannes, der auszieht, um Humanität zu finden in der letzten aller Grenzen – sich selbst.» Tatsächlich beschreibt dieser Weg nach innen viel weniger die Wiedergeburt als noch einmal ein Ende des Western: er verschwindet in der Seele des amerikanischen Mannes, in der Seele aber auch des universalen neuen Kleinbürgers.

War Costner in SILVERADO noch der naive Junge mit den leuchtenden Augen, der den großen amerikanischen Traum wie ein Kind, und gefährlich nah am Wahnsinn spielte, so ist er in DER MIT DEM WOLF TANZT der romantische Held mit den Träumen, die sich im Bürgerkrieg schon zerschlagen haben und die er sozusagen erst jenseits der Grenze wieder einholt. Tatsächlich überschreitet dieser Film die mythische Grenze, um sie zu dementieren; die *moving frontier* der weißen Siedler und ihrer militärischen Instrumente wird nun endgültig zur Bedrohung des Lebens, jener «Reinheit des Herzens», die dem klassischen Westerner in seiner Bewegung zu eigen war. Nur der Indianer ist die Erfüllung des Traumes des Westerners davon, dass das Land, die Heimat, nicht Ausbeutung und Besitz bedeutet, sondern Freiheit und Zärtlichkeit. DER MIT DEM WOLF TANZT schien das globale Öko-Märchen für die Zeit, in der man sich von den Ikonen der Reagan-Zeit, vom harten Erfolgsmenschen, der gefühllosen Muskelkampfmaschine, den Kriegern und Boxern, die nur den eigenen Erfolg als Erlösung anzubieten hatten, vom Yuppie und Hasardeur verabschieden wollte. Der Film rekonstruierte umständlich und prächtig, was der klassische Western als selbstverständliche Voraussetzung hatte, ein wenig in der Tradition der Ethno-Western und ihrer Erlösungsfantasien. In der Erzählweise der neuen Kino-Magie wird die Fortführung der Fantasien von DER MANN, DEN SIE PFERD NANNTEN, die kulturelle Konversion als einzige Hoffnung für den an seiner Gesellschaft leidenden weißen Mann zu einem Bild, das dann doch wieder nicht frei von Ausbeutung ist. Die universalen Kleinbürger und Kleinbürgerinnen träumen von einer Rückgewinnung der Natur, die nach wie vor um ein großgeschriebenes ICH zentriert ist.

Dunbar ist zunächst ein Mensch, der sein Leben aufgegeben hat; als man ihm das Bein abnehmen will, reitet er mit ausgebreiteten Armen zwischen den Fronten umher, wie ein Selbstmörder oder absurder Friedensstifter, der die Front so verändert, dass der entscheidende Angriff der Yankees gelingt, aber er wird nicht erschossen. Seine Reise in den Westen, auf den vorgeschobenen Posten, ist so etwas wie eine Wiedergeburt. Alles, was vor dem ersten Kontakt mit den Sioux liegt – da widerspricht der Film ganz und gar der Struktur von A MAN CALLED HORSE, ohne den er wohl nicht hätte entstehen können –, trägt den Stempel einer furchtbaren Unwirklichkeit. Dunbar ist nicht nur die Kultfigur für die zivilisationsmüden Zeitgenossen, ein *New Age Hero*, bei dem tatsächlich beinahe jede Kleinigkeit mit den Sehnsüchten der Generation übereinstimmte, die sich nach einer Wiedervereinigung mit Natur und Erde sehnten. Dafür entwickelt der Film eine ungemein komplexe Symbolsprache, die Costner ganz direkt im Bild bedient, als einen Dialog zwischen Natur und (Männer-)Körper. Die Indianer erscheinen in der Erfolgsversion des Films als durch und durch naturverbundene Kinder, an denen nichts Wildes und Fremdes mehr ist. In der vierstündigen Fassung, die Costner später auf den Markt brachte, sind allerdings einige Szenen wieder enthalten, darunter eine blutige Abrechnung der Sioux mit den Büffeljägern, die das Bild ein wenig komplizieren.

Costners Film hat nur wenige direkte Nachfolger gefunden, und die führten zumeist eher das Werk der harmonisierenden Geschichtsrevision fort, darunter etwa SON OF THE MORNING STAR (GENERAL CUSTERS LETZTE SCHLACHT; 1991, Regie: Mike Robe), eine um Authentizität bemühte Rekonstruktion der Schlacht am Little Big Horn mit einem allerdings eher verklärten *boy general* (Gary Cole). Erzählt wird die Geschichte aus den Perspektiven der Frauen: Mrs. Custer (Rosanna Arquette) und Kate Bighead (Kimberly Norris), der Squaw von Crazy Horse. So entstand ein beachtlich inszeniertes Stück furchtbarer Geschichtsklitterung, das den traditionellen Helden wieder einführte und aus der Perspektive der Frauen einen Akt der Restauration entwickelte, in dem die Indianer wenig Chancen haben, ihren Standpunkt zu erklären. Was in Costners Film unterschwellig und in einer scheinbar sehr individuellen Geschichte wirkt, das wird hier sozusagen mit Gewalt versucht: eine Versöhnung über den Gräbern. Die Beziehungen zwischen der indianischen und der amerikanischen Mainstream- Kultur entwickelten gelegentlich auch bizarre Blüten. Neben dem traditionellen schwarzen *sidekick* in den Actionfilmen und -comics kamen in den siebziger Jahren immer mehr indianische Helden in den Comics, nicht zuletzt auch in den «War Comics», auf. Der integrierte und doch in seiner indianischen Identität bestätigte (Neben-) Held erfüllte das Werk von Versöhnung und Erlösung und durfte sich dafür gelegentlich einen Anflug sarkastischen Humors leisten wie der indianische *sidekick* in der Kriegsfilm-Satire A MAN CALLED SARGE, der die übliche «Howgh-» und «Ich habe gesprochen»-Rede führt, weil die Weißen das so erwarten. Und manchmal kann der indianische Held auch die Belange der eigenen Kultur vertreten: Das Volk der Inuit in Kanada betreibt einen eigenen Fernsehsender, deren beliebteste Serie eine Superhelden-Geschichte um den unbesiegbaren indianischen «Super-Shamou» ist, der unter weißen Ausbeutern und Betrügern aufzuräumen pflegt.

Der enorme Erfolg von DANCES WITH WOLVES ermöglichte auch die Produktion von Filmen, die ihren Zuschauern mehr an Widersprüchlichkeit und Distanzierung abverlangten. CLEARCUT (DIE RACHE DES WOLFES; 1992, Regie: Richard Bugalski) zeigt eine Reaktion auf die Zerstörung der natürlichen Umwelt in Kanada. Ein Indianer (Graham Greene), entführt voll Zorn über die Machenschaften der Weißen einen eher liberalen Unterhändler (Ron Lea) und den Verantwortlichen im Zwist zwischen den *native Americans* und den Interessen des weißen Kapitals, den Besitzer der Papiermühlen. Der Film beginnt mit Bulldozern, die sich in das Land der Wälder und Seen fressen. Der junge Rechtsanwalt Peter hat vergeblich versucht, vor Gericht die Rechte der Indianer zu verteidigen. Als auch der gewaltfreie Widerstand nichts nutzt, tritt der Krieger Arthur (Greene) in Aktion. Er entführt den Besitzer des Papierwerkes und treibt ihn erbarmungslos durch die Wälder. Zusammen mit Peter, der immer wieder vergeblich versucht, ihn zu befreien, jagt er ihn in Fallen, demütigt und foltert ihn. Er zieht ihm buchstäblich die Haut vom Beinfleisch, so wie dieser es mit der Haut der Erde, mit den Wäldern macht. All seine Verfehlungen an der Natur sühnt er am Körper des Weißen. Arthur ist eine Projektion, die Verkörperung eines bösen Gottes, die Fantasie des liberalen Weißen vom wilden Indianer vielleicht, der Rachegeist der ermüdeten Krieger. Er widersetzt sich den freundlichen Harmonie-Fantasien jener Weißen, die gerne reden, aber die Fortsetzung des Indianerkrieges und des Genozids mit industriellen Mitteln nicht verhindern. Peter schwärmt von der «oralen Kultur» der Indianer, Arthur beißt einer Schlange den Kopf ab: «Das ist unsere orale Kultur!» Furchtbar aber ist nicht nur seine natürliche Grausamkeit, furchtbar ist noch mehr die Unfähigkeit des weißen Kapitalisten, zu lernen. Denn in Wahrheit übersteht er auch diese Begegnung mit dem Wilden und hat am Ende gar noch seine eigene Legende. So ist CLEARCUT nicht nur ein einigermaßen wütender Protest gegen die Indianerfantasien der Mainstream-Kultur, sondern auch Reflexion ihres Funktionierens.

Clearcut ist Fortsetzung und Umkehrung eines Films wie Bruce Beresfords Black Robe (Black Robe – Am Fluss der Irokesen; 1991), der in die Frühgeschichte der Kolonialisierung des Kontinents im 17. Jahrhundert zurückführt. Der französische Jesuitenpater Laforgue wird in die Neue Welt geschickt, um den «Eingeborenen» das Evangelium zu predigen. Die Indianer erweisen sich indessen als resistent gegen eine Lehre, die ihre eigene Unterdrückung besiegelt, und Pater Laforgue seinerseits erkennt allmählich die Kraft der Kultur des anderen Volkes. Im Gegensatz zu Costner gibt es hier keinen Hauch von Romantik; die Gewalt ist Teil der geschilderten indianischen Kultur ebenso wie der Weißen. Der Film erzählt von der verrückten Grausamkeit bei der Begegnung zweier Kulturen, ohne für die eine oder andere Partei zu ergreifen. Er ist eine Paraphrase auf die Geschichte des Jesuitenpriesters Jean de Brebeuf, der so etwas wie ein kanadischer Nationalmythos geworden ist, mit dem man die Schulkinder des Landes immer noch zu traktieren pflegt. Die Jesuiten waren die ersten, die die Kolonialgeschichte des Landes schriftlich festhielten, und alles, was an Wildheit zu erleben war, wird nie mehr vollständig von jener jesuitischen Optik befreit werden. Aber Beresfords Film versucht ein wenig, auch diese Perspektive zu brechen und die Bedingungen ihres Entstehens zu reflektieren, ohne in wohlfeile neue Parteilichkeit zu verfallen.

An den Amazonas führt Hector Babencos At Play in the Fields of God (Ein Pfeil in den Himmel; 1991). Tom Berenger ist ein Halbblut, der zu den Indianern zurückkehrt, um sie im Kampf gegen die weißen Eindringlinge zu unterstützen, aber wie die Missionare, so benutzt auch er die Indianer zur Erfüllung eigener Träume, und am Ende ist er es selbst, der ihnen den Tod in Form der Grippeviren bringt. Geradezu exemplarisch bringt dieser Film all die Widersprüche des Genres zusammen, die Anklage gegen eine Zerstörung, die man sogar noch durch die Produktion von solchen Filmen selber beschleunigt, die Kritik an Dingen, die längst schon zu Tode kritisiert sind (wie die erotische Frustration der Missionare), die Rekonstruktion des edlen Wilden und den letztendlich wiederum romantischen Narzissmus, mit dem der Film wieder nicht so sehr die andere Kultur, sondern die Risse der eigenen sieht, die durch den magischen Moment der Begegnung gekittet werden soll. So behält auch dieser Film den Blick der Eroberer, der nur ein wenig ermattet, ein wenig beklommen, aber nicht wirklich irritiert ist, und vor dem die andere Kultur zu einem kindlichen Brei exotischer Bilder verschwimmt.

Eine kleine Serie sehr viel weniger ambitionierter Abenteuerfilme entstand in Italien um Indianer im tropischen Regenwald. Indio (1988, Regie: Anthony M. Dawson, das ist Antonio Margheriti) erzählt von einem Halbblut namens Daniel Morell, der nach Jahren in der Marine in seine Heimat zurückkehrt, wo eine Baufirma darangeht, die Edelholzstämme abzuholzen, die Indios zu vertreiben und bei Gelegenheit zu massakrieren. Der Marinesoldat verwandelt sich in einen Einzelkämpfer, der im Dschungel Jagd auf die

Eindringlinge macht, und fortan geht es nicht mehr um den Regenwald oder um das Überleben der Indianer, sondern um Explosionen, um Feuer und um Leute, die umgenietet werden. Dieses Konzept wiederholt sich folgerichtig in INDIO 2. CACCIA ALL' UOMO (SAG' NIE WIEDER INDIO; 1984, Regie: Larry Ludman) handelt von einem unschuldig verurteilten Indianer, der aus dem Gefängnis ausbricht, und seine Unschuld beweist. Aber in diesen Trash-Variationen war die indianische Kultur vor allem Produktionsstätte der klassischen Ghetto- und Underdog-Helden, die aus ihrer individuellen Revolte nie politisches Bewusstsein oder neue Solidarität gewinnen konnten.

Im Gefolge der mehr oder weniger erfolgreichen Indianerfilme entstand auch eine Neuverfilmung (die dreizehnte Version seit 1911) von James Fenimore Coopers THE LAST OF THE MOHICANS (DER LETZTE DER MOHIKANER; 1992, Regie: Michael Mann). Sie zeigt, gerade in den Gewaltszenen ungewohnt realistisch, den europäischen Krieg in Amerika, den die Kolonialmächte mit indianischen Verbündeten als Kanonenfutter führen und dabei ganze Völker innerhalb weniger Jahre auslöschen. Natty Bumppoe alias Wildtöter (Daniel Day-Lewis) gerät zusammen mit seinem indianischen Freund Uncas (Eric Schweig) bei der Rettung zweier junger Frauen zwischen die Fronten. Der Sohn des großen Western-Regisseurs Anthony Mann inszenierte die Geschichte ausgesprochen gradlinig, ohne dem Stoff und seiner Kino-Variation wesentlich neue Aspekte abzugewinnen. Vor allem was die Behandlung der Indianer anbelangt, ist er auf den ersten Blick eher ein Rückfall; er ist ganz auf die Figur des weißen Zivilisationsflüchtlings konzentriert, zeigt aber auch die «weiße» Struktur dieses Krieges, aus dem sich herauszuhalten niemandem gelingen kann, und der in der neuen Welt sein Gesicht verändert: Ganz bildhaft löst sich die Schlachtordnung auf. Es ist ein Film, der zugleich an die fundamentale Auseinandersetzung zwischen Mensch und Natur zurückführt. Gleich am Anfang sehen wir das Verhältnis der Indianer zu den Ressourcen der belebten Natur: Sie haben ein Reh getötet und sprechen nun ein Gebet, um sich bei dem toten Tier zu entschuldigen. So wird durch den Einbruch der Kolonialmächte ein Kreislauf von Geben und Nehmen unterbrochen. THE LAST OF THE MOHICANS erzählt vom Zusammenstoß dreier Kulturen, «die formelle und reaktionäre Kultur Europas, die gewalttätige und faszinierende Kultur der Indianer und die heroische und familiäre Kultur der Pioniere» (Mann), aber er konstruiert einen scheinbar möglichen dritten Weg im Zusammenleben der wirklich amerikanisch gewordenen Siedler mit den Indianern, der an den Interessen der europäischen Mächte scheitert. Der Film wurde ganz vor Ort gedreht, in heftiger Anstrengung, die Beteiligten in Ausbildungscamps geschickt. In diesem Film ist die Welt ausgesprochen kompliziert, die Entscheidungen der Figuren problematisch und keine wirkliche Lösung in Sicht. Russel Means, der Kevin Costners romantisierende Ballade DER MIT DEM WOLF TANZT scharf angegriffen hatte, spielt den Häuptling Chingachcook. Die Zeichnung der Vorlage in schwarz und weiß, in gute und böse Indianer, wurde ganz aufgehoben zugunsten eines sehr viel komplexeren Bildes. So ist Magua (Wes Studi) nicht einfach mehr nur die böse Seite des indianischen Wilden, sondern ein Mann, dem man die Familie und die Zukunft geraubt hat. In den drei Schlachtenszenen des Films steckt eine Gewalttätigkeit, die für sich jede Romantisierung unmöglich macht.

Auch kleinere Produktionen der neunziger Jahre führten in jene Zeit, in der die Grenze zwischen Wildnis und Zivilisation noch nicht gleichbedeutend schien mit der Grenze zwischen Indianerland und weißem *territory*. THE BROKEN CHAIN (THE BROKEN CHAIN; 1992, Regie: Lamont Johnson) erzählt von der Freundschaft zwischen dem Irokesen Joseph (Eric Schweig) und dem Briten William Johnson (Pierce Brosnan) am Ende des 18. Jahrhunderts. Der bringt ihn auf eine englische Schule, und zurückgekehrt wird Joseph zum Häuptling; im Widerstreit zwischen den beiden Kulturen muss er sich gegen das Vordringen der Weißen zur Wehr setzen.

Walter Hill unternahm es 1993, eine realistische Zeichnung der letzten Apachenaufstände zu zeichnen. Sein GERONIMO – AN AMERICAN LEGEND (GERONIMO – EINE LEGENDE) ist, wie die *aficionados* des Genres ausrechneten, die 16. Film-Biografie seit dem Jahr 1912. Es ist die Geschichte eines ungleichen Kampfes: 5000 Soldaten, ein Viertel der gesamten Streitkräfte der USA, gehen in den Jahren 1885 und 1886 gegen den Apachen-Häuptling Geronimo und seine Krieger vor, der sich am 5. September 1886 mit ganzen 34 Überlebenden ergibt. Hill zeigt in eher distanzierten Bildern, wie ein Kavallerieoffizier (Jason Patric) dem Indianer während der Verfolgung näher kommt, und wie ein General (Gene Hackman) an der Sache des Indianerkrieges zu zweifeln beginnt, ohne dass sich die tödliche Konsequenz vermeiden lässt. Und er zeigt einen Geronimo (Wes Studi) jenseits der Klischees vom edlen Wilden und blutrünstiger Bestie. Seine eindeutige Parteilichkeit für die Indianer versagte dem Film zumindest in den USA größeren Erfolg beim Publikum. Der Film steckt voller Hommages an John Ford und ist zugleich *political correct*: Er sieht das Land mit verzweifelter Zärtlichkeit an und kann ihm doch keine Vision zurückgeben. Zu alledem geht es um eine weit ausholende Suche nach dem, was man amerikanische Identität nennen könnte; die meisten der Menschen, die sich umkreisen, bekämpfen und gelegentlich – für kurze utopische Momente – zusammenkommen, stehen dazwischen. «Sie lieben die nicht, für die Sie kämpfen, und Sie hassen die nicht, gegen die Sie kämpfen. In meinen Augen sind sie ein trauriger Fall», sagt der Fährtensucher Al Sieber (Robert Duvall) zu Lieutenant Charles Gatewood (Patric), aber er selbst ist nicht anders verloren zwischen den Fronten, so wie die indianischen Scouts, so wie der General Crook (Gene Hackman), der zu viel Verständnis für die Apachen hat, als dass er seine Aufgabe erledigen könnte und der deshalb von einem skrupellosen Militär abgelöst wird, der vor keiner Finte zurückschreckt. So ist die Wüste ein Ort der Läuterung ohne Hoffnung und die amerikanische Legende ein Geist, der sich darin verlieren muss. Denn das Amerika, für das

Geronimo eine Legende hätte werden können, gibt es auf keiner der beiden Seiten der *frontier*.

Im selben Jahr entstand ein weiterer Film um die Figur: GERONIMO (DIE BLUTRACHE DES GERONIMO) von Roger Young, der die Geschichte von seiner Kindheit an bis zu seinem Ende erzählt. Joseph Runningfox spielt die Hauptrolle, und August Schellenberg den Cochise in der *native American*-Serie.

Indianische Helden, die ein Identitätsproblem mit sich herumschleppen, waren in den neunziger Jahren im Actionfilm des Öfteren vertreten, so etwa in FIXING THE SHADOW (HART WIE STAHL – MADE OF STEEL; 1992, Regie: Larry Ferguson), in dem Charlie Sheen einen Halbindianer spielt, der sich in eine kriminelle Motorradgang einschleusen lässt und in Gefahr gerät, seine moralische Integrität zu verlieren. Lou Diamond Phillips spielte in mehreren Filmen einen indianischen Polizisten, der die Fähigkeiten seiner Kultur gegen Mordintrigen einsetzt, etwa in THE DARK WIND (CANYON COP; 1993). Regie führte der ehemalige Dokumentarfilmer Errol Morris. Dieser Jim Chee ist nicht nur Polizist (und als solcher eher skeptisch gegenüber den Machenschaften des FBI), sondern auch einer, der sich zum Sänger, zum schamanisch Wissenden berufen fühlt.

Nach William Sampson und Floyd Red Crow Westerman (der auch als Sänger bekannt ist) wurde Graham Greene (er gehört den Oneida in Kanada an) zum großen indianischen Star, der in zahlreichen Filmen seit DER MIT DEM WOLF TANZT auftrat: HALBBLUT, DIE RACHE DES WOLFES, MAVERICK etc. Er ist gleichsam aus dem Hintergrund hervorgetreten: Aus einer eher zwiespältigen Figur in seinen früheren Filmen wurde ein darstellerischer Mythos. Typisch für die früheren Filme ist RUN FOR YOUR LIFE, die authentische Geschichte eines Jungen aus dem Sioux-Reservat, der als Langstreckenläufer Karriere macht und schließlich bei den Olympischen Spielen siegt. Ganz deutlich ist hier noch die «Erlösung», das Reservat/Ghetto zu verlassen. Die Versuchung des Helden besteht darin, nach Fehlschlägen in der Welt der Weißen und Erfahrungen des Rassismus resigniert ins Reservat zurückzukehren. Graham Greene steht dabei für die Reservatsindianer, die keine Chance der Emanzipation haben, aber hartnäckig an ihren Lebensformen festhalten. Am Ende heißt es, der Held habe sich zum erfolgreichen Geschäftsmann entwickelt, der in seiner Freizeit für die Erziehung indianischer Jugendlicher arbeite. Dieser Ausweg ist für den neuen Indianerfilm nicht mehr denkbar. Zum Helden wurde Greene in DANCES WITH WOLVES und beeindruckt in THUNDERHEART durch die Mischung aus Lakonie, Humor und Tatkraft. In MAVERICK ist er der abgeklärte Häuptling, der als cleverer Geschäftsmann für Geld den mehr oder weniger edlen Wilden gibt und ein Hasard-Spiel mit den klischierten Erwartungen betreibt. Vielleicht ist dieser Graham Greene so etwas wie der John Wayne der neunziger Jahre, eine Seele des Genres, die seine Bewegung vorgibt. In CLEARCUT allerdings bringt er die latente Gewalt seiner Darstellung zum Vorschein; für seinen Widerstand gibt es nicht einmal so viel

Aussicht wie den kleinen Sieg der Helden in THUNDERHEART. Der Graham Greene-Held ist ein Wanderer zwischen den Welten nach eigener Art; er unterläuft das Klischee, indem er es in seinem Zitat-Charakter deutlich macht und zur gleichen Zeit einen anderen, sehr viel tieferen Grad von Identität beschwört: Graham Greene ist der Indianer der Postmoderne.

Black Western

Der Western hat in seiner klassischen Phase die Afroamerikaner einigermaßen gründlich ignoriert. Mehr noch, er hat auch bewusste Geschichtsverfälschung in Kauf genommen, um sein weißes Weltbild nicht zu gefährden. 1850 etwa hatte der Trapper James P. Beckwourth einen wichtigen Pass durch die Sierra Nevada entdeckt, der dann auch nach ihm benannt wurde. James P. Beckwourth war ein Schwarzer; in George Shermans TOMAHAWK (1951) wird aus diesem Pionier, gespielt von Jack Oakie, ein Weißer. Und was er mit dieser historischen Gestalt tat, das machte der Western mit seinem Mythos: er ließ ihn weiß schimmern. Das bedeutete nicht nur, dass die Helden weiß waren und dass seine Gesellschaft weiß war, es bedeutete vielmehr, dass das Genre eine weiße Welt konstruierte, in der es nicht einmal Bilder für das afroamerikanische Element gab; im traditionellen Western konnte man einen schwarzen Mann nicht einmal ein Pferd besteigen sehen, und eine schwarze Frau nicht einmal eigene Kinder von der Straße holen.
Dabei hätte es auch in späteren Epochen der Siedlungsgeschichte für die populäre Kultur genügend schwarze Helden wie den berühmten Cowboy Nat Love oder Cherokee Bill, den Gesetzlosen, als Urbilder gegeben; schwarz war ein gutes Drittel der Cowboys, schwarz waren viele der kleinen Siedler im Westen, Prediger, Sheriffs und Soldaten; die neunte und die zehnte Kavallerie, die sich in den Indianerkriegen und bei der Invasion in Kuba zu bewähren hatten, waren rein schwarz, immer aber befehligt von weißen Offizieren.

Seit den vierziger Jahren gab es für die schwarzen Kinos immerhin so etwas wie schwarze Western, in denen nur afroamerikanische Darsteller mitwirkten. Damals existierte noch eine rigide Rassentrennung in den Kinos, und es entwickelte sich für ein rein schwarzes Publikum ein armes, aber auch ökonomisch lebensfähiges *race movie* mit einem *all coloured cast*. Der Western war möglicherweise nicht gerade das bedeutendste Genre in diesem Zweig der amerikanischen Filmgeschichte, aber der *black western* trug vielleicht doch das Seine dazu bei, das Bewusstsein der *community* dafür zu stärken, ein Teil der Geschichte dieses Landes zu sein, der sich auch aus der nationalen Ikonografie nicht ohne weiteres vertreiben ließ. Herbert Jeffrey etwa war der Serienheld Harlem, der versuchte, genauso im Sattel zu sitzen, zu schießen und eine Saloon-Schlägerei zu meistern wie seine weißen Konkurrenten, was ihm glücklicherweise nicht vollständig gelang. Diese *black western*, mit ausgesprochen limitiertem Budget gefertigt, hatten einen eigenen musikalischen Ton, aber unter den armseligen Produktionsbedingungen mussten sie oft eher unfreiwillig komisch wirken, wo es um die Standards des Genres ging. Nicht genug damit, dass bei den gewohnten Schauwerten Abstriche gemacht werden mussten, man war zum Beispiel bei den Kämpfen gezwungen, ausgesprochen vorsichtig miteinander umzugehen, weil man die Stars so wenig wie die Stuntmen ersetzen konnte wenn etwas schief ging und nicht einmal ein verlorener Drehtag riskiert werden durfte. In diesen frühen *black western* stürzte niemand spektakulär vom Pferd, fiel niemand in die Whiskyflaschenbatterie des Saloons und wurde niemand vom Felsen geschossen. 1954 wurde mit dem Desintegrationsbeschluss des Obersten Gerichtshofes die Rassentrennung in den Kinos aufgehoben, und das entzog den Filmen mit einem *all coloured cast* die ökonomische Basis. Der Westen wurde wieder vollständig weiß, und Afroamerikaner waren allenfalls singende Gleisbauarbeiter oder trugen undefinierbare Ballen auf die Mississippi-Dampfer.

Erst SERGEANT RUTLEDGE (DER SCHWARZE SERGEANT / MIT EINEM FUSS IN DER HÖLLE; 1960) von John Ford beginnt damit, die Geschichte der schwarzen Buffalo-Soldiers zu beschreiben und in Woody Strode einen schwarzen Western-Helden zu kreieren, den auch die Mainstream-Kultur nicht übersehen konnte. Doch es dauerte noch einmal eine Dekade, bis es im Western regelmäßig schwarze Helden, *sidekicks* und *heavies* gab, ohne dass dies in jedem Fall das eigentliche Thema des Films sein musste. In Tom Gries' HUNDRED RIFLES (HUNDERT GEWEHRE; 1968) gibt es einen schwarzen Sheriff, und 1971 wurde dann das Jahr der schwarzen Helden im Western. In BUCK AND THE PREACHER (DER WEG DER VERDAMMTEN), dem Regiedebüt von Sidney Poitier, geht es um den Weg der befreiten Sklaven in den Westen und um den Kampf gegen die weißen Kopfgeldjäger. THE TRACKERS (DIE VERFOLGER; Regie: Earl Bellamy) zeigt Ernest Borgnine als rassistischen Rancher, der, als seine Tochter von Banditen entführt wurde, nach allem Widerstand sich doch mit dem schwarzen Sheriff (Sammy Davis jr.) zusammentun muss. Richard Brooks' THE SCALPHUNTERS (MIT EISERNEN FÄUSTEN) aus demselben Jahr konfrontiert den dummen weißen Trapper mit dem gebildeten schwarzen Ex-Sklaven (vergl. das Kapitel «Rassenprobleme im Western»). Der schwarze Held im Genre war reetabliert, aber er hatte alle Mühe, sich als «besserer Mensch» zu rechtfertigen.

1974 drehte Jack Arnold BOSS NIGGER, ein Kunststück, Western, *blacksploitation* und *sexploitation* miteinander zu verbinden und sich dabei einen gewissen Grad an Glaubwürdigkeit zu bewahren. Fred Williamson spielt einen selbstbewussten Kopfgeldjäger, der den Posten eines Sheriffs übernimmt und schnell ein paar wirkungsvolle neue Gesetze erlässt. So ist es zum Beispiel bei Strafe von 20 Dollar oder zwei Tagen Gefängnishaft verboten, das Wort «Nigger» auszusprechen. Dieser Held muss nicht mehr beweisen, dass er die

Lektionen der christlichen Zivilisation besser gelernt hat als seine weißen Widersacher, er handelt aus einer autonomen Position heraus. In der Tat ist dieser schwarze Westerner eine Art Bindeglied zwischen dem Fremden ohne Namen aus den Italo-Western und dem Erlöser mit dem Colt, der für die Mexikaner wie für die Afroamerikaner zur neuen Hoffnung in einer vom weißen Kapital und seinen willfährigen Handlangern beherrschten Grenzgesellschaft wird.

Einen nicht geringen Beitrag zu dem gewandelten Verständnis vom schwarzen Anteil an der Geschichte des Westens leistete das Buch «The Black West» von William Loren Katz, in dem der Autor einen Anspruch formulierte: «Damit sich die schwarzen Jugendlichen wirklich den Vereinigten Staaten zugehörig fühlen und weiße Jugendliche sie als Teil der Nation sehen, müssen die schwarzen Pioniere, Siedler, Cowboys und Kavalleristen genauso über die Seiten von Schulbüchern reiten wie sie damals über die Prärie ritten.»

Im Post-Western gehören schwarze Helden und Nebenhelden schon so sehr zum Repertoire, dass sie ein neues Klischee bilden: Wenn drei Cowboys zusammen auftreten, ist im großen und vor allem im kleinen Western der achtziger und neunziger Jahre einer von ihnen schwarz, und zumeist ist es der Gute. Die Konflikte waren dabei indes weiß geblieben, der Mythos vom schwarzen Helden eher peripher in Frage gestellt als von ihm erobert. Doch schließlich entstand der erste wirkliche schwarze Western: POSSE (POSSE – DIE RACHE DES JESSE LEE; 1993) von Mario Van Peebles, in dem er selber die Hauptrolle spielt, beginnt im Amerikanisch-Kubanischen Krieg, in dem ein sadistischer Colonel die schwarzen Soldaten auf ein Himmelfahrtskommando schickt, um an die Regimentskasse der Spanier zu kommen. Um dem Mordkomplott zu entkommen, lassen sich Jesse Lee und seine Freunde in Särgen nach Amerika zurückbringen. Im Westen begleicht Jesse eine alte Rechnung: ein Sheriff, der mit seinen Ku Klux Klan-Leuten seinen Vater umgebracht hat, muss ebenso bezwungen werden wie der wieder aufgetauchte Colonel. Außerdem geht es um den Kampf zwischen der schwarzen Siedlung Freemanville und der weißen Siedlung Cutter's Town. Der Film, mit schwarzen Musikern und Filmemachern wie Charles Lane bis in die Nebenrollen hervorragend besetzt, ähnelt in Schnitt und Erzählrhythmus oft einem Rap-Video und droht gelegentlich den Zusammenhalt zu verlieren. Zugleich aber steckt er auch voller ironischer Anspielungen auf die klassischen Filme des Genres von John Ford und Howard Hawks, erweist er sich als genrebewusst und -kritisch, spricht zugleich vom Zorn der Ausgestoßenen und Unterdrückten und von einer anderen Form der Zärtlichkeit. Woody Strode, der in Fords SERGEANT RUTLEDGE den großen Auftritt hatte, fungiert als Erzähler und spannt somit den Bogen zurück in die großen Zeiten eines Genres, das am ehesten die Fantasie von «demokratischer» Geschichtschreibung erfüllt, ein beständiges *rewriting* des National-Epos.

POSSE führt in eine Zeit, in der sich der rassistische Grundkonsens der Vereinigten Staaten erst bildete; wir sehen, dass es an der Grenze durchaus möglich war, miteinander zu leben, und im Saloon, so sagt seine Besitzerin einmal, ist die einzige Farbe, die zählt, das Grün der Dollarscheine. Aber gerade aus dieser Allmacht des Geldes entsteht dann auch die Unterdrückung, die sich nach und nach ein rassistisches Gesicht gibt. Die Utopie der *black community* in Freemanville ist gefährdet durch die Besitzgier der Weißen: Ein nach den Grundsätzen früher Aufklärung betriebener Ort, in dem nach dem Motto «Education is Freedom» zu allererst die Schule gebaut wird, erscheint als anderes Utopia des *home of the free*. Cutter's Town, die Konkurrenzsiedlung, wird vom Klan beherrscht und steht unter dem Zeichen kapitalistischer Anarchie.

Van Peebles' Film ist sozusagen fundamental ein *black western*, das heißt, es geht nicht um die Destruktion des Mythos, sondern um seine schwarze Besetzung (ganz anders als bei Filmen der siebziger Jahre, wie THE SCALPHUNTERS oder BUCK AND THE PREACHER, in denen das Thema eher argumentativ behandelt wurde. POSSE widerspricht auf eine «schwarze» Art dem Spät-Western. «Seine Helden sind nicht mehr alt und gebrechlich, unmoralisch und selbstsüchtig wie viele Gestalten aus den späten Western, sondern stark, jung und cool. Diese selbstbewusste Vereinnahmung macht auch vor den klassischen Topoi und Mythen des Western nicht halt, den Streit um das Land, die Rache, weil ein Familienmitglied ermordet wurde, den *shoot-out*, vor dem die Mütter die Kinder von der Straße holen, die Landschaft. Die Gang reitet auf ihrer Flucht nach Freemanville sogar einmal durch das Monument Valley, jene archetypische John Ford-Landschaft, deren schroff aufragende Felsen permanente Bedrohung signalisieren. Allerdings spielt in POSSE die Landschaft eine weitaus geringere Rolle als sonst, so als wollte der Film sagen, dass es den schwarzen Siedlern nicht gelungen ist, ihr Land zu behalten» (Rudolf Worschech).

Nach dem beachtlichen Erfolg von POSSE wurden weitere schwarze Western geplant, die aber nicht recht vorankamen, wie BUFFALO SOLDIERS oder FOOL'S GOLD, eine Geschichte zweier schwarzer und eines weißen Marshals auf der Jagd nach einem Outlaw, und auch Eddie Murphy sollte in einer neuen Version der Geschichte von den MAGNIFICIENT SEVEN in den Westen aufbrechen. Aber beides, das *black cinema* und der Western, hatten um 1995 in Hollywood bereits wieder ihre Chancen verloren.

Die weniger glückliche Rückkehr der Spaghetti-Westerner

Nur wenige ernsthafte Versuche wurden unternommen, den Italo-Western zu erneuern. Impulse schienen allenfalls von den Comics zu kommen, deren Popularität zumindest in Italien kaum nachgelassen hatte. Duccio Tessari versuchte sich an einer Film-Version des klassischen italienischen Comic-Western «Tex», der in Zusammenarbeit mit der RAI entstand und ursprünglich als Beginn einer TV-Serie geplant war. In Tex E Il Signore Degli Abissi (Tex und das Geheimnis der Todesgrotten; 1986), entstanden nach einer Story von Giovanni Luigi Bonelli, des Erfinders und Verlegers der langlebigsten Westernserie der italienischen grafischen Literatur, lässt er seinen Helden (Giuliano Gemma) mit seinem Freund Kid Carson (William Berger) auf die Suche nach einem verschwundenen Kommando mit einer Waffenladung gehen. Die beiden finden die Männer des Trupps – tot und versteinert – und gelangen schließlich mit Hilfe eines alten Medizinmannes auf die Spur eines alten aztekischen Volkes, das mit einem geheimnisvollen vulkanischen Pulver Menschen augenblicklich in Stein zu verwandeln wusste. Die im Comic überaus wirksame Vermischung von Elementen des Western und der gothischen Abenteuergeschichten fand in Tessaris Film zu keinem wirklich neuen Stil. Im selben Jahr entstand der bizarre Indianer-Western Scalps (Regie: Werner Knox), die Geschichte eines von einem reichen Farmer entführten Indianermädchens (Karen Wood) und ihrer Flucht gemeinsam mit einem früheren Indianerhasser.

Die Revitalisierung des erfolgreichsten aller Helden des Italo-Western, gar mit dem Original-Darsteller Franco Nero in der Hauptrolle, in Django Strikes Again (Djangos Rückkehr), 1987 inszeniert von Ted Archer, ließ sich nicht weniger surreal an. In einer Endzeitwelt geht es um den Kampf des Helden, der sich zwischenzeitlich in ein Kloster zurückgezogen hat, gegen einen sadistischen Diktator, der auf einem eigenartigen Kriegsschiff residiert und Djangos Tochter entführt hat. Django muss sich wieder einmal reichlich quälen lassen, bevor ihm mit anderen Gefangenen der Aufstand gelingt und der Westen *all' italiana* wenigstens für den Augenblick wieder ruhig ist.

Aber der Italo-Western taugte in den neunziger Jahren weder zur Beschreibung der Modernisierungsverluste im Ursprungsland noch bot er im Vergleich mit Hollywoods Blockbustern genügend Unterhaltung im Euro-Trash-Format. Eine Bastardisierung des Genre-Bastards konnte nur noch in schiere Abstrusität führen, für die es keinen Markt mehr gab. Die einzige Chance blieb die Komödie: Beinahe todsicher, zumal in der Kombination von Kinoauswertung und TV-Serie, schien Terence Hills Film-Version von Morris' klassischer Funny-Western-Comic-Serie «Lucky Luke», um die es schon eine Reihe von langen Zeichentrickfilmen und eine Cartoon-Serie für das Fernsehen gegeben hatte. Die Realfilme erweisen sich indes der Vorlage kaum als ebenbürtig. Vier Filme, die jeweils zwei Fernseh-Episoden zusammenfügen, wurden allein im Jahr 1990 produziert. Der Pilotfilm Lucky Luke erzählt von der Säuberung Daisy Towns (deren Einwohner aber eigentlich den gesetzlosen Zustand für einträglicher halten), die darauf folgenden vier Filme waren jeweils Zusammenfassungen zweier TV-Episoden, die die Standardsituationen der Comic-Serie variierten.

In Lucky Luke III (1990, Regie: Ted Nicolaou) zum Beispiel werden die vier verbrecherischen Daltons durch eine militante Frauenrechtlerin bei ihrem Angriff auf Daisy Town verstärkt, deren Ratschlägen Lucky sogleich folgt und mit der Saloonbesitzerin Lotta Legs den Job tauscht.

Das komödiantische Paar Hill / Spencer war mittlerweile vor allem in modernen Settings aufgetreten, Spencer allein hatte sich noch einmal an einem (passablen) Klamaukwestern in OCCHIO ALLA PENNA (EINE FAUST GEHT NACH WESTEN; 1980, Regie: Michele Lupo) versucht, der Geschichte zweier Desperados (der andere wird von Amidou gespielt), die sich in einem Dorf als Ärzte niederlassen. Der Film hatte immerhin eine Reihe mehr oder weniger komischer Persiflagen auf berühmte Vorbilder zu bieten, konnte aber das Format der turbulenten Westernklamotte nicht wirklich erneuern. Es gab den Gegenstand, den es zu persiflieren galt, nicht mehr, weder den echten Western noch die italienische Gaunerkomödie, der mit den Krisen der siebziger Jahre buchstäblich die Lust vergangen war, die sozialen Verwerfungen mit einem lachenden Auge zu sehen. Wie in allen europäischen Cinematografien blieb nun das Komische eher auf eine Klasse beschränkt, und die wohligen Schlenker in das subproletarische Elend (und die verlorenen Freuden des Volkes darin), das die italienische Western-Komödie gestattet hatte; der Italo-Western, der den amerikanischen Western mit solcher Freude verfremdet hatte, war sich selber fremd geworden.

Er hatte nur noch eine nostalgische Wiederbegegnung zu bieten. Der deutsche Produzent Horst Wendlandt holte Terence Hill und Bud Spencer für BOTTE DI NATALE (DIE TROUBLEMAKER; 1995) zu einem Klamauk-Western zurück, der sich als freundliche Familienveranstaltung erwies: Terence Hill führte Regie, sein Sohn Jess schrieb das Drehbuch, die Söhne von Bud Spencer, Giuseppe Pedersoli, und von Horst Wendlandt, Matthias Wendlandt, fungierten als ausführende Produzenten. Wie in den TRINITÀ-Filmen sind die beiden auch hier zwei sehr verschiedene Brüder, die sich nach zehn Jahren wieder über den Weg laufen. Travis (Hill) ist ein unsteter Lebenskünstler und Spieler, Moses (Spencer) verdient für seine umfangreiche Familie den Lebensunterhalt als Kopfgeldjäger. Nach einem Brief der Mutter versöhnen sie sich kurzfristig, jagen einen Banditen und kommen zur Mutter heim. Und dort sollen sie, in Frieden, bleiben.

Clint Eastwoods Gespenster-Western

Anders als alle Western-Helden vor ihm war Clint Eastwoods Leinwand-Persona nicht Ergebnis einer mythischen Entwicklung, vielmehr war die mythische Präsenz des «Fremden ohne Namen» die Voraussetzung für das Funktionieren einer Figur, die von vornherein von Abstraktion und Unwirklichkeit geprägt war. Eastwoods amerikanische Western wechseln zwischen den Versuchen, diese Gestalt in einen menschlichen Rahmen zu stellen, ihr

Biografie und Emotionen zu verleihen, und den endgültigen Überhöhungen der Figur ins Surreale. JOE KIDD (SINOLA; 1972) von John Sturges war ein amerikanischer Versuch über den einsamen Fremden, der sich nun auf die Seite der mexikanischen Revolution gegen amerikanische Landbarone stellt, allerdings ohne sich moralisch festzulegen. Danach kam Eastwoods eigener HIGH PLAINS DRIFTER (EIN FREMDER OHNE NAMEN; 1972), der erste seiner «Gespenster-Western». Auch er bezieht sich, gelegentlich nicht ohne Ironie, auf die Zeichen, auf den Fremden ohne Namen; ein Zwerg reicht ihm auf der Straße des schäbigen Minenorts sein Requisit, das ihn in den italienischen Western von Sergio Leone ausgezeichnet hatte: einen Zigarillo.

Der Fremde wird von den Bewohnern der Stadt gebeten, sie gegen drei Revolvermänner zu verteidigen und verwandelt daraufhin die Stadt ganz buchstäblich in die Hölle; sie bekommt den angemessenen Namen, ihre Häuser werden rot angemalt, und am Ende brennen die Gebäude lichterloh. Nach und nach wird der mysteriöse Kämpfer durch seine und des kleinwüchsigen Mordechais Alpträume als Rächer für einen Marshal kenntlich, der von den Revolvermännern umgebracht wurde, die ihm ein Grab ohne Kreuz und Namen verpassten, was, wie man sagt, den Toten keine Ruhe finden lässt. Er nimmt blutige Rache an den Dreien und reitet aus der Stadt. «Ich kenne noch immer nicht deinen Namen», sagt Mordechai zum Abschied. Der Fremde erwidert knapp: «Doch!», und die Kamera schwenkt zum Grab des Marshals, das nun mit einem Kreuz und einem Namen bezeichnet ist. Der Racheengel verurteilt die Gesellschaft des Westens, die Stadt, der er immer wieder eine Chance geben will, auch wenn sie den Marshal hat sterben lassen und auch ihn umbringen will. Aber niemand nutzt sie. (Wie bei Leone ist diese Stadt in ihrer bizarren Architektur ein belebter Organismus.) Eastwoods Film ist eine Moralpredigt über die sieben Todsünden der Kleinbürger, und der Fremde ohne Namen ist hier endgültig in einen metaphysischen Rang erhoben, kein Westerner, sondern ein rächender Revenant, das verkörperte schlechte Gewissen der Pioniergesellschaft im Zustand der Korruption. Er ist einer, der in der einen oder anderen Weise schon gestorben ist. Für Eastwood ist das auch eine Revision des «Shane»- Mythos: Der metaphysische Westerner als *savior in the saddle* kann die Pioniergesellschaft nicht mehr wirklich erlösen, er kann nur zurückkehren, um ihre Schuld zu sühnen, und dabei kommt auch eine Revision der Leone-Filme zustande: an die Stelle des kalkulierten Materialismus tritt das düstere biblische Gleichnis: «Sein Gesicht ist ein Seismograf, auf dem kein Erdbeben ausschlägt, und mit dieser universellen Pokermiene treibt er alles, und vor allem alles Morbide und Barocke, auf den Höhepunkt. Der Fremde ohne Namen ist eigentlich Jesus Christus, gekreuzigt, begraben, aber unsterblich: wieder auferstanden, um ohne zu zögern, aber unter Einhaltung aller Rituale, das Jüngste Gericht abzuhalten. Clint Eastwood ist nicht Sergio Leone, aber ‹Ein Fremder ohne Namen› ist eine faszinierende Fußnote zur Wirkungsgeschichte von Sergio Leone» (Joe Hembus).

The Outlaw Josey Wales (Der Texaner; 1976), den Eastwood nach einem Drehbuch von Phil Kaufman und Sonia Chernus inszenierte, ist dagegen ein eher epischer Western, der in der Zeit vor dem Bürgerkrieg beginnt, als sich Manipulation und politische Intrige bereits in Vigilantenkämpfen abzeichnet, was schließlich im Krieg an der Grenze zwischen Kansas und Missouri zu einem brutalen Schlachten führt. Josey Wales (Eastwood) ist ein Farmer, der mit seiner Frau und seinem Sohn dem Land kargen Ertrag abringt. Vigilanten der Union überfallen seine Farm, vergewaltigen und töten seine Frau und bringen auch den Sohn um. Er selbst wird ebenfalls tot liegen gelassen. Nachdem er seine Familie begraben hat, übt er sich im Umgang mit dem Colt und schließt sich einer Gruppe konföderierter Vigilanten unter Bloody Bill Anderson an, die jenseits der Grenze Rache üben wollen. Nach dem Krieg widersetzt er sich der Gefangennahme, wird Zeuge neuen Verrates und flüchtet ins Indianergebiet, eine kleine Gruppe von Outcasts um sich sammelnd, die in einer verlassenen Mine ein neues Zuhause finden. Allerdings muss Wales seine Rache vollenden. Schwer verwundet kehrt er zu den Seinen zurück.

Auch in diesem Film geht es nicht nur um den historischen Bürgerkrieg, sondern nicht zuletzt wieder um ein Gleichnis zu Vietnam. Josey Wales ist dabei die Figur mit der menschlichsten Botschaft, die Eastwood bis dahin verkörperte. Er sucht den persönlichen Ausgleich, und zum ersten Mal wird er zu einem Führer in den Frieden. Nun endlich hat diese Figur auch eine vollkommene Biografie, eine Vergangenheit, die ihr Verhalten erklärt, und vielleicht auch eine Zukunft, die sie «adelt». Die Pointe des Films ist, dass es sich genau anders herum verhält als in allen Filmen zuvor, da es immer wieder darum geht, die einsame Autarkie zu bewahren: Josey Wales erhält immer neue Weggefährten, es schließen sich ihm, auch wenn es gar nicht in seiner Absicht liegt, immer mehr Menschen an als er verliert (und er ist fähig, Verluste zu betrauern). Alle diese Figuren, die ihm begegnen, haben erfüllte Lebensgeschichten, sind nie bloße Stilisierungen. So holt Eastwood in einem einzigen Film nach, was in allen seinen Filmen zuvor fehlte, und er tut es auf eine beinahe endgültige Art gründlich: alle Wiedergeburten von Dirty Harry und dem Fremden ohne Namen in der Zukunft zehren von dieser Geschichte, können nie mehr vollständig ins abstrakte Spiel zurückfallen. Aber zur gleichen Zeit ist auch das Gespenstische schon um ihn, er ist Gestalt gewordener Rache-Dämon, «Wohin er sich auch wendet, da wird die Hölle sein», heißt es von ihm.

Beinahe zehn Jahre und viele Filme später erfüllte sich Clint Eastwood einen persönlichen Wunsch und drehte in einer westernlosen Zeit wieder einen Western, der immerhin einen Achtungserfolg auch an der Kasse erzielen konnte: Pale Rider (Pale Rider – Der namenlose Reiter; 1985). Darin spielt er, in Fortsetzung seiner «Shane»-Revision, einen mysteriösen Fremden, der nach einem Gebet um Hilfe in eine Goldwäscher-Siedlung kommt und sich mit den armen Leuten dort gegen einen verbrecherischen Minenbesitzer verbündet. Er ist ein Prediger, der mit der Waffe umzugehen weiß, aber in den ungläubigen Blicken seines Gegners auch ein Gespenst (die Narben auf seinem Rücken, die wir für einen kurzen Moment sehen, weisen auf Schusswunden hin, die ein normaler Mann bestimmt nicht überleben hätte können), ein Mensch, der gewiss keine Identität mehr hat, wie das Genre selbst. Aber Eastwood insistiert darauf (in einem Interview mit der Zeitung «La Repubblica»), dass der Film auch «einen Augenblick im Werden unserer Nation» beschreibt. Dieser Augenblick mag die Rückbesinnung auf die demokratischen Hoffnungen der Pioniergesellschaft angesichts der kapitalistischen *closing of the options* ebenso sein wie die Rückbesinnung der amerikanischen Gesellschaft auf die Tugend praktischer Solidarität in den achtziger Jahren des 20. Jahrhunderts.

Für eine kurze Zeit verlässt dieser «bleiche Reiter» (der Ausdruck ist ein biblisches Gleichnis für das Verderben) die Goldgräber-Gemeinschaft. Nachdem er fort ist, wollen die Schürfer schon aufgeben, aber er kehrt, bis an die Zähne bewaffnet zurück, um die junge Sarah vor einem Vergewaltigungsversuch zu retten und schließlich bis zum Endduell gegen die Mächtigen zu kämpfen. Der Prediger ist die Verkörperung des Landes, in dem er am Ende wieder verschwindet. Er ist der Geist der Ermordeten, und er ist die Erfüllung eines Gebetes von Sarah, die aus der Bibel von dem «fahlen Pferd» liest. In seinen Augen, die nicht mehr erkennen, sondern nur noch töten, ist das Gestorbene der Figur und des Genres, des Westerners und des Fremden ohne Namen zurückgeblieben. Doch anders als in High Plains Drifter ist Eastwood hier der Wiedergänger nicht nur aus Rache, sondern auch als helfender Geist, der eine Botschaft von Gemeinschaft und Recht zu verkündigen hat. Und auch hier geht es darum, eine «Familie» zu bilden, wenn diese auch nicht mehr für den Helden selber wirkt.

Unforgiven (Erbarmungslos; 1992) schließlich, der Film, mit dessen Realisierung Eastwood so lange gewartet hatte, bis er, nach seinen eigenen Worten, in die Rolle hineingewachsen war, ist wie eine Zusammenfassung aller Eastwood-Filme, vieler Western, Männerfilme und historischer Gleichnisse. Es ist ein Film über das Geschichtenerzählen, und es ist ein Film über den Tod. Das heißt, es ist ein Film über zwei Dinge, die sich ausschließen. Als einer der Männer in diesem Film zum ersten Mal einen anderen getötet hat, bricht er über der Erkenntnis der Endgültigkeit seiner Tat zusammen. Dass man alles mit einem Fingerdruck auslöschte, was ein Mensch war, und was er noch hätte sein können! Aber, tröstet er sich, das Opfer habe es nicht anders verdient. «Wir haben es alle nicht besser verdient», entgegnet Eastwood, bevor er zur finalen Massentötung in die Stadt reitet.

Am Anfang sehen wir eine einsame Hütte im roten Licht der Abendsonne; ein Mann schaufelt ein Grab. Es ist schön hier, aber es ist auch schon alles verloren. Der Fluch des Vatergottes ist, dass er den Menschen ein Paradies zeigte und ihnen zugleich die Augen nahm, es zu sehen. So werden die Menschen dieses Films wie Blinde handeln. Blind vor Selbstbetrug, blind von dem

Schnaps, den sie trinken, wenn sie zum Töten gehen, blind schon von Natur aus, wie der Junge, der ein böser Mann werden will. Wir hören von einer Frau, die einen Killer und Säufer geheiratet hat, den sie von der Flasche und vom Revolver wegbrachte. Nun aber ist sie tot, und der einstige *gunman* Bill Munny (Eastwood) schlägt sich und seine beiden kleinen Kinder als Schweinezüchter durch. Man sieht ihn, wie er kranke von gesunden Schweinen trennen will, und wie ihm das nicht gelingt. Er liegt ganz buchstäblich in der Scheiße, als der Schofield Kid (Jaimz Woolvett) ankommt, um ihm ein Angebot zu machen (er hat gehört, dass Bill Munny der übelste, also der beste von allen gewesen sei). In der Stadt Big Whisky, die von dem brutalen Sheriff Little Bill (Gene Hackman) beherrscht wird, hat ein Cowboy einer Hure das Gesicht zerschnitten, und statt ihn zu bestrafen hat der Sheriff verfügt, dass der Schaden durch Abtretung einiger Pferde an den Bordellbesitzer gutgemacht wird. Aber sie sind keine Sachen, sie sind Menschen; die Rache wird für die Huren von Big Whisky zu einer Frage der Selbstdefinition. Und so legen diese Huren, die allesamt aussehen wie die braven, ein bisschen langweiligen Farmermädchen mit der anämischen Haut und den erschreckten Augen, die es in so vielen Eastwood-Filmen und in vielen Western zuvor gibt, ihr ganzes Geld zusammen, um eine Belohnung auf den Tod der beiden Cowboys auszusetzen. Nach kurzem Zögern macht sich auch Munny mit seinem schwarzen Partner von einst, Ned (Morgan Freeman), auf, um zusammen mit dem Schofield Kid die 1000 Dollar zu verdienen. Nein, er sei nicht rückfällig geworden, sagt er, er habe sich wirklich geändert, es geht nur ums Geld. Ums Überleben.

Vor den drei ungleichen Reitern erreicht der eitle Revolverheld English Bob (Richard Harris), der von den Vorzügen eines Königshauses und den Nachteilen eines Präsidenten zu schwadronieren pflegt und von einem «Biografen» begleitet wird, der nach seinen Erzählungen heroischen Schund um den «Duke of Death» verfasst, den Ort. Der Sheriff hat von der Belohnung gehört und will ein Exempel statuieren. Wegen unerlaubten Tragens einer Waffe lässt er English Bob festnehmen und schlägt ihn brutal zusammen. Genüsslich erzählt er dem Biografen die wahren Umstände der Heldentaten vom Duke of Death und stellt seine pragmatische Gewalt dagegen. Der Biograf hat ein neues Objekt gefunden, English Bob wird unter Flüchen aus der Stadt gejagt. Die Geschichte des Westens wird umgeschrieben.

Es regnet, und die drei Männer sind in die Stadt gekommen; Munny ist fieberkrank. Er sitzt im Saloon und wartet, während die beiden anderen oben bei den Huren einen Vorschuss in Naturalien genießen. Dann kommen Little Bill und seine Männer herein und misshandeln auch ihn. Munny kann nur noch in den Schlamm hinauskriechen und mit Hilfe seiner Freunde fliehen. Auf der Hochebene, wo der Winter schon von den Bergen gekommen ist, versteckt er sich; dem Tode nah.

Nach seiner Genesung beginnt das furchtbare Handwerk des Tötens. Zuerst soll der jüngere der beiden Cowboys aus dem Hinterhalt erschossen werden; Ned zielt, doch dann kann er nicht mehr töten. Munny muss es tun, er ist mit dem Gewehr nicht viel besser als mit dem Revolver. Schuss um Schuss geht daneben, und als er sein Opfer endlich getroffen hat, weiß er, dass es noch lange dauern wird, bis der Junge einen qualvollen Tod gestorben ist. Den anderen erschießt der kurzsichtige Schofield Kid auf dem Scheißhaus. Daraufhin wollen sich die beiden mit dem Geld, das man ihnen bringt, auf den Heimweg machen, aber da erfahren sie, dass der Sheriff Ned zu Tode gefoltert hat, weil er die Namen seiner Partner nicht preisgeben wollte. Es ist die erste und einzige Heldentat dieses Films. Munny nimmt einen tiefen Schluck aus der Whiskyflasche, den ersten seit dreizehn Jahren, und reitet in die Stadt, um ein tödliches Strafgericht zu halten. Der Biograf möchte sich so gerne an seine Fersen heften, aber das gelingt ihm so wenig wie es den Einwohnern von Big Whiskey gelingt, den Killer wenigstens von hinten zu erschießen. Es gibt keine Vergebung; es gibt nichts mehr zu erzählen. Aber dieser Biograf, der in einer entscheidenden Szene einen tödlichen Schuss auch nicht hat abgeben können, ist der Überlebende dieses Purgatoriums, er wird, vermutlich, eine Legende um die Geschehnisse weben.

Es treffen hier nicht Legende und Wirklichkeit aufeinander, sondern eine Unzahl der unterschiedlichsten Legenden bricht sich an einer Unzahl von Wirklichkeiten. Jeder versucht, sich in einer Geschichte zu beheimaten, darin wenigstens zu überleben. Aber der Selbstbetrug bricht zusammen: der Schofield Kid ist fast blind und hat im Gegensatz zu seinen Prahlereien noch nie einen Menschen getötet. Ned möchte beweisen, dass er immer noch der alte ist, und Munny, dass er nicht mehr der alte ist. Nichts davon wird wahr. Die Gewalt entsteht aus dem Verlangen aller Personen, eine Art Frieden herzustellen, einen Gleichklang, eine Ordnung. Jeder schleppt eine längst zerstörte Idylle mit sich herum oder werkelt unentwegt daran, wie der Sheriff an seinem Haus am Ufer des Sees, das dennoch immer windschief und wasserdurchlässig bleiben wird, wie English Bob an seiner Legende, die doch nur eine leicht verderbliche Ware ist. Wenn sich die Legenden gegenseitig in die Quere kommen ist das fast genauso schlimm, wie wenn sich die materiellen Interessen in die Quere kommen. Die Gewalt entsteht aber auch durch die Frauen, durch die Gewalt, die ihnen angetan wurde; sie sind die Initiatorinnen der Katastrophe, der sie am Ende nur noch ratlos zusehen können. Und immer wieder scheint die Handlung des Films Auswege aufzeigen zu wollen, als könne das Schlimmste noch verhindert werden: Wenn der junge Cowboy der Frau mit dem zerschnittenen Gesicht sein schönstes Pferd zum versöhnenden Geschenk machen will, die Huren ihn aber mit Schlamm bewerfen und davonjagen. Oder wenn Munny einer Hure in den Bergen von seiner Frau erzählt, die daheim auf die Kinder aufpasse, und beide sich in ihrer tiefen Verletztheit erkennen. Wie in vielen Eastwood-Filmen zuvor ist auch hier die Begegnung zwischen dem Helden und der Frau vorsichtig und sanft. Und die Liebe geschieht, vielleicht, indem man darauf verzichtet, einander zu berühren.

Im Gegensatz zu Eastwoods letzten Filmen, die (immerhin) ökonomisch erzählt waren, ist Unforgiven wieder ein Werk der *mise-en-scéne*. Es gibt eine überaus klare Struktur der Erzählungen von den Männern, die das Drama «spielen» (und wie uneitel und diszipliniert Eastwood ist, zeigt sich auch daran, wie er seine Mitspieler, vor allem Richard Harris, Gene Hackman und Morgan Freeman, hervortreten lässt: selbst noch in diesem Mehrklang der Narration zeigt sich eine Form von Reflexion und Demokratisierung), und von den Frauen, die das Drama «führen», von der Legende, die an ihren eigenen Ausbrüchen scheitert, von der herbstlichen Schönheit des Tals, den fernen, schneebedeckten Bergen und dem mörderischen Regen, in dem immer wieder alles endet. Hunderte von Geschichten werden durch leichte Andeutungen präsent, und jede wird in den anderen gespiegelt, kommentiert, schließlich verworfen. Die klassische Wellenform der Erzählung im Western, die Abwechslung von ruhigen und dramatischen Sequenzen wird beibehalten, nur kehrt sich ihre Funktion ins Gegenteil; die ruhigen Passagen, in denen die Menschen sich um eine Erzählung für den Wahnsinn bemühen, der sie umtreibt, machen diesen erst recht deutlich, so wie die Schönheit der Natur die Verworfenheit des Menschen verdeutlichen muss. Dort oben in den Bergen bemerkt Munny zum ersten Mal, dass das Land schön ist. Zum ersten Mal, sagt er, sehe er diese Bäume und diese Berge gern. Nach der Hölle in seinen Fieberträumen schaut er in den Himmel, aber der ist nicht für ihn geschaffen. «Ich seh' dich in der Hölle», schreit der sterbende Sheriff, und Munny kann nur murmeln: «Ja». Er weiß, dass er jemand ist, dem nicht vergeben werden kann; der Tod seiner Frau ist ihm ebenso Strafe wie der Umstand, dass sich das Pferd nicht mehr von ihm reiten, die Schweine sich nicht von ihm zähmen lassen wollen. Die Ironisierung des Helden, der nicht mehr richtig schießen und nicht mehr richtig aufs Pferd steigen kann, hat hier nichts versöhnlich Menschliches an sich, wie etwa in den letzten John Wayne-Western. Sie erhöht vielmehr die Unversöhnlichkeit der Handlung, in der sich Eastwood am Ende wieder in jenen dämonischen Killer verwandelt, der er einst war. In diesem Finale steckt keine Katharsis, keine Erlösung; das Töten um der Rache (und der Gerechtigkeit) willen ist nicht besser als das Töten für Geld, nur fundamentaler. Und so wie alle Geschichten in Unforgiven verkehrt herum, von ihrem Ende, also vom Tod her erzählt werden, der jede Erzählung absurd macht, so endet auch diese Geschichte der Rache als eine Umkehrung der menschlichen Geschichte, als Umkehrung der Beziehung von Kapital und Religion.

Wenn der Western wie ein Spiegel funktionierte, in dem Geschichte und Gegenwart so zu sehen waren, wie man sie wollte oder konnte, so ist Unforgiven wie ein Spiegel, der zurückblickt und in seinen Dekonstruktionen des Originals nur Grauen hervorbringt. Dass das Töten eine zähe, mühselige Arbeit ist, dass es dabei nicht eine einzige Regel gibt, die irgend jemandem eine faire Chance ließe, dass der Tod immer am schnellsten die trifft, die am wenigsten Schuld auf sich geladen haben, dass kein Tod Sinn macht, nicht einmal für sehr kurze Zeit, aber auch das Überleben nicht, und dass man sich an seine Heldentaten nicht wirklich erinnern kann, weil sie im Suff geschehen sind – all das fügt sich nicht zu einer platten Demontage der Helden (die im reinigenden Blutbad am Ende gar wiederauferstehen könnten), sondern zu einer neuen Wahrnehmung. Eastwood ist es gelungen, der Gewalt nicht nur alles Faszinierende zu nehmen, sondern auch jeden Mythos ihres historischen Sinns zu zerstören. Ein barbarischer Pazifismus wirkt in seinem Film; in UNFORGIVEN geht es nicht um das Ende der Legenden, wie in den Spät-Western, um keinen wehmütigen Abschied, auch nicht um die Aufrechterhaltung des Mythos als Form der Heimat wie bei John Ford und nicht einmal um das brüllende Selbstopfer der Männer wie bei Sam Peckinpah. Der Held findet am Ende nicht einmal den Tod, dies ist die größte und grausamste Ironie des Films. Der Nullpunkt, dem sich die Filme zuvor näherten, ist hier erreicht; vielleicht könnte sogar, eben nun spiegelverkehrt und also richtig herum, alles noch einmal von vorne beginnen. Western waren oft der Form nach biblische Gleichnisse und dem Wesen nach Erbauungstexte; UNFORGIVEN handelt von der Abwesenheit Gottes in dem Paradies, das die Menschen zu ihrer Hölle machten. Es ist eine Bußpredigt zu finsterer Zeit. Und ein höhnischer Witz über Helden.

Western und Post-Western

Der Western schien tot, und zugleich war das Genrekino der Zeit von einer Generation von Autoren und Regisseuren geprägt, die noch mit Western im Kino und im Fernsehen aufgewachsen waren. Viele der erfolgreichen Schöpfer des Neuen Hollywood träumten davon, ihren eigenen Western zu realisieren, einen Western, der nicht wie der Spät-Western und der Italo-Western das Genre kritisieren oder bastardisieren sollte, sondern zurück zu einer verlorenen Größe gelangen würde. In den fantastischen Filmen der Zeit spukten daher naive Westernfantasien, wie in George Lucas STAR WARS-Filmen oder dem zweiten Teil von George Millers MAD MAX-Trilogie. Der Western in der Zeit der postmodernen Auflösung der Genre-Konventionen konnte vielleicht, neben der Eroberung seiner Motive von den kulturellen und symbolischen Peripherien her nur aus dem Geist der Fantasy, aus der Lust am reinen Spiel wiedergeboren werden.

Der erste ernsthafte Versuch, wieder einen Western mit hohem Budget und Mainstream-Appeal zu drehen war Lawrence Kasdans SILVERADO (1985), die Geschichte von vier wandernden Cowboys auf einer gefahrvollen Reise, deren Wege sich immer wieder kreuzen und deren Schicksal sich in der Stadt Silverado erfüllt. Zwei Brüder (Scott Glenn und Kevin Costner) und ihre zwei Kumpane (Kevin Kline und Danny Glover) befreien die Stadt von ihrem korrupten Sheriff (Brian Dennehy): Ein Western, der nahezu alle Grundgeschichten und -konflikte in eine Handlung packen will und dabei den ursprünglichen Rhythmus des Genres, die Abwechslung von Ruhe und Aktion, verliert. SILVERADO ist reines Spiel mit einer entfesselten Kamera, die das territoriale Empfinden des Genres hinter sich lässt und einer Geschichte, die mehr im Kreis herumführt als an die Grenze. Gegenüber den lakonischen Helden des klassischen Western sind Kasdans Helden insofern modern, als sie ziemlich viel reden: Wortwitze und melancholische Selbstbetrachtungen dienen einer Selbsterklärung, die die Helden früher nicht nötig hatten, und die sie ein wenig wie versprengte Stadtneurotiker erscheinen lässt, die auf der Suche nach dem verlorenen Mythos ihrer Gesellschaft sind. SILVERADO, sagt Kasdan, ist «ein klassischer Western, wenn auch mit modernen Mitteln erzählt».

Tatsächlich gibt es in diesem Film die klassische Raumerfahrung nicht, der Film setzt ihr, ein wenig wie in der Marlboro-Reklame, die Entfesselung von Bewegung, Kamera und Montage entgegen. Von den Abstraktionen und Ritualisierungen etwa des Italo-Western geht der Weg zu einer Überfülle, zu einem Zitatreichtum und einer Massierung der Schauwerte, die nur als Versuch einer naiven Wiedererfindung und zugleich als liebevolle Parodie erscheinen können. «Wir sind uns der archetypischen Muster in unserem Film sehr bewusst. In dieser Hinsicht bringt der Film für die jüngeren Zuschauer sicher eine Reihe neuer, ungewohnter Aspekte. Vielleicht sehen etwas aufgeklärtere Zuschauer in dem Film in erster Linie eine Parodie dieser Muster; das habe ich aber nicht beabsichtigt. Es gibt zwar sehr viel Humor in SILVERADO, aber das ist diese spezifische Art von Lust am Wiedererkennen von bestimmten Grundmotiven in einigen Bildern und Szenen des Films, die einfach aus diesem Genre nicht wegzudenken sind» (Kasdan).

Der starke schwarze Mal (Danny Glover) mit dem großen Herzen, der wortkarge einsame Cowboy Emmet, der rätselhafte Paden (Kevin Kline) mit der dunklen Vergangenheit und der Sonnyboy und Draufgänger Jake (Kevin Costner) erleben Abenteuer für mehrere Filme, und der Film überbietet alle anderen des Genres schon durch seinen Aufwand; er hat mehr Pferde (100 Stück), die größte Anzahl von Stunt-Reitern (genau 45), die meisten Statisten (500), die größte Rinderherde der Westerngeschichte – und er hat mehr von Action und Show-Werten, aber auch von Ironie als je zuvor. Er hat die detailgetreuesten Bauten, die weitesten Landschaften, die interessantesten Schurkenrollen etc. Und er erzählt nicht mehr von müden alten Männern, die nicht mit ihrer Vergangenheit fertig werden, nicht mehr von der Pioniergesellschaft, die an ihrer Korruption zugrunde geht, nicht mehr von den Verbrechen der Landnahme. Kasdans Westen ist ein Abenteuerland, und Costner ist der naive Kindmann, der «Risiko-Typ» (Costner), dessen Chance im neuen Western gekommen sein mochte, ein Peter Pan mit der *Six-Gun* in *Neverneverland*. Es war ein reines Vergnügen, an den Jungenträume der Gebrüder Kasdan über ihre Erinnerungen an die guten alten Western teilzuhaben. Die mageren Einspielergebnisse eines Filmes, der immerhin selbst 30 Millionen

Dollar gekostet hatte, verhinderten zunächst weitere Western-Experimente Hollywoods.

Auch der nächste, moderatere Versuch zur Renaissance des Western war ein Film, der von der neuen Kindheit der Helden erzählte: YOUNG GUNS (YOUNG GUNS – SIE FÜRCHTEN WEDER TOD NOCH TEUFEL / YOUNG GUNS – DIE BANDE DES BILLY THE KID; 1988, Regie: Christopher Cain), der die Geschichte von Billy the Kid mit den neuen Jungstars Hollywoods erzählte: Emilio Estevez als Billy the Kid und Charlie Sheen, Kiefer Sutherland und Lou Diamond Philips als Mitglieder einer Bande von jugendlichen Outlaws, die auf der Ranch des aufrechten Tunstall Unterschlupf finden. Auch dieser Film erzählt, wenn auch auf etwas bittere Weise, von Jungen, die nicht erwachsen werden können. Als Tunstall (John Philip Law), der den Jungen Erziehung und Sicherheit angedeihen ließ, von einem Rivalen nach einem Fest in einen Hinterhalt gelockt und ermordet wird, brechen sie zu einem Rachefeldzug auf, der sich bald zu einer blutigen Odyssee entwickelt. Kopfgeldjäger, Marshals und Detektive sind hinter ihnen her, und schließlich laufen sie in eine Falle, aus der Billy the Kid entkommt. Die Fortsetzung BLAZE OF GLORY – YOUNG GUNS II (BLAZE OF GLORY – FLAMMENDER RUHM; 1990) wurde von Geoff Murphy inszeniert. Billy the Kids Bande ist nun zerstreut, die meisten versuchen, ehrbaren Beschäftigungen nachzugehen. Doc Surlock (Kiefer Sutherland) ist Lehrer geworden, Chavez (Lou Diamond Phillips) ein ehrbarer Cowboy, aber als sie verhaftet werden und die aufgebrachten Bürger sie zu lynchen bereit sind, befreit Billy the Kid (Emilio Estevez) sie. Eine neue Bande entsteht, die schließlich von Billys ehemaligem Freund Pat Garrett (William Peterson) im Auftrag des Viehbarons Chisum (James Coburn) gejagt und gestellt wird. Erzählt wird die ganze Geschichte von einem alten Mann, der von sich behauptet, der echte Billy the Kid zu sein, der von Pat Garrett damals nicht ermordet, sondern nur in die Wüste geschickt wurde, und der seine Geschichte 1950 einem jungen Anwalt erzählt. In den Bildern ist Murphys Film schon wieder viel näher an einer Rekonstruktion von Heimat im Westen als es Sam Peckinpah war, und «war der Himmel in YOUNG GUNS oft trübe und verhangen, so glänzt er bei Murphy in unschuldigem Blau. Und während schließlich bei Cain seine sprunghaft lässige Erzählweise dem Charakter seines debilen Revolverhelden korrespondierte, dessen Wut ihrerseits bloß auf die Gewalt antwortete, die seinem Ersatzvater angetan wird, herrscht in der Fortsetzung Beliebigkeit» (Sabine Horst).

Emilio Estevez ist ein Billy the Kid, der Paul Newman an bizarrer Schizophrenie noch übertrifft. Er ist wirklich ein mörderisches Kind, aber auch ein junger Mann, der sich nach einem Platz in der Gesellschaft sehnt, der Teil des Projektes der Zivilisierung sein möchte; aus ihm bricht der Sadismus, wie die Sucht nach Anerkennung heraus. Doch die Spätzeit des Westens, in der den Outlaws nur noch die Option zwischen Anpassung und Tod bleibt, hat in diesem Film nur wenig Gelegenheit, sich anders als in der Schnittfolge eines

Videoclips zu präsentieren. Ein eher einfallsloser kleiner Western nahm im nächsten Jahr das Thema noch einmal auf: BILLY THE KID (BILLY THE KID – GEJAGT BIS IN DEN TOD; 1989, Regie: William A. Graham) erzählte ganz im Stil der späten B-Western, für die sein Regisseur bekannt wurde, die Geschichte nach bekannten Mustern noch einmal.

Unter den Post-Western der frühen neunziger Jahre waren einige der erfolgreichsten der Filmgeschichte, wenngleich es dadurch nie zu einer wirklichen Renaissance des Genres kam. Nach DER MIT DEM WOLF TANZT und Clint Eastwoods UNFORGIVEN kam Richard Donners MAVERICK (1994) auf Platz drei der kassenträchtigsten Western aller Zeiten. Er entstand nach einer populären TV-Serie, die zwischen 1957 und 1962 lief und James Garner in der Hauptrolle präsentierte, der in der Kino-Version eine Nebenrolle spielt. Der Held (Mel Gibson) ist ein begnadeter Pokerspieler und Hasardeur, der sich zusammen mit der Taschendiebin Annabelle (Jodie Foster) und seinem alten Partner Cooper (James Garner) auf den Weg zu einem Pokerturnier macht. Auf diesem Weg gibt es bereits allerlei Schwierigkeiten zu überstehen. Jeder versucht jeden nach Kräften übers Ohr zu hauen, gilt es doch, die erforderliche Summe für die Teilnahme an dem Spiel zusammenzubringen, bis sich am Ende beim Turnier auf dem Mississippidampfer die Abfolgen von Tricks, Bluffs und Schwindel in einem irrwitzigen Tempo selber aufheben.

Schon in der TV-Serie herrschte der parodistische Stil vor, und auch dort gab es eine Reihe von Verweisen auf Filme und andere Fernsehserien des Genres, nun aber wurde dieses Spiel mit den Klischees und den hanebüchenen Rückkoppelungseffekten der Story beinahe exzessiv betrieben. Ansonsten bietet der Film eine Unmenge von Anspielungen und *inside-jokes*; die berühmten Postkutschenszenen aus John Fords STAGECOACH werden ebenso parodiert wie Szenen aus INDIANA JONES, und in einer kurzen Szene taucht Danny Clover, der Partner des Stars Mel Gibson in den LETHAL WEAPON-Filmen von Richard Donner wieder auf: Er ist ein Bankräuber, den Brett Maverick demaskiert. Ungläubig schauen sich die beiden an, schütteln dann verwirrt den Kopf (und sehen einander in diesem Film nicht wieder). Das ausgelassene Spiel endet auf dem Fluss mit einer Pokerpartie, bei der uns die Gestalten und Stars der Genre-Geschichte, etwa Trampas, alias Doug McClure aus DIE LEUTE VON DER SHILOH RANCH oder Robert Fuller aus AM FUSS DER BLAUEN BERGE wiederbegegnen; aber alle Helden sind im Begriff, sich auf eine undramatische Weise selber zu verraten, dadurch, dass sie im falschen Moment den Atem anhalten oder die falschen Worte zu «Amazing Grace» singen. Sie verraten aber auch ihr Genre, nicht nur durch die endlose Veralberung, sondern durch den schlichten Umstand, dass es ihnen wirklich letzten Endes um nichts als Geld geht. Und ein Western, in dem wirklich jeder die Standardsituationen des Genres nur inszeniert, um andere zu täuschen, einschließlich des Indianers auf dem Kriegspfad, in dem beinahe jede Prügelei und jedes Revolverduell nur gespielt sind, um jemanden im rechten Augenblick als Helden erscheinen zu lassen, und in dem auch die Ladies vor allem hinter dem schnöden Mammon her sind, lässt den Begriff *Fake Western*, der für viele der neuen Filme des Genres angewandt wurde, in neuem Licht erscheinen. MAVERICK wurde vielleicht auch deshalb als kleine Erlösung empfunden, weil er auf scheinbar unangestrengte Art genau das Gegenteil all der Spät-Western unternahm: Nicht die Wahrheit, nicht die letzte Dekonstruktion und nicht die Rekonstruktion des Mythos, sondern eine unnachahmliche Abfolge von Bluff und Gegenbluff bestimmt seinen Aufbau.

Der Post-Western ist kein Film über eine Epoche und auch nicht über einen Mythos, sondern er ist ein Film über ein Genre, ein Film, der sich gleichsam permanent selbst über die Schulter schaut und daran erinnert, an welche großen Vorbilder er gerade anknüpft. Im Post-Western wird mit den Zeichen, mit dem historischen Ambiente, mit der Moral, mit den Bildern und Landschaften, und nicht zuletzt mit den Helden des Western gebastelt. Wer am raffiniertesten die Regeln bricht, hat gewonnen; der schwarze Western POSSE auf kluge, der TV-Sample-Western MAVERICK auf vergnüglich-unverbindliche Art, und BAD GIRLS bekommt einen Trostpreis für korrekte Langeweile. Man versucht es einmal hysterisch-eklektisch wie in George Pan Cosmatos' TOMBSTONE, das andere Mal reduktiv wie in Hills GERONIMO. Was auch immer: der eine Film will um keinen Preis zum anderen passen, ja, jeder «neue Western» will uns zuallererst deutlich machen, dass er einerseits an die große Tradition des Genres anknüpft und andererseits in seiner Weise einzigartig ist. Oft gehen diese Brüche zwischen Genre-Traditionalismus und Innovationszwang mitten durch die Filme selbst; in Filmen wie TOMBSTONE steht eine Szene ratlos neben der anderen und scheint zu fragen, wie das gleich noch einmal war mit dem Western. Wir erinnern uns nicht mehr genau; der Western, das war einfach zu viel Kino, um es noch einmal in einer inszenatorischen Geste zusammenzufassen. So gibt es zwar in der Mitte der neunziger Jahre wieder Western (oder Filme, die von sich behaupten, Western zu sein), doch als Genre bleibt der Western so tot wie das Pferd, das Jesse James aus bekannten Gründen nicht mehr satteln konnte. Oder genauer: Jeder neue Western scheint ein weiterer Versuch zu sein, das Genre mit jeweils eigenen Mitteln zu massakrieren.

Tombstone Revisited

Der Post-Western hatte also alle Möglichkeiten einer postmodernen Mehrfach-Codierung erprobt; er hatte die Kunst entwickelt, zugleich eine naive Western-Geschichte zu erzählen, die auf einer zweiten Ebene aber mit satirischen oder politischen Kommentaren reflektiert und umgedeutet werden konnte. Er hatte den Afroamerikanern, den Indianern, den Frauen einen anderen Platz zugewiesen, hatte die Zentren der Mythen, die WASP-Version der amerikanischen Geschichte und den patriarchalen Aufbau der Familien und Ordnungen ebenso in Frage gestellt wie die territoriale Wahrnehmung von Landschaft und Architektur, hatte orbitale und filigrane Darstellungsweisen, wie sie in anderen Genres entwickelt worden waren, für das Genre nutzbar gemacht (und damit zugleich seine Bildsprache verloren) und hatte schließlich noch einmal zu einer Form fundamentaler moralischer Abstraktion gefunden, wie in The Last Outlaw (The Last Outlaw; 1993, Regie: Geoff Murphy): Gaff, gespielt von einem in der Tat hinreißend bösen Mickey Rourke, ist ein ehemaliger Konföderierten-Offizier, der nach dem Bürgerkrieg mit einer Bande durch den Westen zieht. Auf der Flucht nach einem Bankraub kommen die brutalen Züge seines Wesens erst richtig zum Vorschein, und als er gar ein verwundetes Mitglied der Bande erschießen will, stellt sich der junge Held gegen ihn und schießt ihn an. Man lässt ihn zurück. Er wird von den Verfolgern aufgenommen, setzt sich schnell wieder als deren Anführer durch und sucht gnadenlose Rache an seinen ehemaligen Leuten, bis sich die beiden allein gegenüberstehen. Fast nichts mehr in diesem Film verweist auf den historischen Ort und den zentralen Mythos des Geschehens im Western, es ist ein formales Spiel mit den fundamentalen Erfahrungen von Gewalt, Furcht und Entscheidung – noch eine der vielen Arten, einen «letzten» und «ganz anderen» Western zu drehen.

Aber das eigentliche Ziel, die wirkliche Größe und Bedeutung des Western noch einmal zu erschaffen, konnte durch solche Filme natürlich nicht erreicht werden. Zum Prüfstein für die semiotische Haltbarkeit des Post-Western wurde schließlich der zwiespältigste aller Western-Helden und die undurchsichtigste aller «Heldentaten» der späten Tage der Pioniergesellschaft. Sie ist schon oft genug erzählt worden, ihre Helden in den Himmel der filmischen Mythopoetik erhoben und in die Verdammnis cineastischer Demaskierung gestürzt: die Geschichte von Wyatt Earp, seinen Brüdern Virgil und Morgan und dem lungenkranken Doc Holliday, die in einem reichlich blutigen Kampf Ike Clanton und seinen Clan am O.K. Corral von Tombstone bezwangen. Dass das ganze von einem hemmungslosen Aufschneider und Karrieristen einem willigen Biografen in die Feder diktiert wurde und vermutlich eher der Vertuschung eigener Verbrechen als dem Kampf für Gesetz und Ordnung diente, belegt nachhaltig, wie sehr die Mythologie des Westens schon Showbusiness war, bevor sich der Film ihrer bemächtigte.

Ein kleiner Film hatte Wyatt Earp wenigstens für das Fernsehen wiederbelebt (nachdem er dort über lange Zeit als ungebrochener Held in einer langlebigen Serie zu bewundern gewesen war): Bruce Boxleitner stellte ihn in I Married Wyatt Earp (Wyatt Earp; 1981, Regie: Michael O'Herlihy) dar, der durch seine Beziehung zu einer Schauspielerin (Marie Osmond) geläutert wird. Ein melancholischer Abgesang dagegen ist Sunset (Sunset – Dämmerung in Hollywood; 1987, Regie: Blake Edwards), der vom fiktiven Zusammentreffen des Glamour-Cowboy-Darstellers Tom Mix (Bruce Willis) und des legendären Wyatt Earp (James Garner, der die Rolle schon bei John Sturges gespielt hatte) handelt. Sie sollen an einem gemeinsamen Film-Projekt mit dem Titel «Tombstone» arbeiten, werden nach einigen Querelen Freunde und geraten bei einem Besäufnis während der Dreharbeiten in eine echte Mordintrige. Sie sehen sich durch den Fund einer Leiche herausgefordert. Der Film ist voller Anspielungen und Zitate, aber sein eigentliches Thema ist ein beinahe wehmütiger Abschied von den großen Träumen. Wie immer bei Blake Edwards erkennt man auch bei diesem Blick hinter die Kulissen, bei der Umwandlung von Leben in Showbusiness, eine Art des systematischen Wahns: Die Fähigkeit des Menschen, in seinen Lügenmärchen zu leben ist beinahe das Sympathischste an ihm. Wyatt Earp pflegt denn auch jede seiner Helden- und Aufschneidergeschichten mit dem Satz zu beenden: «It's all true ... give and take a lie or two.»

Die Umwandlung historischer Wirklichkeit in Showbusiness könnte auch ein Thema des Filmes TOMBSTONE (TOMBSTONE; 1993) von George Pan Cosmatos sein, jedenfalls ließe der Vorspann so etwas ahnen: Während uns eine sonore Stimme über die Voraussetzungen des Geschehens in Tombstone aufklärt, das terroristische Regiment einer Bande, die sich selbst die «Cowboys» nennt, über die boomende Stadt in der Zeit nach dem Bürgerkrieg, sehen wir zeitgenössische Bilder. Die Schnittstelle zwischen dem dokumentarischen Material und der Kinoerzählung bildet die legendäre Schlusseinstellung von THE GREAT TRAIN ROBBERY, in der der Bösewicht direkt auf das Publikum zu feuern scheint.

Während der *credits* kommt eine Gruppe von Reitern über das erdsatte Gelb der Prärie auf uns zu und galoppiert donnernd an uns vorbei. Menschengewalt in der Paradies-Natur. Dann sind wir in einer mexikanisch anmutenden Stadtlandschaft; ein Fest wird vorbereitet. Mexikaner singen. Der Film verzichtet auf die Möglichkeit, das Geschehen in der ebenfalls für den Western typischen Erzählweise, nämlich der Parallelmontage, voranzutreiben und setzt nun auf die eher manieristische, kreisende Ortserfahrung des Italo-Western. Ein Mann im roten Hemd und Karten auf den Hosen lädt vor einer Kirche, aus der ein Brautpaar mit seinen Gästen tritt, sein Gewehr, mehrere andere kommen dazu. Ein langes Massaker hebt an, am Ende werden auch der Bräutigam und der Priester ermordet, der noch seinen Rachebann an die Verbrecher richten konnte. Es ist das Stück aus der Offenbarung, das von dem «fahlen Pferd» spricht, das zur Rache kommen wird, welches auch Eastwoods PALE RIDER als Leitmotiv dient.

Mit dem Zug kommt Wyatt Earp an; wieder sehen wir – das ist ein wiederkehrendes Motiv des Films – zuerst auf seine Beine, als würde die Art, wie einer geht, schon das meiste verraten. Er begrüßt seine Brüder (zum ersten Mal wird die Musik westernhaft elegisch), die drei sehen sich zusammen mit ihren Frauen in einem Spiegel. Der Film wird uns also wohl nicht nur etwas über das Schießen und die Moral dabei zu erzählen haben, sondern auch über Liebe und Freundschaft. Wir sehen Doc Holliday spielen, gewinnen und einen Opponenten erledigen; Reiter und ein Planwagen vor einem Sonnenuntergang, aberwitziger Kitsch in einem Leitmotiv-Bild, das dadurch, dass es sich seiner Kitschigkeit so offensichtlich bewusst ist, nur wenig gewinnt. Die Familien Earp kommen am Friedhof vorbei in die Stadt zum Grand Hotel.

Man hat bis hierher den Eindruck gewonnen, dass eine Anzahl ganz verschiedener Filme begonnen hat, und bevor man sich auf den einen einlässt, hat der Regisseur uns schon wieder mit dem nächsten überrumpelt. Immer wieder werden die klassischen Elemente des Western gezeigt, als wären sie liebevoll arrangiert, aber im gleichen Augenblick zerstört eine besonders gesuchte Perspektive, ein besonders krasser Schnitt diesen Eindruck wieder. TOMBSTONE sortiert die alten Zeichen, erzählt die alten Geschichten, präsentiert die alten Helden, aber mit dem beinahe manischen Bemühen, alles und jedem etwas anderes zu geben. Er will sozusagen alles, was das Genre an Entwicklungen zugelassen hat, authentisch oder stilisiert, lyrisch oder dramatisch, episch oder lakonisch, mythisch oder psychologisch, auf einmal sein, zerfällt dabei in tausend Einzelteile (von denen manche durchaus ansehnlich sein mögen) und verheddert sich in seinen inneren Widersprüchen. Kleidung, Haartracht und Bärte sind so sehr den mittlerweile bis in die Werbung hinein multiplizierten historischen Fotos und Gemälden nachempfunden, dass die Schauspielerpersönlichkeiten dahinter zu verschwinden drohen. Aber je mehr diese Maske Authentizität repräsentieren will, desto falscher wirkt sie. Henry Fonda in John Fords MY DARLING CLEMENTINE war vor allem Henry Fonda in einem Western; Kurt Russell, dessen starrende, bös-schmale Augen ihn von Anfang an nicht zu einem mythischen Helden werden lassen, trägt dagegen sichtlich schwer unter der Last seiner historischen Verkleidung. Der Earp-Darsteller Kurt Russell: «Er ist eine der größten Legenden, die die amerikanische Geschichte zu bieten hat. Und noch nie wurde so viel Wert auf die historischen Fakten gelegt. Dieser Film zeigt, wie es wirklich gewesen ist.» Aber eben dies ist wohl das letzte, was ein Western erzählen soll oder kann. Überdies scheint Cosmatos, wer weiß durch welche Produktionsumstände gezwungen, eine enorme Verschwendung schauspielerischen Potenzials zu betreiben; Michael Rooker oder Charlton Heston haben zum Beispiel nicht die geringste Chance, sich uns auch nur bemerkbar zu machen.

So ist dieses Scheitern vielleicht paradigmatisch für die Funktionsweise des Post-Western selber. TOMBSTONE ist ein Film, der alles hat, was ein Western haben muss, und der dennoch kein Western ist, weil er nicht erzählt wie ein Western, weil er nicht blickt wie ein Western. In seiner Liebesgeschichte hat er, nicht nur dramaturgisch, seinen Western-Hintergrund ganz und gar vergessen, und wenn es in der unumgänglichen Operationsszene von Doc Holliday draußen stürmt und blitzt, scheinen wir auch hier in einen ganz anderen Nebenfilm geraten. In seinen abrupten Stimmungs- und Farbwechseln steckt zu viel Effekthascherei und zu wenig cineastische Intelligenz, um aus den Widersprüchen selbst eine Aussage zu machen, um das Zerbrechen des Bildes zum Thema werden zu lassen. TOMBSTONE ist ein «gebastelter Film» und einer, der ziemlich töricht in seine Effekte und Zeichen verliebt ist. Die Frage nach einer Western-Renaissance konnte ein solcher Balance-Akt zwischen Traditionalismus und Dekonstruktion gewiss nicht beantworten; es ist die schwierige Frage danach, ob wir noch einmal so sehen können, wie wir einmal gesehen haben, oder ob wir auf eine so neue Art sehen können, dass wir verstehen, wie wir einst blickten. Am Ende weist Cosmatos noch einmal auf die Beziehung von Western und Kino hin, als die Off-Stimme vom Begräbnis des Helden erzählt, an dem auch die frühen Western-Stars teilnahmen. Den letzten Satz des Films können wir als unfreiwillig komisch oder auch als sehr poetisch verstehen. Er lautet: «Tom Mix weinte.»

Lawrence Kasdan untersucht in seinem WYATT EARP (WYATT EARP – DAS LEBEN EINER LEGENDE; 1994) zunächst die Lebensgeschichte des Helden. «Ich wollte herausfinden, was hinter diesem Menschen steckt, was ihn geformt hat, was mit ihm in seiner Jugend passiert ist, und wie ihn diese Ereignisse im späteren Leben beeinflusst haben. Was Sie in meinem Film sehen, ist der Mensch, nicht der Superheld.»

Der Film beginnt mit Wyatts Jugend. Als er in den Bürgerkrieg gehen will, wie seine Brüder, wird er vom Vater im Weizenfeld eingefangen; er glaubt an die Werte, die er ihm vermittelt, die Moral und nicht zuletzt die Familie, aber man ahnt schon jetzt, dass diese Ideale brüchig sind. Als seine junge Frau an Typhus stirbt, verliert Wyatt den Halt, wird zum Trinker und Dieb; seine Brüder bringen ihn wieder auf den rechten Weg, aber anders als in DER MIT DEM WOLF TANZT funktioniert hier keine wirkliche Wiedergeburt: der Held stirbt immer mehr, wird zum kalten Gesetzesmann, der keine Gnade kennt.

Als moralisches und ödipales Drama gelesen gibt dieser Film durchaus mehr preis als den Versuch, die alte Geschichte noch einmal zu erzählen. Es ist die Geschichte eines Mannes, der unter den klaren Regeln seines Vaters leidet, Revolte und Übererfüllung folgen einander. Die eine Regel besagt, dass die Familie das Wichtigste auf der Welt sei, die zweite, dass man eine begonnene Aufgabe unter allen Umständen erfüllen müsse und die dritte, dass «ein Mann, auf den man sich nicht verlassen kann, nicht wert ist, dass man ihn um sich hat.» Die drei Regeln gelten nur auf der Ranch des Vaters, in der Welt geraten sie schnell miteinander in Konkurrenz, bauen Beziehungsfallen auf, und Wyatt Earp kann ihnen nur entkommen, indem er zu seinem eigenen Mythos wird. So ist er bald nicht mehr einer, der mit Menschen zu tun hat, sondern der das Prinzipielle verfolgt, nicht im Sinne des Rechtes, sondern im Sinne einer Schöpfung der Welt aus dem Geist der Autarkie. Das Entschwinden der Erlösung steckt in diesem Mythos. «Frauen kommen und gehen. Sie verschwinden oder sterben», sagt Wyatt Earp, und nimmt damit die Verfehlung schon vorweg: sein Freund Doc Holliday ist ein Mensch im Zustand des Verschwindens, und seine Frau verwaltet am Ende seine verschwindende Legende. Der Mann der Tat ist durch ein solches unlösbares Dilemma geschaffen, und er inszeniert die Tat schließlich, wie die Schießerei am O. K. Corral, selber, weil er sie braucht. Im Grunde wird er zum Verbrecher an der Bewohnbarkeit der Welt, weil er sich so nach Heimat in ihr sehnt. Damit bringt in der Tat dieser Wyatt Earp das Dilemma des Western-Helden noch einmal auf die einfachste Formel.

Lawrence Kasdans WYATT EARP ist ein drei Stunden langer Essay über den verlorenen Western-Traum, vollgestopft mit allem, was ein Western haben muss, einem Helden mit einem Knacks und moralischen Untiefen, Pistolenkämpfen, Verfolgungsjagden zu Pferde, Freundschaft, Hass, Postkutschen, Eisenbahnen, Büffelherden, Boomtowns, Schrotflinten, Staub, Blut, Schweiß und Tränen, Tafelbergen, Prärie und Canyons, Regen, Sonne und dem Mond, der verdammt groß und hell über dem Feld in die sehr amerikanische Jugend des Helden scheint, mit der der Film beginnt: Nur die Familie zählt, also der milde patriarchale Vater der Farmer-Familie. Die großen Brüder sind im Bürgerkrieg und Wyatt will es ihnen nachtun. Aber der Vater fängt ihn im Feld wieder ein und bringt ihn nach Hause. Später zieht die Familie wieder fort, Wyatt wird Rechtsanwalt, und für die richtige Frau findet er das richtige Haus. Das Glück aber dauert nicht sehr lange; die Frau stirbt, Wyatt Earp zündet das Haus und alles, was ihn an seine glückliche Zeit erinnert, an und wankt nach Westen: Säufer, Bettler, Pferdedieb. Sein Vater kann ihn gerade noch vor dem Galgen retten, und weiter geht die Flucht nach Westen. Wyatt Earp wird Marshal, seine Brüder finden wieder zu ihm, sie errichten das Gesetz in der Boomtown, und insbesondere Wyatt ist dabei in der Wahl der Mittel keineswegs zimperlich. Nur mit den Frauen hat er so sein Unglück; eine Hure lebt mit ihm, die so gern Mrs. Earp wäre, eine schöne Jüdin begleitet ihn über die großen Kämpfe hinweg ins Alter. Die zentrale Auseinandersetzung der Geschichte, der Kampf der Earps und Doc Hollidays mit den Clantons und ihren Verbündeten, ist ganz buchstäblich eine Familienangelegenheit: die gute amerikanische Bluts- und Schicksalsgemeinschaft gegen ihr böses Abbild. Aus Rache für seinen getöteten Bruder wird Wyatt Earp vom harten Gesetzesmann zum hasserfüllten Killer. Aber ganz ausschließen will es der Film auch nicht, dass schon dieses Familienkonzept – «jeder andere ist ein Fremder», sagte der Vater – die Psychose in sich trägt.

Das Drehbuch ist ungemein geschickt aufgebaut; es gewinnt aus einer Geschichte, die eigentlich längst zu Tode erzählt scheint, immer wieder Spannung, weil es ein halbes Dutzend anderer Geschichten, bekannte und weniger bekannte, mit ihr zu verflechten vermag, ohne den Erzählton zu ändern (darin unterscheidet der Film sich radikal von Cosmatos Version). Nebenfiguren werden entwickelt, der Held steht im Zentrum, ohne alleiniges Subjekt der Erzählung zu sein. Das visuelle Konzept, die deutliche mythische Überhöhung der historischen Abbildung, wird die ganze Zeit über durchgehalten; ebenso die Verbindung von Action und Melodram. So entstand ein übervoller, schwerer Film, der sein enormes ästhetisches, schauspielerisches und organisatorisches Potenzial einsetzt, um aus einem Guss zu erscheinen, so als wäre, wahrnehmungspsychologisch zum Beispiel, nichts geschehen.

Das hatte seinen altmodischen Reiz; noch einmal wollte der Western, mit den Techniken und den Budgets des Blockbuster-Kinos von heute, sich zum amerikanischen Kino par excellence erklären. Es entfaltet seine Kraft des visuellen *storytelling*, der magischen Genresequenzen, der Miniaturen am Rande, und vor allem der Schauspielerei im Mythen-Kontext. Der Film ist bis in die Nebenrollen, ja bis in die Statisterie großartig besetzt. Kevin Costner ist der Archetyp der Dekade, er revidiert gewissermaßen alle Helden der *Popular Culture* der Reihe nach im Paradox der Rekonstruktion durch Modernisierung. So setzt er gegen die unheilbar kranken Helden des Spät-Western den Helden, der das neurotische Rotieren in seiner Mythologie übersteht. Großartig ist Dennis Quaid in der Rolle von Doc Holliday, eine tragikomische Figur, zugleich barbarischer Killer und gebildeter Mensch, ein Spiegelbild des Besten und des Schlechtesten im Helden.

Dieser Wyatt Earp weiß selber nicht so recht, ob er an seine Legende glauben soll oder nicht. Er lebt im Wesentlichen nicht in ihr, sondern von ihr, während sein echtes Leben sich aus dem Verlust erklärt, als Dasein eines Menschen, der seelisch schon einmal tot war, bevor das Drama überhaupt beginnt (darin zitiert er ein wenig auch Eastwoods Gespenster-Western), und der aus seinem gewalttätigen zweiten Dasein auch wieder erst jenseits dieses Dramas ins Leben tritt.

WYATT EARP ist eine Anthologie des Western; jede Szene, jede Wendung der Handlung, jedes Bild und jede mythische Konstruktion deutet auf Vorbilder, reanimiert Traditionen, und jedes dieser Abbilder triumphiert über das Vorbild. Mit anderen Worten: WYATT EARP ist purer, guter Leinwand-Kitsch. Und wie es sich für den Kitsch gehört, ist der Film ohne eine Spur selbstreferentieller Ironie, er nimmt sich ganz und gar ernst. Das ist es, worauf wir gewartet und was wir befürchtet haben. Nicht ganz so gut ist der triumphalische Kitsch der Kamera, und ganz und gar nicht gut ist der Kitsch der Musik, ein bombastischer, tautologischer Brei, der genauso gut zu einem SF-Spektakel oder zu einer Margarinewerbung passen würde. No kitsch is perfect.

Warum aber bekommt ausgerechnet der historisch einigermaßen entzauberte, der zwielichtigste und windigste aller Western-Helden, dieser Wyatt Earp, der ein hemmungsloser Aufschneider, ein korrupter Lokalpolitiker und vermutlich Nutznießer des organisierten Verbrechens in der Spätzeit des Westens war, als schon niemand mehr an die großen Werte glaubte, aber der Westen schon Teil der Unterhaltungsindustrie wurde – warum bekommt dieser Wyatt Earp, der sich seine Legende gleich passend schreiben ließ (wie English Bob in UNFORGIVEN), gleich zweimal solchen Leinwand-Bonus, warum wird er gleich zweimal rehabilitiert gegen Filme der späteren Phase des Genres, wie zum Beispiel von John Sturges und Frank Perry, die ihn in den siebziger Jahren schon längst hinreichend denunziert hatten? Der Sinn der Rekonstruktion dieses Helden steckt vielleicht in dem Dialogsatz, mit dem jemand über Wyatt Earp sagt, er sei Marshal und Outlaw zugleich. Er ist, das macht die Dynamik der ganzen Erzählung aus, Täter und Opfer in einem, eine Figur, die in ihrer Bewegung eine nationale Zerrissenheit heilt. Er ist der Held der nationalen Versöhnung zwischen den Marshals und den Outlaws, den Reaktionären und den Rebellen, zwischen denen, die den Vietnamkrieg führten, und denen, die gegen ihn protestierten, die Versöhnung zwischen Legende und Geschichte, zwischen *Pulp Fiction* und historischer Reflexion. Kevin Costner / Wyatt Earp / Bill Clinton – das ist ein Amerika, das sich seine Sünden verzeihen will. Man müsste an der Konstruktion der Geschichte nicht viel ändern, um aus dem amerikanischen Bürgerkrieg den Vietnamkrieg zu machen und aus dem Westen jenes Wilde Amerika, das Clinton, vergeblich, wie wir nun wissen, ein klein wenig zu entwaffnen versuchte.

Der Western war schon immer ein Genre, in das sich mit Leichtigkeit verschiedene politische Botschaften packen ließen. Zugleich ist WYATT EARP ein Film über die *essentials* der amerikanischen Lebensform, Familie und Gewalt, und dabei entfaltet er die hohe Kunst der Ambiguität. Aber der Film scheiterte an der Kinokasse, und er läutete damit nicht bloß einen Karriereknick von Costner und ein neuerliches Verschwinden des Western ein, sondern auch das Projekt der großen amerikanischen Versöhnung, das spätestens mit dem Terroranschlag von Alabama und mit dem Wirken der neuen Vigilanten gescheitert schien. Das Böse der anarchistischen Impulse und das familiäre Gute des Westens waren schon wieder so gewaltsam auseinander gebrochen, dass kein mythischer Held, der Marshal und Outlaw zugleich sein mochte, die Erfahrung des Terrors wieder heilen konnte.

Go west, young woman

Der Western ist das universale Männermärchen; er handelt in seinem Kern davon, dass das Werden der Nation und das Sein der Männer (ihr Drama von Entfremdung, Opfer und Erlösung) identisch sind; die ursprüngliche Frau im Western ist das Land selber. Jede andere, jede echte Frau ist dazu schon komplementär, eine Ableitung oder Konkurrenz. Aber der Westerner ist (anders als der pure Kolonialist) nicht unfähig, seine eigene mythische Begrenzung zu erkennen und zu betrauern. Der Western hat schöne Momente dort, wo sich eine starke Frau und ein starker Mann begegnen, aber auch dort, wo für die Männer die Frau gerade in ihrer Abwesenheit anwesend ist.

Im Western hat sich der männliche Held ein Außen zurückerobert, eine eigene Welt, die gegen die ausgerichtet sein muss, die von der Frau am heimischen Herd und in der Schule beherrscht wird. Aber wie er drinnen «gefangen» sein muss, so ist er draußen allein, so dass jede Glücksvision in einer Art des Zusammenführens der beiden Zustände liegt, in einem prekären Dazwischen oder in einer endlosen Reise zwischen beiden Zuständen. Wo im traditionellen Western Frauen auftauchen, da wird es meistens auch eng. Und umgekehrt funktionieren Western mit starken Frauen in wichtigen Rollen immer auch stilistisch schon anders; es sind gewaltige Melodramen, in denen die Dialektik von Innen und Außen nicht mehr gilt. Das lesbische Revolverduell in JOHNNY GUITAR kippt nicht zufällig von der horizontalen in die vertikale Bewegungsebene. Die Narration des Genres scheint auf die ewige Wiederkehr des agierenden Mannes und der wartenden Frau hinaus zu wollen, als wäre es der Sinn der Geschichte, die Geschlechter (wieder) materiell voneinander zu trennen, um sie mythisch zu vereinen.

Diese Trennung ist zunächst einmal die des Sohnes von der Mutter; der einsame Cowboy ist vor allem einer, der vor der Mutter geflohen ist und den Vater (auch in seiner bösen Form) sucht. Aber umgekehrt möchte der Held auch die Mutter in allen Frauen entdecken; er sehnt sich nach weiblichem Schutz, so wie es die erste Liebeserklärung von Angie Dickinson in RIO BRAVO ist, vor dem Zimmer des Sheriffs zu wachen, und danach – so wie unzählige Westerner nach einer Verwundung – auf einem Lager zu erwachen, über das sich eine mütterlich-besorgte Frau beugt, die die Wunden verbunden hat und ihn füttert. Nur hier kann der Held so stark sein, sich schwach zu zeigen, denn überall sonst ist die Frau nicht nur das erotische Bild, sondern immer auch Bild eben jener Bürgerlichkeit, der er entkommen ist, oder zu der er sich nicht befähigt fühlt. Die Wandlung des Frauenbildes im Spät- und schließlich im Post-Western ist nicht nur auf die emanzipatorischen Impulse und die politische Korrektheit zurückzuführen, sondern auch auf einen Wandel eben dieser Fantasie des bürgerlichen Lebens. In EVEN COWGIRLS GET THE BLUES (1993) von Gus van Sant ist es schließlich die Frau, die dieses Draußen des Lebens, das Prinzip der Bewegung, für sich ergriffen hat; sie aber kommt durch das Zentrum des Mythos, ohne ihn zu «besetzen».

Das Verhältnis des Genres zur Frau ist überaus kompliziert. Gewiss ist der Westerner einer, der den Weg zur Frau verfehlt und der unter dem Druck seines Mythos eine melodramatische Zweiteilung in die harte, zivilisierte, puritanische Unschuld und die schöne Hure vornimmt, und in den schöneren Beispielen des Genres bekennen sich die Helden dazu, dass die Hure die bessere Frau für sie ist. Die Frau ist aber auch das neurotische Band zwischen den Völkern, die einander als Kulturen nie und nimmer wahrnehmen können. Der Grausamkeit der Indianer gegen die weiße Frau, vorweggenommen in der eigentlich ganz und gar nicht edlen Geste der letzten Kugel, die für die weiße Frau bestimmt ist, bevor die Indianer ihren Sieg feiern, und der Grausamkeit des weißen Mannes gegenüber der indianischen Frau, die sich in den Massenvergewaltigungen und in den Massakern an Frauen, Alten und Kindern in der Tradition der Geschehnisse am Wounded Knee zeigen, stehen die gemischtrassigen Liebesgeschichten gegenüber. Wenn der Westen je so etwas wie ein Paradies werden kann, dann in der Liebesgeschichte zwischen der indianischen Frau und dem weißen Mann, Pocahontas und Captain Smith, und vielleicht noch in der Umkehrung der Geschichte zwischen dem indianischen Mann und der weißen Frau. In der Frau erkennt der Mann noch am ehesten etwas von der möglichen Menschlichkeit auch in der anderen Kultur.

Aber das System der Schuld, das in den traditionellen Konstruktionen des Genres die Frau entweder als vollkommen unschuldig in einem kulturellen Jenseits (als Vorwegnahme der kommenden Zivilisation), oder als vollkommen unschuldig gerade in der Komplizenschaft zeigte, wird zunehmend komplizierter; es ist gerade die Moral der Frau, die den Helden oft in den Tod treibt, wie John Russell (Paul Newman) in Martin Ritts HOMBRE (MAN NANNTE IHN HOMBRE; 1967): Das «Gute» der Frau ist für den Westerner gefährlicher als das, was der bigotte Teil der Pioniergesellschaft unmoralisch nennt.

Weibliche Helden hat es im Genre indes schon immer gegeben, nach Yvonne de Carlo als Calamity Jane in CALAMITY JANE AND SAM BASS (REBELLEN DER STEPPE; 1949, Regie: George Sherman) und Doris Day in dem Musical CALAMITY JANE (SCHWERE COLTS IN ZARTER HAND; 1953, Regie: David Butler). Ruth Roman war in BELLE STARR'S DAUGHTER (TOCHTER DER PRÄRIE; 1948, Regie: Lesley Selander) die Tochter der berühmten Kunstschützin und Bandenführerin, die Rache an den Mördern ihrer Mutter (Isabell Jewell) sucht, aber natürlich muss auch hier ein Mann, der Marshal (George Montgomery) die wirkliche Mordsarbeit leisten. Barbara Stanwyck als «härteste Frau im Westen» in Sam Fullers 40 GUNS (VIERZIG GEWEHRE), die in CALIFORNIA (1946, Regie: John Farrow) schon die schöne Saloonbesitzerin und Pokerspielerin Lily Bishop war, die sich aktiv am Kampf gegen einen skrupellosen Sklavenhändler und um die Staatssouveränität Kaliforniens beteiligt, folgte Raquel Welch in HANNIE CAULDER (IN EINEM SATTEL MIT DEM TOD; 1971, Regie: Burt Kennedy), die sich nach dem Mord an ihrem Mann und ihrer Vergewaltigung mit einem Kopfgeldjäger zusammentut, um grausame Rache zu nehmen – eine bemerkenswerte Mischung aus Brutalität und Parodie in einer britischen Western-Produktion, die ihre Tabu-Verstöße nur allzu genüsslich ausstellte.

Mehrfach gab es auch tödliche Duelle zwischen Frauen, etwa in THE WOMAN THEY ALMOST LYNCHED (AM TODE VORBEI; 1953, Regie: Allan Dwan), wo sich indes noch alles zum Guten wendet, während in Nicholas Rays JOHNNY GUITAR bis zum bitteren Ende geschossen wird. Marlene Dietrich war die starke Frau im Westen, die in DESTRY RIDES AGAIN (DER GROSSE BLUFF; 1939) vielleicht noch gezähmt werden konnte, in Fritz Langs RANCHO NOTORIOUS (ENGEL DER GEJAGTEN; 1951) aber schon im Besitz der Macht war. Starke Frauen treten den Männern gegenüber und verlassen sie, wenn sie sie nicht dazu bekommen, von ihrer Überheblichkeit zu lassen, wie Irene Papas James Cagney in TRIBUTE TO A BADMAN (JEREMIA RODDACK – MEIN WILLE ist Gesetz; 1955, Regie: Robert Wise). Sie bringen die Streitenden auseinander wie Joanne Dru in Red River und lassen die männliche Selbstsicherheit von John Wayne ins Leere laufen, wie es Angie Dickinson in Rio Bravo tut.

Eine andere Linie, die etwa durch Howard Hughes' The Outlaw (1943) markiert wird, steckt voll furchtbarem Frauenhass; der Billy the Kid dieses Films (Jack Buetel) hält das Pferd für wichtiger als die Frau, und Jane Russell ist das Sex-Objekt, das nur evoziert wird, um umso nachhaltiger verworfen zu werden.

Zynisch gesprochen war das Auftreten von Frauen in den Hollywood-Western ein Zeichen der Krise, aber seit Ende der siebziger Jahre gibt es einen konstanten Fluss von *womens' western*, die freilich meist auf dem B- und Komödiensegment des Genres angesiedelt waren wie Desperate Women (Die kalte Hand des Schicksals; 1978, Regie: Earl Bellamy), die Geschichte dreier Verbrecherinnen, die von einem Cowboy durch die Wüste geführt werden. Kleine Western mit weiblichen Helden, die sich mit der wirklichen Situation der Frauen in der Pioniergesellschaft auseinander setzten, gab es dann in den achtziger Jahren häufig, darunter eine neue, eher düstere Variation über das Leben von Calamity Jane (Sie nannten sie Calamity Jane; 1984, Regie: James Goldstone), die den Abstieg der Frau (Jane Alexander) zeigt, die nach ihrer Liebe zu Wild Bill Hickok ihr Kind zur Adoption freigibt, dem Alkohol verfällt und schließlich, nachdem Bill erschossen wird, auch in einer bürgerlichen Ehe scheitert. Der Film entstand sehr, sehr frei nach den Briefen, die sie ihrer Tochter nach England schrieb, aber nie abgeschickt hat. In Cattle Annie (Cattle Annie and Little Britches; 1981, Regie: Lamont Johnson) haben sich zwei junge Mädchen in die berüchtigte Doolin/Dalton-Bande eingeschlichen, weil sie von ihren Heldentaten gelesen haben, und die alten Recken, darunter Burt Lancaster, geben sich alle Mühe, ihrem Heldenbild gerecht zu werden. Belle Starr (Die Königin der Banditen; 1980, Regie: John A. Alonzo) erzählt von der großen Western-Heldin (Elizabeth Montgomery), die sich nach ihrer großen Zeit mit allen namhaften Banditen mit einem indianischen Mann zur Ruhe gesetzt hat. Als ihre alten Kumpane einen Überfall begehen, macht man sie dafür verantwortlich, und nun geht sie tatsächlich wieder auf Raubzüge. Aber nun steht auf der anderen Seite des Gesetzes ihr eigener Sohn. Elsa Martinelli hatte Belle Starr in einer freien Fantasie in Il Mio Corpo Per Un Poker (Mein Körper für ein Pokerspiel; 1967, Regie: Nathan) Wich, verkörpert und Jane Russell in Montana Belle (Die Schönste von Montana; 1952, Regie: Allan Dwan).

Als Pilotfilm für eine TV-Serie wurde Go West Young Girl (Zwei Ladies im Wilden Westen; 1978, Regie: Alan J. Levi) gedreht. Erzählt wird von einer jungen Frau, die als Journalistin in den Westen zieht und dort von einer Offizierswitwe angeleitet wird. Maggie Greenwald zeigte in Ballad of Little Joe (1993) die Geschichte einer verstoßenen Bürgerstochter, die im Westen über Jahrzehnte als Mann getarnt als Cowboy und schließlich Rancher ihr

Leben fristet. Weniger auf Authentizität bedacht, aber spektakulärer und mit einem Aufgebot an Stars, kam BAD GIRLS (BAD GIRLS; 1994) von Jonathan Kaplan daher. Vier Bordelldamen machen sich auf die Flucht, nachdem eine von ihnen einen Freier erschossen hat und die anderen sie vor dem Galgen bewahrt haben. Madeleine Stowe, Drew Barrymore, Mary Stuart Masterson und Andie McDowell durchleben die klassischen Western-Szenen, vom Lagerfeuer bis zum Bankraub. Tatsächlich hätte dies ein «feministischer Western» werden können, aber die zunächst für die Inszenierung zuständige Regisseurin Tamra Davis wurde nach zwei Wochen Dreharbeiten vom Studio wegen «künstlerischer Differenzen» entlassen und durch Jonathan Kaplan ersetzt, der dem Projekt eher eine Mainstream-Linie geben sollte. Er schrieb das Drehbuch binnen drei Wochen vollkommen neu, und vom ursprünglichen Konzept einer ernsthaften Auseinandersetzung mit der Rolle der Frau in der Pioniergesellschaft blieb nichts übrig. «Das erste Drehbuch verzichtete auf Action. Jonathan wollte aber nicht, dass der erste Frauen-Western in einem Esszimmer spielt. Er wollte, dass die Frauen Action machen», erklärte die Produzentin Lynda Obst. Was dabei herauskam, bringt Rupert Koppoldt auf den Punkt: «So eifrig sich der Regisseur auch bei den Großen des Genres zu bedienen versucht, es will und will halt einfach keine interessante Geschichte herauskommen.»

Das Cowgirl in seiner dreifachen Gestalt, als Ikone der lesbischen Kultur, als patriarchale Fantasie des *cross-dressing* und ihrer Mechaniken der Legalisierung und schließlich als bizarre nationale Vorstellung einer «phallischen Frau», wurde auch in den Filmen des Post-Western nur angedeutet, aber nicht untersucht; dazu gehören auch Gus van Sants eher enigmatischer Film EVEN COWGIRLS GET THE BLUES, der in der Mainstream-Kultur vor allem durch den Soundtrack von k. d. lang populär wurde, und Suzy Amis' THE BALLAD OF LITTLE JOE. Aber dieses Sujet barg enormes subversives Potenzial, das in der einen oder anderen Weise unterdrückt werden musste (Kaplan machte das schließlich so gründlich, dass seine Arbeit kein wirkliches Interesse mehr hervorrufen konnte). Der Diskurs der BAD GIRLS bezieht sich denn auch auf reine Opferhaltung; es ist Notwehr, was die vier Prostituierten zur Waffe greifen und zu Outlaws werden lässt, und am Ende stehen sie nicht etwa gegen das Gesetz und die männliche Gesellschaft, sondern schaffen – sozusagen in ihrem Auftrag – eine Gruppe Verbrecher aus der Welt.

«Bei Kaplan gibt es nur eine Figur, die vage an den Subtext des Cowgirlmotivs rührt: Drew Barrymores unbekümmert-draufgängerische Lilly, die mal in schwere Lederhosen – als *bitch* – und leichte Korsetts – als *femme* – gekleidet ist, hätte unter einer mutigeren Regie eine kleine Camp-Ikone werden können; tatsächlich wird ihr sogar eine homoerotische Neigung zugestanden. Wie der Film mit seinem einzigen echten Cowgirl verfährt, könnte allerdings als Indiz für die vorsorgliche Entschärfung des Sujets durchs Hollywood-Kino betrachtet werden. Mit Lillys Gefangennahme erreicht der Plot seine finale Krisis, spitzt sich der Geschlechterkampf im Western zu: Barrymore muss sich vor den Augen einer Horde lüsterner Männer bis aufs Höschen entkleiden und zumindest äußerlich ihre sexuelle Ambivalenz ablegen; bevor der Bandenchef sie vergewaltigt, lässt er sie ein rotes Abendkleid überziehen, das sie zu einer ‹richtigen› Frau macht. Diese Sequenz ist, nicht nur immanent, für den männlichen Blick arrangiert» (Sabine Horst).

Die Frau im Western steht, so oder so, im Mittelpunkt eines psycho-sexuellen Diskurses, demgegenüber der Mann seine Ganzheit nicht wirklich bewahren konnte. Ein wenig mehr schon als die Bad Girls stellt Sharon Stone das in Sam Raimis The Quick and the Dead (Schneller als der Tod; 1995) klar: Die weibliche Besetzung einer Ikonografie und Körpersprache trifft ins puritanische Herz des Genres, das den Mann stets zwischen panischer Angst vor der Frau und Sehnsucht nach ihr umtrieb: die Kleidung des Westerners, die sich so zweckmäßig im Dialog von Natur, Arbeit und Kampf versteht, ist eine Inszenierung von Männlichkeit, deren Entweihung durch weiblichen Gebrauch ein endloses *dressing drama* initiiert. Das Cowgirl ist, mehr als in anderen Genres, die starke Frau, im Western eine fulminante Transgression, weil die Fantasie der Einfachheit der Zeichen nie verlor. So beschreiben starke Frauen im Western nicht so sehr einen Emanzipationsprozess. Vielmehr stellen sie fundamentalere Fragen nach der Identität der Geschlechter. Das Cowgirl würde, käme es denn zu seiner cineastischen Realität, nicht nur die Struktur des universalen Männermärchens, sondern die Universalität des Mythos selber in Frage stellen. Aber auch ambivalentere Filme wie Lawrence Kasdans Wyatt Earp formten ein anderes Frauenbild als das im Genre gewohnte. Frauen sind nicht mehr nur Zeugen und dekoratives Beiwerk, nicht nur magischer Ausgang und Ziel der Handlung, sondern tätige Mitglieder der Pioniergesellschaft, leidende und handelnde, was den Helden durchaus in Probleme stürzt: Die Frauen im traditionellen Western sind möglicherweise nichts als Gestalt gewordene, manchmal rebellische Männerträume; was aber, wenn sich auch die Männer als Bilder in den Träumen (und manchmal Alpträumen) von Frauen entpuppten? Was, wenn das Cowgirl keinen männlichen Beschützer mehr braucht? Was also, wenn der Western zu einem wirklich freien Zeichensystem würde? Dann beginnt, vielleicht, eine völlig neue Western-Geschichte.

2001–2011: Open Ranges

Auf einem der vielen Plateaufelsen des Monument Valley hat die Verwaltung des Naturschutzparks ein Hinweisschild platziert:

John Ford Point

Von hier aus hat man den schönsten Blick über die beeindruckende Landschaft, die Mischung aus Wüste, Prärie und bizarren Felsformationen, sie erscheinen wie Monumente der erhabenen Fremdheit. Es ist der Ort, an dem einmal der Held, John Wayne, im Western aller Western, John Fords THE SEARCHERS sitzt und hinunter schaut auf ein Indianerdorf, wo seine entführte Nichte Debbie gefangen gehalten wird. Aber in seinem Blick ist alles, was den Western ausmacht, Zorn, Verzweiflung, Angst und Hoffnung. Das Land, das sich weigert, so einfach Heimat zu werden für die weißen Eindringlinge. Das Land, in dem der tragische Westerner diese Heimat um so konsequenter verlieren muss, je aggressiver er es für sich verlangt. Nicht nur das Land ist verloren, das Kino hat auch den John Ford Point of View verloren.

Man kann zurück auf den Western schauen, auch auf seine neuere Geschichte, mit dem John-Ford-Blick. Oder dem von Clint Eastwood, der als einziger eine vergleichbare lange Geschichte im Filmbusiness und mit dem Western hat, als Schauspieler und als Regisseur. Und ganz so wie bei John Ford die lapidare Selbstauskunft «I make Westerns» alles zu erklären scheint, ist bei Clint Eastwood eine zentrale Aussage bedeutender als viele Analysen: Es gibt, hat Clint Eastwood gesagt, nur zwei wirklich amerikanische Kunstformen, das ist der Jazz, und das ist der Western. Beidem, dem Jazz und dem Western, geht es nicht besonders gut in diesen Tagen. Beide, der Jazz und der Western, bringen, wenn auch in immer größeren Abständen, immer noch kolossale Werke hervor.

Während John Ford den Mythos des Western gleichsam immer wieder trotzig hochgehalten hat, gegen das gemeinsame Wissen mit dem Zuschauer, hat Eastwood ihn von Anfang an durchlöchert und zersetzt. Von einem Fremden ohne Namen in den Spaghetti-Western von Sergio Leone über den PALE RIDER, der eine rächende Messias-Figur in Gottes fernstem Land ist, bis hin zu dem alternden Gunfighter, der am Anfang so viel Schwierigkeiten hat aufs Pferd zu steigen, dass er in den Schweinemist fällt in UNFORGIVEN.

Der Western ist im Zentrum gewiss ein heroisches Genre. Die Stories seiner Helden scheinen exakt der History des Landes zu entsprechen. Wenn ein

Western-Held eine Rechnung zu begleichen hat, dann begleicht er sie immer auch im Namen eines werdenden Landes. Und wenn er etwas für sein Land tut, dann tut er auch etwas für seine Seele. Freilich, so einfach war es selten und hauptsächlich in den *kiddie matinees*. An den Rändern aber ist der Western immer schon auch eine Tragödie, die Geschichte, die nur schlecht ausgehen kann, selbst, nein insbesondere für Menschen, die eigentlich nichts Falsches machen. Und an den Rändern ist der Western schon immer auch eine Groteske, das überdrehte Ineinander von *tall stories*, den Aufschneidergeschichten, die zum wirklichen Westerner mindestens so gehören wie der Six Shooter und die Whiskyflasche, und dem aggressiven Vordringen der Moderne, der Eisenbahnen, der Banken, der Zeitungen und der Stacheldraht-Umzäunungen, die aus dem Land zwar keine Heimat, aber kapitalistischen Besitz machen. Davor fliehen nicht nur die indianischen Ureinwohner und die Outlaws, die Verlierer der rasanten Modernisierung eines eben noch archaischen Landes, auch der wahre Westerner ist auf der vergeblichen Flucht vor dieser Art von Zivilisation. Dass diese Flucht nicht gelingen kann, das eben macht die Tragödie des Westerners aus: Er ist Pionier und Garant einer Gesellschaft, die er nicht liebt und die er nicht versteht, und die ihn nicht liebt und ihn nicht versteht. Und das eben macht seinen Zorn aus, der sich nicht selten gegen sich selber richtet. So als suchte er weniger nach dem Platz, wo er endlich seinen Hut aufhängen kann, sondern nach einer Gelegenheit für einen ehrenvollen Tod.

Irgendwann in den siebziger Jahren war das Heldenlied des Westens zu Ende erzählt. Was blieb waren die Ränder. Die Tragödie und die Groteske. Das Genre zerfiel in seine Bestandteile, versank in Blut, Schmutz und Alkohol, und es kamen die beiden im Mythos verborgenen Wahrheiten zutage: Dass der wahre Westerner ein mörderischer, selbstsüchtiger, korrupter und bösartiger Kerl war. Dafür war vor allem der Italowestern zuständig. Und dass der wahre Westen eine gewaltige Eiterblase des amerikanischen Kapitalismus war, in der weder das Gesetz noch die Freiheit je eine wirkliche Chance hatten. Das war die Sache der Filme, die man in den USA die «revisionistischen Western» nannte.

Aber in diesem Rückblick geht etwas davon verloren, dass der Western wie seine historische Epoche auch einen optimistischen Kern hatte, eine Zeit lang jedenfalls. Es war die Empfindung eines «gilded age», wie es unter anderem Mark Twain beschrieb, die Zeit der Hoffnungen und des Aufbruchs nach dem Bürgerkrieg, in der auch der Westen seine mythische Größe erlangte: Das Land, in dem die Nation wirklich geboren werden sollte, das Land, in dem sich Demokratie und Kapitalismus zur Heimstatt der Freien und der Tapferen finden sollten. Aber all das war so schnell verschwunden wie es erschienen war.

Was blieb war der Western, und sein Verschwinden machte viele Cineasten ratlos, in Europa vielleicht sogar noch mehr als in den USA. Und nicht wenige davon machten sich auf, die Ursprünge ihrer Kino-Träume zu finden, darunter etwa der holländische Regisseur Pieter Van Huystee, der sich mit seinen Mitarbeitern Peter Delpeut und Mart Dominicus in Go West, Young Man! (2003) auf die Suche nach den Drehorten der großen Western begibt, und manchmal gelingt es ihm sogar, die selben Kamerapositionen einzunehmen wie es in den Vorbildern geschah, natürlich auch den John Ford Point of View. Außerdem werden Menschen aufgesucht, die bei den Dreharbeiten zugegen war wie der Indianer-Darsteller vieler Filme, Dan Israels; Stuntleute und die Cowboys von heute bilden das Bindeglied zur Gegenwart. Im Zentrum steht schließlich der Tod des Genres, und die etwas schlichte These, die mit vergleichsweise wenigen Argumenten belegt wird: «Star Wars killed the Western».

The New World

Nein, Star Wars allein hätte den Western allenfalls aus den Kinderprogrammen vertreiben können. Was tiefer wirkte war das Auseinanderbrechen einer nationalen und einer universalen Erzählung, von Story und History. Amerika und die Welt schien sich als Western nicht mehr erzählen zu lassen (vielleicht gerade deswegen, weil es besonders törichte amerikanische Präsidenten in ihrer politischen Rhetorik doch versuchten). Ein Weg, der Krise des Western zu entgehen war es, in der mythischen Geschichtsschreibung noch weiter zurück zu gehen, in die Epochen der kolumbianischen Entdeckung des Kontinents, der Kolonial- und schließlich der Befreiungskriege, und am Ende in den mythischen Urgrund einer Landung der Wikinger an Amerikas Küste. Aber auch hier sind längst Trauer und Fremdheit eingekehrt. Statt des verlorenen Paradieses entdeckt man auch im Pre- und Pre-Pre-Western die Umstände des Verlustes und die Ursprünge der Schuld.

Wehmütige History Lessons waren an die Stelle der blutigen Abrechnungen getreten. The Broken Chain (2002, Regie: Lamont Johnson) konnte zwar mit *native americans* in den Hauptrollen aber nicht unbedingt mit historischer Genauigkeit überzeugen. Der Titel des Films bezieht sich auf den Bruch des Paktes der irokesischen Nationen im Britisch-Französischen Kolonialkrieg. Nach dem Ende des Krieges siedeln sich die Reste der sechs irokesischen Stämme in der kanadischen Provinz Ontario an. Während sie gleichsam aus der Geschichte verschwinden beginnt jenseits der Grenze die Geschichte der Vereinigten Staaten von Amerika.

Die große Revision des Gründungsmythos, der Liebesgeschichte zwischen der Indianerprinzessin Pocahontas und dem englischen Captain Smith, versprach Terrence Malick in seinem bildmächtigen Film The New World (2005) einer Revision zu vollziehen. Alles beginnt mit der Landung von 105 englischen Kolonialisten in der Chesapeake Bay in Virginia. Das Land erscheint ihnen so lieblich und fruchtbar, dass sie beschließen, hier zu bleiben.

Sie gründen Jamestown, die erste englische Niederlassung auf amerikanischem Boden. Doch schon bald verfallen die Ankömmlinge dem Wahn, den sie aus der alten in die neue Welt mitgebracht haben: Statt Brunnen zu graben und Mais anzubauen wühlen die Kolonialisten im Schlamm nach Gold. Die ökonomischen Interessen scheinen stärker ausgeprägter als Abenteuerlust und Neugier, von edleren Gefühlen ganz zu schweigen. Die Siedler versuchen zunächst mit den Einwohnern des Landes, nach Christoph Kolumbus' großem Irrtum «Indianer» genannt, freundschaftliche Beziehungen zu unterhalten. Doch dann wird Captain John Smith (Colin Farrell), als Unterhändler ausgesandt, von den Indianern gefangen genommen; die Häuptlingstochter Pocahontas (Q'orianka Kilcher) kann ihn gerade noch vor der Hinrichtung bewahren. Bei ihrem Volk lernt John Smith für eine Zeit das Glück eines paradiesisch freien Lebens ohne Besitz, ohne Ausbeutung, ohne Eifersucht kennen. Dann aber kehrt er zu seinen Leuten zurück, die Hunger und Angst inzwischen an den Rand des Wahnsinns getrieben haben. Noch einmal sind es die Indianer, die ihnen das Leben retten, indem sie sie mit Nahrung versorgen. Doch Häuptling Powhatan (August Schellenberg) bleibt misstrauisch gegenüber den umtriebigen Neuankömmlingen. Zu Recht. Denn die Kolonialisten denken gar nicht daran, das Land, das sich ihnen so gastfreundlich und so unbegreiflich gezeigt hat, wieder zu verlassen. Der Krieg ist schließlich unvermeidlich, und auch die Liebe zwischen Pocahontas und Captain Smith kann sich nicht erfüllen. Die Pforten zu einem neuen Paradies sind wieder geschlossen. Terrence Malick findet für diesen Teil der mythischen Geschichte grandiose Bilder. Und im Großen und Ganzen hält er sich dabei an die schöne Legende, die zu einem heimlichen utopischen Bild der Versöhnung in der amerikanischen Gründungslegende geworden ist.

Captain Smith kehrt zurück nach London. Unterdessen wird Pocahontas von den Siedlern gefangen genommen. In Jamestown lernt sie den Farmer John Rolfe (Christian Bale) kennen, sie heiraten und beginnen die gemeinsame Arbeit auf einer Tabakpflanzung. Noch einmal hätte eine Geschichte der Versöhnung und des echten Neubeginns ihren Anfang nehmen können, im Bild einer indianisch-weißen Bebauung des Landes. Aber aus London ergeht der theologische Beschluss: Keine weiteren «Mischehen» mehr. Pocahontas und Rolfe nehmen eine Einladung nach London an. Dort stirbt Pocahontas, vielleicht hat ihr Immunsystem gegen einen für sie tödlichen Erreger versagt, vielleicht aber auch wurde sie von den Vertretern der militanten Theologie vergiftet, die sich strikt gegen die Mischehen aussprachen.

Captain John Smith war zwar ein tatkräftiger und phantasiebegabter Mann, aber wohl nicht besonders mit den indianischen Sitten vertraut. Jedenfalls tendiert die ethnologisch orientierte Geschichtsschreibung mittlerweile zu der Auffassung, dass Smith das ganze einfach furchtbar missverstanden hat: Die Indianer hatten ihn nicht etwa zum Tode verurteilt, sondern wollten ihn im Gegenteil nur mit einem besonderen Ritus willkommen heißen. Und

Pocahontas war als Tochter des Häuptlings nicht eigentlich darauf aus, sich für den schönen Fremdling zu opfern, sondern sie erfüllte nur ihre Rolle in dem Zeremoniell. Aber was ist eine solche profane Deutung gegenüber dem wunderbaren Mythos der ersten indianisch-weißen Liebesgeschichte, dem sich auch Malick nicht verschließen konnte, auch wenn er von Beginn an den tragischen Aspekt darin betont. Die ökonomischen Interessen beim Tabakanbau und die protestantisch-kapitalistische Verblendung der Siedler deutet sein Film nur an; Pocahontas' Ehe mit dem Pflanzer Rolfe und ihre Reise nach England verlaufen in dramaturgischen Bahnen, die man aus historischen Soap Operas kennt. Und am Ende scheint es gar, als hätte das große Versöhnungswerk der Indianerprinzessin sich in kurzem Glück und frühem Tod erfüllt.

Diese einfache Botschaft ist möglicherweise das Ergebnis eines radikalen cineastischen Umbauprozesses. Nachdem THE NEW WORLD zwei Wochen lang in amerikanischen Kinos zu sehen war – von den einen als düsteres Meisterwerk bewundert, von den anderen als verstörender Angriff auf ein amerikanisches Heiligenbild empfunden, hat Malick den Film vollständig neu geschnitten. Es ist ein anderer Film, der dann in die Kinos kam, konventioneller in der Erzählweise, versöhnlicher in der Aussage. Vielleicht erkannte Malick aber auch, dass man den Menschen in finsteren Zeiten nicht auch noch ihre Träume nehmen darf. Träume wie den vom verlorenen Paradies. Oder genauer vom Paradies, das in den Träumen nie verloren geht.

Kleinere Produktionen ließen das Paradies dagegen in Horrorvisionen untergehen, deren Ursprung noch tiefer in den Urgründen der Geschichte liegen. Für das Fernsehen entstand WRAITHS OF ROANOKE (LOST COLONY; 2007, Regie: Matt Codd) die auf einem realen Fall basierende Geschichte aus dem 16. Jahrhundert, als eine Gruppe britischer Auswanderer sich auf dem neuen Kontinent in einem unbesiedelten Territorium niedergelassen hatte, und auf der Insel Roanoke eine Handelsniederlassung errichteten, die von einem Fort beschützt werden sollte. Doch dann verschwinden die Soldaten und der letzte wird tot an einem Strick gefunden. Offensichtlich waren die Indianer aus den Wäldern gekommen; und nun finden auch die ersten Siedler den Tod. Man findet schließlich eine geheimnisvolle Botschaft in einer alten nordischen Sprache, die vor dem Bösen in den Wäldern warnt. Und nun kippt die Erzählung vollends: Eine der Siedlerinnen hat eine Vision von einem Dämon, und dann wird klar, dass rachsüchtige Geister der Wikinger von einst zurückgekehrt sind.

Diese erste Landung der Weißen im Neuen Land und ihre Folgen sind auch das Thema von PATHFINDER (PATHFINDER – FÄHRTE DES KRIEGERS; 2007, Regie: Marcus Nispel), einem heftigeren Remake des norwegischen Films OFELAS (PATHFINDER; 1988): In einem seltsamen, zerstörten langen Schiff entdeckt eine junge Indianerfrau neben vielen Toten ein überlebendes Kind, einen Jungen, der Spuren einer schweren Misshandlung trägt. Obwohl viele dagegen sprechen nimmt der Stamm den Jungen auf, er erhält den Namen «Ghost».

Als Ghost (Karl Urban) zu einem jungen Krieger herangewachsen ist, muss er miterleben, wie die Wikinger erneut ins Land einfallen und das Dorf seiner Leute niederbrennen. Seine mysteriöse Herkunft verrät Ghost, indem er demonstriert, wie er mit einem Schwert umgehen kann. Ghosts Versuche den Indianern zu helfen, indem er den Wikingern eine Falle stellt, scheitern an deren Vorstellungen vom ehrenvollen Kampf. Der Wikinger Ulfar (Ralf Möller) kann Ghost durch die Entführung der Indianerin Starfire (Moon Bloodgoog) erpressen, doch in der verzweifelten Situation zwischen den Fronten führen ihn schließlich die Worte des Schamanen Pathfinder (Russell Means) auf den richtigen Weg sein Volk zu retten.

Die Idee von den barbarischen Wikingern in Amerika wurde noch von einigen B-Movies wie SEVERED WAYS (DER PFAD DES WIKINGERS; 2007, Regie: Tony Stone) aufgegriffen, dessen einzige nennenswerte Attraktion ein durchgehender Heavy Metal-Score ist. Aber über den Pre-Pre-Pre-Western im Allgemeinen und den Verlust des Paradieses so lange vor dem Weg des Westerners in den Sonnenuntergang war neues nicht mehr zu sagen.

Remakes & Revisionen

Es gibt wohl zwei grundsätzliche Auffassungen im Nachklang des Genres. Die eine sieht in den Filmen nach einem «Tod» des Genres nur oder endlich historische Filme aus der Geschichte der amerikanischen Staaten (und oft genug findet dieser revisionistische Western eine Gelegenheit für eine «Abrechnung» mit der Geschichte des Frühkapitalismus in den USA und Revisionen der großen Legenden), die andere einen Versuch, das Genre selbst zu reflektieren; so entstanden gleichsam Filme über die Genrehaftigkeit selbst, Abstraktionen und Stilisierungen, die mit großem Vergnügen das cinematografische Wissen bündeln. Es gibt aber noch eine dritte Auffassung: Eine gute Geschichte ist eine gute Geschichte ist eine gute Geschichte...

Eine gute (wenn auch fragwürdige) Geschichte erzählte zum Beispiel *The Virginian* von Owen Wister, einer der literarischen Ur-Western, der schon fünf mal für das Kino verfilmt wurde und überdies das Gerüst für eine TV-Serie gab, die bei uns als DIE LEUTE VON DER SHILOH RANCH bekannt wurde. Imgrunde handelt es sich dabei um eine Liebesgeschichte mit den Konflikten des Johnsohn County War im Wyoming des Jahres 1890 als Hintergrund, dem «Krieg» zwischen den großen Ranchern und den kleinen Landbesitzern, Farmern und «Herumtreibern». Dass sich der Roman so eindeutig auf die Seite der Rancher stellt und sogar noch deren Lynchjustiz rechtfertigt, machte ihn für eine direkte Adaption ungeeignet. Sein Mythos, noch entfernt vom eigentlichen Western und seinen tragischen Helden, stellt den «aristokratischen» Mann inmitten der barbarischen Wildnis vor, der auch nicht davor zurückschreckt einen früheren

Freund aufzuhängen, weil der als Rinderdieb das Gesetz der Grenze gebrochen hat. Doch diese Tat traumatisiert ihn auch und überschattet seine Beziehung zur jungen Schullehrerin aus dem Osten, Miss Molly Wood.

Im Jahr 2000 wagte sich Bill Pullman an eine neue Verfilmung und setzte sich selbst in der Titelrolle ein (und gab James Drury, der sie von 1962 bis 1971 in der TV-Serie gespielt hatte, eine Nebenrolle). THE VIRGINIAN (LAND DER GESETZLOSEN) erzählt die Geschichte aus der Perspektive der Lehrerin Molly Spark (Diane Lane), die nachdem sie ihre neue Stelle im Grenzland Wyomings angetreten hat, den Mann kennen lernt, den sie «Virginian» nennen. Um ihr nahe zu sein lässt er sich auf der Farm ihres Auftraggebers anstellen und gewinnt Schritt für Schritt ihren Respekt und schließlich ihre Liebe. Das retardierende Element dieser Beziehung ist der Umstand, dass er immer wieder von den Umständen gezwungen wird, zur Gewalt zu greifen und dies vor ihr rechtfertigen muss. In dieser fünften Verfilmung des Klassikers bemüht sich der Regisseur eher um eine genauere Lektüre des Romans als um die Standards des Western, was zur Folge hat, dass in dieser ehrfurchtsvollen Adaption zwischen Melodram und Aktion wenig Raum für die schönen visuellen und narrativen Nebensächlichkeiten des Genres bleibt. Möglicherweise ist dies der Preis, den man auch im Western für eine gute Geschichte zu zahlen hat. Ein Mann mit einem manischen Hang zur Gerechtigkeit und eine Frau, die vor gutem Willen strotzt – das ist ein weiteres «Gründerpaar» des Westens, eines, das dem protestantisch-kapitalistischen Geist sehr viel mehr entspricht als Pocahontas und Captain Smith es getan haben und als der Cowboy und das Saloon-Mädchen es in vielen Filmen darstellten. Pullman gelingt es immerhin, sie nicht vollends unerträglich erscheinen zu lassen.

Als kompetenter Regisseur von neoklassischen B-Western festigte Simon Wincer mit der Verfilmung eines Stoffes eines anderen, modernen «Klassikers» der Genreliteratur, Louis L'Amour, seinen Ruf: CROSSFIRE TRAIL (DER RITT NACH HAUSE; 2001) geht von einer nicht viel weniger melodramatischen Grundsituation aus. Cave Rovington (Tom Selleck) hat seinem sterbenden Freund versprochen, sich um seine Frau Ann (Virginia Madsen) und seine Ranch zu kümmern, und diese Aufgabe wird nicht so leicht, weil der König der Stadt, Bruce Barkow (Mark Harmon) das eine wie das andere haben will. Auch Ann muss erst langsam von den Qualitäten des mürrischen Fremden überzeugt werden und ist drauf und dran auf die guten Manieren des Verbrechers herein zu fallen, dessen Maske erst am Ende fallen muss, als sich Männer finden, die tapfer genug sind, gegen die erzwungene Hochzeit aufzustehen. Einer von ihnen, der Bartender Dewey (William Sanderson) bezahlt das mit seinem Leben. Nachdem Covington im Showdown den gedungenen Revolvermann des Verbrechers getötet hat, scheint er wehrlos gegen Barkows Angriff, und Ann muss ihn durch einen Schuss in den Rücken des Schurken retten. Das ist eine schmerzhafte Erfahrung, aber es war notwendig um die Stadt zu befreien und ein eigenes Glück auf der Ranch zu sichern.

Mit Tom Selleck (und Isabella Rosselini) drehte Simon Wincer auch ein Remake von MONTE WALSH (2003), eine Hommage an den amerikanischen Cowboy, der alles zu tun bereit ist, «vorausgesetzt man kann es vom Rücken eines Pferdes aus tun». Er und sein Partner Chet Rollins (Keith Carradine) leben zwischen Monaten der harten Arbeit auf der Weide, des großen Viehtriebs von Wyoming nach Texas und kurzen Abstechern in die Stadt. Dort hat Monte in der Prostituierten Marine Bernard (Isabella Rosselini) eine langjährige Geliebte, während Chet sich um eine Witwe und Ladenbesitzerin bemüht. So könnte das Leben weitergehen, doch auch hier bleiben die Verhältnisse nicht so wie sie sind. Ein dramatisches Anzeichen dafür ist Shorty Austin (George Eads), der seinen Job verliert und die Seiten wechselt. Die Handelsgesellschaften aus dem Osten übernehmen das Regiment und vertreiben die alten Rancher, Züge mit Viehwaggons ersetzen die Trails, die Welt von Monte Walsh verschwindet. Andere können sich den neuen Verhältnissen anpassen, Monte Walsh nicht.

Tom Selleck war der archetypische Cowboy der neunziger Jahre und des beginnenden neuen Jahrhunderts im amerikanischen Fernsehen (und mit Keith Carradine spielte er des Öfteren zusammen, so etwa auch in Dick Lowrys LAST STAND AT SABER RIVER aus dem Jahr 1997). Er erscheint wie eine Gestalt aus zeitgenössischen Gemälden und Fotos, ein aufrechter Kerl, dem das Grübeln nicht liegt und der am liebsten seine Arbeit täte, wenn man ihn nur ließe. Nicht immer ist er, wie in MONTE WALSH, am Ende der großen Zeit des Westens angekommen, aber immer ist deutlich, dass dieser Mann den Weg in die Moderne nicht mitgehen wird. In einem Tom Selleck-Western gibt es weder Manierismen noch Anachronismen, keine übermäßig ausgefeilte Psychologie und nicht mehr Gewalt als notwendig. Es sind einfache Geschichten, die schon ein paar Mal erzählt wurden, aber sie werden mit selten gewordener ruhiger Würde erzählt.

Und auch eine gute Outlaw-Legenden-Geschichte kann immer wieder und immer wieder neu erzählt werden. Zum Beispiel THE LEGEND OF BUTCH & SUNDANCE (DIE LEGENDE VON BUTCH & SUNDANCE; 2004), die Sergio Mimica-Gezzan noch einmal recht stimmungsvoll, aber ohne nennenswerte Innovation erzählte: Zwei junge Cowboys beschließen, Banditen zu werden, Butch Cassidy (David Rogers) und Sundance Kid (Ryan Browning), und zugleich wollen sie Helden werden. So genießen sie ihren Ruhm als Volkshelden ein wenig so, wie es jugendliche Stars von heute tun. Da sich der Film auf die frühen Jahre des Duos beschränkt, kann er den leicht komödiantischen Ton einer echten jugendlichen Tall Tale beibehalten.

Noch einmal nahm AMERICAN OUTLAWS (2001; Regie: Les Mayfield) die Legende der James-Brüder auf: Nach dem Ende des Bürgerkriegs, in dem sie wie so viele viel zu schnell vom Kind zum Mann werden mussten, kehren Jesse (Colin Farrell) und sein Bruder Frank (Gabriel Macht) nach Hause in ihr Dorf mit dem verheißungsvollen Namen Liberty zurück. Dort hat mittlerweile der Eisenbahn-Unternehmer Rains (Harris Yulin) das Sagen und seine Landgier macht auch vor der Farm der Familie nicht Halt. Als Jesses Familie sich wehrt, setzt er erst alle legalen Tricks ein, und schließlich direkte Gewalt. Doch Jesse gelingt es, sich auch dem Zugriff der Pinkerton-Leute entziehen. Rains schreckt schließlich nicht davor zurück, die Mutter (Kathy Bates) umzubringen, und damit beschwört er den Rachefeldzug der beiden Söhne herauf. Jesse und Frank tun sich mit den Brüdern Younger (Scott Caan, Gregory Smith) und ihrem Freund Comanche Tom (Nathaniel Arcand) zusammen und nehmen als *James-Younger-Gang* den Kampf auf. Mit jedem gelungenen Coup freilich und jedem Schaden, den er der Eisenbahn beifügt, wächst auch das auf Jesse ausgesetzte Kopfgeld. Und am Ende kann Bob Ford nicht mehr widerstehen.

Der Outlaw Jesse James ist, wie eine Reihe legendärer Gestalten des Westens, ein Produkt des amerikanischen Bürgerkriegs. Seine Methoden erlernte er bei Quantrills Guerillatruppen, und den Status eines Volkshelden – der die üblen Yankee-Kapitalisten trifft, wo es ihnen am meisten weh tut: beim Geld – erlangte er bei den Verlierern des Krieges und den anschließenden ökonomischen und politischen Modernisierungen. Das macht die sonderbare Mischung im Mythos dieser negativen Helden aus: die verzweifelte, pathologische Gewalt der Männer, die im Krieg zu barbarischen Kampfmaschinen wurden, und die tragische, konservative Funktion des Rebellen gegen die Profitsucht und die Technologie eben des *gilded age*. Im Blick der Legende verteidigten Männer wie Jesse James das alte Amerika, den Traum der Autonomie, gegen das neue, in dem das Land der Farmer und die Arbeit ihren Wert verloren gegenüber der Macht der Banken und der Eisenbahnunternehmen. Und in dem die alten Kämpfe Mann gegen Mann ersetzt wurden durch die korrupte Macht gekaufter Gesetzeshüter und der Pinkerton-Detektive. Der Kampf zwischen dem agrarischen Westen und dem industriellen Osten, eine Fortsetzung des Bürgerkriegs mit anderen Mitteln, musste also nahezu zwangsläufig den Outlaw als populistischen Mythos hervorbringen – als Antwort auf eine innere Zerrissenheit, die sich politisch nicht organisieren konnte, weil alle Gruppen, die sich dem Zugriff des Kapitals hätten widersetzen können, untereinander blutig zerstritten waren. Jesse James ist ein Symptom der Wirtschaftsgeschichte so sehr wie eine verzweifelte Männerlegende.

Daher war Jesse James in der Legende gut aufgehoben, ungeachtet der weniger rühmlichen Art seiner wirklichen Taten. (Schon beim ersten Banküberfall von James' Gang, im Februar 1866, wird ein unbeteiligter Passant erschossen. Und die weitere kriminelle Karriere der James-Brüder und ihrer Leute ist voll von solch blutigen Kolateralschäden, auch wenn die Presse eher der geschickten Selbstverklärung als «Robin Hood» folgte und es als Akt hehrer «Ritterlichkeit» interpretierte, wenn bei einem Überfall der James-Gang nur Verletzte und keine Toten zu beklagen waren). Und ungeachtet der politischen Bedeutung der Gangs, die immer alles zugleich waren – schiere Kriminelle, reaktionäre Terroristen, die die Niederlage des Bürgerkriegs nicht wahrhaben wollten, und verzweifelte Modernisierungsverlierer im Überlebenskampf – befriedigten die Geschichten um die wilden Kerle auch das Sensationsbedürfnis eines städtischen Publikums, dem der Westen des eigenen Landes mindestens so exotisch war wie er Reisenden aus Europa erschien. Zur Legende entpolitisiert wurden die Outlaws in den Folk Songs, im Theater, in Erastus Beadles ungemein populären *Dime Novels* und schließlich im Film. Die ersten Jesse James-Filme aus den Jahren um 1920 nennen Jesse James jr., den Sohn des Outlaw, als «Berater»: Das Verbrechen wie die Manufaktur der Legende war bei den James' – sehr amerikanisch – eine Familienangelegenheit. Schließlich erfüllt sich die Volkshelden-Legende auch beim Ende des Outlaw in einer Szene, die – wie man so sagt – archetypisch ist. Um die ausgesetzte Belohnung zu kassieren, schießt Robert Ford, ein Mitglied der Gang, Jesse James am 3. April 1882 in den Rücken, als der unter dem Namen Howard mit Frau und Kindern bürgerlich lebende Held ein Bild an der Wand gerade hängt.

Nach reichlich 30 Filmen, darunter ein paar Western-Klassiker von Henry King, Fritz Lang, Samuel Fuller und Nicholas Ray, wird im neuesten genau dieses Bild umkreist: Die Vorgeschichte zeigt einen Jesse James, der immer einsamer, neurotischer und misstrauischer wird und dessen Gewalt sich immer mehr nach innen richtet, gegen vermeintliche oder tatsächliche Verräter. Und sie zeigt einen Robert Ford, der von den Seinen immer nur gehänselt wird und sein Heil darin sieht, so zu werden wie Jesse James. Die Nachgeschichte zeigt einen Robert Ford, der sich erst als Helden feiern lässt und seinen Mord auf der Bühne wiederholt, und der dann als Feigling und Verräter geächtet und schließlich in seiner Kneipe erschossen wird.

The Assassination of Jesse James by the Coward Robert Ford (Die Ermordung des Jesse James durch den Feigling Robert Ford; 2007) von Andrew Dominik hat mit einem herkömmlichen Western nicht viel zu tun. Nicht einmal die Hüte und die Art, einen Revolvergurt zu tragen, stimmen mit den Kinobildern überein. Schießereien sind keine schnelle, rituelle Angelegenheit, sondern quälendes, langwieriges Töten; die meisten Menschen werden hier ohnehin im Zustand der Hilflosigkeit ermordet oder in den Rücken geschossen. Der klassische Western zeigte Männer mit Werten in einer Welt, die sich durch diese Werte verändern ließ; der Spätwestern zeigte Männer mit Werten in einer Welt, die über diese Werte nur noch lacht und daher dem heroischen oder wenigstens autarken Mann einzig den Weg in den eigenen Tod lässt. Ein Film wie Die Ermordung des Jesse James durch den Feigling Robert Ford zeigt, dass es diese Werte nicht gegeben hat. Nur Männer, die immer noch wahnsinniger und mörderischer werden: Jesse James ist ein kranker Mann, der von einem kranken Jungen erschossen wird, der wiederum von einem noch kränkeren Alten erschossen wird. Jeder will etwas werden, «angesehen» und reich, und jeder verstärkt das Desaster. Und während sie sich und andere ruinieren, versuchen diese Menschen an der Grenze zwischen Wildnis und Bürgertum, Worte zu finden für ihr Elend und für ihre Sehnsucht danach, die Hölle zu verlassen, die sie selber angerichtet haben. Dabei erscheinen sie geschwätzig und hilflos; der Mythos des Western wird hier nicht zuletzt in der Sprache zerstört. Und der Film ist dort am genauesten, wo er zeigt, dass er sich seinen Figuren nicht wirklich annähern kann, und dass er dem historischen so wenig wie dem psychischen Grund ihrer Handlungen auf die Spur kommt. Er sieht einem Helden zu, der sich selber zerstört, und einem Jungen, der bei dem Versuch, ein Vorbild zu finden, zum Mörder des Helden wird. Die Welt dieser Menschen ist furchtbar eng geworden, und wenn sich der Blick weitet auf dieses schöne, weite Land, dann nur um die Verlorenheit der Menschen darin zu zeigen. Für sie ist hier keine Heimat zu finden.

The Assassination of Jesse James by the Coward Robert Ford ist auch ein Film über zwei Schauspieler: Brad Pitt, der wahrhaft beeindruckend den Mann spielt, der es müde ist, angesehen, abgebildet, beneidet und verfolgt zu werden, und Casey Affleck, der brilliert in der Rolle eines jungen Mannes ohne Eigenschaften, der – wie Werner Herzogs *Kaspar Hauser* – sein will, wie einmal ein anderer gewesen ist. Dieser Film befragt den Western nicht auf seine historischen und mythischen Wurzeln hin, nicht auf seine sozialen und psychologischen Konstruktionen von Raum, Zeit und Subjekt, sondern er fragt nach etwas Radikalerem: nach dem Bild. Jesse James sieht die Welt von Anbeginn des Films an durch gerötete, entzündete Augen, sein Bewunderer und Mörder hat, wenn er denn einen anderen anzusehen wagt, den tückisch-durchlässigen Blick aus unterwürfigem Hass: Feuer und Wasser. Die Theateraufführungen, in denen Robert Ford sich selber und sein Bruder und Komplize den Jesse James geben, werden zur Spiegelung absurder Identifikationsprozesse. Während Ford, vom Publikum attackiert, immer häufiger aus der Rolle fällt, führt das *revivre* des Opfers seinen Bruder schließlich in den Selbstmord. Es sind die Bilder, die zurückschlagen; nicht nur die Legende ist falsch, auch ihre Produktion erweist sich als gefährlicher Fehlschlag.

Jesse James wurde nicht ermordet. Er ließ sich töten, weil er sich selbst nicht mehr ertrug. Und Robert Ford war kein Feigling. Sondern einer, der kein richtiges Leben im falschen finden konnte. Story und History kommen kaum vor in diesem Film, und doch zeichnet er ein radikales Bild von Amerika, in dem es nichts zu glauben, nichts zu sehen, nichts zu handeln gibt. Eine todessehnsüchtige Lähmung hat sich über das verheißene Land gelegt. Die Ermordung des Jesse James durch den Feigling Robert Ford wird von einem Western widergegeben, der nichts mehr erzählt; zugleich Dokument und Modell von Selbstvernichtung. Es wird jetzt wirklich Zeit für das Ende der Ära Bush.

The Assassination of Jesse James by the Coward Robert Ford schien pures Arthouse-Kino, weniger Western als philosophisch-historischer Essay; 3:10 To Yuma (Todeszug nach Yuma – 2007 – Regie: James Mangold) dagegen versuchte wohl das klassische Original mit den Mitteln des neuen Actionfilms aufzurauen. Der Film nimmt die bereits in der Vorlage vorhandene psychologische Situation noch einmal in konzentrierterer Form auf, um sie einer genaueren Untersuchung zu unterziehen. Die Originalstory stammt ja von niemand geringerem als Elmore Leonard; sie wurde 1953 im *Dime Western Magazine* veröffentlicht und vier Jahre später von Delmer Daves mit Glenn Ford und Van Heflin höchst kompetent verfilmt (siehe S. 101). Auch die Neuverfilmung konnte einen Erfolg bei der Kritik und beim Publikum erzielen. Beim Startwochenende war der Film sowohl in den USA als auch in Kanada die Nummer 1 der Kinocharts, durchaus ungewöhnlich für einen Western in dieser Zeit. (In Deutschland allerdings beteiligte man sich nicht an dieser Renaissance des psychologischen Western und sorgte mit nur 72 000 Zuschauern für einen Negativ-Rekord.)

Nun also spielt Christian Bale den Farmer Dan Evans, der aus dem Krieg mit inneren und äußeren Blessuren zurück gekehrt ist (eine durchaus verständliche Anspielung auf aktuelle Ereignisse möglicherweise) und drauf und dran ist zu scheitern an der Begründung einer bürgerlichen Existenz: Anhaltende Trockenheit und ein krankes Kind erhöhen die Armut, der ältere Sohn und die Ehefrau haben nur wenig mehr als Verachtung für ihn. Dan erlebt zusammen mit seinen Söhnen einen Überfall einer Bande auf die Postkutsche. Der Anführer Ben Wade (Russell Crowe) wird bald darauf festgenommen und soll zu dem Zug nach Yuma gebracht werden. Weil Evans dringend das Geld benötigt, immerhin werden 200 Dollar geboten, übernimmt er den gefährlichen Job, den Banditen zu eskortieren, den seine Gang befreien will. Und dieser Job hat noch ein anderes Motiv: Dan Evans will seinem Sohn William (Logan Lerman) zeigen, dass ein echter Held in ihm steckt. Der folgt heimlich dem Unternehmen, weil er den Outlaw so bewundert wie er den Vater verachtet. Aber was die beiden scheinbar so ungleichen Männer, die auf Leben und Tod miteinander verbunden sind, erleben, bringt sie einander auch näher: Jeder der beiden verkörpert eben das, was im Leben des anderen fehlt. Bis zum unausweichlichen – dreißigminütigen – Showdown nimmt sich Mangold genügend Zeit, neben seinen Hauptfiguren auch die Charaktere der Nebenfiguren zu entwickeln: Peter Fonda als eiskalter Kopfgeldjäger und Sheriff und Ben Foster als ehrloser Gangster sind gleichsam negative Schatten der beiden Helden.

Ganz die Technik von Elmore Leonard verrät die fundamentale Geschichte von zwei Männern, die sich beide nicht so verhalten, wie es ihre Rollenzuschreibungen erwarten ließen: Dan ist weder der Versager und Feigling, für den man ihn halten kann, noch ist er der Prototyp des «stillen Helden», und Ben, der immer wieder betont, wie durch und durch böse er ist, hilft seinen Bewachern nicht nur bei einem Überfall der Apachen, sondern sogar gegen die eigene Gang.

Die ersten Kritiker (auch wenn einige von ihnen dem Remake das «falsche» Ende ankreideten) sahen in Mangolds Film schon ein Anzeichen für die Rückkehr des Western ins Mainstream- und Blockbuster-Kino. Doch 3:10

To Yuma hielt sich nach seinen anfänglichen Besucherzahlen nicht an den Kinokassen und da auch das Staraufgebot und die moderne Erzählweise das Verlustgeschäft am Ende nicht verhindern konnte, sanken die Chancen für Filme des Genres blitzrasch wieder ab. Der nächste Western, den der Schauspieler Ed Harris inszenierte und der nach Meinung der Kritiker ein durchaus gelungenes Stück trockener Aktion war, fand schließlich nicht einmal mehr den Weg in die Kinos.

Harris' The Appaloosa (2008) vertritt eine Art von reduziertem Neoklassizismus im Postgenre und erzählt eine moralische Geschichte ohne die mittlerweile üblichen Brechungen: Der reiche und mächtige Rancher Randall Bragg (Jeremy Irons) lässt einen Marshall und seine Stellvertreter ermorden, weil sie seinen Interessen in die Quere gekommen sind. Die Bürger des Ortes Appaloosa ernennen nun zwei Revolverhelden, Virgil Cole (Ed Harris) und Everett Hitch (Viggo Mortensen) zu Sheriffs, die sehr schnell mit drastischen Mitteln für Ordnung sorgen. Schließlich verhaften sie Braggs, und nun geht es darum, den Gefangenen bis zur Ankunft des Richters gegen alle Versuche seiner Männer ihn zu befreien, in Gewahrsam zu halten. Die Dinge wenden sich noch einmal, als Coles Geliebte, die Barpianistin Allison French (Renée Zellwegger) von Braggs Leuten entführt wird. Und Randall Bragg kehrt noch einmal zurück. Neben dieser klaren Geschichte von Recht, Gesetz und Rache erscheint die Dreiecksgeschichte zwischen Hitch, Cole und Allison um so widersprüchlicher. Die Geschichte der eigenwilligen Witwe Allison French, von der Virgil nur annehmen kann, sie sei eine Hure, spaltet gewissermaßen das Welt- und Selbstbildnis der Westerner. Denn auch hier geht es nicht nur darum, einen Job zu erledigen, sondern auch darum, die Sexualität auf ihr Talent zur Sesshaftigkeit zu befragen.

Das erinnert an die Gefängnis-Trilogie von Howard Hawks, hat aber insbesondere in der Zeichnung der beiden Revolvermänner und ihrer Beziehung einen eigenen Zugang. Darin wird deutlich, dass es im Western nie allein um Helden und Schurken ging, sondern um amerikanische Charaktere, die offen und nie ganz zu Ende erklärt sind, in denen sich das Tragische und Heroische immer auch mit dem Komischen und Grotesken trifft. «Während die Bilder vom seitlich einfallenden Herbstlicht geprägt sind, das für Spätwestern typisch ist, inszeniert Harris so klassisch schlicht, dass selbst John Ford seine Freude daran hätte. Aber der Klassizismus ist nicht altertümelnd, lässt vielmehr erahnen, wie ein zeitgenössischer Westernstil aussehen könnte, wenn das Genre noch lebendig wäre» (Holger Römers).

Fürs Fernsehen immerhin entstand eine Film-Version des Buches, das entscheidend zu Revision der Western-Geschichte beigetragen hat: Bury My Heart At Wounden Knee (2007, Regie: Yves Simoneau) geht entsprechend respektvoll und ein wenig vorsichtig mit dem Stoff von Dee Brown um, benutzt daneben aber auch andere Quellen. Im Zentrum stehen Charles Eastman (Adam Beach) der bei den Sioux noch Ohiyesa hieß und nach seiner Ausbildung in Dartmouth als Arzt zu seinem Volk zurückkehrt, Sitting Bull

(August Schellenberg), der sich gegen die Unterwerfung entscheidet und seine Krieger in den Kampf gegen die Kavallerie führt, und Senator Henry Dawes (Aidan Quinn). Der Versuch Eastmans, mit Hilfe der Lehrerin Elaine Goodale (Anna Paquin) die Lebensbedingungen der Indianer zu verbessern auf der einen Seite und die Bemühungen Dawes, Präsident Ulysses Grant (Thompson) für eine menschlichere Politik gegenüber ihnen zu gewinnen auf der anderen Seite scheitern an der Militanz von Offizieren wie William Tecumseh Sherman (Colm Feore), die den weiteren Landraub decken. Als Sitting Bull sein Volk zu den Waffen ruft, gerät Eastman zwischen die Fronten. Der Schamane Wovoka (Wes Studi) initiiert mit dem «Ghost Dance» eine Bewegung unter den Sioux, die die Kunde von der endgültigen Befreiung vom Joch des Weißen Mannes verbreitet. Aber mit dem Massaker am Wounded Knee, bei dem am 29. Dezember 1890 hunderte von Männern, Frauen und Kindern getötet werden, enden alle Hoffnungen auf Befreiung. Und wenig Raum bleibt auch dem Film für Bilder, die wenigstens symbolisch auf eine Versöhnung in der Zukunft deuten.

Some Good, Some Bad, Some Old, Some Young

Der Spät- wie der Postwestern ist ein Genre der alten Männer, und das Alter seiner Helden und ihrer Darsteller schien eines der deutlichsten Symptome des Verschwindens für das Genre. Mit YOUNG GUNS (193, 221 f.) versuchte man sich an einer radikalen Verjüngung des Casts, nur um zu erkennen, dass auch Teenager für die Rettung des Mythos keine Lösung sind. Aber die Vorstellung von der Wiederkehr der *young men* im Grenzland blieb in der Fantasie der Autoren bestehen. Nicht allein der große Abgesang sollte das Genre bestimmen, vielmehr erinnerte man sich darin, dass der Western einst ein besonders «erzieherisches» Filmgenre war.

Im Texas des Jahres 1875 treibt in TEXAS RANGERS (TEXAS RANGERS; 2001, Regie: Steve Miner) der Outlaw John King Fisher (Alfred Molina) mit seiner Gang von Viehdieben sein Unwesen und kann nicht einmal von der Armee bezwungen werden. Von Mexiko aus überfallen sie immer wieder die Herden der Rancher und schrecken vor keinem Mord zurück. Der Bürgerkriegsveteran und Ex-Prediger Leander McNelly (Dylan McDermott), selber schon von einer tödlichen Krankheit gezeichnet, schart eine Gruppe unerfahrener Kämpfer um sich, die er zu Texas Rangers macht. Noch während man auf der Fährte der Verbrecher ist, erhalten die jungen Leute ihre Ausbildung. Einer von ihnen ist der junge Roger Dunnison (James van der Beek), der eine persönliche Rechnung zu begleichen hat, da King Fisher seine Eltern ermordet hat. Basierend auf den Memoiren *Taming the Nueces Strip: The Story of McNelly's Rangers* von George Durham bietet der Film wenig Glorifizierung: Als McNelly eine Vorhut der Gangster in die Gewalt bekommt, lässt er kurzerhand zwei der Banditen aufhängen. So muss Dunnison, mittlerweile so etwas wie die rechte Hand von McNelly, sich gegen seinen Boss stellen, vor allem als dieser, von seinem Anfangserfolg beflügelt, einen direkten Angriff befiehlt, der in einem Blutbad endet und die 18 Überlebenden der 30 Texas Rangers zum Rückzug zwingt. King Fisher und seine Leute ziehen sich einmal mehr nach Mexiko zurück und feiern ihren Sieg, als die Texas Rangers unvermutet auftauchen und den letzten Kampf für sich entscheiden. Fisher stirbt, und auch McNelly wird schwer verwundet, so dass er das Kommando an Dunnison übergibt, der nun die Texas Rangers auf den Pfad der Rechtmäßigkeit führt.

Wie in vielen «alten» Western, so lässt auch hier Steve Miner in Kampf und Konflikt eine Generation untergehen, in der die Grenzen zwischen gut und böse, Recht und Anarchie, noch verschwommen sind. Mit King Fisher stirbt der Outlaw-Mythos und mit McNelly der Gründer-Patriarch, der das Recht nicht vertritt, sondern es selber sein will nach eher alttestamentarischen als rechtsstaatlichen Regeln. Ganz nebenbei ist TEXAS RANGERS auch ein Versuch, die Erfolgsformel des Teen-Western à la YOUNG GUNS auch in der Besetzung wieder aufzunehmen: James van der Beek ist aus der Serie DAWSON'S CREEK bekannt, Usher Raymond als Rhythm & Blues-Musiker und Ashton Kutcher galt damals als das große kommende Teenager-Idol. (Auch diese Verknüpfung von Western und «Teen Spirit» hat ja durchaus Tradition, wenn auch die Mischung selten so perfekt gelang wie beim Auftritt von Ricky Nelson in Hawks' RIO BRAVO.)

Ohne das Geschichtsbild des revisionistischen Western gänzlich außer Acht zu lassen, konnte mit solchen Geschichten die *frontier* als Land der Bewährung gerettet werden. Und so ließ sich auch die Geschichte vom «abgehalfterten Helden» und der «zweiten Chance», mit nur wenig neuen Aspekten versehen, als *tall story* erzählen: HIDALGO (HIDALGO; 2004, Regie: Joe Johnston) erzählt von dem Kurierreiter Frank Hopkins (Viggo Mortensen), der mit seinem Mustang Hidalgo zu einer lebenden Legende geworden ist. Aber ein Massaker an den Sioux, zu dem er unwissentlich durch das Überbringen einer Botschaft beigetragen hat, lässt ihn am Leben an der Grenze verzweifeln: Hopkins hat selbst indianisches Blut und ist hoffnungslos zwischen den Kulturen gestrandet. Das Geld, das er bei *Buffalo Bill's Wild West Show* verdient, versäuft er großenteils. Bei einer der Reisen des Western Zirkus quer durch alle Kontinente entdeckt Scheid Riyadh (Omar Sharif) den Kerl mit der großartigen Reitkunst und macht ihm das Angebot, mit seinem Wunderpferd an einem ausgedehnten Rennen durch die Wüste teilzunehmen: 3000 für Mensch und Tier mörderische Meilen durch die brennende Hitze der Sahara.

Einen sehr eigenwilligen Versuch, den Western als *moral tale* zu nutzen, unternahm John Badham in seinem Western THE JACK BULL (JACK BULL / REITER AUF VERBRANNTER ERDE; 1999): Es ist die Geschichte von Kleists rebellischem Michael Kohlhaas (erstaunlich nah am Original) in die amerikanische Prärie versetzt: Myrl Redding (John Cusack), ein Pferdehändler aus

Wyoming, gerät in Streit mit dem Farmer Henry Ballard (John Goodman), der zwei seiner Pferde misshandelt hat. Vor Gericht hat Redding mit seiner Klage keinen Erfolg, doch er pocht auf sein Recht einer Entschädigung: Er verlangt, dass seine Pferde gesund gepflegt werden. Der Krieg zwischen den beiden eskaliert, und Myrls Beharren auf der Gerechtigkeit kostet nicht nur Menschenleben, sondern auch die Ordnung des neuen Bundesstaates steht auf dem Spiel. An dieser Adaption kann man wahlweise bewundern, wie stark die Kleistsche Geschichte ist, die eine solche Übertragung bestens übersteht, oder auch die Fähigkeit des Western-Genres, sich große Geschichten anzuverwandeln.

Um einen solchen «unvernünftigen» Kampf um die Gerechtigkeit in eigener Sache geht es auch in Kevin Costners nächstem Film des Genres. Costner, der einst mit DANCES WITH WOLFES das Genre «noch einmal erfand», hatte mit seinem zweiten großen klassischen Western Glück (nachdem er zwei mal mit aufwendigen postapokalyptischen Trash-Western, WATERWORLD und THE POSTMAN einigermaßen grandios gescheitert war). Auf den Öko-Mystizismus von DANCES WITH WOLFES folgte mit OPEN RANGE eine neoklassische Strenge und Schönheit, die man dem Genre kaum noch zugetraut hatte. Es war ein Projekt auf Messers Scheide; die Hälfte des Budgets von 26 Millionen Dollar brachten die Produzenten Kevin Costner, Jake Eberts und David Vlades persönlich auf, weil niemand an den Erfolg eines Western glaubte. Mit 68 Millionen Dollar Einspielergebnis erzielte man immerhin ein klein wenig mehr als einen Achtungserfolg.

Boss Spearman (Robert Duvall) und Charley Waite (Kevin Costner) sind «Freegrazer», Cowboys, die ihre Herde über freies Land treiben, selber aber kein Land besitzen. Zusammen mit dem afroamerikanischen Koch Mose (Abraham Benrubi) und dem jungen Mexikaner Button (Diego Luna) sind sie mit den Tieren unterwegs, eine kleine Familie von Männern, die in der Welt, wie sie sich nun herauszubilden beginnt, wenig verloren haben. Normalerweise gehen sie Konflikten aus dem Weg, aber im Städtchen Harmonville geraten sie an den despotischen Rancher Denton Baxter (Michael Gambon), der in den Freegrazern Parasiten und Eindringlinge sieht. Er fordert sie auf, seine Weideflächen zu verlassen. Mose wird von den Männern Baxters halb tot geprügelt, und der korrupte Sheriff Poole (James Russo) wirft ihn darauf auch noch ins Gefängnis. Waite und Spearman knöpfen sich die Schuldigen vor, doch während ihrer Abwesenheit vom Lager wird Mose von Baxters Leuten erschossen und Button wird schwer verletzt. Sie bringen ihn zu dem jungen Arzt Barlow (Dean McDermott), einer der wenigen, die nicht von Baxter abhängig sind. Charley verliebt sich auf seine linkische Art in dessen Schwester Sue (Anette Bening), doch zuerst gibt es andere Dinge zu tun: Charley tötet Moses Mörder auf offener Straße und löst damit eine blutige Schießerei aus, in der er und Boss Spearman keine Chance hätten, würde sich nicht die Bevölkerung endlich, nachdem sie die Tyrannei so lange ertragen hat, auf ihre Seite stellen. Boss Spearman kann schließlich auch Baxter zum Kampf stellen, während sich die braven Leute von Harmonville an seinen Leuten rächen. Am Ende bringt es Charley noch über sich, Sue um ihre Hand zu bitten, und verspricht, zurück zu kommen, wenn er mit Boss die Herde abgeliefert hat.

Es ist ein großes visuelles Fest des Wiedersehens mit der Landschaft und ihrer Dramatik, mit den Helden, die den Werten und Tugenden einer vergangenen Zeit nachhängen und sehr genau wissen, dass die Entwicklung über sie hinweg geht, mit Freundschaft und Ehre, und mit den Standardsituationen vom Trail, vom Lagerfeuer, vom Salon bis zum Showdown (den Costner, im Gegensatz zur vorherigen Handlung, fast «modern», jedenfalls hart und in rasanter Auflösung, filmt: 20 Minuten Gewalt, die in furchtbarem Kontrast zum ruhigeren Fluss der Bilder zuvor stehen). Und OPEN RANGE ist ein Film, der wieder die Tugend des Genres entdeckt, sich Zeit zu nehmen für die Entwicklung der Charaktere, für die Pausen in der Aktion, für die Ruhe, die von der Natur und von den Männern ausgeht, die in ihr leben. Während Robert Duvalls Boss Spearman ganz in der Vergangenheit lebt und das Ende seiner Welt und seines Lebens gelassen hinnimmt, steckt Costners Charley Waite zwischen den Zeiten, er bekommt in seiner Liebesgeschichte die Chance, den Anschluss an die neuen Verhältnisse zu finden, und Spearman, der das weiß, drängt ihn sanft dorthin, auch wenn das für ihn bedeutet, endgültig allein zu sein.

Obwohl Costner um dieses Projekt heftig ringen musste, und ihm kaum jemand kommerzielles Potential zutraute, machte er mit seinem überraschend erfolgreichen Einspielergebnis deutlich, dass ein gut erzählter, neoklassischer und in jeder Hinsicht konservativer Western sein Publikum finden würde. Seitdem wissen es die Fans: Alle paar Jahre wird es einen Film wie OPEN RANGE geben.

Western Neo Noir

So «tot» wie noch ein Jahrzehnt zuvor galt das Western-Genre zu Beginn des neuen Jahrtausends gar nicht mehr. Als kommerzielles und mehr noch als künstlerisches Wagnis sah man es dennoch an, benötigte man als Regisseur doch immer beides: Ein profundes Wissen von der Genregeschichte und eine Idee, wie man einen eigenen Ansatz verwirklichen konnte, jenseits des John Ford- und jenseits des Clint Eastwood-Points. Es gab mehrere junge Regisseure, die ihr Debüt mit Western wagten, so etwa David von Ancken, der mit SERAPHIM FALLS (2006) ein in der Tat eigenwilliges Modell lieferte:

Er beginnt mit einer Menschenjagd, deren Ursachen erst später offenbar werden; nicht einmal der Gejagte, Gideon (Pierce Brosnan), weiß, warum Colonel Carver (Liam Neeson) ihn mit solchem Ingrimm verfolgt. Erst später wird klar, dass die Familie des Südstaaten-Offiziers einem Massaker zum Opfer fiel, für das er den Nordstaatenoffizier Gideon verantwortlich macht. Der Colonel hat ein paar dubiose Leute um sich gesammelt, und die Jagd führt durch die idealen Landschaften des Genres, die schneebedeckten Berge von Nevada ebenso wie durch Canyons, Prärie und schließlich die Salzwüste. Einmal mehr erscheint der Mensch als gewalttätiges Tier in einer erhabenen Landschaft, einmal mehr wird dieses Land ihm nicht zur Heimat. Auch die Gruppe der Verfolger des Mannes, der sich während der Jagd immer mehr seiner Haut zu wehren weiß, sind Charaktere, die wir kennen: Der Psychopath, der Dummkopf (Michael Wincott), der Junge (John Robinson), der im wüsten Land zum Mann werden muss und der Alte, der noch ganz andere Zeiten des Westens erlebt hat. Schließlich macht auch SERAPHIM FALLS selber die Stationen des Genres durch; bis zum surrealen Ende hat er auch viele Bilder der Klassiker rekonstruiert und dekonstruiert. Und es ist eine innere Wahrheit des Genres, die hier explizit wird, dass der Westerner der Mann ist, der das Trauma des Bürgerkrieges ins neue Land schleppt. «Der Krieg ist zu Ende», sagt Gideon, was historisch ganz richtig ist. «Der Krieg ist nie zu Ende», entgegnet Carver, und hat in einem anderen Sinne recht. So kann nur der Tod, die vollkommene Erschöpfung, die Geschichte beenden.

Auf eine indirekte Weise handelt auch dieser Western von den Verletzungen einer Gesellschaft nach einem Krieg und vom missglückten Versuch einer nationalen Versöhnung im ökonomischen (Wieder-) Aufbau: Die alten Wunden brechen auf, Menschen im Hass sind blind gegenüber den Verheißungen der Zukunft, und anders als in den klassischen Filmen des Genres lassen sich die gewaltsamen Impulse auch nicht auf neue Ziele umlenken. Und zugleich ist SERAPHIM FALLS ein auf das Fundamentale reduzierter Western, in denen es auf die beiden Dinge ankommt, auf denen das Leben eines Mannes an der Grenze basieren, auf dem Pferd und der Waffe, und es ist ein ständiges Spiel mit diesen beiden *essentials*, was die Balance zwischen Jäger und Gejagtem ausmacht. Manchmal hat das eine rätselhafte Note, etwa im Erscheinen von Wes Studi als Indianer an einer Wasserstelle und mehr oder weniger aus dem Nichts, der beide Männern mit Pferd und Waffe versieht, mit denen das «Spiel» fortgesetzt werden kann, als würde auch hier immer wieder die Grenze zum Mystery Western (siehe Seite 248 ff.) gesucht, zum Umschlag des Western-Drama in gothischen Horror (an einer Grenze zwischen Mark Twain und Edgar Allan Poe).

Etwas konventioneller setzt NED KELLY (GESETZLOS – DIE GESCHICHTE DES NED KELLY; 2003, Regie: Gregor Jordan) die Geschichte des klassischen australischen Outlaws (Heath Ledger) in Szene, dessen blutige Karriere damit beginnt, dass man ihn ungerechtfertigterweise eines Diebstahls anklagt und er drei Jahre lang unschuldig im Gefängnis verbringt. Wieder in Freiheit versucht Ned ein ehrbares Leben zu führen und gerät prompt wieder in Konflikt mit dem Gesetz. Diesmal aber flieht er und gründet mit seinen Freunden Joe Byrne (Orlando Bloom) und Steve Hart (Philip Barantini) eine Gang, die sich auf das Ausrauben von Banken spezialisiert. Die Beute wird, ganz im Sinn der

Volkshelden-Legende, unter den armen Leuten verteilt. Der Inspektor Francis Hare (Geoffrey Rush) setzt alle Mittel ein, um die Bande zur Strecke zu bringen. Der Film lebt zwar vom Charisma seines Hauptdarstellers, der einen Ned Kelly gibt, dem die Gesellschaft nicht nur die Gerechtigkeit, sondern auch die Möglichkeit erwachsen zu werden verweigert, aber er bleibt doch in seiner Heldenverehrung eher an der Oberfläche.

In Australien am Ende des neunzehnten Jahrhunderts spielt auch THE PROPOSITION (THE PROPOSITION – TÖDLICHES ANGEBOT; 2005, Regie: John Hillcoat), zu dem niemand anderes als Nick Cave das Drehbuch schrieb (nach der Musik und einem kleinen Auftritt in THE ASSASSINATION OF JESSE JAMES BY THE COWARD ROBERT FORD im Genre kein Unbekannter mehr): Eine reine, fundamentale und zeitlose Geschichte, die in der Ikonographie des Genres nur um so abstrakter und genauer erscheint. Es ist die Geschichte des Captain Stanley (Ray Winstone), der in seinem Territorium gegen die drei Burns-Brüder vorgeht. Er kann Charlie Bruns (Guy Pearce) und seinen Bruder Mike (Richard Wilson) einfangen; Charlie wird gezwungen, den dritten von ihnen, ihren Anführer Arthur (Danny Huston) zu finden, andernfalls wird sein Bruder Mike aufgehängt. So kann der Retter nur zum Verräter werden und umgekehrt, und es kann nicht anders enden als in einem Blutbad. THE PROPOSITION räumt mit allen Vorstellungen eines heroischen und klaren Kampfes auf; es erscheint wie Poesie mitten in der Hölle, wenn der Kopfgeldjäger (John Hurt) zitiert: «Da sind Nacht und Tag, Bruder, beide so süß, Sonne, Mond und Sterne, Bruder, all diese süßen Dinge...» Der Western noir des neuen Jahrzehnts entwickelt seine *blood poetry* stets am Rande des endgültigen Verlusts von Wahrnehmung und Realität. Der Westen (auch wenn es hier die australischen Backwoods sind) ist das Land, in dem Männer den Verstand verlieren.

Ein Zwischenschritt von Neo Noir Western zum Mystery Western war schon 2003 entstanden: THE MISSING (THE MISSING; Regie: Ron Howard) ist eine weitere heftige Entromantisierung des Genres mit einem weiblichen Helden im Zentrum und, wie eine Reihe der Filme dieser Dekade, so etwas wie eine Relektüre von THE SEARCHERS (den zwei Generationen von Filmstudenten kultisch verehrten): Maggie Gilkeson (Cate Blanchett) bewirtschaftet eine kleine Ranch in abgelegenem Land in New Mexico. Bei ihr leben zwei Töchter, und nebenbei bietet sie ihre medizinischen Kenntnisse den anderen Menschen in der Einöde an. Eines Tages kommt ihr Vater Samuel (Tommy Lee Jones) zurück, der die Familie vor zwanzig Jahren verlassen hat, um fortan als Indianer zu leben. Zwar will sie eigentlich nichts mit ihm zu tun haben, aber dann ist sie auf seine Hilfe angewiesen, denn ihre 17jährige Tochter ist verschwunden und Maggie findet keine Unterstützung beim Sheriff. So ist Samuel der einzige, der das Mädchen finden kann, die Spuren führen zu den Apachen, die so brutal sind wie das Militär, das in dauernder Auseinandersetzung bekämpft wird. Die Rettung des Mädchens kostet auch hier furchtbare Opfer. Und wenn viele liberale und revisionistische Western der Dekade als

Nachhall des versöhnenden Pocahontas-Mythos wirken, dann ist ein finsterer Film wie The Missing eher ein Echo der Gegengeschichte von Hannah Duston, der Mord und Selbstmord um so vieles akzeptabler erschien als die Berührung mit Indianern.

Neo-Western: Western nach dem Westen, Western der Gegenwart

Seit John Fords The Man Who Shot Liberty Valance wurde immer wieder die Produktion der Legende im Kino reflektiert, das Fiktionale im Mythos bedroht die Helden, und die Maltraitierung von «English Bob», der mit seinem eigenen Chronisten durch den Westen reist in Unforgiven, scheint auch so etwas wie eine Rache an den falschen Bildern, die die Realität nur noch schmutziger machen. Und so wie im Westen an der Legende schon industriell gearbeitet wird, während die letzten großen Viehtriebe die Prärie durchqueren, so versuchen auch die Revolutionäre im Süden jenseits der Grenze die Unterhaltungsindustrie für ihre Zwecke einzusetzen.

And Starring Pancho Villa As Himself (Pancho Villa – Mexican Outlaw; 2003, Regie: Bruce Beresford) erzählt eine merkwürdige authentische Geschichte; Im Jahr 1914 ist der mexikanische Rebell Pancho Villa (Antonio Banderas) in seinem Kampf gegen die Regierung in arge Geldnot geraten. Darum beschließt er, sich mit Hilfe der amerikanischen Traumfabrik neues Geld zu verschaffen. So lädt er ein Filmteam um den jungen Produzenten Frank Thayer (Eion Bailey) ein, seine Heldentaten vor Ort zu filmen, was auch die Filmleute in Lebensgefahr bringt.

Western-Mythen, Western-Legenden, Western-Gesten und Western-Bilder sind auch in der Gegenwart durchaus präsent, nicht zuletzt in Männlichkeits-Bildern, in romantischen Vorstellungen der Rückkehr zur Natur und zu altem Wissen, wie in dem etwas verkannten Grey Owl (Grey Owl; 1999) von Richard Attenborough. Er erzählt die «wahre» Geschichte des (Halbblut-) Indianers und Jägers Grey Owl (Pierce Brosnan), der sich dem modernen Leben konsequent widersetzt und nach den alten indianischen Ritualen lebt. Dabei widmet er sich der Erhaltung der indianischen Kultur ebenso wie dem Umweltschutz und wird eine wahrhaftes Idol der ökologischen Bewegung mit einem Hauch von Esoterik und Romantik. Nicht nur an der offensichtlichen Fehlbesetzung seines Helden erahnt man bald ein falsches Spiel dieses idealen Indianers, der in Wahrheit keinen Tropfen indianischen Blutes vorweisen kann: Es ist ein Engländer, der sich seinen Indianer-Kindertraum erfüllte, Archie Belaney, der sich Grey Owl nennt, und der zum Star der Alternativ-Kultur geworden, schließlich auch das seine zur Entlarvung des Rollenmodels beiträgt. Manchmal erscheint Grey Owl wie ein entferntes Echo auf Fords The

Man Who Shot Liberty Valance: Zerstörung und Bewahrung der Legende bilden eine dialektische Einheit.

Das Cowboy- und Indianerspiel hat in der Unterhaltungsindustrie eine konventionelle Form gefunden. Cowboy Up (Ring of Fire – Raging Bulls; 2000, Regie: Xavier Koller) spielt in der Kultur der Rodeostars. Die Brüder Hank (Kiefer Sutherland) und Ely (Marcus Thomas) sind diesem Sport hingegeben, als Ely von einem Stier verletzt wird und seine Freundin Connie (Molly Ringwald) ihn dazu drängt, das Rodeo aufzugeben. Aber kaum auf den Beinen meldet er sich schon wieder beim nächsten Wettkampf in Las Vegas an. Wie für Grey Owl das Indianer- so ist für Ely das Cowboyspiel zum besseren und authentischeren Leben geworden.

Eine gute Geschichte, wir erwähnten es, ist eine gute Geschichte. Und Western-Elemente kann man so leicht in den Weltraum verlagern (wie in Serenity) wie ins Ghetto (wie in Four Brothers). Missionary Man (Missionary Man; 2007, Regie: Dolph Lundgren) ist eine Art Remake in modernem Gewand von Clint Eastwooods Pale Rider: Ein geheimnisvoller Fremder, der sich Ryder nennt (Lundgren selbst) kommt in einen kleinen Ort, wo die Bewohner von einem alles kontrollierenden Tyrannen gepeinigt werden. Wie sein Vorbild hat Ryder eine Bibel und eine Knarre und statt des Pferdes ein Motorrad. Dem alternden Action-Star gelang ein ehrliches B-Movie, das obendrein missionarisch genug ist, seinen Helden gegen ein geplantes Casino und für einen lokalen Indianerstamm eintreten zu lassen. Aber um die raue Poesie des Postwestern einzufangen, bedurfte es eines größeren inszenatorischen und schauspielerischen Geschicks. Tommy Lee Jones gelang das in Three Burials (Three Burials – Die drei Begräbnisse des Melquiades Estrada; 2006) vielleicht nicht zuletzt deshalb, weil er in diesem Film in seine eigene Heimat an der Grenze und in die Erzählungen seiner Leute zurückkehrte. Deutlich atmet sein Film den Geist von Sam Peckinpah und liefert ein durchaus bitteres Bild des Lebens an der Grenze von heute, in dem immer noch die Zivilisation auf wenige Stützpunkte beschränkt ist. Hier wird der Rancharbeiter Melquiades Estrada (Julio César Cedillo) irrtümlich von einem Grenzpolizisten Mike Norton (Barry Pepper) erschossen und weil man schlechte Presse nicht mag, wird alles unternommen, um den Tod des illegalen mexikanischen Einwanderers zu vertuschen. Aber Estradas Vorarbeiter und Freund Pete Perkins (Tommy Lee Jones) hat ihm versprochen, seinen Leichnam in der Heimat zu beerdigen. Und deshalb nimmt er den Grenzer als Geisel und zwingt ihn, die Leiche seines Freundes wieder auszugraben und sie zusammen mit ihm nach Mexiko zu bringen. Der gemeinsame Ritt aber wird zu einer erbarmungslosen Verfolgungsjagd. Nicht zuletzt ist dies auch ein Film über einen Landstrich: «Das ist meine Heimat», erklärte der Texaner Tommy Lee Jones lapidar seine Arbeit, «dort wohnen meine Leute – deshalb möchte ich über diese Gegend einen Film machen». Das sieht man diesem Fillm an, der seine lakonisch gewalttätige Geschichte in der grandiosen Landschaft situiert, als wäre die Natur ein gleichgültig erhabener Zuschauer. Die Geschichte, die Jones so lakonisch wie genau nach dem Drehbuch von Guillermo Arriaga entwickelte, geht übrigens auf einen realen Fall zurück

Ganz anders sind die Erzählweisen in einer Bestseller-Verfilmung wie MONTANA SKY (DER WEITE HIMMEL; 2007, Regie: Mike Robe) nach dem Roman von Nora Roberts: Die Halbschwestern Willa (Ashley Williams), Tess (Charlotte Ross) und Lily (Laura Mennell) erben die Millionen ihres Vaters nur, wenn sie zuvor gemeinsam ein Jahr auf dessen Ranch verbringen. So schwierig es ist, die verschiedenen Charaktere unter einen Hut zu bringen, es scheint sich eine Versöhnung anzubahnen, doch dann ereignen sich rätselhafte Mordtaten. Die Zeichen des Westerns scheinen hier losgelöst nicht nur vom Mythos, sondern auch von der Dramaturgie, sie wirken ein wenig wie die Dekoration einer Americana, an deren Authentizität niemand mehr glauben muss. Das vollzieht sich schließlich im Präpubertätsfilm à la THE WILD STALLION (DAS GEHEIMNIS DES WILDEN MUSTANGS; 2009, Regie: Craig Clyde), wo der «Wilde Westen» zur Traumlandschaft junger Mädchen in der ersten Lebenskrise wird: Hier ist es die elfjährige Hannah (Miranda Cosgrove), die den Tod ihrer Mutter überwinden muss und auf einer abgelegenen Ranch in Utah in C.J. (Daniele Chuchran) eine neue Freundin findet, mit der gemeinsam sie sich auf die Suche nach eben dem geheimnisvollen schwarzen Mustang macht (hinter dem, damit die Sache nach den Regeln des Kinderfilms auch etwas spannend wird, eine Bande von Wilderern her ist). Das Verhältnis von Land und Mensch hat sich gleichsam auf den Kopf gestellt. Die Hoffnung auf Selbstfindung und Wiedergeburt können sich nur erfüllen, wenn die Zeichen ihre Schwere verlieren, wenn das Land nicht mehr um so vieles größer und gewalttätiger ist als der Mensch, aber seine Fähigkeit nicht verliert, ihn zu formen.

Davon handeln viele Gegenwarts-Western wie etwa THE HI-LO-COUNTRY (HI-LO COUNTRY – IM LAND DER LETZTEN COWBOYS; 1998, Regie: Stephen Frears) nach dem Roman von Max Evans, den einst Sam Peckinpah verfilmen wollte. Die Freunde Big Boy Matson (Woody Harrelson) und Pete Calder (Billy Crudup) versuchen nach dem Ende des Zweiten Krieges ihre Farm zu erhalten, allerdings macht ihnen der Großbetrieb von Jim Ed Love (Sam Elliott) von Anfang an zu schaffen. Und dann verlieben sie sich auch noch beide in Mona Birk (Patricia Arquette). Die Verhältnisse spitzen sich zu, und schließlich wird Big Boy Matson von seinem jüngeren Bruder (Cole Hauser), den man Little Boy nennt, und der längst für die industrielle Produktion von Lover arbeitet, erschossen. Das Familiendrama wird nach außen hin als tragischer Versuch der Selbstverteidigung dargestellt. Am Grab seines Freundes verspricht Pete seiner Mutter, das Geheimnis für sich zu behalten. Er nimmt auch von Little Boy das Versprechen, das Andenken des Bruders nicht zu beflecken, dann zieht Pete nach Kalifornien. Frears und sein Kameramann Oliver Stapelton lassen sich die Zeit, die Schönheit des Landes zu zeigen, das den Menschen einen ganz eigenen Rhythmus von Bewegung und Empfindung überträgt. Während in den klassischen Western die Familie das erste Opfer der Modernisierung, oft aber auch der letzte Zusammenhalt ist, zeigt sich hier gerade in den intimen Beziehungen der Verlust der alten Werte; auf das Gunplay der alten Helden folgt das Schlachtfeld der Gefühle, und ganz und gar will die Verbindung von Westernbildern und Melodram am Ende auch nicht gelingen. Denn was der Western in Filmen wie diesem verloren hat ist entschieden seine Lakonie.

Literarisch hat wohl niemand das Genre so erneuert wie Cormack McCarthy: Er hat den Western-Settings von heute einen harten Naturalismus zurück gegeben, seine Helden am Rande der Gesellschaft durchleben die großen Tragödien mitten in einer gleichgültigen und trivialen Umwelt. Die erste Verfilmung eines seiner Romane, die sich vor dem Drastischen durchaus nicht scheuen (mittlerweile ist es bereits ein halbes Dutzend), musste allerdings sowohl für die Anhänger des Schrifstellers als auch für die Freunde des Neo-Western eine Enttäuschung, und das um so mehr, als man von dem Schauspieler Billy Bob Thornton, der hier die Regie übernommen hatte, diese Verbindung von Poesie und Zorn noch am ehesten erwartete. ALL THE PRETTY HORSES (ALL DIE SCHÖNEN PFERDE; 2000) aber schwächt seine Geschichte von den Freunden John Grady Cole (Matt Damon) und Lacey Rawlins (Henry Thomas) ab, die am Beginn der fünfziger Jahre ihren großen Jungen-Traum vom freien und abenteuerlichen Cowboy-Leben erfüllen und auf einer Ranch in Mexiko anheuern. Die Freundschaft bekommt Risse, als John sich in die Tochter des Besitzers, Alejandra (Penélope Cruz) verliebt, und dann holt sie noch eine Geschichte ein, die auf ihrer abenteuerlichen Reise geschah: Unterwegs hatten sie den jungen Ausreißer Jimmy aufgenommen. Bei einem Gewitter war sein Pferd davon gelaufen, und als sie es in einem Dorf wieder finden, stehlen sie es kurzerhand zurück. Nun werden sie als Pferdediebe angeklagt. Weil der Patron Hector de la Roche die Beziehung des Gringo zu seiner Tochter nicht dulden will, lässt er sie verhaften. Und da Jimmy angeblich drei Menschen erschossen hat, ist nun ihr Leben in ernster Gefahr. Jimmy wird von einem mexikanischen Polizisten erschossen, und Lacey im Gefängnis bei einer Messerstecherei schwer verwundet. Auch John wird in eine Messerstecherei verwickelt, doch hier bleibt er Sieger. Alejandras Tante kauft die beiden frei; Lacey hat von Mexiko genug und verlässt das Land im Bus Richtung Texas. John aber will Alejandra holen und in die Vereinigten Staaten entführen. Als sich Alejandra weigert, holt sich John seine Pferde zurück und nimmt Jimmys Mörder als Geisel auf der Flucht, Unterstützung erhält er von ein paar Indianern, die mit dem Polizisten noch eine Rechnung offen haben. Kaum in Texas wird John wieder verhaftet; der Film gönnt ihm allerdings wenigstens insofern ein Happy End, als sich der Sheriff von seiner Geschichte gerührt zeigt und ihn laufen lässt. Thornton hat wohl den *plot,* nicht aber den Geist der Vorlage erfasst. So erscheint, was ein großes Scheitern eines amerikanischen Traums ist, wie eine Abfolge von dummen Missgeschicken.

Von einem ganz ähnlichen Scheitern erzählt auch DOWN IN THE VALLEY (2005, Regie: David Jacobson). Da ist Edward Norton ein melancholischer «Cowboy», ein Mann, der sich nach dem Vorbild der Western selbst erfinden möchte und daher fremd bleiben muss in der Welt der Vorstädte und Supermärkte. Nur in einem rebellischen Mädchen kann er eine Verbündete und Geliebte finden, in ihrem kleinen Bruder einen Freund und im Vater, dem Polizisten, einen erbitterten Feind. Als sich Tobe (Evan Rachel Wood) weigert, mit ihm und ihrem Bruder das Tal zu verlassen, kann er nur tun, was ein Cowboy tun muss, und er greift zur Waffe.

Der erfolgreichste aller Gegenwartswestern stammt von dem chinesischen Regisseur Ang Lee und bricht am radikalsten mit dem Männerbild des Genres: Schwule Cowboys sind nun nicht mehr komische Randfiguren wie im neurotischen Western der siebziger Jahre, keine faschistischen Männerbünde wie in manchen Italowestern und keine Underground-Projektionen wie in Andy Warhols LONESOME COWBOYS mehr. BROKEBACK MOUNTAIN (2005) erzählt, nach einer Kurzgeschichte von Annie Proulx, eine extrem einfache Geschichte in extrem komplexen Bildern und mit unendlicher Geduld für die kleinen Dinge und die Zeit zwischen den Zeiten. Es ist das Jahr 1963. Die Zeiten in Wyoming sind nicht wirklich gut. Der mürrische Rancher Ennis del Mar (Heath Ledger) und der lebensfrohe Rodeoreiter Jack Twist (Jake Gyllenhaal) nehmen den Job an, über den Sommer die Schafe in den Bergen zu hüten. Dort in der Einsamkeit des Landes verlieben sie sich ineinander, obwohl sich alles in ihnen gegen so etwas sträubt. Zurück im Tal wissen sie sehr genau, dass in ihrer Umwelt eine Liebe unter Männern als das größte Verbrechen gilt, das man sich vorstellen kann. Ennis heiratet und beginnt ein «normales» Familien- und Arbeitsleben, Jack treibt eine innere Unruhe in immer neue Konflikte, seine Ehe ist noch mehr eine Farce als die von Ennis; beide versuchen vergeblich das Leben zu leben, das von ihnen erwartet wird, und doch treffen sie sich, nachdem vier Jahre nach dem Sommer in den Brokeback Mountains Jack eines Tages vor der Tür von Ennis steht, immer wieder. Ennis' Frau Alma (Michelle Williams) ist entsetzt; noch weniger als die Männer selber können die Angehörigen mit ihrer Beziehung umgehen. Endlich bekennt Jack, dass er damit nicht mehr leben will, ihre Beziehung auf die gemeinsamen Ausflüge in die Wildnis zu reduzieren, und sein verzweifelter Kampf um seine große Liebe beschwört ein furchtbares Ende herauf. Die Entdeckung ihrer Beziehung ist für alle Beteiligten eine Katastrophe. Jack Twist wird ermordet, Ennis bleibt allein zurück.

Noch am Ende von BROKEBACK MOUNTAIN, als alle Handlung schon zu Ende ist, gibt es die größten Abschieds- und Sehnsuchtsbilder; die Kamera blickt aus Ennis Del Mars Wohnwagen und mit ihm aus dem Fenster auf die Felder und die Berge in der Ferne. Es ist wie ein Bild, das selber vergilben wird, wie die Postkarte vom Brokeback Mountain, die an die Wand geklebt ist, dort wo der Überlebende die Kleidung des Toten, das blutige Hemd, aufbewahrt wie ein Heiligtum. Und dann gibt es noch einen musikalischen Nachklang, Willie Nelsons Version von Bob Dylans «He Was a Friend of Mine». Der Western, so scheint es, ist noch einmal an ein Herzstück der Legende gelangt (nicht die schwule Liebesgeschichte, nicht das grandiose und melancholische Landschaftsbild, sondern der Zusammenhang von beidem) und verabschiedet sich zugleich noch endgültiger als es die revisionistischen Western in ihren Blut- und Schmutzbädern machen.

Wim Wenders versuchte sich an einer Form des Kunst-Western mit DON'T COME KNOCKING (2005). Er erzählt von den Dreharbeiten zu einem Western, bei dem sich der Ex-Star Howard Spence (Sam Shepard) mit einem mal davon macht. Der Job, das oberflächliche Leben in der Branche und der Druck eines schief gelaufenen Lebens lässt ihn flüchten, zuerst zu seiner Mutter (Eva Marie Saint), die er seit Jahren nicht gesehen hat. Und hier erfährt er, dass er ein Kind hat, Resultat einer kurzen Affäre mit einer Kellnerin in einem gottverlassenen Ort mitten in Montana. So also macht er sich noch einmal auf die Suche, nach dem Kind und nach sich selbst. Nicht nur die Settings und der Rhythmus des Films beziehen sich auf die Vorläufer im Western und Neo-Western, auf die Bilder von Edward Hopper und nicht zuletzt auf den eigenen Film PARIS, TEXAS, aber auch in der Besetzung bezeugt Wenders der Geschichte des Genres Reverenz, etwa wenn George Kennedy als Regisseur auftaucht. Aber zugleich mit einer Fortsetzung ist es auch eine weitere Revision: «PARIS, TEXAS war ein ‹Männerfilm›, mit einem reumütig zerknirschten, selbstverliebt über seinen Einsamkeits-Schmerz gebeugten Helden. Solche Männer-Helden hat Wenders nach 1984 ausdrücklich ‹in ein Altersheim am Stadtrand von Paris, Texas› in Rente geschickt. Howard bleibt eine völlig unsentimental gezeichnete, gänzlich untragische, in ihrer Fühl- und Hilflosigkeit nur mehr komisch erscheinende Männergestalt. In DON'T COME KNOCKING bestimmen die Frauen und auch die Kinder das Geschehen: Da ist Howards Mutter, die ihren Sohn ohne großes Trara empfängt und resigniert-nachsichtig wie einen Lausbuben behandelt. Da ist vor allem die grandiose Jessica Lange als Doreen, die Howard in zwei fulminanten Szenen all das an Wut, Zorn, Spott und Verachtung entgegenschleudert, das sich in ihr über die Jahre angesammelt hat. Mit Abwehr und Spott reagiert auch Sohn Earl. Allein die mysteriöse Sky (Sarah Polley), Tochter Howards aus einer anderen Beziehung, die eine Urne mit der Asche ihrer Mutter in Armen hält, lässt so etwas wie Nachsicht oder Verzeihung gegenüber dem Vater, den sie niemals hatte, spüren» (Rainer Gansera).

Ein neuerlicher Geniestreich des zeitgenössischen Western gelang schließlich den Coen-Brüdern mit NO COUNTRY FOR OLD MEN (2007), der bis dahin vermutlich perfektesten Cormack McCarthy-Verfilmung. Der Vietnam-Veteran Llewelyn Moss (Josh Brolin) findet in der Wüste die Leichen einiger Gangster, die sich bei einem geplatzten Drogendeal gegenseitig erschossen haben, nur einer hat überlebt, verwundet und dem Verdursten nah. Und da sind eine Wagenladung Heroin und ein Koffer mit zwei Millionen Dollar. Llewelyn nimmt den Koffer an sich und fährt zu seiner Frau Carla Jean (Kelly MacDonald) nach Hause, ohne zu ahnen, dass in dem Koffer ein Peilsender verborgen ist. Nachts kehrt er in die Wüste zurück, weil er dem Verwundeten Wasser bringen will, und dabei wird er von einer Gruppe Mexikanern angegriffen. Er kann ihnen gerade noch entkommen, aber sein Wagen bleibt in der Wüste zurück. Und nun wird er von den unterschiedlichsten Leuten verfolgt: Den Mexikanern, dem von der amerikanischen Mafia engagierte Profikiller Anton Chigurh (Javier Bardem) und dem lokalen Sheriff Ed Tom Bell (Tommy Lee Jones). Llewelyn bringt zunächst seine Frau in Sicherheit, dann wird er bei einem Schusswechsel mit dem Killer, den er durch einen Schuss ins Bein außer Gefecht gesetzt hat, schwer verletzt. Bevor er sich in ein mexikanisches Krankenhaus bringen lässt, kann er den Koffer mit dem Geld über einen Zaun am Ufer des Flusses werfen. Im Krankenhaus bekommt er Besuch von Carson Wells (Woody Harrelson), der beauftragt wurde, den Koffer wieder zu beschaffen. Der findet den Koffer auch, lässt ihn aber an Ort und Stelle. Während eines Gesprächs mit Chigurh bekommt er einen Anruf von Llewelyn, dabei erschießt der Killer ihn und droht auch Llewelyn damit, seine Frau zu ermorden, wenn er nicht augenblicklich das Geld herbeischafft. Llewelyn geht auf die Drohungen nicht ein und verabredet sich stattdessen mit seiner Frau in einem Motel in El Paso. Bei der Reise dorthin verrät ihre plappernde Mutter unbeabsichtigt einem der mexikanischen Gangster ihr Ziel. So wird Llewelyn kurz vor der Stadt erschossen. Chigurh, der bis dahin eine blutige Spur hinterlassen hat, taucht schließlich bei Jean auf und behauptet, er müsse sie töten, weil er es ihrem Mann versprochen habe. Ob er sein Vorhaben in die Tat umsetzt, nachdem sie ihn an seine freie Entscheidung gemahnt hat, bleibt für den Zuschauer ungewiss. Kurz darauf wird er in einen Autounfall verwickelt und mit gebrochenem Arm flieht er vor der Polizei. Sheriff Bell hat endlich seinen Ruhestand erreicht.

Dieser zugleich existentielle und surrealistische Neo-Western trifft sehr genau McCarthys Thema: Leben in einer Welt, in der man eigentlich nicht leben kann. «Der neue Coen-Film, der die Wucht und die Herrlichkeit eines echten Meisterwerkes mitbringt, spielt so erbarmungslos mit der Lächerlichkeit des Bösen wie zuletzt nur ihr staubtrockenes Regiedebüt Blood Simple. Genau wie Wendell ertappt man sich in den gräßlichsten Momenten beim Kichern und weiß später nicht mehr genau, warum. Vielleicht, weil es so lachhaft kleine Momente sind, die zwischen Leben und Tod entscheiden; vielleicht, weil man manchmal einfach lachen muß, um nicht den Verstand zu verlieren. In diesem Sinne ist No Country For Old Men ein gnadenloser Film geworden, in seiner Schonungslosigkeit gegen die Zuschauererwartungen von ungeahnter Brutalität. Hier werden Erzählstränge abrupt gewechselt, manche Protagonisten bleiben früh und völlig unerwartet auf der Strecke, andere finden bis zum Schluss nicht in die eigentliche Handlung hinein» (Daniel Bickermann). So sind wir an einer weiteren Grenze, an der des Erzählens.

Trauma und Triumph: Der amerikanische Bürgerkrieg

Die Mythologie des Western verdankt sich zu einem nicht unerheblichen Teil einem historischen Geschehen, das man selbst gern übermalt; seine Helden sind gezeichnet von Schuld und Gewalt, die sie im amerikanischen Bürgerkrieg erlebten, ihre Entwurzelung entstammt immer auch dem vergeblichen Versuch, nach diesem Krieg zurückzukehren, und oft genug sind alte Rechnungen noch zu begleichen, denn am Ende dieses Krieges vermischten sich die Impulse eines klassischen Krieges mit Schlachtordnungen und Uniformen mit denen eines Guerilla- und Bandenkrieges, in dem wiederum sich militärische und kriminelle Taktiken verbanden. Aber zur gleichen Zeit hatte der Frieden auch Hoffnungen erweckt, auf ein neues «goldenes Zeitalter» von Prosperität, Freiheit und Fortschritt, Trauma und Aufbruch, Verletzungen und Optimismus verbanden sich zu einer Dynamik, die sich im Genre des Western aufhoben als nationale Eigenheit. Der Western sah nach vorn, auf die Anverwandlung des rauen Landes, auf die Errichtung der Zivilisation gegen die Wildnis, auf die Schaffung einer neuen Heimat. Aber mal verdeckt, mal offen sah er auch zurück, auf die Schmerzen und Rätsel des Bürgerkriegs: Im Westen setzten sich die Kämpfe zugleich fort und wandelten sich, alte Feindschaften wurden hier in den neuen Rollen, als Gesetzesmann und Bandit zum Beispiel, ausgetragen, aber es konnte ebenso geschehen, dass aus den Gegner von einst in der neuen Bewährung Freunde wurden. Der Krieg selber, sieht man einmal von dem Meta-Film GONE WITH THE WIND ab, wurde lange Zeit selten thematisiert, Bürgerkriegsfilme galten in den fünfziger und sechziger Jahren bei den Produzenten als Kassengift. Erst in den späten neunziger Jahren wurde das Motiv wieder aufgegriffen, gelegentlich in sehr eigenwilliger Form, wie in THE TEMPEST (TEMPEST – DER STURM; 1998, Regie: Jack Bender), der das Shakespeare-Drama in die Zeit des amerikanischen Bürgerkriegs verlegt: Peter Fonda spielt Guideon Prosper, Katherine Heigl seine Tochter Miranda, und Harold Perrineau jr. ist Ariel. Und wie bei THE JACK BULL kann man sich wieder über das große Herz des Western wundern, das so viele Stoffe aufzunehmen weiß.

RIDE WTH THE DEVIL (WER MIT DEM TEUFEL REITET; 1999, Regie: Ang Lee) spielt in den chaotischen Tagen am Ende des Bürgerkriegs: Jake (Tobe Maguire) und Jack (Skeet Ulrich) schließen sich der Partisanengruppe der Bushwackers an, aber in dieser Mischung aus fanatischen Patrioten des Süden und verwahrloster Soldateska verlieren sie rasch den letzten moralischen Überblick. Ihre Motive – Jack kann den Tod seines Vaters nicht verwinden und sucht immer noch nach persönlicher Rache – verlieren ihren Halt. Den bitteren Winter über haben sich die beiden in einer Erdhöhle verkrochen, wo sie von der Kriegerwitwe Sue (Jewel Kilcher) versorgt werden, in die Jack sich verliebt. «So macht Ang Lee aus dem Krieg die schmutzige, staubige, trostlose Angelegenheit, die er ist. Hier wird zwar beiläufig getötet, aber noch lange nicht heroisch gestorben, sondern elend verreckt. So verlieren die halben Kinder, die einen Krieg führen, der eigentlich nicht der ihre ist, ihren kleinen Finger, ihr Leben oder doch zumindest ihre Unschuld» (Thomas Winkler).

Ang Lee entwirft nach dem Roman «Woe to Live on» von Daniel Woodrell ein panoramatisches und ungewohnt genaues Bild der nationalen Tragödie: Es beginnt mit einem Hochzeitsfest, noch einmal genießen die Menschen Form und Lust des Lebens, dann zieht man in einen Krieg, in dem sich sehr alte, fast atavistische mit sehr modernen Elementen treffen, es ist ein Krieg der Ungleichzeitigkeit der eine Nation der Ungleichzeitigkeit erschafft.

COLD MOUNTAIN (UNTERWEGS NACH COLD MOUNTAIN; 2003, Regie: Anthony Minghella) erzählt eine Liebesgeschichte vor dem Hintergrund des Bürgerkriegs und wurde entsprechend als «Mischung von GONE WITH THE WIND und ODYSSEE» angekündigt: Der junge Zimmerman Inman (Jude Law) und die Pfarrerstochter Ada (Nicole Kidman) haben sich verliebt, aber nur ein Kuss ist ihnen vergönnt, bevor er vom heimatlichen Bergdorf in North Carolina für die Südstaaten in den Krieg ziehen muss. Nur ihre Briefe lassen ihn das Grauen der Schlachtfelder überleben, aber die Schlacht von Petersburg im Jahr 1864 geht über seine Kräfte. Nach der Genesung von einer schweren Verwundung wird Inman zum Deserteuer und versucht, sich zurück in seine Heimat durchzuschlagen, gejagt von den eigenen wie von den Truppen der Nordstaaten. Daheim versucht unterdes Ada nach dem Tod des Vaters (Donald Sutherland) zusammen mit der tatkräftigen Ruby (Renée Zellwegger) die Farm aufrecht zu erhalten, aber als Rubys Vater, der ebenfalls die kämpfenden Truppen verlassen hat, bei ihnen Unterschlupf sucht, werden sie Opfer der *Home Guard*, die den Ort und seine Bewohner unter einem Terrorregime halten. Minghella geht es um ein Panorama der Verrohung, Verletzung und Demütigung des Menschen im Krieg, und so folgt der Film immer wieder Nebenfiguren

Aber der Film (der im übrigen in Rumänien gedreht wurde) benutzt die Geschichte nur als Folie für ein universales Drama, das weniger den klassischen Western als die romantische Malerei als ikonografisches Vorbild wählt. Dabei entsteht eher ein autonomes Kunstwerk als ein Genrefilm. Zur Hauptlinie der revisionistischen Western führt da schon eher eine kleinere Produktion wie STRIKE THE TENT / THE LAST CONFEDERATE – THE STORY OF ROBERT ADAMS (THE LAST CONFEDERATE – KAMPF UM BLUT UND EHRE – 2005 – Regie: A. Blaine Miller, Julian Adams), der sich an einer *wahren Geschichte* versucht und in seiner Erzählweise bereits die Erinnerung an beinahe vergessenes, verdrängtes oder beschwiegenes aufnimmt: Als im Jahr 1892 Evelyne ihrer Enkelin etwas aus einem Buch vorliest, findet sie darin einen Brief, der sie an ihre Liebesgeschichte mit dem Farmer Robert Adams erinnert. Der lebte friedvoll und zufrieden auf seinem Stück Land, bis er sich in die schöne Eveline verliebt, die unglücklicherweise aus den Nordstaaten stammt, und die Spannungen zwischen dem Norden und dem Süden spitzen sich zu. Nachdem sein bester Freund getötet wurde, muss sich Robert zwischen seiner Liebe und seinem nun auch persönlich motivierten Patriotismus entscheiden. Er bleibt ein Zerrissener, seine Friedfertigkeit indes kann Robert Adams nicht bewahren. Neben dem elegischen Ton entwickelt der Film seine Wirkung vor allem durch ein paar Besetzungscoups: Die Hauptrolle nebst Drehbuch und Co-Regie übernahm Julian Adams, der Ur-Ur-Enkel des wirklichen Robert Adams (entsprechend empathisch fiel das Unternehmen aus), andere Mitglieder der Familie sind in kleineren Rollen zu sehen, und in der Rolle der Eveline des Jahres 1892 gibt es ein Wiedersehen mit Tippi Hedren.

Mit dem Trauma des Bürgerkrieges beschäftigt sich auch der kleine Western LONE RIDER (2008, Regie: David S. Cass sr). Es ist die typische Heimkehrer-Geschichte: Der Held kehrt in seine texanische Heimat zurück, gezeichnet von den Ereignissen des Krieges. Seine Familie hat ihre Ranch verschuldet, ein ehemaliger Freund (Vincent Spano) hat nun das Sagen in der Stadt und setzt den Vater erbarmungslos unter Druck. Genre-Kenner sehen die Spuren der Western in diesem Film, die Anthony Mann mit James Stewart in der Hauptrolle gedreht hat. Am Ende des Bürgerkriegs steht ein Mann so allein, gegen eine Übermacht, und er wächst in seinem Zorn über sich hinaus – ohne je ganz wieder zu sich zurück zu finden.

Heftige Fortsetzungen in drei Kontinenten

So skrupulös das amerikanische Kino verständlicherweise mit dem nationalen Genre umgehen musste, so unbefangen konnten es andere Cinematografien tun, vor allem die chinesische, japanische und koreanische, die mit Genre-Mixturen, Zitaten und Samples nie größere Probleme hatten. Aber wie die asiatischen Cinematografien den Western adaptierten, so hatte dieser vordem Elemente des Samurai und Martial Arts-Film adaptiert. Die asiatische Linie im Western, die es sowohl im amerikanischen als auch italienischen Western gegeben hatte, nahm der fröhliche Crossover-Film SHANGHAI NOON (SHANG-HIGH NOON; 2000, Regie: Tom Dey) in Form eines parodistischen Buddy Movie wieder auf. Es beginnt in Peking mit der Entführung der schönen Prinzessin Pei Pei (Lucy Liu) durch den Verräter Lu Fong (Roger Yuan), der sie nach Amerika verschleppt. Die drei besten kaiserlichen Krieger werden ausgesandt, um die Prinzessin mit einer Kiste Gold auszulösen. Begleitet werden sie von dem naiven Chon Wang (Jackie Chan), der freilich schnell die letzte Hoffnung für die Mission wird, als der Zugräuber Roy O'Bannon (Owen Wilson) den Zug überfällt. Die beiden kämpfen trotz aller Querelen zusammen, auch wenn es Roy zunächst hauptsächlich auf das Gold abgesehen hat. Neben einem höchst störrischen Pferd hat es Chon Wang auch mit Sioux-Indianern zu tun. Chon Wang ist in der Fortsetzung SHANGHAI KNIGHTS (2003, Regie: David Dobkin) zum Sheriff eines Westernstädtchen geworden, als ihn eine Nachricht aus China ereilt: Der kaiserliche Siegelverwahrer wurde ermordet und das Siegel gestohlen. Zusammen mit seinem alten Kumpel Roy machte r sich auf nach London und eine weltumspannenden Verschwörung muss bekämpft werden. Dabei treten Wyatt Earp ebenso auf wie der Erfinder des Sherlock Holmes, Conan Doyle.

In SHANGHAI NOON erhält nicht nur John Wayne seine lautmalerische Hommage, der Sherff etwa heißt Nathan Van Cleef in Anspielung auf den Western-Schurken und Italowestern-Helden Lee van Cleef; Clint Eastwood ist eine Referenz in 800 BALAS (800 BULLETS; 2002, Regie: Alex de la Iglesia), einer absurden Überdrehung der Vorbilder aus den Italowestern und surrealen Komödien: Es geht um den jungen Carlos, der von zuhause ausreißt und in Almeria seinen Großvater Julián trifft, der dort eine Wildwestshow führt. Immer noch träumt er von den guten alten Tagen des Westerns, in denen er Stuntman für Clint Eastwood war, und die Gegenwart ist ihm reichlich verhasst. Was schlimmer ist, weil ihm Carlos' Mutter auch noch Vorwürfe macht, dass er den Tod ihres Mannes verursacht habe. Dann will man auch noch die Wildwestshow schließen, und jetzt macht Opa ernst. Er besorgt sich echte Munition für seine Colts. Bei aller überdrehter Parodie ist der soziale Ort seiner Figuren und ihre Psyche durchaus realistisch und glaubwürdig gezeichnet. Wenn die Wirklichkeit die Traumwelt des Western okkupiert hat, warum sollte dann nicht auch die Western-Traumwelt in die Wirklichkeit reichen?

Für die asiatischen Filme waren vor allem die Gesten und Rituale des Genres ein ästhetisches Spielmaterial, das sich mit Elementen der eigenen Cinematographie verknüpfen ließen. So bezog sich der thailändische Film FAH TALAI JONE / TEARS OF THE TIGER (2000, Regie: Wisit Sasanatieng) explizitauf die Vorbilder Sergio Leone und Sam Peckinpah, streifte aber auch parodistisch die billigen thailändischen Actionfilme und Romanzen der fünfziger und sechziger Jahre, um zugleich eine Geschichte zu erzählen, die an Wunden der eigenen Sozialgeschichte rührt: Der Arbeiter Dum (Chartchai Ngamsan) wurde unter den Verhältnissen der Ungerechtigkeit zum Banditen, und seine Liebesgeschichte mit Rumpoy (Stella Malucchi), der Tochter aus höheren Kreisen, muss noch mehr als Herausforderung der alten Ordnung erscheinen, schließlich ist sie von ihren Eltern dem Polizeioffizier Kumjorn (Arawat Ruangvuth) versprochen, Dums ärgstem Gegner. Nicht genug damit, hat es der Held auch noch mit einem Rivalen (Supakorn Kitsuwon) zu tun, der es nicht verwinden kann, dass er ihm die Führungsrolle unter den Banditen genommen hat. Dum adoptiert die Rolle eines Western-Outlaw nicht nur in seiner Kleidung, in seinen Aktionen findet sich immer auch ein besonderer Leone-Dreh, etwa wenn sich Dum und sein Rivale zum Showdown gegenüber stehen und der Held blitzschnell zieht und schießt, der Gegner aber unverletzt bleibt, und stattdessen eine Giftschlange tot aus dem Baum fällt, die ihn zu töten drohte. Seltsam gewiss ist auch das Bild von «Cowboys», die sich vor einer Buddha-Statue eine Blutsbrüderschaft schwören. Die Mischung aus Parodie, wundersamen Farbkompositionen und expliziter Gewalt begeisterte nicht nur das thailändische, sondern seit der Aufführung des Films beim Festival von Cannes auch das europäische Publikum. Schon ungewöhnlicher war das Schicksal des Films in den USA, wo der Miramax-Verleih das Ende der Geschichte durch einen Umschnitt unterschlug; erst 2007 kam auch hier eine originalgetreue Version heraus. Dieses Ende wandelt noch einmal den Ton zur großen Tragödie: Als sich Dum und Kumjorn gegenüberstehen, greift Dum in die Tasche, und sein Widersacher glaubt, er wolle die Waffe ziehen und erschießt ihn. In Wahrheit aber ging es um eine Fotografie der Geliebten. Und als der Held im Regen sein Leiben aushaucht, kehren wir zu einer Weisheit zurück, die der Film schon einmal zuvor vermittelte: Leben heißt Leiden, ein langes Leiden, das nur durch wenige kurze Augenblicke des Glücks unterbrochen wird. Kein Wunder, dass das amerikanische Publikum so etwas nicht einmal in einem derart exotischen Western hören wollte.

Zweifellos hatte TEARS OF THE TIGER das Zeug zu einem *campy* Kultfilm. Takashi Miikes SUKIYAKI WESTERN DJANGO, eine wüste Melange der verschiedenen Genres von Italowestern bis Kung Fu und Gangsterfilm, in dem auch Quentin Tarantino einen Auftritt im Poncho hat, ging dafür vielleicht um einige Grade zu fröhlich-destruktiv gegen das Genre vor. Es geht um den Kampf zweier verfeindeter Clans und, natürlich, um einen geheimnisvollen Fremden: Der weiße Clan unter Yoshitsuno und der rote Clan unter Kiyomoro kämpfen erbittert um einen Schatz, der in einem einsamen, von den Bewohnern verlassenen Bergdorf verborgen sein soll. Der einsame Fremde, der in diese abgelegene Gegend kommt, zeigt weder Gemütsbewegungen noch Interessen, nur eine tödliche Präzision im Umgang mit den Waffen. Beide Clans wollen sich seiner Dienste vergewissern, und das bietet ihm Gelegenheiten genügend, sie gegeneinander auszuspielen und in einem gewaltigen Showdown am Ende auszulöschen. Es scheint als sähe man einer Reihe von Genre-Mustern und -Charakteren, die ihre Vorbilder nicht verleugnen, die aber zunehmend dem Wahnsinn zu verfallen scheinen, der sich nicht nur in der grenzenlosen Gewalt-Bereitschaft zeigt, sondern auch in beständigem Wechsel der Realitäts- und Sprachebenen (so beginnt ein Clan-Anführer, nachdem er von seinen Untertanen verlangt, ihn «Henry» zu nennen, Shakespeare zu rezitieren). Über die Variante der Nacherzählung von «Yojimbo» in Leones DOLLAR-Trilogie legt sich das Modell des japanischen Heike-Epos, das von den Kämpfen zwischen den beiden Adelshäusern Heike und Genji während des 12. Jahrhunderts erzählt und die in vielen verschiedenen Varianten überliefert ist, am bekanntesten als ein Rezitationstext zur Lautenbegleitung. Und diesen Gestus nimmt auch Miikes Film auf.

Das Japanische und das Amerikanische treffen sich immer wieder auf der Ebene der einfachen Zeichen: Da hängt ein Gehängter in der Stadt, in der traditionellen Galgenbaum-Einstellung, aber an einem japanischen Torbogen, ein Mann in japanischer Kleidung geht an einem Wegweiser nach «Nevada» vorbei, im Kampf stehen sich Revolver und Samurai-Schwert gegenüber und gedreht ist der Film in einem nahezu unverständlichen Englisch mit japanischem Akzent, kurz: Es handelt sich um einen Film, der sich und seine Materialien gleichsam selbst zerstückelt und befremdet.

In Hongkong liebte man die Western-Hommages eher elegischer. ONCE UPON A TIME IN CHINA & IN AMERICA (1997, Regie: Sammo Hung) ist gleichsam ein Gegenstück zu SHANGHAI NOON (und ein Vorbild) und präsentiert (nach einem Drehbuch von Tsui Hark) Jet Li als Helden Wong Fei Hung, den man aus bis dahin drei Teilen der Serie ONCE UPON IN CHINA kennt, in beiden Erdteilen: Wong Fei Hung reist mit der 13. Tante Yee (Rosamund Kwan) und seinem Schüler «Seven» (Xin Xin Xiong) nach Amerika, um in einer kleinen Stadt im Westen einen Ort zu eröffnen, an dem sich die eingewanderten Chinesen treffen. Die Reise dorthin ist abenteuerlich genug, gemeinsam mit einem Cowboy, der sich Mr. Lincoln nennt, geraten sie in einen Indianer-Überfall, Fei Hung wird von seinen Mitreisenden getrennt und nach einem schmerzhaften Aufprall im Fluss verliert er das Gedächtnis. Yee und Seven erreichen unterdessen die Stadt, wo Mr. Lincoln, unterdessen Deputy Sheriff, sie gegen die Attacken der Bewohner beschützt. Fei Hung aber wird von einem Indianerstamm aufgenommen und in seiner neuen Identität besucht er die Stadt. Tante Yee erkennt ihn und folgt ihn zu seinem neuen Volk, wo sie bitter enttäuscht feststellen muss, dass er seinen Verlobungsring einer Indianerin geschenkt hat. Der Stamm schickt Fei Hung erneut in die Stadt, um seine Identität zu klären, und er kommt gerade rechtzeitig, da Yee im Begriff steht, nach China zurückzukehren. Seven versucht seinem Meister das Gedächtnis zurück zu geben, indem er ihm seine Kampftechniken vorführt und seinen Erzfeind General Na Lan Yuan Shu imitiert (den wir aus den früheren Filmen der Serie kennen). Endlich, nach einem gewaltigen Wasserschwall aus der Regentonnen, kehrt Fei Hungs Gedächtnis langsam zurück, und nun kann der Treffpunkt «Poo Chi Lam» eröffnet werden. Doch der korrupte Bürgermeister und einige Banditen begehen einen fingierten Banküberfall und verstecken die Beute bei einem chinesischen Komplizen im Poo Chi Lam. Das führt zur Verhaftung aller Chinesen in der Stadt; die Besitzer sollen aufgehängt werden. Während der Vollstreckung des Urteils tauchen die Banditen auf, die festgestellt haben, dass sie vom Bürgermeister betrogen wurden, und in dem entstehenden Durcheinander kann Fei Hung die seinen befreien und in den schließlich siegreichen Kampf führen, in den schließlich auch Fe Hungs neue indianische Freunde eingreifen, die Yee zu Hilfe geholt hat. Beim fröhlichen Abschlussfest bekommt die Stadt einen neuen Namen: China Town.

THE GOOD, THE BAD, THE WEIRD / JOHEUNNOM NABBEUNNOM ISANGHANNOM (2008) von Kim Jee-woon ist einerseits die koreanische Variante von Sergio Leones IL BUONO, IL BRUTTO, IL CATTIVO (und die teuerste Produktion Koreas bislang überhaupt), in der sich ein geheimnisvoller Kopfgeldjäger, ein Bandit und ein Abenteurer ihre Kämpfe um eine Schatzkarte liefern, andrerseits auch so etwas wie eine perfekte Mischung aus dem dekonstruktivistischen Touch von TEARS OF THE TIGER oder SUKIJAKI WESTERN DJANGO und dem komödiantischen Epos ONCE UPON A TIME IN CHINA & IN AMERICA.

In der Mandschurei der 1930er Jahre herrschen Gesetzlosigkeit und Bandenkriege. Züge, die durch das weite Land fahren, werden streng bewacht und entgehen doch nicht den Banditen, die sie überfallen, die hinter einer geheimnisvollen Schatzkarte her sind. Tae-goo (Song Kang-ho) bemächtigt sich ihrer zuerst, doch sogleich sind Do-won (Jung Woo-sung) und Chang-yi (Lee Byung-hun) hinter ihm her: Der Kopfgeldjäger Do-won ist, nun ja, der Gute, ein einsamer Kämpfer. Der cholerische Bandenchef Chang-yi ist der Böse. Tae-goo, ein etwas minderbemittelt wirkender Räuber ist der Seltsame; und seltsam ist es schon, was der massige Kerl alles überlebt. Doch die Schatzkarte führt nicht nur diese drei Männer mal mit- mal gegeneinander zusammen, auch die japanische Armee und chinesische Banditen greifen in die Jagd ein. Am Ende wird der Schatz tatsächlich gefunden, und die drei stehen sich zum letzten Kampf gegenüber.

Während der asiatische Pseudo-Western in der ganzen Welt sein Publikum fand, erwies sich die Fortsetzung des in den Neunzigern so vielversprechend begonnene Subgenre des *female fun western* eher als Sackgasse, da sich die Formel einigermaßen rasch verbraucht hatte. BANDIDAS (2006, Regie: Espen Sandberg, Joachim Roenning) produziert von Luc Besson, variiert das VIVA MARIA-Motiv als Spaß-Western ohne nennenswert innovativen *plot*: Eine amerikanische Eisenbahngesellschaft betrügt mexikanische Bauern um ihr Land, und so tun sich die Bankierstochter Sara (Selma Hayek) und die Bauerntochter Maria (Penelope Cruz) zusammen, um als rächende Banditen die amerikanischen Banken zu überfallen und das Geld den Bauern zu geben. Ganz nebenbei müssen sie auch den Mord an ihren Vätern rächen. Drahtzieher ist Tyler Jackson, der im Auftrag amerikanischer Kapitalisten Land aquiriert und deren Besitzer ohne Skrupel verjagt oder ermorden lässt. Dass sich die beiden dabei unentwegt zoffen und der «Zickenkrieg» das eigentliche Thema ist, erscheint einigermaßen überständig. Penelope Cruz und Salma Hayek, die auch in Wirklichkeit befreundet sind, machen sich indes einen großen Spaß.

Ungleich anspruchsvoller ist der dramatische female Western von Karen Arthur, TRUE WOMEN (WESTERN LADIES – IHR LEBEN IST DIE HÖLLE; 1997): Die Geschichte beginnt schon mit einem schweren Abschied. Mit zehn Jahren hat Eupemia (Tina Majorino) nach der Mutter auch ihren Vater verloren und muss ihre Heimat Peach Tree verlassen, um zu ihrer Schwester Sarah nach Texas zu ziehen. Zurück bleibt ihre beste Freundin Georgia (Rachael Leigh

Cook). Aber auch deren Kindheit endet mit einem Schock: Die Tochter eines reichen Plantagenbesitzers erfährt, dass ihre Mutter eine Indianerin war. Jahre später treffen sich Phemie (Annabeth Gish) und Georgia (Angelina Jolie) in Texas wieder, und hier im Grenzland ist das Überleben für Frauen noch härter als für Männer. Karen Arthur begleitet ihre Heldinnen mit großer Sympathie, aber sie erspart ihnen (und den Zuschauern ihres Zweiteilers) auch wenig an Schicksalsschlägen, Enttäuschungen und Gewalt.

Eine «schwarze» Variante zu den BANDIDAS lieferte GANG OF ROSES (2004, Regie: Jean-Claude La Marre) Rachel, Chastity, Kim, Ming Li und Maria sind «The Rose Gang». Gemeinsam haben sie 27 Banken ausgeraubt, jetzt aber wollen sie sich zur Ruhe setzen. Dann aber wird die Schwester von Rachel von Mitgliedern einer rivalisierenden Bande getötet, sie verlässt ihre Ranch und sammelt für ihren Rachefeldzug noch einmal die Rosengang (deren andere Mitglieder sich derweil als Revolverfrauen durchs Leben geschossen haben). Die Meta-Pointe des Films besteht darin, dass zwischen Gunplay und Ritten Gelegenheit ist, die HipHop-Prominenz wie Li'l Kim, Macy Gray und Bobby Brown auch musikalisch zu präsentieren. Diese Neo-Blaxploitation-Version des female western war erfolgreich genug, um ein Sequel zu produzieren, GANG OF ROSES II (2006, Regie: Chris W. Hill), der nicht nur das Konzept, sondern auch die Story mehr oder weniger kreativ variiert. Nun wird auch die Vorgeschichte der Gang entwickelt, und als weißer, männlicher Widerpart erscheint David Carradine gerade richtig.

Einigermaßen drastisch sind die Voraussetzungen der Geschichte in LOS LOCOS (LOS LOCOS – DUELL DER WAHNSINNIGEN; 1997, Regie: Jean-Marc Vallée), eine etwas wüstere Fortsetzung zu POSSE (siehe Seite 181 f.) von Mario van Peebles (der hier das Drehbuch schrieb und als Cowboy Chance eine Hauptrolle spielt: Der Bandit Manuel Batista (Danny Trejo) ist mit seinen Leuten auf einem grimmigen Rachezug: Die Prostituierte Allison (Melora Walters) hat ihn regelrecht kastriert. Nun hat sie Unterschlupf bei den Anbefohlenen von Schwester Drexel (Rusty Schwimmer) gefunden, die eine Gruppe von geistig Behinderten zu ihrer neuen Missionsstation bringt. Beim langen Weg durch die Wüste benötigt sie die Hilfe des Cowboy Chance, den sie geteert und gefedert aufgefunden hat, und der auch zum Beschützer gegen die Banditen werden muss. Im Gegensatz zu POSSE geht es van Peebles hier offensichtlich nicht so sehr um das ernste politische Anliegen einer historischen Korrektur als vielmehr um den Spaß an parodistischen Spielen mit berühmten Vorbildern und an Szenen der etwas derberen Art.

Mit BROTHERS IN ARMS (BROTHERS IN ARMS – WAFFENBRÜDER; 2005, Regie: Jean-Claude La Marre) wurde schließlich der eher eigenwillige Versuch eines Gangsta/Hip Hop-Western unternommen. Linc (Gabriel Casseus) und Zane Malone (Antwon Tanner) sind die meistgesuchten Banditen von New Mexico; ihr schärfster Rivale indessen ist Driscoll (David Carradine), und gegen seine Übermacht scheinen die Outlaws nur wenig Chancen zu haben.

Die Versuche einer Wiedergeburt des italienisch-spanischen Western aus dem Geist des Obskurantismus führten immerhin zu Off-Beat-Filmen wie My West/ Gunslinger (1998, Regie: Giovanni Veronesi) mit einer höchst bemerkenswerten Besetzung: Neben Leonardo Pieraccioni und Harvey Keitel stellt David Bowie einen Revolvermann mit Sonnenbrille und Federn am Hut dar. Drei Generationen treffen da in einer Geschichte zusammen: Der Großvater, der müde und bitter von einem Leben der Gewalt das Schießeisen weglegen will, sein pazifistischer Sohn, der ihn vor zwanzig Jahren verlassen hat, und der Enkel, der indianisches Blut in sich hat. Gegen das Böse müssen sie noch einmal zusammen stehen. Ebenso heftig und «schmutzig» versuchen sich die Filme in einer kleinen Linie amerikanischer C-Filme zu geben, die nicht an die Hollywood-Tradition und den revisionistischen Western anknüpfen, sondern direkt an die Vorbilder des Italowestern. Jim Wynorski, der sich darauf zugute hält, Filme noch schneller und preiswerter zu drehen als sein Vorbild Roger Corman, erzählt im Neo-Western Hard Bounty (Revolver Girls; 1995) von dem Kopfgeldjäger Martin (Matt McCoy), der sich als Bordellbesitzer zur Ruhe setzen will. Als eines der Mädchen dort ermordet wird, ziehen ihre Schwester Donnie (Kelly LeBrock) und zwei ihrer Freundinnen zu einem Rachefeldzug aus, und natürlich kann sich auch Martin da nicht heraushalten. Wynorskys Kollege Fred Olen Ray (alias Ed Raymond) ist eine der wenigen Regisseure, die es in der Produktivität bei No-Budget-Filmen mit Exploitation-Touch mit ihm aufnehmen können. Und auch er schob zwischen Horror- und Katastrophenfilme einen Western, Shooter (Shooter – Der Scharfschütze; 1997), der sich noch stärker an den «Spaghetti Western» der sechziger Jahre orientiert. Michael Dudikoff, der Star zahlreicher Ninja- und Actionfilme, spielt einen Revolverhelden, der in einem heruntergekommenen Kaff Zeuge wird, wie eine Frau ausgepeitscht wird. Mit den Schurken macht er kurzen Prozess, doch einer davon war der Sohn des Ranchers, der diese Gegend beherrscht, und im Kampf gegen dessen Männer machen sich Michael Atherton und seine Widersacher nicht viel aus den alten Western-Regeln des offenen und ehrlichen Kampfes. Dann aber gelingt es den Schurken, Michael einen Mord anzuhängen, und bevor es zum Endkampf kommt, muss er die Bürger des Ortes von seiner Unschuld überzeugen.

1998 folgt mit Dollar for the Dead (Django – Ein Dollar für den Tod; Regie: Gene Quintano) mit Emilio Estevez in der Titelrolle gewiss der wirkungsvollste unter den amerikanischen «Italowestern». Auch Django (Estevez) löst die zahlreichen Schießereien und Verfolgungen dadurch aus, dass er den Sohn des Großranchers Reager (Howie Long) tötet. Daneben geht es darum, dass Django und der ehemailge Südstaaten-Soldat Dooley (William Forsythe) mit einem Dritten im Bund, Colby (Ed Lauter), den sie erst einmal aus dem Gefängnis befreien mussten, einen Goldschatz suchen, um denn dann die Helden mit mexikanischen Soldaten und Reagers Leuten gleichzeitig kämpfen müssen. Quintano und Estevez geben sich alle Mühe, ihren Vorbildern so nahe als möglich zu kommen, ohne die Grenze zur freiwilligen oder unfreiwilligen Parodie zu überschreiten. Dabei scheint das größte Vergnügen gewesen zu sein, die Manierismen, die man bei Leone und Corbucci offenbar bewunderte, noch um eine Umdrehung weiter zu treiben und möglichst keines der Motive der B-Western made in italy auszulassen. Aber Quintano und Estevez haben noch eine andere Vorliebe, die Actionfilme des heroic bloodshed von John Woo (ohne freilich dessen Sinn für die Tragödie inmitten der Action zu bemühen). Bis in die Gestaltung des Soundtracks hinein demonstriert dieser Film seinen Sample-Charakter: Keine Hommage, keine Parodie: Ein Remix.

Wenn sich diese Filme an den Italowestern anlehnten, und vielleicht weniger an seine Meister wie Leone, Corbucci oder Solima als vielmehr an die mittlere Serienqualität erinnerte, zollte Stephen Gyllenhaal mit WARDEN OF RED ROCK (2001) Sam Peckinpah Reverenz: James Caan spielt den ehemaligen Outlaw John Flinders, der nun, am Ende der wilden Zeit, im Jahr 1910 Direktor des Red Rock-Gefängnisses geworden ist. Es kann nicht ausbleiben, dass er hier auch wieder auf einen seiner früheren Komplizen trifft, Mike Sullivan (David Carradine), und als der einen Ausbruch unternimmt, stehen sich die beiden alten Veteranen zu einem Kampf gegenüber, der sie eigentlich nicht nur körperlich überfordert.

All diesen Filmen, so unterschiedlich ihre Revival-Versuche auch waren, war gemeinsam, dass der Versuch, das Kino zu erreichen, scheitern musste. Die einen waren auf die Gnade der Kabelsender angewiesen, die anderen mussten die DVD-Regale füllen. Sie kamen mit dieser Restriktion zu recht, aber sie hatten in diesem Medium keine wirkliche Heimat gefunden.

TV-Western: Neo-Epen und tote Wälder

In den achtziger Jahren, als die traditionellen Western-Serien der Art von GUNSMOKE oder BONANZA längst alle geendet hatten, etablierte sich im amerikanischen Fernsehen ein neues Format, der epische Western in mehreren Folgen, mit den Schauwerten und dem Erzählrhythmus der *adult westerns* des Kinos, aber mit weniger Brechungen und weniger politischer und ästhetischer Schmuggelware als der Spätwestern. Als ideale Formen erwiesen sich dabei die Erzählung in zwei Spielfilm-langen Teilen oder Vierteiler wie LONESOME DOVE (WEG IN DIE WILDNIS; 1988, Regie: Simon Wincer), der zu größten Erfolgen des Genres gehört. Er entstand nach dem Roman von Larry McMurtry und erzählt die Geschichte der Rinderzüchter McCrae (Robert Duvall) und Call (Tommy Lee Jones) und ihrem abenteuerlichen Trail, bei dem Lorena (Diane Lane) von einem Indianer entführt und befreit wird.

RETURN TO LONESOME DOVE – THE VISION (WILDES LAND; 1993, Regie: Mike Robe) handelt in seinen vier Teilen die Geschichte des Texasranger

Woodrow Call (Jon Voight) ab, der mit seinen Leuten eine Herde wilder Pferde über 3000 Meilen zu seiner Ranch in Montana treibt. Auf dem Trail werden sie von dem Indianer Jack (Dennis Haysbert) und seiner Bande angegriffen. Sein größter Rivale ist indes sein Nachbar, der Viehbaron Dunnigan (Oliver Reed), der versucht, die Ankunft der Pferde um jeden Preis zu verhindern. Call versucht sich mit ihm auszusprechen, aber die Auseinandersetzung bleibt unvermeidlich.

Eine weitere Fortsetzung folgte im Jahr 2008 mit Simon Wincers COMANCHE MOON, wo Karl Urban die Rolle des Call übernahm. Aber so triumphal die große Western-Saga begonnen hatte, so desaströs endete sie nun mit einer Literaturverfilmung, die Kritiken zwischen «zäh» und «unfreiwillig komisch» erntete. Tatsächlich war wohl nun, nach zwanzig Jahren, auch die Zeit des neoepischen TV-Western abgelaufen.

Längst schon hatte man auch hier neue Formen und neue Themen gefunden. Die Miniserie BUFFALO GIRLS (1995, Regie: Rod Hardy) etwa erzählt die Geschichte der legendären Calamity Jane (Anjelica Huston) nach und findet dabei einen ganz eigenen, elegischen Ton. Grundlage der Handlung bilden die Briefe, die Jane an ihre Tochter geschrieben hat, und die Suche nach ihr bildet auch den roten Faden für ihre Reise durch die Landschaften und Situationen des Western.

DEAD MEN'S WALK aus dem Jahr 1996 erzählt in epischen sechs Stunden eine Geschichte aus der Frühzeit des Staates Texas, in dem sich Mexikaner und Amerikaner, Indianer und Banditen bekämpfen. Die jungen Gus McCrae (David Arquette) und Woodrow Call (Johnny Lee Miller) schließen sich Caleb Cobb (F. Murray Abraham) an, und finden in Bigfoot Wallace (Keith Carradine) und dessen Freund Shadrach (Harry Dean Stanton) Verbündete im Kampf gegen die Comanches unter Häuptling Buffalo Hump (Eric Schweig), den undurchsichtigen Apachen Gomez (Victor Aron) und die mexikanische Armee. Und bei alledem müssen sie auch noch ihre Erfahrungen mit der Liebe machen.

Sogar eine Wiederbelebung der «klassischen» Western-Serie wurde1998 versucht, der perfekte Stof dafür schien den Produzenten einer der großen Erfolge der sechziger Jahre: THE MAGNIFICIENT SEVEN (DIE GLORREICHEN SIEBEN; Regie: Gregg Champion, Steve Beers) versuchte überdies als reguläre Serie mit den Stars Michael Biehn, Eric Close, Andrew Kavovit, Dale Midkiff, Ron Perlman, Anthony Starke, Rick Worthy auch wieder alte Helden-Werte wieder ins Recht zu setzen: Unter ihrem Anführer, dem früheren Auftragskiller, der im Kampf gegen Outlaws Absolution sucht, mit seinen Leuten, darunter ein Trickbetrüger, ein Scharfschütze, ein Ex-Sklave mit Heiler-Qualitäten, ein ehemaliger Priester, der sich nun als wahrhaft seltsamer Heiliger geriert, sind die neuen glorreichen Sieben unterwegs auf einem Pfad der Gerechtigkeit, an die andere Filme und Serien schon längst nicht mehr glauben.

BROKEN TRAIL, ein für das Kabelfernsehen gedrehter dreistündiger Western, wurde zum Quotenrenner des Jahres 2006. Walter Hill inszenierte mit

Robert Duvall und Thomas Haden Church eine eher lakonische Geschichte nach der *old school*-Art des Genres (und doch mit so viel Stilbewusstsein, dass die respektvolle Distanz immer spürbar bleibt). Wie andere Mehrteiler handelt auch dieser Film vom großen Viehtrieb, was einerseits Gelegenheit für eine Anthologie der Genre-Szenen und -Charaktere gibt, andrerseits aber auch eine Metapher des Landes ist, das auf seinem Weg allerlei Gespenstern der Vergangenheit begegnet. Die Entschlossenheit dieser Helden, aber auch ihre Bescheidenheit und Abgeklärtheit erinnert eher an die Klassiker der fünfziger Jahre als an die Spätwestern. Das Land ist in einem Film wie BROKEN TRAIL wieder offen, selbst die Melancholie von Costners Film OPEN RANGE (siehe Seite 223 f.) ist verschwunden. Print Ritter und sein Neffe Tom haben ein etwas angespanntes Verhältnis zueinander, doch während sie ihre Pferde über die Prärie treiben, müssen sie sich auch noch um fünf misshandelte und schutzlose chinesische Frauen kümmern, hinter denen ein Gruppe von Banditen her ist.

Im Jahr 1898 kommt Print Pitter (Robert Duvall) zur Ranch seines Neffen Tom (Thomas Haden Church) mit der bitteren Nachricht vom Tod seiner Mutter. Und der zweite Teil der Nachricht ist fast noch bitterer: Sie hat vor ihrem Tod ihn und nicht ihren Sohn als Erben eingesetzt. Aber weil er nicht wirklich zur Sesshaftigkeit geboren ist, schlägt er vor, sich für das Grundstück genügend Geld zu leihen, um 500 Pferde zu kaufen und sie von Oregon nach Wyoming zu treiben, wo man sie mit Gewinn wieder verkaufen kann. Zu den Menschen, die ihnen auf dem monatelangen Trail begegnen gehören auch Typen wie der Captain, der fünf junge chinesische Frauen an ein Bordell verhökern will. Als er versucht Print und Tom zu bestehlen, töten sie ihn, und nun haben die Helden die fünf Mädchen am Hals, die noch kein Wort Englisch verstehen und deren verschwinden die Bordell-Besitzerin und ihre Leute auf den Plan ruft. Was der Zuschauer gewinnt ist ein anderes Zeitgefühl, die Inszenierung und die Sprache sind bedächtig, fast genießt man das gerade in diesem Medium selten Vergnügen, Menschen beim Schwiegen zuzuschauen. Die sich lieber in Taten als in Worten ausdrücken. Worum es geht auf dieser elegischen Reise beschreibt der Regisseur mit einem sehr treffenden Wort: «Salvation».

Aber nicht nur die Neoklassik sondern auch der revisionistische Western fand im (Kabel-) Fernsehen eine neue Heimat. Im Kino tauchen Post-Western immer wieder auf, aber besser funktionieren die neuen Bilder in der avancierten Serienwelt des amerikanischen Kabelfernsehens, in der neben allerlei Hybridem die größten Projekte der ästhetischen und politischen Revision entstehen. Eine davon ist INTO THE WEST aus dem Haus *Dreamworks*. Steven Spielberg hat sich da mit der Funktion eines «Executive Producers» beschieden, aber die aufwändig produzierte, neunstündige Miniserie trägt deutlich seine Handschrift. Es ist, wie könnte es bei ihm anders sein, eine Familiengeschichte. Über mehrere Generationen hinweg geht die Geschichte zweier

Familien zwischen den Zeiten, den Kulturen, den Rassen und den Interessen. Es sind gut meinende, liberale, tapfere und freundliche Menschen, die immer wieder aufbrechen, an die Grenze des Westens und der Zivilisation, und die furchtbar an der Geschichte scheitern. Es ist nicht das Land, nicht die Natur, nicht der Code, es ist die Politik, es ist die Ökonomie, die die Menschen, die im Westen zu wahren Amerikanern werden wollten, zu Unholden werden lässt. Und was das anbelangt, nehmen Spielberg und seine Mitarbeiter kein Blatt vor den Mund. Noch kein Western vorher hat so deutlich gezeigt, was zum Vernichtungskrieg gegen die Prärieindianer führte: Es sind die Hasspredigten christlicher Fanatiker, es ist Landhunger der Siedler und Profitgier der neuen Technologie-Companies, Eisenbahn, Telegraphie und Minenbau, und es ist schließlich das politische Kalkül, einer kranken Armee aus dem Bürgerkrieg eine neue, erfolgssichere Aufgabe zu geben. Amerika hat seinen Traum im Westen verfehlt, durch die Schuld einer falschen Verbindung von Ökonomie, Politik und Religion, sagt «Into the West». Aber die Amerikaner aller Rassen und Klassen, die ihn verwirklichen können, sind in ihm unsterblich. Spielberg rettet einmal mehr den Menschen vor seiner Geschichte.

INTO THE WEST (2005, Regie: Simon Wincer, Robert Dornhelm) erzählt die Geschichte der Grenze beginnend im Jahr 1825. und er wählt die klassische Form der Parall-Erzählung zweier Familien, die eine auf der Seite der weißen Siedler, die Wheeler, die Stellmacher in mehereren Generationen sind, die andere auf der der Indianer, der Lakota, um die lange, schmerzvolle Geschichte zu erzählen. Jacob Wheeler (Matthew Settle) bricht im Jahr 1827 von seiner Heimat in Virginia auf, um in Kalifornien das Glück zu suchen. Der junge Lakota-Krieger «Den die Büffel lieben» hat zur gleichen Zeit Visionen von weißen Männern, die sein Volk ausrotten. Als seine Schwester von Jacob Wheeler aus den Händen weißer Menschenhändler gerettet wird, entwickelt sich eine weitere Pocahontas-Geschichte: Jacob Wheeler heiratet «Frau mit dem Donnerherz». Nun folgt die Handlung den beiden miteiander verbundenen Familien, sie erleben die Siedlertrecks und den Goldrausch, den Bau der Eisenbahn und die Kriege und den Untergang der indianischen Kulturen. Jacobs Tochter Margaret wird zur Wanderin zwischen den Völkern; sie gerät zuerst in Gefangenschaft bei den Cheyennes, dann bei den Soldaten von General Custer. Und sie müssen erleben, wie die Kinder der «Natives» in «Umerziehungslager» gesteckt werden (ein Aspekt, der in der Tat bislang auch in den «revisionistischen Western» übergangen wurde). Der Schamane Wovoka prophezeit die Befreiung der indianischen Nationen, doch es folgt das Massaker von Wounded Knee.

Sechs Folgen umfasst das Epos und insgesamt neun Stunden, das Budget betrug 50 Millionen Dollar. Steven Spielberg und seine Regisseure bringen das kleine Kunststück fertig, die Pioniere und ihre entbehrungsreichen Taten ebenso zu feiern wie de Stolz der indianischen Opfer, und man verpflichtete sich bei alledem auf einen eher nüchternen, historischen Ton. Der große «revisionistische» TV-Western wurde «Into the West» dennoch nicht, zu sehr ist das Werk bedacht auf den Ausgleich, zu sehr weicht er in die klassischen Typen- und Rollenmodelle aus.

Zwischen solchen aufwändigen Prestige-Werken entstanden auch kleinere Routineproduktionen wie DESOLATION CANYON (2006, Regie: David S, Cass sen.) mit Variatonen der alten Stoffe. Doch auch hier fällt auf, dass es für den amerikanischen TV-Western eine Art Meta-Projekt gibt, eine Verknüpfung der Geschichten mehrerer Generationen und ein Projekt der historischen Versöhnung. In DESOLATION CANYON nehmen nach einem Banküberfall in einem ruhigen Western-Städtchen die Banditen einen kleinen Jungen als Geisel. Der Sheriff Swede (Patrick Duffy) tut sich bei der der Jagd mit dem Großvater des Jungen, dem alten Revolverhelden Sam (Stacy Keach) zusammen. In A GUNFIGHTER'S PLEDGE (2008) hat der ehemalige Gesetzesmann Matt Austin (Luke Perry) bei der Jagd auf einen Banditen (der hat seine Familie ermordet) versehentlich einen unschuldigen Mann erschossen. Matt verspricht dem Sterbenden, seinen Leichnam zu seiner Schwester Amaya (Jaclyn DeSantis) zu bringen. Es fällt ihm schwer, ihr die Umstände seines Todes zu erklären. Das Stück Land, das sie bewirtschaftet, hat das Interesse des Großgrundbesitzers Horn (C. Thomas Howell) erweckt, und während Matt Amaya beisteht, sich gegen seine Zudringlichkeit zu wehren, entdeckt er, dass dieser Horn es war, der für den Tod seiner Familie verantwortlich ist. Berühmt geworden ist diese Produktion vor allem wegen seiner einfallsreichen Formen von guerilla marketing, bei dem Leute in Cowboy- und Sheriff-Monturen in den großen Städten unterwegs waren und Reklame-Poster und –Flyer in Form alter «Wanted»-Bilder verteilten. Die Parole «A Sheriff with nothing to lose» machte in e-Mails und Anzeigen die Runde. Der Erfolg für Hallmark Channel war eine rekordverdächtige Einschaltquote von mehr als 2 Millionen und ein Platz in der jährlichen Hitliste der TV-Movies. Dabei blieben Gestaltung und Story durchaus im Rahmen des nun auch schon Jahrzehnte-alten Genres des größeren Fernseh-Western und sprach dadurch gerade die konservativeren Fans an.

Das kann man von der anderen großen Postwestern-Serie gewiss nicht sagen: DEADWOOD, die überraschend erfolgreiche, rabenfinstere Serie über die Bewohner der (historischen) Stadt gleichen Namens am Fuße der Black Hills, hat keine Helden mehr. Nur Menschen in unterschiedlichen Stadien des wirtschaftlichen Aufstiegs und des moralischen Verfalls. In Deadwood wird vor allem mit Menschen gehandelt, mit Prostituierten, Arbeitssklaven und mit Morden. Die Getöteten werden, eines der starken Bilder dieser Serie, im Schweinestall entsorgt – um sich die Beerdigungskosten zu sparen und unliebsame Nachforschungen zu verhindern. Auch die Legenden sind hier gestrandet: Calamity Jane, die nach Deadwood gekommen ist, um sich zu Tode zu trinken, Wild Bill Hickok, von dem ein gefälschter Brief und eine echte Decke durch den Ort wandern, Wyatt Earp, der seinen Heldenstatus durch einen fingierten Überfall begründen will (vergeblich, weil man hier mit allen echten

Banditen schon im Geschäft ist). Es ist der Kapitalismus in seiner bestialischen Form, der in Deadwood regiert, mit einem Hang zu schmutziger, ganz und gar unheroischer Gewalt. Keine Erlösung, nirgends.

Was aber macht, jenseits der Zerstörung der Legenden und des zynischen Humors, den eigentümlichen Reiz von Deadwood aus? Da ist die Sprache der bösen Dialoge. Sie besteht einerseits aus «fuck»- und «shit» -durchsetzten Schmähungen und Drohungen, auf der anderen Seite aber aus gedrechselten, indirekten und mit mythologischen, literarischen und religiösen Anspielungen angereicherten Satzkaskaden voll hintergründiger Ironie. Da ist die Aura des Ortes selber, ein Höllenort, gewiss, Boom und Verfall, getrennt durch knietiefen Schlamm, ein lebendes Gemälde voll Doppeldeutigkeiten und semiotischen Tücken. Da ist die so sparsam wie konsequent eingesetzte Musik. Jede Folge wird im Abspann durch einen eigenen Folk-Blues Song kommentiert und beendet; den Beginn macht übrigens Bob Dylan, der sich ja unter vielem anderen auch einmal als Western-Figur erfunden hat. Und schließlich sind da die Figuren, keine irgend sympathisch oder auch nur rettbar, aber alle bis auf den Grund durchgearbeitet und voller poetischer und gewalttätiger Widersprüche. Man fühlt sich, paradoxerweise, irgendwie daheim in Deadwood. So wie man sich ja auch in Twin Peaks daheim gefühlt hat, obwohl dort nur Verbrecher, Verrückte und Verzweifelte wohnen. Überhaupt scheinen sich in Deadwood Bert Brecht und David Lynch über die Fundamente des Kapitalismus zu unterhalten, und man ist überrascht, wie fruchtbar dieser Dialog ist. Post-Western machen so was möglich. Aber der Bildermarkt in den USA versperrte sich trotz anfänglicher Publikumserfolge, Preisen und hervorragenden Kritiken solch radikaler Revision. Die Serie wurde abgesetzt, die Geschichte des toten Waldes und seiner Stadt an der Grenze nicht zu Ende erzählt.

Mystery Western & Horror Trips

Der Spätwestern erzählte vom langen Abschied von der Magie der Grenze. In Kevin Costners Dances With Wolfes erklärt der Held noch, er wolle in den Westen, zur *frontier*, so lange es das noch gibt. Postwestern wie Clint Eastwoods Unforgiven revidieren auch noch dieses Abschiedsbild: Das magische Grenzland des Westens ist nicht nur verschwunden, es hat nie existiert. Schließlich erklärt der «Gespensterwestern», wie Fiktionen und Phantasmen ihr Eigenleben führten, wie Menschen noch einmal aus ihrer Erzählung vertrieben werden, wie in den großen Filmen des Genre-Nachklangs, nicht in die Geschichte, wie beim revisionistischen Western, nicht ins surrealistische Märchen wie bei den heftigen Trash-Western aus Asien, sondern in ein narratives Niemandsland, wo sie über die semantischen Trümmer dieser Erzählung stolpern, einsam und verwirrt. Der Umschlag des Western in den gothischen

Horror ist daher nur konsequent, Edgar Allan Poe streift durch die Wälder wie in Jim Jarmuschs DEAD MAN (aber auch etwa in der italienischen Comic-Serie «Magico Vento»).

Gewiss hat es immer eine Seitenlinie des «Weird Western» gegeben, von abstrusen Trash Movies wie BILLY THE KID VS. DRACULA'S DAUGHTER bis zum Steampunk in der Serie WILD WILD WEST und der späten Verfilmung. Die ernsthafte Verknüpfung des Genres mit spirituellen Grenzerfahrungen und sogar mit dem Körper-Horror der späten neunziger Jahre war erst möglich, als der Mythos endgültig seine verpflichtende Wirkung verloren hatte. So sind Horror-Western nicht zuletzt Reisen ins Unterbewusstsein der verlorenen Geschichte.

Dass sich mit der Mischung von Western und explizitem Horror auch mehr machen lässt als ein mehr oder weniger vergnügliches Trash-Spiel, zeigt etwa THE BURROWERS (2008, Regie: J. T. Petty) spielt am Ende des 19. Jahrhunderts in einer verlassenen Gegend von Dakota mit winzigen Städtchen und weit auseinander liegenden Farmen. Hierher kommt Fergus Coffey (Karl Geary), um für sich und seine Braut Maryanne (Jocelyne Donahue) eine Zukunft aufzubauen. Kurz nachdem er ihr einen Antrag gemacht hat, wird Maryannes Familie brutal ermordet, die Frauen der Familie entführt. Zuerst werden die Indianer in der Gegend verdächtigt, ein Suchtrupp mit ein paar Soldaten verstärkt macht sich auf die Suche. Als ein Indianer in die Hände der Truppe gerät, warnt er vor einer Gefahr, gegen die Gewehre nichts ausrichten,. Seltsame Vertiefungen im Prärieboden und schreckliche Geräusch weisen auf eine dämonische Kraft hin. Die Soldaten, die von dem sadistischen Indianerhasser General Henry Victor (Doug Hutchison) angeführt werden, der mit seinen Foltermethoden Mannschaft und Männer quält, bringen mehr Konflikte als Hilfe; unterwegs kommen sie immer wieder an halbtote Menschen, die offenbar lebendige Wesen im Körper haben; diese Erscheinung des Bösen übertrifft noch alles, was sich die Menschen hier schon ohnehin antun. Der Film ist ganz und gar unironisch, ein Western, der mit einem übersinnlichen Wesen seinen mythischen Plot, eine weitere Paraphrase von John Fords THE SEARCHERS, selbst und sehr gezielt durchkreuzt. «Er versteht es, das Grauen dramaturgisch geschickt bis zum Showdown zu steigern, der in seiner Grausamkeit und desillusionierenden Bitternis an große Spätwestern wie ‹Das Wiegenlied vom Todschlag› erinnert. Dazu passt, dass auch in ‹The Burrowers› das eigentliche zerstörerische lement, das den Wilden Westen zum infernalisch-hoffnungslosen ‹Dead End› werden lässt, auch hier letztendlich gar nicht die ‹Wühler', sondern die weißen Kolonisatoren sind, deren ‹Zivilisation› hier gleichsam ihre hässliche Rückseite präsentiert» (Felicitas Kleiner). In einem Kurzfilm, BLOOD RED DEATH hatte Petty zuvor die Geschichte übrigens aus der Sicht der Indianer gezeigt; die Fans dieses Films warten auf eine Ausformung dieses Gegenstücks zu einem Sequel.

Das Land an der Grenze in Raum und Zeit war im neuen Jahrzehnt zu einer besonders pittoresken Version jenes Backwoods geworden, in denen das

Grauen nur lauern konnte. Auch der dritte Teil der GINGER SNAPS-Serie, einer effektvollen Verbindung von Werwolf-Horror und Pubertätsdrama, GINGER SNAPS BACK (GINGER SNAPS III: DER ANFANG; 2004, Regie: Grant Harvey) führt in die Pionierzeit, genauer gesagt in die Pre-Western-Zeit des Jahres 1813 zurück: Die Schwestern Ginger und Brigitte (die Darstellerinnen der anderen Teile, Katharine Isabelle und Emily Perkins, spielen gleichsam ihre Ahnen oder verleihen der Geschichte eine gewisse Zeitlosigkeit) sind allein im Wald unterwegs, ihre Eltern starben in der Wildnis. Sie begegnen einer alten Indianerin, die ihnen eine furchtbare Warnung mit auf den Weg gibt: Wenn sie nicht einen kleinen Jungen töteten, dann würde eine Schwester die andere töten. Kurz darauf gerät Brigitte in eine Bärenfalle, und als Ginger Hilfe holen will ist da nur ein junger Indianer und sein Wolfshund, den sie zuerst für einen Feind halten. Er bringt sie zu einem Fort, in dem sich nur noch eine Handvoll Männer befinden. Die anderen sind geflohen oder wurden von den Bestien im Wald angefallen und selber in Werwölfe verwandelt. Als Ginger eines Nachts einem entstellten kleinen Jungen begegnet, wird sie von ihm gebissen, und so beginnt ihre schreckliche Verwandlung. Ihre Schwester Brigitte versucht alles, ihr zu helfen, denn «zusammen für immer», das haben sie sich geschworen.

Die Formel für das B- und Trash-Movie dagegen war eher Cowboys plus Monster oder noch einfacher Cowboys plus Zombies wie in THE QUICK AND THE UNDEAD oder UNDEAD OR ALIVE. GALLOWWALKER (2010, Regie: Andrew Goth) erzählt von dem geheimnisvollen Revolvermann Aman, dem Sohn einer Nonne, die sich gegen Gott gewendet hat, um sein Leben zu retten. Damit aber löst sie einen Fluch aus: Alle, die er mit seinem Revolver tötet, kehren als Untote zurück – und diese Zombies, angeführt von dem bösen Kansa folgen seiner Spur. Aman findet in dem jungen Fabulos einen Mitstreiter.

Uwe Boll schob zwei «Italowestern meets Videogame»-Versuche unter dem Titel BLOODRAYNE (2005) nach. BLOODRAYNE II: DELIVERANCE (2007) erzählt von dem vampirischen Billy the Kid (Zack Ward) aus der Stadt Deliverance, der durch die Eisenbahn-Anbindung erreichen will, dass sich die Blutsauger über den ganzen Kontinent verbreiten können. Die schwertschwingende Heldin (Nattassia Malthe) und ihrer Verbündeten, darunter Pat Garrett (Michael Paré) versuchen das zu verhindern. Im dritten Teil, BLOODRAYNE: THIRD REICH (2010) schickt Boll seine Helden, wie es der Titel nahe legt, in den Kampf gegen Nazis.

Der Zombie-Western THE QUICK AND THE UNDEAD (2006, Regie: Gerald Nott) beginnt in der Gegenwart, in der die übliche Seuche die Menschen in die üblichen Zombies verwandelt. 80 Jahre später ist der Westen der Vereinigten Staaten ein Ödland mit wenigen Geisterstädten, die von Zombies heimgesucht werden. Die Regierung zahlt Prämien für die Vernichtung der Untoten. Einer der Zombie-Kopfgeldjäger ist Ryn Baskin (Clint Glenn), der nach einer seiner erfolgreichen Jagden von einer rivalisierenden Bande unter Blythe Remington (Parrish Randall) überfallen wird und als tot liegen gelassen wird. Remington verfolgt den üblen Plan, immer noch mehr Zombies zu erzeugen, um immer noch mehr Prämien kassieren zu können. Als Ryn so weit wieder hergestellt ist, dass er Remington verfolgen kann, schließt sich ihm der zwielichtige Hans Tubman (Nicola Giacobbe) an. Das macht den Showdown zwischen Ryn und Remington sowie einer Armee von Zombies noch komplizierter. Am Ende aber darf auch dieser Held in die Abendsonne der Prärie verschwinden – auf einem Moped.

Noch entschiedener spielt ALIVE OR UNDEAD (2007, Regie: Glasgow Phillips) seine Komödienelemente im Western-Horror-Kontext aus. Hier ist es niemand anderes als Geronimo selber, der die Bleichgesichter mit einem Fluch belegt: Ben Goodman (Brian Posehn) ist der erste der furchtbar Verwandelten, er fällt seine Frau und seine Tochter an, um ihre Gehirne zu fressen. Unterdessen bereitet Luke (Chris Kattan) sich auf die Hochzeit mit einer Schönen (Elizabeth Slagsvol) vor, als er von Elmer (James Denton) erfahren muss, dass seine Angebetete eine Hure ist. Den anschließenden Kampf unterbindet Sheriff Claypool (Matt Besser), der die beiden ins Gefängnis wirft. Dort freilich sitzt auch Ben Goodman, und bei der gemeinsamen Flucht beißt er den Hilfssheriff Cletus (Chris Coppola). Der wiederum fällt den Sheriff an. Ben wird gehenkt, doch natürlich weiß niemand, dass man auf diese Weise einem Untoten nicht beseitigen kann. Schnell also infiziert er weitere Opfer, bis endlich von den Überlebenden entdeckt wird, wie man Zombies erledigt, indem man sie köpft. Aber diesmal wird noch eine weitere, genregerechte Form der Entzombifizierung erprobt: Wer gebissen wird, kann sich vom Zombie-Fluch befreien, indem er oder sie vom Fleisch des Medizinmanns isst, der den Fluch ursprünglich vollzog.

Dass sogar die Mischung von Zombiefilm und Western eine ernsthafte Auseinandersetzung mit dem Mythos ermöglicht, zeigte George A. Romero mit SURVIVAL OF THE DEAD. Haupt-Schauplatz ist nun eine Insel vor der Küste von Delaware, hierher flüchtet sich die übliche kleine Gruppe der Soldaten unter der Führung von «Sarge» und bringt dabei eine andere Geschichte durcheinander. Am Hafen müssen sie sich erst einmal ein Gefecht mit dem Fischer Patrick O'Flynn liefern, von dem sie schließlich über die wahren Verhältnisse auf der Insel aufgeklärt werden. Nachdem ihnen nämlich ein Junge von der Insel erzählt hat, die angeblich noch Zombiefrei sei haben sie tatsächlich geglaubt einen friedvollen Rest des gelobten Landes erreichen zu können. Aber da ist kein Frieden, war es nie. Auf dieser Insel nämlich leben zwei Familien, seit Jahr und Tag miteinander verfeindet, die O'Flynns und die Muldoons, Fischer und Farmer, die die Insel unter sich aufgeteilt haben in gespannter Balance. Kein Wunder, dass sie sich auch, was die Behandlung der Untoten anbelangt, keineswegs einig waren. Mit dem Ausbruch der Zombie-Seuche zerbrach auch das prekäre Gleichgewicht auf der Insel; der alte Streit der Patriarchen bekam neue Nahrung durch die Frage, wie mit den Untoten umzugehen sei. Die O'Flynns machen intensiv Jagd auf sie, um die Insel zu säubern; der alte Muldoon aber hält sie, patriarchaler Farmer der er ist, wie Vieh und schafft es sogar die untoten Angehörigen mit entsprechenden Vorsichtmaßnahmen im Haus zu behalten. Welche von beiden Arten die menschlichere bzw. unmenschlichere sei? Das ist so eine der Fragen aus Romero-Filmen. O'Flynn sieht die Möglichkeit, seine Vertreibung von der Insel rückgängig zu machen und kehrt mit den Soldaten auf die Insel zurück, auf der er übrigens seine Tochter hat zurücklassen müssen, was eine der vielen Nebenhandlungen bestimmt, die genau so gut Hauptsachen hätten sein können. (Einer der Soldaten wurde übrigens gebissen und stirbt einen tragischen Tod, um nicht Zombie zu werden, was uns daran erinnert, wie nah man hier stets dem Verderben ist.)

Drei Gruppen miteinander und gegeneinander auf einer von Zombies verseuchten Insel, das wäre für ein tightes B-Movie eine vollkommen ausreichende Grundkonstellation. Aber jetzt beginnt Romero erst, seinen mythologischen Baukasten auszuleeren. Er lässt sich die Zeit, in diesen drei Gruppen ziemlich genau die wesentlichen Elemente der politisch-öknomischen Herrschaft in seinem Land zu charakterisieren: die reichen texanischen Clans, die mit einem Teil ihrer Wesens immer noch in den Pioniertagen leben und für die Familie und Religion alles ist (genug jedenfalls, um ein Zusammenleben mit den Zombies zu erzwingen, denn Familienmitglieder erschießt man nicht); das Militär, das zwar demokratisch und integrierend wirkt (was Geschlecht, Klasse und Rasse anbelangt), aber zwanghaft seine eigene Psychosen hervorbringt und immer wieder zu der Gefahr wird, vor der es eigentlich beschützen sollte, und schließlich die O'Flynns, die es eher mit Anpassung und kapitalistischem Pragmatismus halten und dabei einigermaßen bedenkenlos über echte Leichen und Untote gehen. Drei Perversionen des amerikanischen Traumes, wenn man so will, drei Perversionen der nationalen Mythen, und das ganze ein kräftiges Rumoren im Gründungsmythos des Land of the Free, fast naturgemäß mit Anklängen an den Western und die Bibel. Vermutlich könnte man das ganze auch als eine Variante von Republikanern und Demokraten, Norden und Süden, urbanem und ruralem Amerika, Liberalismus und Bigotterie, kurz der endlose Gespaltenheit dieser Gesellschaft beschreiben.

Es hätte also eine Art Western mit Zombies werden können, in dem wiederum eine Art Romeo und Julia-Stoff steckt, und noch eine Clan- und Ziehsohn-Geschichte, komplett mit Showdown und tragischem Ende der Gründer-Väter. Ebenso gut hätte es die Geschichte eines reitenden weiblichen Zombie und ihrer Zwillingsschwester werden können, eine Geschichte über eine schreckliche Verbundenheit über die Grenze des Untoten. Überdies gibt es die kanonische Frage (vermutlich für die Fortentwicklung des Romero-Zombieversums nicht unwichtig): Kann man die kannibalistische Gier von Zombies auf Pferdefleisch umpolen? Und dann natürlich gibt es noch die Romero-typische Geschichte der kleinen Gruppe den Menschen inmitten der Zombie-Apokalypse, in der gutes und schlechtes zum Selbstausdruck gezwungen werden. Daneben bekommen wir autarke Bilder wie die vom Postboten-

Zombie an der Kette, der immer und immer wieder seinen Brief in den Briefkasten wirft (bis man ihn «erlöst» oder einfach abknallt, wie man es nimmt): Americana, in der der Traum davon, dass die Zeit stehen bleiben sollte, die Epoche des «guten alten» Western nie verginge, in einen grotesken Alptraum übergegangen ist.

Während der amerikanisch Zombie-Film sich ans dunkle Herz der Gründungsmythologie vor wagt, wird aus einer europäischen Western-Comic-Verfilmung ein esoterischer Drogentrip.

Aus irgend einem Grund war es nie so recht gelungen, die beeindruckende europäische Produktion an Western-Comics wirkungsvoll in den Film zu übertragen. Jan Kounen inszenierte eine Film-Version der berühmten Serie *Blueberry* von Jean Giraud (alias Moebius) als Mixtur von Western und Drogentrip. BLUEBERRY: L'EXPERIENCE SECRÈTE (BLUEBERRY UND DER FLUCH DER DÄMONEN; 2004) erzählt die Geschichte des U.S.-Marshal Mike Donovan (Vincent Cassel), «Broken Nose» nennen ihn die Indianer (den Spitznamen Blueberry trägt er merkwürdigerweise im Film nicht), wird von dunklen Erinnerungen an seine große Liebe und an seinen Tod geplagt. Er versucht, zwischen den Indianern, die ihn aufgenommen haben, und den Weißen zu vermitteln. Doch der «weiße Zauberer» Blount (Michael Madsen) lockt ihn zu den Heiligen Bergen, wo er seinem Widersacher begegnen muss. Zuvor reinigt er sich in schamanischen Ritualen, um seine Ängste zu überwinden und Zugang zu seinem unterdrückten Vergangenheit zu finden.

Ebenfalls dem Mystery-Zweig des Genres gehört JONAH HEX (2010, Regie: Jimmy Hayward) an, der auf die Comic-Serie um einen geheimnisvollen, narbengesichtigen und ziemlich bösartigen Revolvermann zurück geht, die seit 1972 läuft. Jonah Hex (Josh Brolin) steht im Auftrag der Regierung und jagt den Terroristen Turnbull (John Malkovich). In der Serie überspringt der Antiheld immer wieder die Zeitengrenzen und taucht nicht nur in den Tagen der Frontier sondern auch in der Zukunft des 21. Jahrhunderts auf.

Buchstäblich ein Gespensterwestern ist Uli Edels Variation: PURGATORY (SHOWDOWN AUF DEM WEG ZUR HÖLLE; 1999), ein Western, der überraschende ethische Fragen aufwirft. Eine Gang unter Führung des finsteren, gewalttätigen Blackjack (Eric Roberts) auf der Flucht vor einer Posse gelangt in einen Landstrich, der auf keiner Karte dokumentiert ist und schließlich zu einer Stadt namens Refuge. Es ist ein überraschend gastfreundlicher Ort; hier gibt es kein Gefängnis, aber sympathische Leute wie den Ladenbesitzer (J.D. Souther), den Doktor (Randy Quaid), den Sheriff (Sam Shepard) und den Deputy (Donnie Wahlberg), sowie eine wunderschöne junge Frau (Amelia Heinle). Blackjack beschließt sogleich, die Stadt in seine Gewalt zu bringen und auszuplündern. Es ist der jüngste und der unschuldigste in seiner Gang, der schließlich hinter das Geheimnis von Refuge kommt: Die Bewohner sind niemand anderes als die toten Legenden des Western, Wild Bill Hickok, Doc Holliday, Jesse James und all die anderen. Sie befinden sich hier in einer Art

Limbo, hier soll sich entscheiden, ob sie es durch die Leuterung der Gewaltfreiheit schaffen, in den Himmel aufgenommen zu werden, oder endgültig der höllischen Verdamnis anheim fallen. Unter dem Ansturm eines grundbösen Wesens wie Blackjack wird es für die Bewohner von Refuge fast unmöglich, die Prüfung des Pazifismus zu bestehen. Es scheint (und wir kennen diese Frage aus traditionelleren Filmen des Genres) nur die Wahl zu bestehen, zur Gewalt zu greifen oder das Unrecht zu akzeptieren. Eine «richtige» moralische Entscheidung scheint es jedenfalls hier nicht zu geben. Was es zu hoffen gibt ist nur ein Augenblick der Gnade.

Am Ende ist also aus dem Gespensterwestern ein religiöser Diskurswestern geworden. Und er kehrt dabei sein innerstes nach außen: Die Sehnsucht nach Erlösung. PURGATORY reflektiert die Tragödie der Western-Legenden, nicht leben und nicht sterben zu können. Nicht kämpfen können und keinen Frieden finden. Wahrscheinlich konnte nur ein deutscher Regisseur einen solchen romantischen Abschiedsblick auf das Genre werfen. Nebenan freilich reiten die Cowboys weiter. A Cowboy's work is never done...

Bibliografie

Zitierte Bücher und Aufsätze

Georg Alexander: Die gefürchteten Vier. In: Film Nr. 2. Velber 1967.

John Baxter: The Cinema of John Ford. London/New York 1971.

Jürgen Berger, Georg Seeßlen: Der Western. Schondorf 1980.

Gert Berghof u. a.: Der Western. Aachen o. J.

Daniel Bickermann: Tötet die Alten, foltert ihre Jungen. In: Der Schnitt. Januar Köln 2008

Peter Bogdanovich: John Ford. London 1968.

Eileen Bowser: In: «Bianco e Nero». Sonderheft Griffith e Pastrone Nr. 5/8. Rom 1975.

Sergio Corbucci in einem Gespräch mit Mario Devena. In: Film Nr. 5. Velber 1968.

Daniel Dohter: Die Drahtseilakte des John Ford. In: Film-Korrespondenz Nr. 10. Köln 1973.

Angie Dullinger: Powwow Highway. In: Abendzeitung vom 27. 6. 1989. München 1989.

Sergei Eisenstein: ... und fand sich berühmt. Aufzeichnungen und Gedanken des großen Revolutionärs der Filmkunst. Wien/Düsseldorf 1968.

Franz Everschor, Klaus Lackschewitz, Heinz Ungureit: El Dorado. In: Dies.: Spielfilme im Deutschen Fernsehen 1974. Frankfurt am Main 1974.

William K. Everson: A Pictorial History of the Western Film. Secaucus 1969.

Leslie A. Fiedler: Liebe, Sexualität und Tod. Berlin 1964.

Leslie A. Fiedler: The Return of the Vanishing American. New York 1968.

Julian Fox: William A. Wellman. In: Films and Filming. London November 1973.

Chris Frayling: Sergio Leone. In: Cinema Nr. 6/7. Beverly Hills August 1970.

Rainer Gansera: Don't Come Knocking. In: epd Film Nr. 9 Frankfurt/M 2005

Klaus Hellwig: Union Pacific. In: Filmkritik Nr. 7. München 1965.

Joe Hembus: Western-Lexikon. München 1978.

Herbert Holba: Der Besessene. Tango im Death Valley. In: Filmjournal Nr. 7. Ulm 1978.

Sabine Horst: Die verfehlte Begegnung. Liebesbeziehungen in Western. In: epd Film Nr. 10. Frankfurt am Main 1994.

Jim Kitses: Horizons West. London 1969.

Felicitas Kleiner: The Burrowers – Das Böse unter der Erde. In_ film.dienst Nr. 15. Köln 2010.

Wolfram Knorr: Faszinierende Endspiele.

Die kurze Karriere des Monte Hellman. In: Zoom/Filmbeobachter Nr. 15. Zürich/Bern 1975.
Rupert Koppolt: Bad Girls. In: Stuttgarter Zeitung vom 27.7.1994. Stuttgart 1994.
Theodor Kotulla: The Westerner. In: Filmkritik Nr. 7. München 1967.

Pierre Lachat: Der Italo-Western. Originalität und Abhängigkeit. In: Cinema Nr. 61. Adliswil 1970.

Don Miller: Hollywood Corral. New York 1976.
Jean Mitry: John Ford. Paris 1954.

Niels C. Nielsen: Vereinigte Staaten von Amerika. Nürnberg 1960.

Michael Parkinson, Clyde Jeavons: A Pictorial History of Westerns. London 1972.
Enno Patalas: Kommentierte Filmografie. In: Peter W. Jansen, Wolfram Schütte (Hg.): Fritz Lang. München 1976.
Enno Patalas: Stars – Geschichte der Filmidole. Frankfurt am Main 1967.
Hans Günther Pflaum: Wer baute das siebentorige Theben. Anmerkungen zu zwei Stummfilmen von John Ford. In: Film-Korrespondenz Nr. 3. Köln 1975.

Holger Römers: Appaloosa dvduell.de/_forum, 2009

Max Savelle: Die Vereinigten Staaten von Amerika. Von der Kolonie zur Weltmacht. München 1969.
Harry Schein: The Olympian Cowboy. In: Amerikan Scholar Nr. 24. o. O. 1955.
Peter Schmid: Sacramento. Arbeitshilfen des Arbeitszentrums Jugend Film Fernsehen. München o. J.
Georg Seeßlen, Claudius Weil: Ästhetik des erotischen Kinos. München 1978.
Georg Seeßlen: Western. In: Ders./Bernt Kling: Unterhaltung. Lexikon zur populären Kultur. Band 1. Reinbek 1977.
Heinrich Stammler: Amerika im Spiegel seiner Literatur. Stuttgart 1949.

Jon Tuska: The Filming of the West. Garden City, NY 1976.

Alexander von Wechmar: Zwölf Uhr mittags – Höhepunkt der McCarthy-Zeit. In: Filmbeobachter Nr. 5. Frankfurt am Main 1977.
Peter Wollen: Boetticher's World-View. In: Jim Kitses (Hg.): Budd Boetticher: The Western. London o. J. (1969).

Zu Geschichte, Mythologie und Ästhetik des Western

1. Selbstständige Veröffentlichungen

A. Achilli (Hg.): John Ford. Ravenna 1985.
Ramon F. Adams: Burs under the Saddle. A Second Look at Books and Histories of the West. Norman, OK 1964.
Les Adams, Buck Rayney: Shoot-em-ups. Complete reference guide to westerns of the sound era. Metuchen, NJ 1986.
Patrick Agan: Clint Eastwood. The man behind the myth. London 1977.
Henri Agel (Hg.): Le Western. Ergänzt durch Jean A. Gili: Evolution et renouveau du western (1962–1968). Paris 1969.

The American Indian and the Media. Tucson, AZ 1992.

Lindsay Anderson: About John Ford. New York 1983.

Frank Arnold, Ulrich von Berg: Sam Peckinpah. Ein Outlaw in Hollywood. Frankfurt am Main 1986.

Georges-Albert Astre, Albert-Patrick Hoarau: Univers du Western. Les Sources. Les structures. Les données permanentes. Les significations. Les fonctions. La mythologie. Les grandes epoques. Les grandes oeuvres. L'evolution. Paris 1973.

Gene Autry: Back in the Saddle. Garden City 1978.

Francesco Ballo: John Ford. Sfida infernale. Torino 1991.

Alan G. Barbour: Old Movies Nr. 1 / Nr. 3 / Nr. 5: The B-Western. New York 1969/1970/1970.

Alan G. Barbour: Days of Thrill and Adventure. New York 1970.

Alan G. Barbour: Hit the Saddle. New York 1968.

Alan G. Barbour: Screen Nostalgia Illustrated. (Bd. 1: A Poster Salute to B-Westerns. Part 1; Bd. 4: A B- Western Potpourri; Bd. 5: B-Western and Serial Pressbook Ads; Bd. 7: A Pictorial Salute to William Elliott; Bd. 10: B-Western Labby Cards; Bd. 12: A Poster Salute to B-Westerns. Part 2.) Key Gardens 1975 ff.

Alan G. Barbour: The Serials of Republic. Kew Gardens 1965.

Alan G. Barbour: The Thrill of it all. New York 1971.

Alan G. Barbour: Western Favorites. New York 1971.

Alan G. Barbour (Hg.): The «B» Western. Kew Gardens 1966.

John Baxter: John Ford, der legendäre Hollywoodregisseur. München 1980.

John Baxter: Stunt. London 1973.

John Baxter: The Cinema of John Ford. London/New York 1971.

André Bazin: Evolution du western. In: Cahiers du Cinéma Dezember Paris 1955. Nachdruck in: Ders.: Qu'est-ce que le cinema? Band 3: Cinéma et Sociologie. Paris 1961. Dt. Übersetzung in: Ders.: Was ist Kino? Bausteine zur Theorie des Films. Köln 1975.

André Bazin: Le Western, ou, le cinéma Américain par excellence. Vorwort zu Jean-Louis Rieupeyrout: Le Western, ou, le cinéma Américain par excellance. Paris 1953. Dt. Übersetzung in: Jean-Louis Rieupeyrout: Der Western. Bremen 1963, und A. Bazin: Was ist Kino? Bausteine zur Theorie des Films. Köln 1975.

Herman Beddig: Legalität im Western. Hannover 1966.

Raymond Bellour/Patrick Brion (Hg.): Le Western. Sources, thèmes, mythologies, auteurs, acteurs, filmographies. Paris 1966.

Raymond Bellour (Hg.): Le western. 3. ed. Paris 1993.

Ulrich von Berg, Norbert Grob (Hg.): Fuller. Berlin (West) 1984.

Robert S. Birchard: King Cowboy: Tom Mix and the Movies. Burbank, Californien 1993.

Michael Bliss: Justified lives: morality and narrative in the films of Sam Peckinpah. Carbondale, Ill. 1993.

Hans C. Blumenberg: Die Kamera in Augenhöhe. Begegnungen mit Howard Hawks. Köln 1979.

Hans C. Blumenberg: Wanted. Steckbriefe aus dem wilden Westen. Düsseldorf 1970.

Peter Bogdanovich: John Ford. London 1968.

Franz Born: Die Eroberung des Wilden Westens. München/Berlin 1953.

Christian Bossuyt: 50 ans de western. Paris 1983.

Jean-Marc Bouineau, Alain Charlot, Jean-Pierre Frimbois: Die 100 besten Western-Filme. München 1991.

Jean-Loup Bourget: John Ford. Paris 1990.

Clark Branson: Howard Hawks. A Jungian study. Santa Barbara 1987.

Ralph Brauer mit Donna Brauer: The Horse, the Gun and the Piece of Property. Changing Images of the TV Western. Bowling Green 1975.

Patrick Brion: Le western. Classiques, chef-d' oeuvre et découvertes. Paris 1992.

Dee Brown: Bury my Heart at Wounded Knee. New York 1971. Dt.: Ders.: Begrabt mein Herz an der Biegung des Flusses. Hamburg 1972.

Dee Brown: The Westerners. London 1974. Dt.: Ders.: Im Westen ging die Sonne auf. Hamburg 1976.

Kevin Brownlow: The War, the West and the Wilderness. London 1978.

Gian Brunetta: Aspetti narrativi del cinema western. Grado 1971.

Michael Burrows: John Ford and Andrew V. McLaglen. St. Austell (Cornwall) o. J. (1970).

Edward Buscombe: Stagecoach. London 1992.

Edward Buscombe (Hg.): The BFI companion to the western. London 1988, 1990, 1993.

Terence Butler: Crucified heroes. The films of Sam Peckinpah. London 1979.

Jenni Calder: There must be a Lone Ranger. The Myth and Reality of the American Wild West. London 1974.

Roberto Campari: Western e mito. Grado 1971.

Valerio Caprara: Fuller. Il castoro cinema 110. Firenze 1984.

George Carpozi: John Wayne. Seine Filme – sein Leben. München 1984, 1991, 1993.

George Carprozi Jr.: The Gary Cooper Story. New Rochelle 1970.

Donald Carter: The Western. Ottawa 1966.

John G. Cawelti: The Six-Gun Mystique. Bowling Green 1971.

Antonio Chiattone: Il Film western. Mailand 1949.

cinema: Bud Spencer. Hamburg 1981.

Judith Christ: The Private Eye, the Cowboy and the Very Naked Girl. New York 1968.

Walter C. Clapham: Western Movies. The Story of the West on the Screen. London 1974.

Gianni Claudio: Il Cinema Western. Chieti 1986.

Gerald Cole, Peter Williams: Clint Eastwood. London 1983. Dt.: Clint Eastwood. Seine Filme – sein Leben. München 1994.

Pam Cook (Hg.): The Cinema Book. London 1985.

Gary Cooper: Gib dem Glück die Sporen. Hamburg 1958.

Ernest A. Corneau: The Hall of Fame of Western Film Stars. North Quincy 1969.

Mario Cortesi: Wie wild war der wilde Westen? Ravensburg 1981.

Jessie Cresland: Outlaws in Fact and Fiction. London 1959.

Hector Currie: Cinema-drama schemata: eastern metaphysics in western art. New York 1984.

Robert Murray Davis: Playing cowboys: low culture and high art in the western. Norman, OK 1992.

Donald Day (Hg.): The autobiography of Will Rogers. New York 1975.

Raymond de Becker: De Tom Mix é James Dean, ou, le mythe de l'homme dans le cinéma américain. Paris 1959.

Oreste De Fornari: Sergio Leone. Milano 1977. Dt.: Gräfelfing 1984.

Bernard De Voto: Across the Wide Missouri. Boston 1947.

Manfred Delling: Bonanza & Co. Reinbek 1976.

Gianni Di Cladio: Directed by Sergio Leone. Chieti 1991.

Homer Dickens: Cary Cooper. Paris 1975. Dt.: München 1982.

Homer Dickens: The Films of Gary Cooper. Secaucus 1970.

Peter Douglas: Clint Eastwood. London 1975.

David Downing, Gary Herman: Clint Eastwood. All-American Anti-Hero. London/New York/Cologne/Sydney 1977.

Jean-Jacques Dupuis: Le western. Paris 1990.

F. E. Emery, David Martin: Psychological Effects of the «Western» Film. A Study in Television Viewing. Melbourne 1957.

Lucienne Escoube: Gary Cooper. Le cavalier de l'ouest. Paris 1965.

Richard W. Etualin (Hg.): Western films: a brief history. Manhattan, KS 1983.

Max Evans: Sam Peckinpah. Master of Violence. Being an Account of the Making of a Movie and Other Sundry Things. Vermillion 1972.

William K. Everson: A Pictorial History of the Western Film. Secaucus 1969.

William K. Everson: The Bad Guys. A Pictorial History of the Movie Villain. Secaucus 1964.

William K. Everson: The Hollywood western. 90 years of cowboys and indians, train robbers, sheriffs and gunslingers, and assorted heroes and desperados. rev. ed. New York 1992.

Allen Eyles: John Wayne and the Movies. New York 1977.

Allen Eyles: The Western. South Brunswick/New York/London 1975.

Allen Eyles: The Western. An Illustrated Guide and Index to 2200 Films. London 1967.

Allan Eyles: John Wayne and the movies. London 1976.

Allen Eyles (Hg.): Western Film Album. Shepperton 1971.

Pino Farinotti: Dizionario del film western. Carnago (Varese) 1993.

George N. Fenin, William K. Everson: The Western from Silents to Cinerama. New York 1962.

George N. Fenin, William K. Everson: The Western from Silents to the Seventies. New York 1973.

Philippe Ferrari: John Wayne. Paris 1980.

Franco Ferrini: L' Antiwestern e il caso Leone. Coll. Studi monografico di Bianco e Nero, No. 2. Roma 1971.

Leslie Fiedler: The Return of the Vanishing American. New York 1968. Dt.: Ders.: Die Rückkehr des verschwundenen Amerikaners. Frankfurt am Main 1970.

Filmgenres: Western. Ditzingen 2003.

2003 Joel W. Finler: Alfred Hitchcock: the Hollywood years. London/New York 1992.

John Ford/Dudley Nichols: Stagecoach. A Film. London 1971.

Charles Ford: Histoire du Western. Paris 1964.

Joe Franklin: Hells Hinges. In: Classics of the Silent Screen. New York 1971

Grady Franklin: The Western film. Indianapolis 1982.

Joe B. Frantz, Julian Ernest Choate: The American Cowboy. The Myth and the Reality. Norman, OK 1955.

Christopher Frayling: Clint Eastwood. London 1992.

Christopher Frayling: Spaghetti Westerns: Cowboys and Europeans from Karl May to Sergio Leone. London 1981.

Philip French: Westerns. London 1973.

Ralph Friar, Natasha Friar: The Only Good Indian ... The Hollywood Gospel. New York 1972.

Carlo Gabescek: Dove Hollywood ha creato il West. Udine 1988.

Pierre Galante, Gaston Bonheur, Bolandarus Sills: Die Eroberung des Wilden Westens. Das Buch zum Cinerama-Film «Das war der Wilde Westen». Ravensburg 1963.

Edward Gallafent: Clint Eastwood: actor and director. London 1994.

Tag Gallagher: John Ford. The Man and his Films. Berkeley/Los Angeles/London 1984.

Brian Garfield: Western films. A complete guide. New York 1982.

Brian Garfield: Western films. A complete guide (Reprint). New York 1988.

Harry M. Geduld (Hg.): Focus on D. W. Griffith. Englewood Cliffs 1971.

Hans Gerhold: Handlungsmuster, Rituale und Rollenverhalten in Trivialfilmen, dargestellt am Beispiel des Italo-Western 1964–1969. Magisterarbeit. Universität Münster 1976.

Arrell Morgan Gibson: Will Rogers, a centennial tribute. Oklahoma City 1979.

Alice Goetz, Helmut W. Banz: Lexikon des Italo-Western. Die Produktion 1963 bis 1968/69, die Regisseure, die Pseudonyme, die deutschen Titel, die 20 besten Italo-Western. In: Film 1969. Chronik und Bilanz des internationalen Films. Velber 1969.

Great Western Stars. New York 1976.

Ulrich Gregor/Enno Patalas: Der Western und seine Regisseure. In: Dies.: Geschichte des modernen Films. Gütersloh 1965.

Norbert Grob, Manuela Reichart (Hg.): Ray. Berlin 1989.

Francois Guérif: Clint Eastwood. Paris 1983, 1985. englisch: Clint Eastwood. From Rawhide to Pale Rider: The man and his films. London/New York 1986.

Friedemann Hahn: Der Italo-Western. Berlin 1973.

Evi Hallermayer: Filme analysieren – Kulturen verstehen. Über Akira Kurosawas «Yojimbo» und seine beiden Remakes «Per un pugno di dollari» und «Last man standing». Konstanz 2008.

Michael Hanisch: Western. Die Entwicklung eines Filmgenres. Berlin (Ost) 1984.

Phil Hardy: Aspects of the Western. Budd Boetticher and Anthony Mann. Sussex University, Brighton 1969.

Phil Hardy: Samuel Fuller. London 1970.

Phil Hardy: The encyclopedia of western movies. Illustrations by the Kobal Collection. London 1985.

Phil Hardy: The western. Illustrations by the John Kobal Collection. London 1983.

Phil Hardy (Hg).: The Aurum film encyclopedia: the western. London 1991.

William S. Hart: My Life East and West. Boston 1929, 1966.

Philippe Haudiquet: John Ford. Paris 1966.

R. M. Hayes: Republic chapterplays: a complete filmography of the serials released by Republic Pictures Corporation, 1934–55. Jefferson, NC 1992.

Joe Hembus: Western von gestern. München 1978.

Joe Hembus: Western-Geschichte 1540-1894. Chronologie, Mythologie, Filmographie. München 1979.

Joe Hembus: Western-Lexikon. 1272 Filme von 1894–1975. Mit einem Vorwort von Sergio Leone. München 1976.

Joe Hembus: Western-Lexikon. 1324 Filme von 1984–1978. München 1978.

Joe Hembus: Western-Lexikon. 1567 Filme von 1894 bis heute. Von Benjamin Hembus bearbeitete und ergänzte Neuausgabe des 1976 bei Hanser erschienenen Klaasikers. Heyne Filmbibliothek. München 1995.

Michael Hilger: The American Indian in film. Metuchen, NJ 1986.

Jim Hitt: The American West from fiction (1823–1976) into film. Jefferson, NC 1990.

Ted Holland: B western actors encyclopedia: facts, photos and filmographies for more than 250 familiar faces. Jefferson, NC 1989.

James D. Horan, Paul Sann: Pictorial History of the Wild West. London 1961.

Reynold Humphries: Fritz Lang. Genre and Representation in His American Films. Baltimore/London 1989.

Jay Hyams: The life and times of the western movie. Bromley 1983.

Thomas Ince. Griffithiana 19–21. Gemona 1984.

Larry K. Jacobsen: Christus Americanus. Mythic Origins of the Western. University of Minnesota 1974.

I. C. Jarvie: Western und Gangsterfilm: Zur Soziologie gewisser Legenden. In: Ders.: Film und Gesellschaft. Struktur und Funktion der Filmindustrie. Stuttgart 1974.

Thomas Jeier: Bud Spencer & Terence Hill. München 1980.

Thomas Jeier: Der Western-Film. München 1987.

Stephen Jenkins (Hg.): Fritz Lang. The Image and the Look. London 1981.

Jain Johnstone: The man with no name. The biography of Clint Eastwood. London 1981.

Rene Jordan: Gary Cooper. New York 1974.

Stuart M. Kaminski: Clint Eastwood. New York 1975.

Stuart M. Kaminsky: Coop. New York 1980.

Sharon Kern: William Wyler. A guide to references and resources. Boston 1984.

Tullio Kezich: John Ford. Parma 1958.

Tullio Kezich: Mito del far west. Milano 1980.

Tullio Kezich (Hg.): Il western maggiorenne. Saggi e documenti sulla film storico americano. Trieste 1953.

Donald H. Kirkley: A Descriptive Study of the Network Television Western During the Season 1955/56 – 1962/63. Dissertation. Ohio University 1967.

Jim Kitses: Horizons West. Anthony Mann, Budd Boetticher, Sam Peckinpah. Studies of Authorship Within the Western. London 1969.

Jim Kitses (Hg.): Budd Boetticher. The Western. London o. J. (1969).

Kurt Klotzbach: Tom Mix: König der Cowboys. Stuttgart 1984.

Horst Königstein: Es war einmal ein Western: Stereotyp und Bewusstsein. Wie sich marktkonforme Ästhetik selber zum Thema macht und was der Italo-Western damit zu tun hat. In: Herman K. Ehmer (Hg.): Visuelle Kommunikation. Beiträge zur Kritik der Bewusstseinsindustrie. Köln 1971.

Richard Koszarski, Diane Kaiser: The complete films of William S. Hart. New York 1979.

Richard Kozarski (Hg.): The Rivals of D. W. Griffith. Alternate Auteurs 1913–1918. Minneapolis 1976.

Kalton C. Lahue: Bound and Gagged. The Story of the Silent Serials. New York 1968.

Kalton C. Lahue: Continued Next Week. A History of the Moving Picture Serial. Norman, OK 1964.

Kalton C. Lahue: Riders of the Range. The Sagebrush Heroes of the Sound Screen. New York 1973.

Kalton C. Lahue: Winners of the West. The Sagebrush Heroes of the Silent Screen. South Brunswick/New York/London 1970.

Gilles Lambert: Les bons, les sales, les méchants et les propres de Sergio Leone. Paris 1976.

Larry Langman: A Guide to Silent Western. Westport, Conneticut 1992.

Eric Leguèbe: Histoire universelle du western. Paris 1989.

Eric Leguèbe: John Wayne: L'homme et son mythe. Paris 1986.

Eric Leguèbe: John Wayne: Le cowboy et la mort. Paris 1989.

John Howard Lenihan: Western Movies: A Study of American Popular Culture and Society Since 1945. Dissertation. University of Maryland 1976.

John H. Lenihan: Showdown: Confronting modern America in the western film. Champaign, IL 1985.

Wolf Lepenies: Der Italo-Western. Ästhetik und Gewalt. In: Karsten Witte (Hg.): Theorie des Kinos. Ideologiekritik der Traumfabrik. Frankfurt am Main 1972.

Jean-Louis Leutrat: L'alliance briée: le western des années 1920. Lyon 1985.

Jean-Louis Leutrat, Suzanne Liandrat-Guiges: Le carte del western: percorsi di un genere cinematografico. Genua 1993.

Jean-Louis Leutrat: Le Western. Paris 1973.

Jean-Louis Leutrat: Le western. Archéologie d'un genre. Lyon 1987.

Jean-Louis Leutrat, Suzanne Liandrat-Guigues: Les cartes de l'ouest: un genre cinématographique, le western. Paris 1990.

Gian Lhassa: Seul au monde dans le western italien Vol. 3: Dictionnaire du western italien. Mariembourg 1983.

Gian Lhassa: Seul au monde dans le western italien Vol. 3: Des hommes seul. Mariembourg 1987.

Gilles Lhote: Clint Eastwood. Paris 1988.

Michael Lippitsch: Die 200 wichtigsten Italo-Western. Norderstedt 2006.

Nuccio Lodato: Howard Hawks. Coll. «Il castoro cinema». Firenze 1977.

Karen C. Lund (Hg.): American Indians in Silent Film: Motion Pictures in the Library of Congress. Washington DC 1992.

Axel Madsen: William Wyler. London 1974.

Domenico Malan: Storia illustrata del cinema western. Ponzana Magra (La Spezia) 1989.

Frank Manchel: Cameras West. Englewood Cliffs 1971.

Leonard Mathews: Histoire du western. 80 ans de cinéma. Paris 1985.

Jacques Mauduy, Gérard Henriet: Géographies du western. Paris 1989.

Richard A. Maynard: The American West of the Film. Myth and Reality. Rochelle Park 1974.

Joseph McBride: Hawks on Hawks. Berkeley 1981, 1982.

Joseph McBride, Michael Wilmington: John Ford. London 1974.

Todd McCarthy, Charles Flynn: Kings of the Bs. Working Within the Hollywood System. An Anthology of Film History and Criticism. New York 1975.

Arthur McClure, Ken D. Jones: Heroes, Heavies, and Sagebrush. A Pictorial History of the «B» Western Player. New York 1972.

Tim McCoy, Ronald McCoy: Tim McCoy Remembering the West. An Autobiography. Garden City 1977.

Archie P. McDonald: Shooting stars. Heroes and heroines of western film. Bloomington, IN 1987.

Richard McGhee: John Wayne: actor, artist, hero. Jefferson, NC 1990.

Larry McMurtry: Cowboys, Movies, Myths and Cadillacs: Realism in the Western. In: W. R. Robinson (Hg.): Man and the Movies. Baltimore 1967.

Richard M. Merelman: Mass Culture and Political Ideology. The Television Western. Dissertation. Yale University 1965.

Don Miller: Hollywood Corral. New York 1976.

Don Miller et al.: The Hollywood corral: comprehensive B-western roundup. Burbank, CA 1992.

Francesco Mininni: Sergio Leone. Firenze 1989.

Jean Mitry: Ince. In: Anthologie du Cinéma. Band 9. Paris 1965.

Paul E. Mix: The Life and Legend of Tom Mix. South Brunswick/New York/London 1972.

Olive Stokes Mix and Eric Heath: The Fabulous Tom Mix. Englewood Cliffs 1957.

Michael Munn: Clint Eastwood. Hollywood's loner. London 1992.

Louis Musso III: Will Rogers. America's cowboy philosopher. Charlottesville 1974.

John G. Nachbar: Western Films. An Annotated Critical Bibliography. New York/London 1975.

John G. Nachbar: Western films: An annotated critical bibliography. New York 1982.

Jack Nachbar (Hg.): Focus on the Western. Englewood Cliffs 1974.

Jack Nachbar et al.: Western films 2: An Annotated Critical Bibliography from 1974 to 1987. New York 1987.

Jean Narboni/Noel Simsolo: Il etait une fois... Samuel Fuller. Histoires d'Amerique racontée Jean Narboni et Noël Simsolo. Paris 1990.

Kim Neman: Wild West movies or How the West was found, won, lost, lied about, filmed and forgotten. London 1990.

Kemp R. Niver: The Battle at Elderbush Gulch. Los Angeles 1972.

Ted Okuda: The Monogram checklist: the films of Monogram Pictures Corporation. Jefferson, NC 1987.

David Paige: John Wayne. Mankato 1977.

Dan Pappy: The unquiet man: the life of John Ford. London 1982.

James Robert Parish: Great Western Stars. New York 1976.

James Robert Parish, Don E. Stanke: The All-Americans. New Rochelle 1977.

James Robert Parish, Michael Pitts: The Great Western Pictures. Metuchen 1976.

Michael Parkinson, Clyde Jeavons: A Pictorial History of the Westerns. London 1972, 1983.

Rita Parks: The Western hero in film and television: Mass media mythology. Ann Arbor, MI 1982, 1988.

E. Paul: Tom Mix: a heavily-illustrated biography of the western star. Jefferson, NC 1994.

Michael Pehlke: High Chapparal. In: Friedrich Knilli (Hg.): Die Unterhaltung des deutschen Fernsehfamilie. München 1971.

Alain Petit: 20 ans de Western européen. Paris 1981.

Alberto Pezzotta: Clint Eastwood. Il Castoro cinema 164. Roma 1994.

Robert W. Phillips: Hollywood cowboy heroes. Layton, UT 1993.

Robert W. Phillips: Silver screen cowboys. Layton, UT 1993.

Michael R. Pitts: Western movies: A TV & video guide to 4200 genre films. Jefferson, NC 1986.

J. A. Place: The Western Films of John Ford. Secaucus 1974.

Leland A. Poague: Howard Hawks. Boston 1982.

Ernest Prodolliet: Lexikon des Wilden Westens. Geschichte und Filme. Zürich 1963.

Buck Rainey: Heroes on the range. Metuchen, NJ 1987.

Buck Rainey: Sweethearts of the sage. Biographies and filmographies of 258 actresses in western movies. Jefferson, NC 1991.

Buck Rainey: The shoot-em-ups ride again: a supplement to «Shoot-em-ups». Metuchen, NJ 1990.

Mark Ricci, Boris Zmijewsky, Steve Zmijewsky: The Films of John Wayne. New York 1970.

Jean-Louis Rieupeyrout: Histoire du far west. Paris 1967.

Jean-Loius Rieupeyrout: Le Western, ou, le cinéma Américain par excellence. Paris 1953. Dt.: Ders.: Der Western. Geschichten aus dem Wilden Westen. Die Geschichte des Wildwest-Films. Bremen 1963.

Judith M. Riggith (Hg.): John Wayne: a bio-bibliography. Westport, CT 1992.

Patrice Rollet, Nicolas Saada: John Ford. Paris 1990.

David Rothel: Who was that masked man? The story of the story of the lone ranger. Revised edition. Cranbury, NJ 1981.

David Rothel: An ambush of ghosts: a guide to great western film locations. Madison 1991.

David Rothel: Those great cowboy sidekicks. Madison 2001.

David Rothel: Who was the Maskes Man? The Story of the Lone Ranger. South Brunswick/London 1976.

Jean Roy: John Ford. Coll. «7e art». Paris 1976.

John A. Rutherford: Cowboy shooting stars. Scranton, PA 1988.

Jeffrey Ryder: Clint Eastwood. New York 1987.

Lennox Sanderson Jr: The Great K an A Train Robbery. In: Frank N. Magill (Hg.): Magill's Survey of Cinema: Silent Films 1982.

Wane Sarf: God bless you, Buffalo Bill. A layman's guide to history and the western film. Cranbury 1982, 1990.

Andrew Sarris: John Ford Movie Mystery. London 1976.

Richard Schickel: Clint Eastwood. Ich bin doch nur ein Typ, der Filme macht. Neumühlen 2010.

Peter H. Schröder (Zusammenst.): Western Retrospektive. Dokumentation zu den XI. Westdeutschen Kurzfilmtagen Oberhausen. Oberhausen 1965.

Berndt Schulz: John Wayne. Rastatt 1989.

Georg Seeßlen: Die Kunst des Western. Materialien, Bildbeispiele, Dokumentation. Schondorf/Ammersee 1979.

Georg Seeßlen: Western. In: Ders./Bernt Kling: Unterhaltung. Lexikon zur populären Kultur. Band 1. Reinbek 1977.

Ted Sennett: Great Hollywood westerns. New York 1990, 1992.

Jonathan Shapiro: Mavericks: TV's western heroes. Las Vegas, NV 1994.

Donald Shepherd/Robert Slatzer: Duke: the life and times of John Wayne. London 1986.

Charlie Silver: Film Western (I). Milano 1980.

Louis Garner Simmons: The Cinema of Sam Peckinpah and the American Western. A Study of the Interrelationship Between an Auteur/Director and the Genre in Which he Works. Dissertation. Northwestern University 1975.

Garner Simmons: Peckinpah. A portrait in montage. Austin, TX 1982.

Noel Simsolo: Clint Eastwood. Paris 1990.

Noel Simsolo: Conversations avec Sergio Leone. Paris 1987, 1991.

Noel Simsolo: Howard Hawks. Paris 1984.

Andrew Sinclair: John Ford – «My name is John Ford and I make westerns». London 1979.

Andrew Sinclair: John Ford: a biography. New York 1985.

Paul Smith: Clint Eastwood: a cultural production. Minneapolis 1993.

Henry Nash Smith: Virgin Land. The American West as Symbol and Myth. Cambridge, Mass. 1970.

Jack Spears: The Civil War on the Screen and Other Essays. South Brunswick/ New York/London 1977.

F. Maurice Speed: The Western Film and TV Annual. London 1960, 1961, 1962.

F. Maurice Speed: The Western Film Annual. London 1951, 1952, 1953.

Robert Spindler: Recent Westerns. Deconstruction and Nostalgia in Contemporary Western Film. Marburg 2008.

Laurence Staig, Tony Williams: Italian Western. The Opera of Violence. London 1975.

H. J. Stammel: Der Cowboy. Legende und Wirklichkeit. Ein Lexikon der amerikanischen Pioniergeschichte in zwei Bänden. Reinbek 1976.

Harald Steinwender: Sergio Leone. Es war einmal in Europa. Berlin 2009.

Bryan G. & Frances N. Sterling (Hg.): Will Rogers treasury. Reflections and observations. New York 1982.

Stiftung Deutsche Kinemathek (Hg.): Gregory Peck. Berlin 1993.

Stiftung Deutsche Kinemathek (Hg.): Jane Russell/Robert Mitchum. Berlin 1991.

Joseph A. Stout Jr., Peter C. Rolklins (Hg.): Convention articles of Will Rogers. Stillwater 1976.

Peter Stowell: John Ford. Boston 1986.

Charles Tatum Jr.: Monte Hellman. Crisnée 1988.

Rolf Thissen: Howard Hawks. Seine Filme – sein Leben. München 1987.

Tony Thomas: The West that never was. New York 1991.

Douglas Thomas: Clint Eastwood: riding high. New York 1993.

Frank T. Thompson: William A. Wellman. Metuchen, NJ/London 1983. Spanisch: San Sebastian/Madrid 1993.

Frank Thompson: Alamo movies. East Berlin, PA 1991.

Douglas Thompson: Clint Eastwood: sexual cowboy. London 1992.

Fabio Troncarelli: Le maschere della malinconia. John Ford tra Shakespeare e Hollywood. Bari 1994.

Jon Tuska: The american west in the film: critical approaches to the western. Westport, CT 1985, Lincoln 1988.

Jon Tuska: The Filming of the West. Garden City 1976.

Jon Tuska (Hg.): The Contract Director. Metuchen 1976.

Christian Unucka: Karl May im Film. Dachau 1980.

Paolo Cherchi Usai, Lorenzo Codelli (Hg.): The DeMille Heritage/L'Eriditè DeMille. Pordenone 1991.

Paolo Cherchi Usai, Lorenzo Codelli (Hg.): The Path to Hollywood/Sulla Via di Hollywood. Pordenone 1988.

Verband der deutschen Filmclubs e. V. (Hg.): Aspekte des italienischen Films II. Der Italo-Western. Eine Übersicht. Ausgewählt und zusammengestellt von Alice Goetz und Helmut W. Banz o. O. 1969.

Christian Viviani: Le western. Paris 1982.

Jean Wagner: Anthony Mann 1906-1967. In: Anthologie du Cinéma. Band 4. Paris 1968.

Eric Warman, Tom: Vallance: Westerns. London 1964.

Robert Warshow: Movie Chronicle. The Westerner. In: Ders.: The Immediate Experience. Movies, Comics, Theater and Other Aspects of Popular Culture. Garden City 1962.

Mark and Boris Ricci, Steve Zmijewsky: The complete films of John Wayne. Secaucus 1985.

Will Wehling (Hg.): Delmer Daves. Dokumentation von Joachim Kreck. Oberhausen 1972.

Michèle Weinberger: Clint Eastwood. Paris 1989.

Thomas Weisser: Spaghetti westerns, the good, the bad and the violent. A comprehensive illustrated filmography of 700 eurowesterns and their personnel. Jefferson, NC 1961, 1977, 1992.

Mark Whitman: Clint Eastwood. Farncombe 1982.

John Williams: «The Western». Definition of the Myth. In: Irving Deer/Harriet A. Deer (Hg.): The Popular Arts. A Critical Reader. New York 1967.

Arthur Wise/Derek Ware: Stunting in the Cinema. London 1973.

Robin Wood: Howard Hawks. London 1968.

Will Wright: Sixguns and Society. A Structural Study of the Western. Berkley/Los Angeles/London 1975.

Gary A. Yoggy: Riding the video range: the rise and fall of the western on television. Jefferson, NC 1994.

Maurice Zolotow: John Wayne. Shooting Star. London/New York 1974.

Georg Zurlo: Strukturelle Untersuchungen zu Western-Texten. In: W. A. Koch (Hg.): Textsemiotik und strukturelle Rezeptionstheorie. Hildesheim 1976.

2. Zeitschriftenartikel

Karl Aeschbach: Der Western ohne Helden. Veränderungen im amerikanischen Wildwestfilm. In: Cinema Nr. 61. Adliswil Frühjahr 1970.

Karl Aeschbach: Geschichte und Mythos. In: Cinema Nr. 42. Adliswill 1965.

Georg Alexander: Die ethischen Werte der amerikanischen horse-opera. In: Film Nr. 4. Velber April 1967.

Georg Alexander: Western – das internationale Gesellschaftsspiel. In: Film Nr. 12. Velber Dezember 1967.

Guy Allombert: «La Frontière» avant et dans le nouveau Western. In: La Revue du Cinéma Images et Son Nr. 258. Paris März 1972.

Guy Allombert: Chevauchées infernales et poursuites fantastiques ouest de A è Z. In: Cinématographie Francaise. Paris Juni/Juli 1964.

Bartélemy Amengual: Notes sur le Neo Western. In: Images et Son Nr. 97. Paris Dezember 1956.

R. Anderson: The role of the Western film genre in industry competition. In: The University Film Association Journal Nr. 2. Houston, Texas 1979.

Joseph L. Anderson: Japanese Swordfighters and American Gunfighters. In: Cinema Journal Nr. 2. Iowa City Frühjahr 1973.

Joseph L. Anderson: When the Twain Meet. Hollywood's Remake of The Seven Samurai. In: Film Quarterly Nr. 3. Berkeley Frühjahr 1962.

C. Anderson: Jesse James, the bourgois bandit: the transformation of a popular hero. In: Cinema Journal Nr. 1. Chicago 1986.

Valério Andrade: A Fronteira movel. In: Film cultura Nr. 15. Rio de Janeiro Juli/August 1970.

Guido Aristarco: Il Western all'italiana et la lettra rubata di Poe. In: Cinema nouvo Nr. 179. Milano Januar/Februar 1966.

George-Albert Astre: Existe-t-il une «pensée sauvage» du Western? Problems et fonctions du Western. Les heroes de Western: types et stereotypes. In: Cinema Nr. 172. Paris Januar 1973.

George-Albert Astre: Reportage nostalgique è Kanab (Utah) aux sources du Western. In: Cinema Nr. 196. Paris März 1975.

David Austen: Continantal Westerns. In: Films and Filming Nr. 10. London Juli 1971.

Robert Avrech / L. Gross: Revisionist Westerns. John Wayne will never be the same. In: Millimeter Nr. 7–8. New York Juli/August 1975.

Klaus Bädekerl: Western und Italowestern. In: Filmkritik Nr. 10. München 1969.

Thomas Baird: Time and the Cowboys. In: World Film News. London August 1938.

Rémy G. Baisselin: Poetics of the Western. In: British Yournal of Aesthetics Nr. 2. London 1962.

Bob Baker / D. J. Badder et al.: A Western A-B-C. In: Kinema Nr. 3. Nottingham Herbst 1971.

Pio Baldelli: Western è l'italienne. In: Image et Son Nr. 206. Paris Mai 1967.

Warren J. Barker: The Stereotyped Western Story. Its Latent Meaning and Psychoeconomic Function. In: Psychoanalytic Quarterly Nr. 24. New York April 1955.

Charles Barr: Western. In: Axle Quarterly Nr. 3. London Frühjahr 1963.

John A. Barsness: A Question of Standard.

In: Film Quarterly Nr. 1. Berkeley Herbst 1967.

Gretchen M. Bataille / Charles L. P. Silet: A Checklist of Published Materilas on Popular Images of the Indian in the American Film. In: The Journal of the Popular Film Nr. 2. Bowling Green 1976.

Pierre Baudry: L'idéologie du Western Italien. In: Cahiers du Cinéma Nr. 233. Paris November 1971.

Lewis Beale: The American Way West. An American's View of His Cultural Heritage, and the Difference Between the «Old» and the «New» Western. In: Films and Filming Nr. 7. London April 1972.

Robin Bean: Way Out West in Yugoslavia. In: Films and Filming Nr. 12. London September 1965.

G. Bell: The B western. In: Classic Images Nr. 11. Muscatine, Iowa Oktober 1984.

Raymond Bellour: Femmes de l'ouest. In: Cinema 62 Nr. 68. Paris Juli/August. 1962.

Robert Benayoun: Billy the Kid ou la crise de croissance. In: Présence du Cinéma Nr. 2-3. Paris 1959.

Claude Benoit: Quatre ans de Western. In: Jeune Cinéma Nr. 49, 51. Paris September / Oktober, Dezember / Januar 1970/1971.

R. Bergan: The decline of the Western. In: Films and Filming Nr. 345. Croyden Juni 1984.

R. Bergan: The other side of the Western. In: Films and Filming Nr. 350. Croyden November 1984.

Wilfried Berghahn: Reservate in Zelluloid. In: Filmkritik Nr. 11. München 1964.

Gert Berghoff: Zur Topographie des Western. Teil I / Teil II. In: Filmstudio Nr. 37, 38. Frankfurt am Main November/Februar 1962/1963.

Claude Beylie: Les très belles heures du fan de Western. In: Présence du Cinéma Nr. 2–3. Paris 1959.

R.S. Birchard: Earliest days of the Tom Mix legend. In: American Cinematographer. Hollywood Juni 1987.

Peter Bischoff: Mythos und Geschichte im Western. in: ZOOM. Hamburg Januar 1995.

Hartmut Bitomsky: Gelbe Streifen. Strenges Blau. Passage durch Filme von John Ford. Erster Teil. Filmkritik Nr. 6. München Juni 1978.

Hartmut Bitomsky: Gelbe Streifen. Strenges Blau. Passage durch Filme von John Ford. Zweiter Teil. Filmkritik Nr. 3. München Juni 1979.

Hartmut Bitomsky: Gelbe Streifen. Strenges Blau. Passage durch Filme von John Ford. Dritter Teil. Filmkritik Nr. 8. München August 1980.

Hartmut Bitomsky: Heaven's Gate. In: Filmkritik Nr. 6. München Juni 1983.

Trevor Blount: Violence in the Western. In: Kinema Nr. 3. Nottingham Herbst 1971.

George Bluestone: The Changing Cowboy. From Dime Novel to Dollar Film. In: Western Humanities Review Vol. 14. Salt Lake City Sommer 1960.

William Blum: Toward a Cinema of Cruelty. In: Cinema Journal Nr. 2. Iowa City Frühling 1971.

R. M. Blumenberg: The evolution and shape of the American Western. In: Wide Angle. Athens, Ohio Frühling 1976.

Budd Boetticher: Im Western gibt es keine Botschaft. In: Film Nr. 10. Velber Oktober/November 1964.

Yves Boisset: L'ouest, terre de cruaute. In:

Cinema 62 Nr. 68. Paris Juli/August 1962.

J.L. Bourget: Hawks et le mythe de l'ouest americain. In: Positif Nr. 195/196. Paris 1977.

Thomas Brandlmeier: Anmerkungen zu Budd Boetticher. In: epd Film 8. Frankfurt am Main August 1995.

Ralph Brauer: Who are Those Guys? The Movie Western During the TV Era. In: The Yournal of Popular Film Nr. 4. Bowling Green Herbst 1973. (Nachgedruckt in: Jack Nachbar [Hg.]: Focus on the Western. Englewood Cliffs 1974.)

Douglas Brode: Reflections on the Tradition of the movie Western. In: Cineaste Nr. 2. New York Herbst 1968.

N. Browne: The spectator-in-the text: the rhetoric of «Stagecoach». In: Film Quarterly Nr. 2. Berkeley 1976.

Kevin Brownlow: Traffic in Souls/Un film sullatratta delle bianche: Traffic in Souls. In: Griffithiana 32–33. Pordenone 1988.

M. Budd: A home in the wilderness: visual imagery in John Ford's Westerns. In: Cinema Journal Nr. 1. Iowa City 1976.

M. Budd: Genre, Director and stars in John Fords Westerns: Fonda, Wayne, Stewart & Widmark. In: Wide Angle Nr. 4. Athens, Ohio 1978.

Wolf-Eckart Bühler: Hank Worden. Filmkritik Nr. 9/10. München September/Oktober 1977.

Wolf-Eckart Bühler: John Ford's Stock Company. Filmkritik Nr. 1. München 1972.

Wolf-Eckart Bühler/Helmut H. Färber: Amerikanische Western 1962–1972. Ein Verzeichnis aller in den USA von 1962 bis 1972 hergestellten und in der BRD gezeigten Western. In: Filmkritik Nr. 8. München 1971. Nachtrag Nr. 10. München 1971.

Wolf-Eckart Bühler: Aus meinem kleinen grünen Notizbüchlein: Settimana Internazionale del Cinema Grado, Italia, 11.–18. Sept. 1971. West: epopes o mito? (Stummfilm-Western). In: Filmkritik Nr. 11. München 1971.

Michelangelo Buffa: Il mito di fronte alla storia. In: Filmkritica Nr. 234–235. Roma Mai-Juni 1973.

Howard A. Burton: High Noon: Everyman Rides Again. In: The Quarterly of Film, Radio and Television Nr. 1. Berkeley Herbst 1973.

Edward Buscombe: The Idea of Genre in the American Cinema. In: Screen Nr. 2. London März/April 1970.

John G. Calwelti: Cowboys, Indians, Outlaws. The West in Myth and Fantasy. In: The American West Vol. 1 Nr. 1. Palo Alto, CA Frühjahr 1964.

John G. Calweti: Prolegomena to the Western. In: Western American Literature Vol. 4. Logan, Utah Winter 1970.

John G. Calweti: Reflections on the New Western Films. In: The university of Chicago Magazine. Chicago Januar/Februar 1973. (Nachgedruckt in: Jack Nachbar [Hg.]: Focus on the Western. Englewood Cliffs 1974.)

John G. Calweti: Zane Grey and W.S. Hart. The Romantic Western of the 1920s. In: The Velvet Light Trap Nr. 12. Cottage Grove, Wisconsin Frühjahr 1974.

Russell Campbell: Fort Apache. In: The Velvet Light Trap Nr. 17. Cottage Grove, Wisconsin Winter 1977.

J.G. Cavelti: Zane Gray & W.S. Hart: the romantic Western of the 1920's. In:

The Velvet Light Trap Nr. 12. Cottage Grove, Wisconsin Frühling 1974.

John G. Cawelti: The Gunfighter and Society. Good Guys, Bad Guys, and Compulsives. A View of the Adult Western. In: The American West Nr. 2. Palo Alto, CA März 1968.

G. Cebe: Entre les illusions du passé et les deceptions du present: notes sur l'evolution du western In: Ecran Nr. 75. Paris Dezember 1978.

L. Charney: Historical excess: «Johnny Guitar's» containment. In: Cinema Journal Nr. 4. Champaign, Ill. 1990.

Jacques Chevalier: Les tuniques bleues privées de leur légende. In: La Revue du Cinéma Image et Son Nr. 258. Paris März 1972.

Judith Christ: Special Report: The Western. The Great Dozen: A Critique. In: Action Nr. 3. Hollywood Mai/Juni 1970.

M. Cieutat: Les quatre saisons de John Ford. In: Positif Nr. 353/354. Paris Juli/August 1990.

Claude-Michel Cluny: Chassez le Western, il revient au galop. In: Cinéma 73 Nr. 178–179. Paris Juli/August 1973.

J. Cocchi: The 2nd feature: a history of the B movies: the western. In: Classic Images Nr. 145, 146, 147, 148. Muscatine, Iowa Juli, August, September, Oktober 1987.

Richard Collins: Genre. A Reply to Ed Buscombe. In: Screen Nr. 4–5. London August/September 1970.

James Cortese: Bourgeois Myth and Anti-Myth. The Western Hero of the Fifties. In: Substance Nr. 15. Madison, Wisconsin 1976.

J. Cortese: Bourgois myth and anti-myth: the western hero of the fifties. In: Sub-Stance Nr. 15. Madison, Wisconsin 1976.

G. Cremonini: Prima del western. In: Cineforum Nr. 239. Bergamo November 1984.

Ralph C. Croizier: Beyond East and West. The American Western and the Rise of the Chinese Swordplay Movie. In: The Journal of the Popular Film Nr. 3. Bowling Green Sommer 1972.

Massimo D'Avack: Il Western. In: Filmselezione Nr. 19–20. Roma 1965.

D. Daynard: Shooting down some B-western myths. In: The New Captain George's Whizzbang Nr. 2 (Nr. 18). Toronto 1974.

Michel Delahaye: De cinq Western exceptionnels. In: Présence du Cinéma Nr. 2–3. Paris 1959.

Michel Delahaye: Vers une réconcilation raciale. In: Présence du Cinéma Nr. 2–3. Paris 1959.

Jaques Demeure: Defense et illustration du Western. In: Positif Nr. 12. Paris November/Dezember 1954.

D. Desser: Kurosawa's eastern «Western»: «Sanjuro» and the influence of «Shane». In: Film Criticism Nr. 1. Meadville, PA 1983.

W. W. Dixon: An appreciation: the B. Western. In: Classic Images Nr. 149. Muscatine, Iowa November 1987.

Ivan Dobremer: ... et Amérique créa le Western. In: Cinemonde vom 25. Paris Juli 1967.

Jarvis Doctorow: Westerns è la chaine. In: Image et Son Nr. 44. Paris September 1951.

Raoul Dubois: Western notre souci. In: Ciné Jeunes Nr. 18. Paris 1959.

R. Durgnat / S. Simmons: Die Moral einsamer Männer. In: Film und Fernsehen Nr. 3. Berlin (Ost) 1983.

R. Durgnat / S. Simmons: Schneisen in

der Wildnis. In: Film und Fernsehen Nr. 3. Berlin (Ost) 1983.

R. Durgnat / S. Simmons: Totengeläut oder Renaissance. In: Film und Fernsehen Nr. 3. Berlin (Ost) 1983.

Philip Durham: The Cowboy and the Myth Makers. In: Journal of Popular Culture Nr. 1. Bowling Green Sommer 1967.

Peter John Dyer: A Man's World. In: Films and Filming Nr. 8. London Mai 1959.

Jürgen Ebert: Spätwestern. In: Filmkritik Nr. 7. München 1971.

Frederick Elkin: The Psychological Appeal of the Hollywood Western. In: Journal of Educational Psychology Vol. 24. Washinghton o. J. (Nachgedruckt als: The Psychological Appeal for Children of the Hollywood B Western. In: Jack Nachbar [Hg.]: Focus on the Western. Englewood Cliffs 1974.)

K. Ellis: On the warpath: John Ford and the Indians. In: Journal of Popular Film and Television Nr. 2. Bowling Green 1980.

P. E. Emery: Psychological Effects of the Western Film. A Study in Television Viewing. In: Human Relations Vol. 12 Nr. 3. New York 1959.

Gary Engle: «McCabe and Mrs. Miller». Robert Altman's Anti-Western. In: The Journal of Popular Film Nr. 4. Bowling Green Herbst 1972.

Kathryn C. Esselmann: When the Cowboy Stopped Kissing his Horse. In: Journal of Popular Culture Nr. 2. Bowling Green Herbst 1972.

Richard W. Etulain: Literary Historians and the Western. In: Journal of Popular Culture Nr. 2. Bowling Green Herbst 1970.

Richard E. Etulain: Origins of the Western. In: Journal of Popular Culture Nr. 4. Bowling Green Frühjahr 1972. (Nachgedruckt als: Cultural Origins of the Western. In: Jack Nachbar [Hg.]: Focus on the Western. Englewood Cliffs 1974.)

R. W. Etulain: Recent interprtetation of the western film: a bibliographical essay. In: Journal of the West. Santa Barbara Oktober 1983.

John W. Evans: Modern Man and the Cowboy. In: Television Quarterly New York Mai 1962.

William K. Everson: Europe Produces Western Too. In: Film Culture Nr. 20 (Vol. 4 Nr. 5). New York 1953.

William K. Everson / George N. Fenin: The European Western. In: Film Culture Nr. 20 (Vol. 4 Nr. 5). New York 1959.

Helmut Färber: Einige Notizen über amerikanische Western. In: Filmkritik Nr. 9. München 1975.

A. Fahdel: Un genre metis: le western italien. In: Cinemaction Nr. 56. Condesur-Noireau Juli 1990.

George N. Fenin: The Western – Old and New. In: Film Culture Nr. 8 (Vol. 2 Nr. 2). New York Mai/Juni 1956.

Franco Ferrini: I generi classici del cinema americano. Western. In: Bianco e Nero Nr. 3–4. Rom März/April 1974.

Bruce Firestone: A Man Named Sioux. Nostalgia and the Career of William S. Hart. In: Film and History magazine. Dezember 1977.

Robert Florey: TY Corral. In: Cinema 62 Nr. 68. Paris Juli/August 1962.

Goffredo Fofi: Lettre d'Italie: les Western et le rest. In: Positif Nr. 76. Paris Juni 1966.

C. J. Foote: Changing images of women

in the western film. In: Journal of the West. Santa Barbara Oktober 1983.

Carl Foreman: Virtue and a Fast Gun. In: Observer Colour Supplement. London Oktober 1965.

Eliza Franklin: Westerns, First and Lasting. In: The Quarterly of Film, Radio and Television Vol. 7 Nr. 2. Berkeley 1952.

Carlo Gaberscek: The Vanishing American: in Monument Valley before Ford / The Vanishing American: a Monment prima di Ford. In: Griffithiana 35/36. Pordenone 1989.

Tag Gallagher: John Ford. Kinema kommunal 4. Juli/August 1995. Auszug und Übersetzung aus Tag Gallagher: Hollywood Directors 1932–1955.

J. Gallagher / J. Hanc: Penn's Westerns. In: Films in Review. New York August/September 1983.

René Gardies: Sur la construction dramatique de deux Westerns de Boetticher. In: La Révue du Cinéma Image et Son Nr. 260. Paris April 1972.

Alain Garel: Approche du Western (1965–1971). In: La Révue du Cinéma Image et Son Nr. 258. Paris März 1972.

A. Garel / F Joyeux: Il etait une fois... le western de Sergio Leone. In: Cinema Nr. 341. Juli 1979.

G. Garrett: The American West and the American Western: printing the legend. In: Journal of American Culture Nr. 2. 1991.

Guy Gauthier: Mort et résurrection du Western. In: La Révue du Cinéma Image et Son Nr. 258. Paris März 1972.

Guy Gauthier / Jaques Zimmer: Western et bande dessinée. Introducing Goscinny et Giraud. In: La Révue du Cinéma Image et Son Nr. 260. Paris April 1972.

Dan Georgakas: They Have Not Spoken. American Indians in Film. In: Film Quarterly Nr. 3. Berkeley Frühjahr 1972.

Frank Getlein: How the West Was Lost. In: American Film Nr. 1. Washington Oktober 1976.

Jenn A. Gili: Une amérique crépusculaire. Notes sur la situation du Western. In: Cinema 71 Nr. 154. Paris März 1971.

Jean A. Gili: Western et chansons de geste. In: Etudes Cinématopographies Nr. 12–13. Paris 1961.

Lionel Godfrey: A Heretic's View of Western. In: Films and Filming Nr. 8. London Mai 1967.

Fritz Göttler: Wie erzählt der Western? In: Filmwärts 33. Hannover 1995.

J.A. Gomez: Sam Peckinpah and the «post western». In: American Classic Screen. Shwanee Mission, Kansas Frühling 1980.

Alex Gordon: Trivia. In: Cinema Vol. 5 Nr. 1. Beverly Hills 1969.

Sandro Graziani: Western Italiano Western Americano. In: Bianco et Nero Nr. 9–10. Roma September/Oktober 1970.

Norbert Grob: Regie: Clint Eastwood In: epd Film 10. Frankfurt am Main Oktober 1985.

Roland Hammer: Der Western. Saga Amerikas. In: Cinema Nr. 42. Adliswil 1965.

Philippe Haudiquet: Notes sur la représentation des indiens dans le Western contemporain. In: La Révue du Cinéma Image et Son Nr. 260. Paris April 1972.

Gaston Haustrate: Faut-il bruler les Western Italiens. In: Cinema 71 Nr. 154. Paris März 1971.

Klaus Hellwig / Theodor Kotulla / Uwe Nettelbeck / Enno Patalas / Peter H. Schröder: Kommentierte Westernografie I/II/III. In: Filmkritik Nr. 2, 3, 4. München 1965.

Jan Herman: William Wyler. Early Days at Universal / William Wyler. Gli Escordi alla Universal. In: Griffithiana 51/52. Pordenone 1994.

B. Hodson: Genre. A Review. In: Cinema Papers. Richmond, Australien Dezember 1974.

Peter Homans: Puritanism revisted. An Analysis of the Contemporary Screen-Image Westerns. In: Studies in Public Communication Nr. 3. Chicago Sommer 1961 (Nachdruck in Jack Nachbar [Hg.]: Focus on the Western. Englewood Cliffs 1974).

Sabine Horst: Die verfehlte Begegnung. Liebesbeziehungen im Western. In: epd Film 10. Frankfurt am Main 1994.

Herbert L. Jacobsen: Cowboy, Pioneer and American Soldier. In: Sight and Sound Nr. 4. London April/Juni 1953.

Bruno Jaeggi: Den Western verstehen. In: Zoom-Filmberater Nr. 6. Bern/Zürich 1973.

Jean-Pierre Jeancolas: Quand l'amérique se gratte. In: Jeune Cinéma Nr. 49. Paris September/Oktober 1970.

W. Jehle: Was mit den Mexikanern im Western passiert. In: Cinema (Jahrbuch). Zürich 1977.

Alain Jomy: West all'italiano. In: Image et Son Nr. 218. Paris Juni/Juli 1968.

Robert Joseph: The New American Mythology. In: Cinema Vol. 5 Nr. 2. Beverly Hills 1969.

Stuart M. Kaminsky: The Samurai Film and the Western. In: The Journal of Popular Film Nr. 4. Bowling Green Herbst 1972.

Stuart Kaminsky: Once upon a time in Italy: The Italian Western beyond Leone. In: The Velvet Light Trap Nr. 12. Cottage Grove 1974.

H. Karren: Rancho deluxe. In: Premiere Nr. 4. Boulder, Col. Winter 1991.

Karyn Kay: You Can Get a man With a Gun or the True Story of Annie Oakley. In: The Velvet Light Trap Nr. 8. Madison 1973.

Tullio Kezich: Il «Western» è vivo: ma vivo come? In: Bianco et Nero Nr. 3. Roma März 1968.

Tullio Kezich: Rinascita de Western. Da «Rio Conchos» al «Grande Sentiro». In: Bianco et Nero Nr. 3. Roma März 1965.

Pamela King: Vestiges. In: Films in Review Nr. 5. New York Mai 1970.

Werner Kliess: Kino das frei macht. Gedanken zum Italo-Western. In: Film 1969. Chronik und Bilanz des internationalen Films. Velber 1969.

Hans-Peter Kochenrath: Der italienische Western. In: Film Nr. 10. Velber 1968.

Yves Kovacs: Mythologie du Western. Charactéristiques générales du Western. In: Etudes Cinématographiques Nr. 12–13. Paris 1961.

Paul Krellstein: Pourquoi le Western? In: Script Nr. 3. Bruexelles Februar 1962.

Dieter Krusche: Fünfzig Jahre Wildwestfilm. In: Filmforum Nr. 11. Emsdetten August 1953.

Ulrich Kurowski: Sing Fort im Sumpf, o Sänger. Ein Parforceritt durch das Genre des Western. In: Filmwärts 33. Hannover 1995.

Frank Lacassin: Les Héros désintegré. In: La Révue du Cinéma Image et Son Nr. 260. Paris April 1972.

Pierre Lachat: Der Italo-Western. Originalität und Abhängigkeit. In: Cinema Nr. 61 Adliswil Frühjahr 1970.

Jaqueline Lajeunisse / Charles Dautricourt: Les enfants et le Western. In: La Révue du Cinéma Image et Son Nr. 260. Paris April 1972.

B.P. Lamb: The convenient villain: the early cinema views the Mexican-American. In: Journal of the West Nr. 4. Los Angeles 1975.

M. Lannes-Lacroutz: Thomas Ince: identification d'un prophete. In: Cinematographe Nr. 106. Paris 1985.

Robert Larkins: Hollywood and the Indians. In: Focus on Film Nr. 2. London März/April 1970.

Claude Le Gallou: Les ressorts dramatiques du décor dans le Western. In: Etudes Cinématographiques Nr. 12–13. Paris 1961.

J. Leirens: Les muets du cinema parlant. In: Amis du Film & de la Television Nr. 233. Bruxelles Oktober 1975.

J.H. Lenihan: Classics and social commentary: postwar westerns, 1946-1960. In: Journal of the West. Santa Barbara Oktober 1983.

J.-L. Leutrat: (Dix-huit) 1895 films. In: Iris Nr. 1. Paris 1983.

J. Levitin: The western: any good roles for feminists. In: Film Reader Nr. 5. Evanston, Ill. 1982.

Alan Lovell: The Western. In: Screen Education Nr. 41. London September/Oktober 1967.

W.D. Lucas: The serials of John Wayne. In: Classic Images Nr. 98. Muscatine, Iowa August 1983.

Wolfgang Luley: Zum religiösen Subtext von STAGECOACH. In: Kinema kommunal 4. Frankfurt Juli/August 1995.

G. Lundquist: Broncho Billy Anderson. In: Classic Images Nr. 146, 147, 148. Muscatine, Iowa August, September, Oktober 1987.

G. Lundquist: The father figure of the western film: Broncho Billy Anderson: they all rode in his tracks. In: Classic Images Nr. 144, 145. Muscatine, Iowa Juni/Juli 1987.

Peter Lyon: The Wild, Wild West. In: American Heritage. Marion, Ohio August 1960.

Michael T. Marsden: Savior in the Saddle. The Sagebrush Testament. In: Jack Nachbar (Hg.): Focus on the Western. Englewood Cliffs 1974.

M. T. Marsden: The rise of the western movie: from sagebrush to screen. In: Journal of the West. Santa Barbara Oktober 1983.

M. Martin: Hollywood stars in European Westerns. In: Classic Images Nr. 118, 119. Muscatine, Iowa April, Mai 1985.

M. Martin: Leading ladies in «B» westerns 1921–1954. In: Classic Images Nr. 116, 117. Muscantine, Iowa Februar/März 1985.

R. Mayne: Film: adventure playgrounds: on spaghetti westerns. In: Encounter. London Januar 1982.

Colin McArthur: The Roots of the Western. In: Cinema Nr. 4. London Oktober 1969.

T. McCarthy: John Ford and Monument Valley. In: American Film. Washington DC Mai 1978.

A.P. McDonald: John Wayne: hero of the west. In: Journal of the West. Santa Barbara Oktober 1983.

Larry McMurtry: Pencils West: or a Theory For the Shoot-'Em-Up. In: American Film Nr. 1. Washington Oktober 1976.

R. McNiven: The western landscape of Raoul Walsh. In: The Velvet Light Trap Nr. 15. Cottage Grove Herbst 1975.

Joachim von Mengershausen: Ein Schieß-Spiel. Anmerkungen zur italienischen Spielart des Wildwestfilms. In: Film Nr. 1. Velber 1967.

Robert B. Meyers: Theory Number One. Dissecting an Interpretation. In: The Journal of Popular Film Nr. 3. Bowling Green 1973.

G. Miller: «Shane» redux: The Shootist and the Western Dilemma. In: Journal of Popular Film and Television Nr. 2. Bowling Green 1983.

Don Miller: New Words on Old Westerns. In: Focus on Film Nr. 11. London 1972.

Tom Milne: The Western. In: Sunday Times Magazine Cinema Supplements. London 1970.

George Mitchell: Thomas H. Ince. In: Films in Review Nr. 8. New York Oktober 1960.

C. R. Mitchell / F. Scheide: The reformation of the good badman. In: The Velvet Light Trap Nr. 12. Cottage Grove Frühling 1974.

Jean Mitry: Gespräch über den Western (Mit Gert Berghoff / Wolfgang Vogel). In: Filmstudio Nr. 37. Frankfurt am Main November 1962.

Jean Mitry: Thomas H. Ince. In: Cahiers du Cinéma Nr. 19. Paris Januar 1953.

Gaston Modot: Quand j'etais cow-boy. In: Cinéma 62 Nr. 68. Paris Juli/August 1962.

M. Molinari: Prima che arrivassero gli spaghetti. In: Spegnocinema Nr. 22. Vicenza März 1986.

Fausto Montesanti: Le origini del «Western». Crespuscolo di una mitologia. In: Bianco et Nero Nr. 1–2. Roma Januar/Februar 1968.

M. Moorcock: Songs of Innocence. In: Sight and Sound. London Oktober 1992.

A. Moran: The Western in the 70's. In: Lumiere Nr. 32. Melbourne März 1974.

W. Morgan: Ich singe das neue Imperium. In: Film und Fernsehen Nr. 3. Berlin (Ost) 1983.

D. Morse: Under Western eyes: variations on a genre. «Dodge City» and the development of the western. In: Monogram Nr. 6. London Oktober 1975.

Roland Müller: Kleine Filmgeschichte. In: Cinema Nr 42. Adliswil 1965.

Jack Nachbar: A Bibliography of Publisshed Materials on Western Movies. In: The Journal of Popular Film Nr. 4. Bowling Green Herbst 1973.

Jack Nachbar: Riding Shotgun. The Scattered Formula in Contemporary Western Movies. In: The Film Journal Nr. 4. September. Hollins College, Virginia 1973. (Nachdruck in: Jack Nachbar [Hg.]: Focus on the Western. Englewood Cliffs 1974).

Jack Nachbar: Seventy Years on the Trail. A Selected Chronology of the Western Movie. In: The Journal of Popular Film Nr. 1. Bowling Green Winter 1973.

Jack Nachbar: Horses, harmony, hope and hormones: western movies, 1930-1946. In: Journal of the West. Santa Barbara Oktober 1983.

S. Neale: Masculinity as spectacle. In: Screen Nr. 6. London 1983.

net (...): Européen par excellence. In: Cinema 65 Nr. 92. Paris Januar 1965.

Uwe Nettelbeck: Der Western und die amerikanische Rechte. John Wayne als Beispiel. In: Filmkritik Nr. 5. München 1965.

Kim Newman: They don't like you to be so free. In: Monthly Film Bulletin Nr. 660. London 1989.

Kim Newman: Billy the Kid and the Western. In: Monthly Film Bulletin. London Januar 1989.

Kim Newman: Thirty years in another town: the history of Italian exploitation. In: Monthy Film Bulletin. London Februar 1986.

N. Nicholls: Buffalo Bill and the movies. In: Classic Images Nr. 127. Muscatine, Iowa 1986.

K. Nolley: Printing the legend in the age of MX: reconsidering Ford's military trilogy. In: Literature Film Quarterly Nr. 2. Salisbury, Maryland 1986.

Guido Oldrini: Decadenza e crisi del Western nella storia odierna deglia USA. In: Cinema Nuovo Nr. 231. Firenze September/Oktober 1974.

Mario Orsini: Western silenzioso. In: Filmcritica Nr. 186. Roma Februar 1968.

W. Oshana: Native American women in westerns: reality and myth. In: Film Reader Nr. 5. Evanston, Ill. 1982.

G. Palmer: Three ways of looking at a western. In: Journal of Popular Film and Television Nr. 1. Bowling Green 1983.

R. Palmieri: «Straw Dogs»: Sam Peckinpah and the classical western narrative. In: Studies in Literary Imagination Nr. 1. Atlanta 1983.

Roberto Paolella: Go west young man. Mito e poesia del Western. In: Bianco et Nero Nr. 1. Roma Januar 1954.

William Park: The Losing of the West. In: The Velvet Light Trap Nr. 12. Cottage Grove 1974.

Enno Patalas: Der Western und seine Regisseure. In: Filmkritik Nr. 2. München 1965.

Thomas H. Pauly: Howard Hughes and his Western: «The Maverick Queen»and «The Outlaw». In: The Journal of Popular Film Nr. 4. Bowling Green 1978.

T. H. Pauly: The cold war western. In: Western Humanities Review Nr. 3. Salt Lake City, Utah 1979.

Gerald Peary: Selected Sound Westerns and Their Novels Sources. In: The Velvet Light Trap Nr. 12. Cottage Grove, Wisconsin Frühjahr 1974.

F. Peary: Selected sound westerns and their novel sources. In: The Velvet Light Trap Nr. 12. Madison Frühling 1974.

Paulo Perdigao: Signos e politica do Neo-Western. In: Film Cultura Nr. 16. Rio de Janeiro September/Oktober 1970.

Janey Place: Structured Cowboys. In: Jump Cut Nr. 18. Berkeley August 1978.

John Pratt: In Defence of the Western. In: Films and Filming Nr. 2. London November 1954.

Douglas Pye: Genre and Movies. In: Movie Nr. 20. London Frühjahr 1975.

Douglas Pye: Genre and history: «Fort Apache» and «Liberty Valance». In: Movie Nr. 25. Winter 1977/78.

Douglas Pye: The collapse of fantasy: masculinity in the westerns of Anthony Mann. In: Cineaction Nr. 29. Toronto Herbst 1992.

B. Rainey: Cinema cowboys on the sawdust trail. In: Classic Images Nr. 191, 102. Muscatine, Iowa November/Oktober 1983.

B. Rajnov: Legendata za «Divija Zapad».

In: Kinoizkustvo Nr. 7/8. Sofia Juli/August 1974.

I. Ramonet: Italian Westerns as political parables. In: Cineaste Nr. 1. New York 1986.

Heinz-Gerd Rasner / Reinhard Wolf / Eckart Wulf-Bühler: Gespräche mit Delmer Daves. In: Filmkritik Nr. 1. München Januar 1975.

G. Rausa: Interni rapporti di complicita tra western e melodramma in Sergio Leone. In: Segnocinema Nr. 13. Vicenza Mai 1984.

G. Rausa: L'ultimo duello di un eroe nel lungo addio al western. In: Segnocinema Nr. 18. Vicenza Mai 1985.

Bert Reisfeld: Come-back der Cowboys. In: Deutsche Film-Illustrierte Nr. 23. Düsseldorf 5. Juni 1951.

Jean-Louis Rieupeyrout: Histoire et légende. In: Cinéma 62 Nr. 68. Paris Juli/August 1962.

Jean-Louis Rieupeyrout: La grande Route du Western de 1954 è 1959. In: Présence du Cinéma Nr. 2-3. Paris 1959.

Jean-Louis Rieupeyrout: Quand la tv vers l'ouest. In: Cinéma 61 Nr. 54. Paris März 1961.

Jean-Louis Rieupeyrout: The Western. A Historical Genre. In: The Quarterly of Film, Radio and Television Vol. 7 Nr. 2. Berkeley 1952.

R. Robertson: New directions in westerns of the 1960s and 70s. In: Journal of the West. Santa Barbara Oktober 1983.

T. J. Ross: Death and Deliverance in the Western. From «The Virginian» to «The Man Who Shoot Liberty Valance». In: Quarterly Review of Film Studies Vol. 2 Nr. 1. Pleasantville Februar 1977.

T. J. Ross: Fantasy and Form in the Western. From Hart to Peckinpah. In: December 12, no. 1 Chicago Herbst 1970.

W. Roth: Where have you gone, my darling Clementine? In: Film Culture Nr. 63/64. New York 1977.

L. Roth / T. W. Hoffer: G. M. «Broncho Billy» Anderson: the screen cowboy hero who meant business. In: The University Film Association Journal Nr. 1. Houston, Texas 1978.

L. Roth: Frontier families: John Ford, Sergio Leone: winning the west in American and Italian style. In: American Classic Screen Nr. 4. Shawnee Mission, Kansas 1981.

L. Roth: Ritual Brawls in John Ford's films. In: Film Criticism Nr. 3. Meadville, PA 1983.

L. Roth: Vraisemblance and the western setting in contemporary science fiction film. In: Literature Film Quarterly Nr. 3. Salisbury, Maryland 1985.

Rainer Rother: Meistens Western. Hauptsache Action. Stummfilme von William Wyler. In: Filmwärts 33. Hannover 1995.

Roy Rowland: The Western as History. In: Films in Review Nr. 5. New York Mai 1952.

M. Rubin: Mr. Ford & Mr. Rogers: the Will Rogers trilogy. In: Film Comment. New York Januar/Februar 1974.

Tom Ryall: The Notion of Genre. In: Screen Nr. 2. London März/April 1970.

Nicolas Saada: Les western fièvreux d'Anthony Mann. In: Cahiers du Cinéma Nr. 470. Paris Juli/August 1993.

Jean-Marie Sabatier: Profil exemplaire d'un genre «bis»: le «Spaghetti-Western». In: La Révue du Cinéma Image et Son Nr. 305. Paris April 1976.

George Sadoul: Western. In: Ciné Jeunes Nr. 18. Paris 1959.

Rémy G. Saisselin: Poetics of the Western. In: British Journal of Aesthetics Nr. 2. London 1962.

C. Scarrone: Frenologia di una spaghetto story. In: Segnocinema Nr. 22, 23. Vicenza März, Mai 1986.

Frank Scheide: Mythicized Gunfighters of the Old West. The Men Behind the Legends. In: The Velvet Light Trap Nr. 8. Madison, Wisconsin 1973.

Peter Schneider: Die sieben Regeln der Pferdeoper. In: Film Nr. 3. Velber 1965.

Peter Schneider: Vom Nutzen des Klischees. Betrachtungen zum Wildwest-Film. In: Sprache im technischen Zeitalter Nr. 13. Stuttgart Januar/März 1965.

Georg Seeßlen: Die Bürde/Würde der Einsamkeit (Über Clint Eastwood). In: epd Film 10. Frankfurt am Main Oktober 1985.

Georg Seeßlen: Sergio Leone – Der romantische Dekonstruktivist. In: epd Film 7. Frankfurt am Main 1989.

Georg Seeßlen: Weites Land und schwere Zeichen. Notizen zu alten und neuen Western. In: epd Film 10. Frankfurt am Main 1994.

Abraham Segal / Jacques Zimmer: Histoire du Western Films 1953–1972. 120 Diapositives. Supplement è L'Avant-Scène du Cinéma Nr. 194. Paris 1975.

Louis Seguin: Men of the West. In: Positif Nr. 30. Paris Juli 1969.

Günter Seuren: Der Western – Amerikas Nationalballade. In: Film Nr. 4. München Oktober/November 1963.

P. Seydor: Notes on the Western as art, as popular form and as history. In: Quarterly Review of Film Studies Nr. 2. South Salem, NY 1983.

G. Simmons: The Western: new directors in new directions. In: Film Reader 1. Evanston, Ill. 1975.

A. Sinclair: The man on the horseback: the seven faces of John Wayne. In: Sight and Sound Nr. 4. London 1979.

P. J. Skerry: Space and place in John Ford's Stagecoach and My Darling Clementine. In: New Orleans Review Nr. 2. New Orleans 1987.

P. J. Skerry: The Western film: a sense of an ending. In: New Orleans Review Nr. 3. New Orleans 1990.

C. L. Sonnichsen: The West that wasn't. In: The American West. Cupertino, CA November/Oktober 1977.

Jack Spears: The Indian on the Screen. In: Films in Review Nr. 1. New York Januar 1959.

Peter Stanfield: The Western, 1909-1914: A Cast of Villains. In: Film History. An international Journal Vol. 1 Nr. 2. New York 1987.

S. Steiner: Real horses and mystic riders. In: American West. September/Oktober 1981.

John Sturges: How the West Was Won. In: Films and Filming Nr. 3. London Dezember 1962.

Roger Tailleur: Children of the West. In: Positif Nr. 32. Paris Februar 1960.

Roger Tailleur: Le Western comme antée. In: Cinéma 69 Nr. 132. Paris Januar 1969.

Roger Tailleur: Petit dictionnaire des scénarsites. In: Présence du Cinéma Nr. 2–3. Paris 1959.

Roger Tailleur: Un été prodigieux. Lettre è un ami américan. In: Positif Nr. 80. Paris Dezember 1966.

B. Taylor: Ford and Peckinpah. In: Framework Nr. 5. London Winter 1977.

John Terraine: End of the Trail. In: Films and Filming Nr. 10. London Juli 1957.

P.-L. Thirard: La métamorphose du cowboy. In: Présence du Cinéma Nr. 2–3. Paris 1959.

Paul Thomas: Fin de la Frontière, mort de l'épopée. In: Jeune Cinéma Nr. 49. Paris September/Oktober 1970.

S. Tolnay: Ombres de la Consience. In: Cinematographe No 112. Bruxelles Juli 1986.

Joseph F. Trimmer: The Virginian. Novel and Films. In: Illinois Quarterly Nr. 2. Dezember 1972.

Andrew Tudor: Genre. Theory and Mispractise in Film Criticism. In: Screen Nr. 6. London 1970.

Jon Tuska: The American Western Cinema: 1903 – Present. In: Views and Reviews Vol. 5 Nr. 3. Milwaukee, Wisconsin 1974. (Nachdruck in: Jack Nachbar [Hg.]: Focus on the Western. Englewood Cliffs 1974).

Parker Tyler: The Horse. Totem Animal of American Films. In: Sight and Sound Nr. 63. London Herbst 1947.

Jean Wagner: La musique dans le Western. Des variations sur le folk song. In: La Révur du Cinéma Image et Son Nr. 258. Paris März 1972.

Jean Wagner: Le Western, l'histoire et l'actualité. In: Etudes Cinématographiques Nr. 12–13. Paris 1961.

Jean Wagner / Bertrand Tavernier / Jean A. Gili: Notes sur les Westerns importants. In: Etudes Cinématographiques Nr. 12–13. Paris 1961.

Mike Wallington: The Italian Western. A Concordance. In: Cinema Nr. 6-7. August 1970.

L. E. Ward: The women of the west. In: Classic Images Nr. 192. Muscatine, Iowa Juni 1992.

Alan Warner: Six-Gun Scoring. In: Films and Filming Nr. 1. London Oktober 1969.

Alan Warner: Western Heroes. In: Films and Filming Nr. 5. London Februar 1972.

Robert Warshow: Helden aus dem Goldenen Westen. In: Der Monat Nr. 66. Berlin März 1954. Unter dem Titel: Der amerikanische Mythos. In: Film 58 Nr. 3. Frankfurt am Main 1958.

M. Welsh: Origin of western film companies, 1897–1920. In: Journal of the West. Santa Barbara Oktober 1983.

Richard Whitehall: The Heroes Are Tired. In: Film Quarterly Nr. 2. Berkeley Winter 1966/67.

Jürgen Wilcke: Der Western. In: Filmstudio Nr. 35. Frankfurt am Main Mai/Juli 1962.

Ralph Willet: The American Western. Myth and Anti-Myth. In: Journal of Popular Culture Vol. 4. Bowling Green Herbst 1970.

Ken Wlaschin: Birth of the Curry Western: Bombay '76. In: Films and Filming Nr. 7. London April 1976.

Federick Woods: Hot Guns and Cold Women. In Films and Filming Nr. 6. London März 1959.

Detlef Wulke: Symphonie der Brauntöne. Über Sergio Leones «Spiel mir das Lied vom Tod». In: Journal Film 8. Freiburg 1985.

E. Wyatt: Tom Mix revisited. In: Classic Images Nr. 113. Muscatine, Iowa November 1984.

R. Zaller: Rituals of death in postwar American film. In: New Orleans Review Nr. 4. New Orleans 1990.

Jacques Zimmer: Notes sur l'authenticité. In: La Révue du Cinéma Image et Son Nr. 258. Paris März 1972.

Christian Zimmer: Le Western byzantin. In: Etudes Cinématographiques Nr. 12–13. Paris 1961.

Filmregister

C

D

E

F

G

L

M

N

O

P

Q

R

S

T

U

V

W

Y

Z